중국의 당국가체제는
어디로 가는가

성균중국
연구총서
026

중국의 당국가체제는 어디로 가는가

혁명과 현대화의 경계

천밍밍(陳明明) 지음
성균중국연구소 기획
이희옥·김현주 옮김

在革命與現代化之間

성균관대학교
출판부

한국어판 저자 서문

푸단대학 출판사의 흔쾌한 허락과 한국 성균관대학 성균중국연구소의 도움으로, 드디어 2019년 처음으로 한국어판 『중국의 당국가체제는 어디로 가는가: 혁명과 현대화의 경계(在革命與現代化之間)』를 중국의 정치변혁에 관심을 갖고 있던 한국 독자들에게 선보이게 되었습니다. 이를 위해 한국 성균관대학교 성균중국연구소 소장 이희옥 교수와 김현주 교수가 고생을 마다하지 않고 번역과 교정을 해준 것에 감사드립니다. 또한 출판에 큰 도움을 준 푸단대학 국제문제연구원 싱리쥐 교수와 성균 중국연구소 안보 연구원에게도 감사의 마음을 전합니다. 이들의 빈틈없고 세심하며 부지런한 작업이 없었다면, 이 책의 한국어 출판은 순조롭게 이루어지지 못했을 것입니다.

　대부분의 내용이 2012년 이전에 쓰인 이 책은 중국의 정치개혁에 대해 분석하고 사고한 것으로서, 주로 중국의 당과 국가체제 및 그 이데올로기의 변천을 다루었습니다. 중국공산당은 당대 중국 최고의 정치적 리더십이자, 당대 중국정치제도 운영의 축입니다. 그러므로 중국 개혁개방의 폭과 깊이는 사실상 중국공산당과 그 지도체제의 변혁에 따라 결정됩니다. 개혁개방 40년 동안 중국은 역사상 유례없는 고도의 성장과 중대한 변혁을 겪었습니다. 이 과정에서 혁명의 유산을 어떻게 처리하고, 현대 국가를 어떻게 건설한 것인지, 즉 혁명과 현대화의 문제가 언제나 당과 국가의 가장 중요한 문제였습니다. 중국공산당은 현대화 과정에서 우여곡절을 겪으면서 지금까지 전면적이며 체계적인 발전전략을 수립해왔습니다. 물론, 초대형 국가규모와 현대화 전환의 복잡성으로 인해, 이러한 발전전략은 시기별로 중점이 달라지거나 조정되기도 했고, 그로 인해 불균형 발전의 일면도 보여주었습니다.

급속한 경제성장과 사회정치의 변화로 인해, 이 책의 일부 논술과 결론은 현재 상황과 맞지 않을 수도 있지만, 중국정치 발전의 내재적 논리 즉 당치국가의 논리는 변하지 않았기 때문에, 주요한 주제인 혁명과 현대화에 대한 당치국가의 대응에 대한 분석은 여전히 유효합니다. 독자들 또한 이 점을 곧 발견할 것이라 믿습니다.

한국은 아시아에서 가장 역동적인 국가의 하나이며, 역사적으로 중국과도 가장 가깝게 지낸 나라입니다. 1990년대 이후로는 한국의 많은 젊은이들이 푸단대학으로 유학을 왔고, 저 또한 많은 한국 친구들을 가르쳐왔습니다. 그들의 근면하고, 활발하며, 개방적인 모습이 여전히 기억에 남습니다. 그들과 수업 중에 토론했던 내용들도 책에 포함되어 있습니다. 중국과 한국의 정치제도는 다르지만, 좋은 정치를 지향하는 마음은 다르지 않습니다. 이 책에서 논의한 중국의 정치변혁에 관한 이상과 경로를 한국 학생들, 학자들, 그리고 친구들이 이해할 수 있다면, 제 인생 최대의 기쁨이 될 것입니다.

천밍밍(陳明明)

푸단대학 문과건물에서

2019년 10월 23일

역자 서문

중국은 새로운 방향을 모색하면서 중국 건국 70주년을 맞아 신시대를 선포했다. 그러나 중국사회는 곳곳의 복병에 직면해 있다. 중국 경제의 불확실성이 높아지고 있고, 사회관리 비용도 증가하고 있으며, 정치적으로는 권위주의적 지배가 강화되면서 정치적 긴장이 높아지고 있다. 이러한 상황에서 중국의 주장대로 기존의 사회주의적 방식으로 이 문제를 해결할 수 있는가 하는 질문에 도전하고 있다. 이러한 사회주의적 방식은 중국의 역사적 전통과 레닌주의 정당을 결합하는 당이 국가를 지배하는 체제를 의미한다.

    이 책은 이러한 질문에 학문적 대답을 시도하고 있다. 푸단대학 천밍밍 교수는 중국 내 저명한 정치학자이다. 그는 현대 중국정치, 특히 정당과 국가에 대한 주목할 만한 연구 성과를 내면서 중국정치학계에 상당한 영향력을 끼쳐왔다. 이 책은 중국 사회주의라는 긴 호흡에서 보면 중국의 변화는 지체되거나 지속성이 강한 것처럼 보이지만, 당과 정부의 통치방식이라는 관점에서 보면 상대적으로 변화의 폭이 크다고 보고 있다. 우선 중국공산당은 이른바 '홍색자본가(red capitalist)'를 체제 내로 편입시키는 방식으로 혁명당에서 통치당으로 변했다. 중국공산당 스스로 '국민당의 독성'이라고 비난하던 '당을 통한 국가 통치(以黨治國)'라는 고도의 중앙집권적이고 일원화된 체제가 중국의 현대화 과정에서 확립되었다. 즉 강력한 일당체제인 국민당에 맞서기 위해 중국공산당이 강력한 집권체제를 갖는 것은 역설적이지만 불가피한 선택이었다. 이렇게 형성된 고도 집권체제는 혁명당에서 통치당으로 전환할 때까지 지속되어 이른바 '당국가체제'가 완성되었다.

특히 이 책은 공산당의 변화, 혁명당에서 집권당으로의 이행을 설명하기 위해서는 '통치당'을 포함하여 설명해야 한다고 주장했다. 통치당이란 혁명을 통해 국가정권을 취득한 후 '당을 통한 국가 통치'를 실현하는 것을 의미한다. 즉 통치당은 혁명당의 연장이며, 국가권력을 독점하는 특징이 있다. 이를 통해 권력이 집중된 당을 통한 국가통치(黨治國家)체제가 수립되었다. 혁명당이 기존 정권과 체제에 대한 부정과 전복을 목표로 한다면, 혁명당은 자신이 정권과 체제 자체가 된 것이다. 따라서 당과 정부가 일원화된 구조, 당이 곧 국가인 '통치당'은 'governing party' 또는 'ruling party' 라고 불리는 서구의 집권당과는 다르다. 사실 통치당은 자체적인 모순을 가지고 있었고, 위기를 내재하고 있었다. 따라서 현대화 추세에 따라 개혁 대상이 되었고, 더 많은 권력이 사회로 이전될 수밖에 없었다.

이것은 필연적으로 체제개혁과 혁명당에서 집정당으로의 혁신을 요구했다. 그런데 통치당에서 집정당으로 변화한다는 것은 형식적으로 정당이 헌법과 법률의 구속을 받는다는 것을 의미한다. 이런 점에서 중국공산당은 민주주의 없는 상태에서 국가 및 사회 거버넌스를 깊이 고려할 수밖에 없었다. 이러한 최근 30여 년의 변화는 중국의 입장에서는 '전대미문의 심각한 대변동'이라고 표현했는데, 덩샤오핑이 개혁개방을

'개혁'이 아니라 '혁명'으로 규정한 것과 같은 맥락이다.

중국공산당이 집정당으로 완전하게 전환한 것은 아니지만, 집정당으로의 전환논의가 등장하고 있는 이유는 시대와 환경의 변화 때문이다. 시장경제의 도입, 국가와 사회의 분리, 공공영역의 출현으로 인해 이에 상응하는 민주와 분권이 요구되고 있다. 그러한 요구를 반영한 것이 법에 따른 지배(依法治國) 논의, 즉 당치국가의 변화를 의미한다.

그러한 일련의 변화로 인해 정치환경이 바뀌었고, 정치는 봉쇄에서 개방으로, 통치에서 거버넌스로, 일원적 구조에서 제한적이지만 다원적인 구조를 모색해 왔다. 중국공산당은 형식적으로는 집정당에 가까운 모습으로 바뀌고 있다. 물론 서구 집정당과는 차이가 있지만, 정당정치에 대한 사회의 요구를 반영할 수밖에 없는 것이다. '공공 거버넌스', '공민의 위임', '공공권력' 등의 개념 논의는 이러한 변화를 상징적으로 보여주고 있다.

그러나 시진핑 체제 등장 이후 이러한 당의 역할이 강화되고 있고, 집권당으로의 변화과정이 기존노선의 진화인지 아니면 역류인지에 대한 논의로 나타날 수 있다. 시진핑 체제의 집권당으로 가는 길이 당정분리 보다는 일체를 강조하는 흐름이 있다. 이것이 대내외적 어려운 환경을 반영한 일시적 상황변화인지 근본적인 방향전환인지에 대한 토론도 필요하다.

한국내 중국정치의 지배방식이나 당국가체제에 대한 연구에서 과도하게 외재적 시각이 작동하면서 중국공산당의 작동원리를 있는 그대로 보고 비판적으로 해석하는 학문적 균형감을 잃는 경향이 있다. 이 책

을 통해 중국정치에 대한 한국적 해석의 지평을 늘리고 풍부한 토론이
이루어지기를 바란다.

이 책은 푸단대학 국제관계 및 사무학원 수창허 원장의 추천으로
번역을 시작했다. 또한 성균중국연구소의 오랜 후원자인 싱리쥐 푸단대
학 교수도 기획에서 출판까지 기꺼이 가교역할을 했다. 특히 중국정치사
상을 전공한 김현주 박사는 번역과정에 나타난 까다로운 근대사 맥락과
개념을 우리식으로 바꾸는 데 탁월한 역량을 발휘했다. 특히 국내 굴지
의 대학출판사인 성균관대 출판부의 노력으로 조기에 출판될 수 있었다.
독자 여러분의 아낌없는 질정을 바란다.

2019년 12월

역자를 대표해 이희옥 씀

|차례|

들어가는 말

정당은 현대국가에서 매우 중요한 역할을 담당하고 있지만, 많은 도전을 받고 있기도 하다. 그것은 정당이 처한 사회정치적 환경과 시대적 배경의 변화 때문이다. 그것은 정당 자체의 구조적 기능의 역사결정성 및 그 적응성과도 관계가 있다. 그런 점에서는 도전을 위기라고 부르는 편이 더 적합할 것이다. 정당의 위기는 세계적인 현상으로, 서양도, 동양도, 일당제도, 다당제도 예외는 없다.[1] 국가와 제도마다 위기에 대한 표현, 성격, 원인이 각기 다를 뿐이다. 물론, 중국에도 정당위기의 문제가 존재한다.

개혁개방 이전 중국공산당 내에서 빈번하고 격렬하게 발생했던 '노

---

1   Ruth K. Scott, Ronald J. Hrebenar, *Parties in Crisis: Party Politics in America*, John Wiley & Sons, 1984; Mattei Dogan, "Erosion of confidence in Advanced Democracies", *Studies in Comparative International Development*, Fall 1997. 王長江, 『政黨的危機-國外政黨運行機制研究』, 改革出版社, 1996; 郭定平, 「美國政黨體制的衰落與改革」, 『復旦學報』1993年 第3期 참고

선투쟁'은 중국의 정당위기를 상징적으로 보여준다. 국가와 사회가 고도로 융합된 상황에서의 정당위기는 국가, 사회, 정치생활의 구석구석까지 영향을 주었다. 위기는 파괴적 방식을 통해 정치적 균형을 회복시켰지만, 그리고 나서도 새로운 위기를 배태하고 있었다. 개혁개방 이후 계급투쟁에서 경제건설로 그 중심이 옮겨갔지만, 국가와 사회관계가 새롭게 변화하면서 당 건설에 문제가 생겼다. 사람들은 일반적으로 당내에 존재하는 소극적 부패현상이 당의 전투력을 약화시키고, 당의 생존을 위협하는 직접적인 요인이라고 생각했다. 당내 부패와 그것이 초래한 당의 중대한 정치사변에서 당이 보여준 연약함과 무능력, 사회주의 정권과 사업이 갖고 있는 심각성과 위험성이 1989년의 정치사건으로 드러났다. 덩샤오핑은 "이 당은 잡아야 한다, 잡지 않으면 안 된다."[2]라고 하면서, 분명하게 당에 심각한 위기가 있음을 지적했다.

위기에 있어서 부패는 결과이지 원인이 아니다. 지금의 위기는 개혁개방 이전의 위기와 표현방법은 다르지만, 근원은 같다. 그것은 정당구조의 위기이다. 즉 당의 고도집권이라는 조직구조에서 발생한 것이다. 고도집권적 정당구조로 인해 국가와 사회의 일체라는 상황에서 당이 정치를 대신했다. 당은 과도한 행정명령을 사용해 고압적인 수단으로 당내의 민주적 제도를 파괴했다. 결국 국가권력의 변형, 즉 문혁 및 문혁 전의 정치형태가 초래되었다. 국가와 사회가 분리된 상황에서 효과적 감독이 결여되어 당에 심각한 부패가 발생했고, 당과 대중의 정치적 연계가

---

2   鄧小平, 「第三代領導集體的當務之急」, 『鄧小平文選』 第3卷, 人民出版社, p.314.

약화되었다. 그것은 1980년대 중후반 이래 중국 정치생활의 중요한 변화들이다. 그런 고도집권의 정당구조와 지도체제에 대해 분석·평가한, 자본주의-공산주의의 이원적 분석틀을 가진 문헌들은 많지만, 정치학적으로 상세하게 살펴볼 필요가 있다.

고도집권의 구조적 특징의 유래

역사적 유물론에 의하면, 정치구조 및 통제방식에는 모두 그 사회·역사·문화적 근원이 있기 때문에, 모두 일정한 사회·역사·문화적 조건을 고려하여 분석하고 평가해야 한다. 중국공산당은 그것을 기본적 관점으로 삼아왔다. 즉 당은 마르크스·레닌주의 이론에 따라 세워진 무산계급 선봉대조직이고, 당의 영도로 이루어낸 중국혁명은 세계혁명의 일부이다. 그런 입장에 따라 당의 고도집권의 구조적 특징의 원인을 살펴보면, 두 가지 역사적 단서를 찾을 수 있다. 즉 당의 이데올로기적 규정성과 10월 혁명과 관련된 중국혁명의 환경적 강제성이다.

마르크스주의적 관점에 따르면, 정당은 계급조직이며, 계급과 계급 투쟁이 일정한 역사적 단계로 발전한 산물이다. 보통선거권의 확대도 정당 활동의 중요한 기초이지만, 자산계급정당과 달리 무산계급정당은 체제 안에서가 아니라 체제 밖에서 형성된다. 노동자운동의 산물인 무산계급정당은 시작부터 기존 제도의 정당성을 비판하고 부정한다. 그리고 그것을 자기 존재와 발전의 근거로 삼는다. 따라서 분명한 반체제적 성격을 갖는다. 마르크스 이론에 따르면, 자본주의는 스스로 내적 모순을 극복할 수 없게 되고, 결국 새로운 제도에 자리를 양보하게 된다. 그것이 역사적 발전법칙이며, 무산계급은 역사법칙의 집행자가 될 자격이 있다. 마르크스와 엥겔스가 무산계급에게 부여한 임무인, "노동자혁명의 첫 걸음은 무산계급이 통치계급으로 승격되어, 민주주의를 쟁취하는 것이다. 무산계급은 자신의 정치적 통치를 이용하여, 한 걸음 한 걸음 자산계급의 자본을 모두 빼앗고, 모든 생산수단을 국가에 집중시킨다. 즉 조직이 통치계급인 무산계급의 수중에 들어와야 최대한 빨리 생산력의 총량을 증가시킬 수 있다."[3] 자본주의적 통치의 전복이라는 무산계급의 사명을 실현하기 위해, 무산계급은 "유산계급이 건설한 일체의 구정당과 대립적인 독립된 정당을 조직해야, 비로소 하나의 계급으로서 행동할 수 있다."[4] 무산계급정당은 "다른 모든 정당과 다르고, 그들과 대립적인 특수한 정당"[5]이어야 한다. '특수한 정당'이라는 의미는 다음과 같다. 첫째, 정치에서 자신의 독립성을 지키고 견지하며, 자신의 목표와 정책을 갖고 있어야 하며, 어떤 자산계급정당의 추종자가 되어서는 안 된다.[6] 둘째, 무산계급조직의 최고 형태로, 가장 먼저 깨달은 선진분자(엘리트)를 통해 혁명이론을 외부로부터 일반 대중에게 주입하여, 무산계급이 하나의 '자

3   馬克思, 恩格斯, 「共産黨宣言」, 『馬克思恩格斯選集』第1卷, 人民出版社, 1972, p.272.

4   馬克思, 「國際工人協會共同章程」, 『馬克思恩格斯選集』第2卷, 人民出版社, 1972, p.138.

5   恩格斯, 「恩格斯致格·特例爾」, 『馬克思恩格斯選集』第4卷, 人民出版社, 1972, p.469.

6   恩格斯, 「關於工人階級的政治行動」, 『馬克思恩格斯選集』第2卷, 人民出版社, 1972, pp.440-441.

재(自在)적 계급'에서 '자위(自爲)적 계급'이 되도록 해야 한다.[7] 셋째, "혁명이야말로 정치의 최고행동"이라는 것을 강조하고, 정권 탈취를 자신의 주요 임무로 여기고, 모든 교육, 선전, 조직을 혁명을 수행하는 수단으로 삼아야 한다.[8] 마르크스의 무산계급정당 이론에서, 고도의 내적인 집중, 분명한 강령, 엄밀한 조직, 엄격한 기율, 통일적 행동—그런 요소는 내재적 기인과 유전정보로서 후에 공산당 구조모델의 기본경향을 결정한다—은 무산계급 정당의 특징이다.

　　마르크스는 평생 무산계급의 통일적 행동에 힘썼지만, 당시 무산계급정당은 각 국가에서 제대로 통합되지 못했고(1차 인터내셔널은 실제 느슨한 연맹이었음), 각종 파벌과 사상투쟁으로 인해 '질서정연한 부대'라고 할 수 없었다. 중요한 이유 중 하나는 무산계급정당에 대한 자본주의의 경쟁적 정치생태의 유혹과 영향이었다. 무산계급정당의 반체제적 성격으로 인해 자본주의정치의 중요한 예외가 되었고, 그로 인해 자본주의사회의 정치생태환경에서 배제된 주변적 지위를 갖게 되었다. 따라서 내부의 단일한 획일성과 고도의 응집성을 가지고 환경의 압력에 저항하고 대응해야 했다. 유럽 사회주의 현실운동에서, 배제는 정치적 압박으로서의 금지, 감금, 축출 심지어 도살 등의 극단적 방식으로 이루어졌다. 또한 '문화패권'으로서의 주류이데올로기가 법률, 종교, 여론 및 민간사회

7　　馬克思,「哲學的貧困」,『馬克思恩格斯全集』第4卷, 人民出版社, 1958.

8　　恩格斯,「關於工人階級的政治行動」,『馬克思恩格斯選集』第2卷, 人民出版社, 1972, p.440.

단체에 침투하여 통제하는 방식이 나타났다. 무산계급정당에 대한 후자의 영향은 상당히 컸다. 비스마르크 독일의 '반(反)사회당인법'은 대부분의 노동자계급을 거리로 내몰았고, 자본주의 사회의 극도의 동요를 초래했다. 그로 인해 무산계급을 단련시키고 응집시켰지만, 무산계급정당은 오히려 여러 파벌로 분열되었다. 무산계급의 여러 당파들은 통제 가능한 정당정치 속으로 편입되었고, 결국 무산계급의 혁명정신은 거세되었다. 유럽 자본주의 국가정치 생태에서 무산계급정당 최대의 딜레마는 정치 생태의 근본적 변화가 당의 목표라는 점이었다. 그런데 일정한 게임규칙이 시스템의 기능으로서 시스템을 유지하는 구조관계를 존재의 전제로 삼고 있었다는 것이다.

레닌은 일찍이 그런 모순을 인식하고 있었다. 2차 인터내셔널 내부의 논쟁에서 무산계급이 보통선거권 쟁취를 통해 자산계급 의회에 참여하여 합법적으로 국가제도를 바꾸고, 최종적으로 정권을 획득할 수 있는가에 대해 많은 논쟁이 있었다. 레닌은 다음과 같이 지적했다. "의회제도로는 가장 민주적인 자산계급공화국에서 계급억압기구로서의 본질을 제거하거나, 그 본질을 폭로하지 못한다. 처음에는 의회제도가 정치 사변에 적극적으로 참여했던 사람들이 다수인 시민대중보다 교육받고 조직되는 데 도움이 되었다. 그러나 위기와 정치혁명이 사라지지 않았고, 혁명이 발생했을 때 국내전쟁이 가장 첨예화되었다."[9] 레닌의 결론은 '20세기 초 러시아혁명사'에 대한 인식에 기초한 것이었다. 서구 국가

---

9   列寧, 「馬克思主義和修正主義」, 『列寧選集』第2卷, 人民出版社, 1972, p.6.

에서 무산계급정당은 체제의 구조적 제약과 문화적 제약을 받았지만, 이론적으로는 결국 합법적으로 국가권력을 다투는 지위를 갖게 되었다. 그러나 동양에서는 국가와 사회 간의 대결이나 타협이 존재하지 않는 사회정치 생태관계 및 그것이 제공한 정치공간으로 인해, 무산계급정당은 처음부터 불법이었고, 피통치자는 극도로 위험한 존재로 여겨졌다. 따라서 반드시 국가기구의 삼엄한 감시 하에 놓였고, 그로 인해 무산계급이 정권을 얻는 것은 매우 힘들었다. 그것을 알아야만, 레닌이 왜 제2인터내셔널로부터 3차 인터내셔널(코민테른)을 성립시켰는가를 이해할 수 있고, 국제 공산당운동사에서 마톱(MapTOB , 1873-1923)과 레닌이 했던 당건설에 대한 유명한 논쟁이 각국 공산당 조직에 미쳤던 중대한 영향을 이해할 수 있으며, 공산당이 어떻게 엄격한 기율, 비밀활동, 군사적으로 관리되는 정당구조를 형성하게 되었는가를 이해할 수 있다. 레닌의 정당이론은 가혹하고 열악한 러시아의 정치환경과 당의 특정 임무(차르 전제제도와 투쟁하여 서유럽 각국의 노동당과 같이 의회민주주의와 자본주의제도를 이용한 투쟁)를 기초로 만들어졌다. 당은 '비밀공작'을 필요로 하는 '직업혁명가' 조직이 되어야 했다. 마톱의 생각처럼 "다양한 사람이 당원으로 전환"될 수 없었고, 당의 고도집중과 고도통일을 강조해야 했다. 멘셰비키(Menshevik)처럼 당을 서유럽모델의 '대중정당'으로 발전시킬 수 없었다. 그렇기 때문에, 사람들은 보통 '당 건설에 대한 학설과 혁명행동이론과의 융합'을 레닌주의의 가장 중요한 특징의 하나라고 여긴다.

　　레닌은 인터내셔널의 창립자이고, 러시아의 사회·경제·정치적 조건은 중국과 매우 유사하다. 레닌식 정당이 러시아혁명의 필연적 선택이었다면, 중국공산당의 건설(역사적으로 일찍이 인터내셔널의 한 지부였음)과 중국혁명에 대한 러시아혁명의 크나큰 영향에 대해서는 말하지 않아도 짐작할 수 있다. 다른 점이 있다면, 러시아에 비해 중국의 자본주의 발달 정도는 매우 낮았고, '봉건전제'는 러시아에 비해 더 심했으며, 더욱이 중국에는 서구정당정치의 조건이 전혀 존재하지 않았다는 점이다. 마오쩌둥이 말한 것처럼, "중국은 하나의 독립적 민주국이 아니라, 반식민지·반봉건 국가를 특징으로 한다. 안으로는 민주제도가 없어 봉건제도의 억압을 받았다. 밖으로는 민족이 독립하지 못해 제국주의의 억압을 받았다. 따라서 이용할 수 있는 의회가 없고, 파업을 진행할 노동자조직의 합법적 권리도 없다."[10] 중국에서는 '근원(源)'에 있어서 서방국가의 경쟁적 사회정치생태가 출현했던 적이 없었고, '흐름(流)'에 있어서도 경쟁적 사회정치생태를 구축할 수 있는 길이 막혀 있었다. 민국 초기 중국현대사에서도 다당제 정국이 존재했다. 그러나 사회의 내생적 기초가 결핍된 모방적 정치 거품이었고, 순식간에 사라져버렸다. 항전시기 국공합작으로 정당경쟁의 구도가 출현한 것 같았지만, 한쪽은 강권정치, 또 다른 한쪽은 무장 할거(割據)로, 서구의 정당정치에서의 '집정(執政)', '재야(在野)' 개념과는 전혀 다르다. 전후의 '연합정부' 방안은 서구정당정치의 청사진과 가장 근접한 것이었으나, 실천에 이르지 못한 채, 내전의 포화 속에서 일찍 사라졌다. 국민당의 정치사전에는 '재야당'이나 '반대당'이라는 개념이 없었고, 오직 '간당(奸黨)'이나 '비당(匪黨)'만이 존재했다. 다

---

10   毛澤東, 「戰爭和戰略問題」, 『毛澤東選集』第2卷, 人民出版社, 1967, p.507.

시 말하면, 중국공산당은 자신의 정치적 이상과 정치적 가치를 실현하기 위해, 체제 밖에서 광범위한 사회적 동원을 진행할 수밖에 없었고, 체제 밖에서의 동원이 가장 유리하고 가장 완벽한 모델은 레닌주의식의 정당 건설 및 그 혁명운동이었다. 중국공산당혁명에서, 레닌의 다음과 같은 명언이 지도자의 연설 및 문헌에서 자주 보인다. "강철 같은 그리고 투쟁 속에서 단련된 당 없이, 계급 전체를 위해 신뢰할 수 있는 당 없이, 대중의 정서를 잘 읽고 대중의 정서에 영향을 주는 당 없이, 투쟁을 순조롭게 진행한다는 것은 불가능하다. ……누군가 무산계급정당의 강철 같은 기율을 조금이라도 약화시키려고 한다면, 그는 무산계급을 반대하는 자산계급을 돕는 것이다."[11] 중국공산당은 레닌식 정당의 원칙에 따라 조직되었다. 중국혁명의 실천도 레닌식 정당 원칙의 효율성을 증명했다. 그런 '경로의존성'으로 인해 당은 점점 더 고도의 집중과 엄격한 기율을 추구하게 되었다. 국공결전 전야에, 마오쩌둥은 당내 지시에서 "전국의 모든 가능한 그리고 반드시 통일적 권력을 중앙으로 통일"[12]할 것을 제안했다. "당시 상황은 우리 당이 최대한의 노력을 통해 무기율상태와 무정부상태를 극복하고, 지방주의와 게릴라주의를 극복하고, 모든 가능한 그리고 반드시 집중적인 권력을 중앙과 중앙대표기관의 수중에 집중할 것을 요구했으며, 전쟁으로 하여금 게릴라전쟁의 형태에서 정규전쟁의 형

---

11   列寧, 「共產主義運動中的"左派"幼稚病」, 『列寧選集』第4卷, 人民出版社, 1972, pp.200-201.

12   胡喬木, 『胡喬木回憶毛澤東』, 人民出版社, 1994, p.524.

태로 전환하도록 했다. ……당 업무의 중심은 점차 향촌에서 도시로 옮겨갔다."[13] 이데올로기의 규정성과 혁명 환경의 강제성으로 인해 중국공산당의 고도의 집권과 수직 동원의 조직구조라는 특징이 형성되었다.

고도집권구조의 역사적 합리성

국제공산당 운동사에서 중국공산당의 고도집권구조라는 특징의 원인을 살핀 발생학적 분석이 많다. 그러나 정권을 장악한 이후에도 당의 고도집권의 구조적 특징은 약화되지 않고, 오히려 나날이 강화된 이유를 제대로 이해하려면, 위에서 서술한 두 가지 실마리를 백년 중국의 발전 논리 속에서 함께 살펴봐야 한다.

20세기 중국은 두 가지 임무를 갖고 있었다. 19세기 중엽 이후부터 사회정치질서의 붕괴 추세로부터 벗어나 국가현대화를 추동하고, 그로써 국가와 민족의 강성(剛性)을 실현하는 것이었다. 그 두 가지 임무는 상호의존적이다. 현대화는 하나의 안정적이며 질서 있는 환경을 필요로 한다. 경험과 이론이 보여주듯이, 그 환경은 보통 현대화를 추구하는 강한 중앙집권정체로부터 조성된다. 청말 이후, 전통적 질서는 세계적 현대화의 도전에 직면하여 와해되었고, 자산계급 성격의 신해혁명은 그 흐름을 막지 못했으며, 오히려 중앙집권의 쇠퇴와 지방주의의 성행을 심화

---

13   毛澤東, 「中共中央關於九月會議的通知」, 『毛澤東選集』第4卷, 人民出版社, 1967, pp.1288-1289.

시켰다. 후발전 국가의 전화기에 나타나는 다섯 가지 위기(합법성 위기, 정체성 위기, 관철 위기, 분배 위기, 통합 위기)[14]가 중국에서 출현했을 뿐만 아니라, 민족의 존망과 관련될 정도로 위기는 아주 심각한 성격을 띠고 있었다. 그러므로 정치개조로부터 시작하여 근본적 해결법을 찾는 것이 중국 현대화 엘리트의 선택이 되었다. 중국에서 개량주의가 급진주의를 대체하여 주류사조가 되지 못했던 이유는 그 때문이다. 중국문제를 연구하는 해외학자들이 지적하기를, 전면적 위기를 극복하면서도 사회혁명을 위한 가장 효과적 방법은 '전능주의 정치' 방식을 채택하는 것, 즉 "먼저 강한 정치기구 또는 정당을 만든 후, 그것의 정치능력과 조직방법을 이용하여 각 계급과 각 영역에 깊이 들어가거나 통제해야 비로소 사회, 국가와 각 영역의 제도와 조직을 개조하거나 재건할 수 있고, 문제를 해결하고 전면적 위기를 극복할 수 있다."[15] '전능(全能)주의 정치'라는 개념의 특정한 함의를 얘기하지 않더라도, 그 분석방법은 중국적 발전논리를 말한다. 이때 우리는 중국공산당의 사회동원에서, 레닌주의 이데올로기와 레닌식 정치체제가 중국현대화의 맥락에서 행해졌고, 사회정치질서의 재건과 중국현대화를 위한 견실한 권위에 기초한 수단으로 이용되었음을 알 수 있다.

중국현대화는 기본적으로 두 가지 전환을 의미한다. 즉 '농업국가

---

14   Lucian W. Pye, *Aspects of Political Development*, Little, Brown and Company, 1966, pp.62-67.

15   鄒讜, 「中國20世紀政治與西方政治學」, 『思想家: 跨世紀的探險』, 華東化工學院出版社, 1989, p.19.

로부터 공업국가로의 전환'과 '신민주주의국가로부터 사회주의국가로의 전환'이다. 레닌의 과도기이론에 따르면, 경제가 낙후된 국가는 사회주의로 이행하는 과정에서 자본주의가 제공한 물적 조건과 문명성과를 이용하여 현대화가 축적된 중간 단계로 나아가야 한다. 중국공산당의 현대화발전 전략은 처음부터 레닌의 이론과 소련의 경험을 받아들였다. 마오쩌둥은 일찍이 다음과 같이 표현한 적이 있다. "신민주주의와 사회주의는 두 개의 독립된 시기이다. 전자는 후자의 도래를 위한 경제·문화적 준비기간으로서, 먼저 공업화가 되어야, 나중에 사회주의가 있기 때문에, 공업화는 사회주의 건설의 현실적 토대이다."[16] 문제는 현대화발전의 전제가 여기서는 오히려 현대화발전의 장애라는 점에 있다. 공업화가 직면한 가장 중요한 문제는 자본축적이고, 엄청난 규모의 자본투입은 공업화건설의 필요조건이다. 그러나 근대 이래, 중국은 공업적 기초가 극히 취약했고, 사회자원이 극도로 결핍되어 있었으며, 초대형의 인구와 부족한 사회자원의 총량 간의 첨예한 모순이 드러난 국가였다. 자원총량의 부족으로 사회분배에 대해 강한 억압이 초래되었고, 중국공업화는 '추월적 모델(the surpassive development strategy)'을 채택하게 되었다. '추월형' 공업화의 자원공급에 대한 요구가 극도로 절박하고 강했고, 혁명 후 새로운 정권이 수립되자 외국세력의 봉쇄와 내부의 적대 및 전통세력의 저항에 처하게 되었다. 따라서 공업화는 강한 정치적 의미를 가질 수밖에

---

16   毛澤東, 「新民主主義論」, 『毛澤東選集』第2卷, 人民出版社, 1967, p.626, pp.632-633,
      p.644.; 「論聯合政府」, 『毛澤東選集』第3卷, 人民出版社, 1967, p.1009, p.1030.

없었다. 첫째, 선진국의 현대화와 달리, 중국현대화의 동력은 사회세력으로부터가 아니라 정치적 권위로부터 나왔고, 1949년 혁명이 그 권위를 제공했다. 둘째, 중국현대화의 동력이 사회로부터, 그리고 사회의 조직세력으로부터 나오지 않았기 때문에, 위에서 말한 '전능주의 정치', 즉 정치시스템의 권력이 제약 없이 사회의 각 측면과 각 계층으로 스며들어 통제하는 것이 역사적 합리성과 필연성을 가질 수 있게 되었다. 셋째, 중국현대화는 강력한 사회주의적 개조라는 성격을 가지며, 그 목표는 전통적 소농경제와 농업문명과 결별하는 것일 뿐만 아니라, 현대자본주의 생산관계를 탈피하여, 완전히 새로운 생산관계와 사회제도를 건설하는 것이었다. 그런 상황에 직면하여, 중국공산당은 장기적 혁명 속에서 축적된 거대한 정치적 권위, 혁명 속에서의 인간의 주관적이며 능동적 의지의 창조성에 대한 깊은 기억과 자신감, 그리고 사회주의적 이상에 대한 보편적 갈망이 발전 장애를 본능적으로 정치적으로 해결하는 것이 아니라 경제적으로 해결하도록 했다. 따라서 과도기의 당의 발전전략이 바뀌었다. 마오쩌둥의 과도기의 총노선에 대한 언급에서, 원래의 두 개의 독립된 시기 및 그 각각의 시기가 갖고 있던 임무의 논리적 관계가 모호해지기 시작했고, 생산관계의 변화를 통한 생산력 발전, 상부 혁명이 경제기초 변혁을 이끈다는 사고가 오히려 점점 분명해졌다. 마오쩌둥은 다음과 같이 말했다. "당의 과도기 총노선의 실질은 생산수단의 사회주의 소유제가 우리 국가와 사회의 유일한 경제기초가 되도록 하는 것이다. 우리는 그러므로 이렇게 해야 한다. 생산수단의 사적 소유제로부터 사회주의 소유제로의 과도기를 완성해야, 비로소 사회생산력의 신속한 발전에 유리하고, 기술적으로 혁명을 일으키기에 유리하기 때문이다. 대부분의 사회와 경제영역에서 간단하고 낙후된 도구와 농기구를 가지고 일을 하는 상황으로부터, 기계를 사용하고, 그것도 가장 발달된 기계를 사용하여 일하게 하며, 그것을 이용하여 대규모로 각종 공업과 농업상품을 생산하고, 인민의 나날이 증가하는 수요를 충족시키며, 인민의 생활수준을 제고하고, 국방력을 키워 제국주의 침략에 맞서며, 최종적으로 인민정권을 견고히 하고, 반혁명의 복벽을 방지하는 것이 목적이기 때문이다."[17] 이렇듯, 공업화를 사회주의 창조 경제의 기초로 삼는 전략적 구상은 사회주의 개조를 공업화로 가게 하는 전략적 실천에 의해 대체되었다. 사회주의 개조는 사회혁명의 범주에 속한다. 그 전략적 전환의 의의는 중국 현대화의 '사회혁명'적 성격을 드러냈다는 것, 그리고 중국현대화와 사회주의 사회가 확립되는 과정 속에서의 '생산력발전'이라는 역사적 주제의 결정적 지위를 약화시켰다는 데 있다. 중국현대화의 특수한 논리는 필연적으로 특수한 동기부여 장치를 만들어냈는데, 그것이 정치동원이다. 즉 집정당은 이데올로기의 합법성을 중심 가치로 삼아 한 발 한 발 다가가는 정치운동을 통해 정치·경제·사회의 발전계획을 실현한다.

정치동원은 주로 세 가지 경로를 통해 실현된다. (1) 조직경로: 향촌에서는 최대한 공업화 건설 자금 및 국가경제발전을 위한 대규모의 노동력을 만들기 위해서, 토지개혁 후 향촌에서 출현한 소토지 사유제와

---

17   毛澤東, 「對過渡時期總路線宣傳提綱的批語和修改」, 『建國以來毛澤東文稿』第4冊, 中央文獻出版社, 1992, pp.405-406.

개별 농업의 제도적 결과를 극복하고 합작화 운동으로 농민을 조직하며, 농민의 독립적 재산권을 회수해야 했다. 그리하여 농민이 신분적 자유를 얻는 것을 제한하는 정사(政社)합일의 인민공사가 생겼다. 도시에서는 주민의 소비욕구를 억제하고, 국가의 자원에 대한 강제적 인수와 재분배를 위해 반드시 조직화된 사회생산으로 분산된 개인생산을 대체하고, 이에 따라 원래 직업에 속해야만 했던 '직장(work place)'을 개조해서 직접 자원을 수집하고 공공상품을 공급해야 했다. 그리하여 사회통제기능을 실행하는 국가행정기구인 '정치단위(political unit)'가 생겼다. 제도적 배치는 국가와 사회관계에서 나타났다. 즉 국가가 거의 모든 중요 자원을 장악하고, 사회에 대해 전면적인 고강도 통제를 실시했다. 그리고 그것은 당의 방대하고 체계적인 조직망을 통해 실현될 수 있었다.

(2) 정치경로: 그것은 주로 계급투쟁을 통해 전체 사회 및 전체 당의 당에 대한 노선, 방침, 정책, 그리고 전략목표의 비호와 지지를 동원하고 요구했다. 그 특징은 현대화에 있어서의 모든 문제는 결국 정치문제로 귀결되고, 계급투쟁을 통해 해결되어야 한다는 것이었다. 그에 따라 계급적 입장과 정치태도 및 계급분석방법이 정치동원의 기초가 된다. 계급투쟁에서, 효과적이고 제도적인 메커니즘을 운용하는 것이 아니라, 인민의 역량에 직접 호소했다. 즉 인민을 동원대상으로 삼았다. 따라서 논리적 결론이 도출된다. 전체 사회성원이 참여하는 광범위한 정치운동 즉 '대민주'가 정치동원의 주요 형식이 되었다.

(3) 사상경로: 그 주요 내용은 이데올로기의 혁명이상주의를 이용하여 인민의 건설열정을 촉발시켜, '동원식 참여'가 성공하도록 하는 것

이었다. 동시에 생산관계에 있어서 사회주의 개조에 맞게 사상·문화 영역에서 자본주의 이데올로기를 비판하는 정치투쟁을 끊임없이 일으키고, 사회주의 교육운동을 전개하는 것이었다. 1950년대 공업화의 역사를 되돌아보면, 정치동원과 같은 동기부여 기제는 처음에는 현대화 요구와 함께 이루어졌다. 정치동원을 통해, 국가는 신속하게 공유제를 중심으로 하는 경제적 기초를 확립했다. 대결적 계급구도를 청산하고, 사회를 재건하고 통일시켰으며, 국가의 관철능력과 종합국력을 높였다. 그러나 정치동원은 정치권력의 운영에 있어서 일정한 체제적 절차와 법적 절차의 구속이 결여되어 있었다. 따라서 혁명세력이 비절차적이고 권위주의적으로 현대화건설을 조직하고 지도하자, 현대화과정에서 불확정성과 불안정성이 증가했다. 뒤이어 대약진과 대좌절이 나타났으며, 사상해방과 정치억압이 번갈아 나타났다. 현대화의 성과가 축적되기 어려웠으며, 현대화의 기초가 매우 취약해졌다. 가장 전형적 예가 1958년 대약진이다. 경제성장 속도가 매우 빨라졌지만, 3년이 지나 크게 후퇴하여 사회생산력이 유례없이 파괴되었다.

즉 현대화와 정치동원은 모순관계에 있다. 현대화는 정치동원을 필요로 하지만, 정치동원은 현대화를 위기에 빠뜨린다. "현대화의 위기는, 현실의 경제와 사회가 발전하고 정치형태의 발전이 공고화되는 데 필요한 자원과 동력을 제공할 수 없을 뿐만 아니라, 오히려 정치가 더 큰, 더 적극적인 작용을 하도록 요구한다. ……심각한 어려움 속에서, 정치권력이 정치형태에서 유일하게 움직일 수 있고, 제공할 수 있는 정치자원을 만들었다. 정치권력의 과도한 사용은 필연적으로 정치권력구조와 운영방식의 변형을 초래했다."[18] 모순적 관계의 직접적인 결과는 고도의 집중이다. 한편으로 현대화의 경제적 기초가 취약하기 때문에, 정치시스템이 정치적 합법성의 거대한 압력에 직면하게 되고, 권력이 강제적 전제라는 방식을 심화시켜 사회통제에 대한 자신의 요구를 만족시키지 않을 수 없었다. 다른 한편으로, 현대화의 위기로 인해, 당내의 사상적 의견대립과 정치투쟁이 첨예화되어, 정치시스템의 안정을 위해서 권력도 절대적 방식에 의해 각 방면에 잠재적인 또는 공개적인 도전에 대응할 수밖에 없었다. 중국 현대화와 당의 고도집권 간에 존재하는 상호 촉진적 '공명효과'는 두 가지 점에서 고찰해 볼 수 있다. 첫째, 당의 집권은 당이 영도하는 현대화과정에서 형성되고 발전된 것이다. 국가가 추구하는 현대화과정은 중국사회에 대해 진행된 동원(예를 들면 조직화운동)과정이지만, 중국사회에 대한 동원은 권력의 고도집중 속에서 당에 대해 정치·경제·사회적 기초를 제공해준다. 둘째, 국가의 현대화추구는 당 집권의 내적 동력을 구성하지만, 현대화의 좌절과 위기는 당의 집권을 극단화시킨다. 간단히 말하자면, 레닌식의 정당구조에서 집중된 권력은 필연적으로 당위원회가 서기에게 집중되고, 전당이 중앙에게 집중되고, 중앙이 지도자에게 집중되는 구도에 따른 등급분포를 구성한다.[19]

---

18   林尚立, 『當代中國政治形態硏究』, 天津人民出版社, 2000, p.287.

19   덩샤오핑에 의하면, "권력의 과도한 집중 현상은 당의 일원적 영도를 강화한다는 구호 아래에서, 적절치 않게, 분석 없이 일체의 권력을 당위원회에 집중하게 하고, 당위원회의 권력이 몇몇 서기에게 집중되도록 하고, 특히 제1서기에게 집중되도록 하여, 어떤 일도 제1서기가 지휘하고 결정하도록 한다. 당의 일원적 영도는 종종 그로 인해 개인의 영도로 변하게 된다."(鄧小平, 「黨和國家領導制度的改革」, 『鄧小平選集』第2卷, 人民出版社, 1994,

고도집권구조의 정치적 결과

당의 고도집권의 구조적 특징은 중국의 국가와 사회의 관계 및 그 관계로부터 결정된 중국정치형태에 중대한 영향을 미친다는 점이다. 중국과 같은 후발전국가는 사회세력이 매우 취약하기 때문에, 현대화의 동력이 사회의 자발적 조직세력으로부터 나오는 것이 아니라 정치적 권위로부터 나온다. 정치권위 주도형의 현대화는 본질적으로 중앙집권을 선호한다. 그렇다고 다른 유형의 현대화가 중앙집권을 필요로 하지 않는다는 것은 아니다.

엥겔스가 지적했듯이, 집권은 국가의 본질이며, 국가 생명의 기초이고, 모든 국가는 당연히 집권을 하고자 한다.[20] 먼저 현대화한 국가들의 중앙집권은 사회구조분화의 기초 위에서 이루어졌고, 그것은 통일적 시장 형성에 대한 분산, 분할 및 각종 봉건적 장벽들로부터의 피해를 피하기 위한 것이었다. 그것은 주로 전체 사회생활에 협조하면서도 통합을 이루는 중심이 존재한다는 것을 의미했다. 일반적으로 지방자치와 결합되고, 중앙집권국가의 분권원칙에 의해 상대적으로 독립된 시민사회를 수반한다. 국가와 시민사회의 이원적 구조 사이에 충분한 긴장 관계가 형성된다. 정당은 국가와 시민사회의 긴장이 균형을 이루도록 하고, 정치제제의 공식적(입헌적) 부분과 비공식적(사회적) 부분의 경계에서 운

---

p.328.)

20   恩格斯,「集權和自由」,『馬克思恩格斯全集』第41卷, 人民出版社, 1982, p.396.

영되는 하나의 제도적 요소일 뿐이었다.[21] 그러나 중국의 현대화 논리에 따르면, 중앙집권의 특수한 의의는 그것이 구제도라는 종기를 잘라내는 메스이며, 사회변혁을 추진하는 엔진이고, 이익활동과 사회자원의 분배자라는 점에 있다. 그것은 중국의 자원이 빈약하기 때문이다. 새로운 제도와 새로운 생활방식의 확립이 자연적인 성장과정이 아니라, 인간의 주관이고 능동적인 의지와 정권세력에 의존하여 구축되어야 하는 과정이라는 것을 의미한다. 그것은 형식적으로 국가정치권력의 추동과 지지로 나타나고, 실질적으로 국가 영도의 핵심인 당의 정책결정과 개폐로서 구체화된다. 여기서, 중앙집권국가는 사회통합을 자신의 정치시스템의 본능으로 삼는다. 린샹리 교수가 분석한 것처럼, "개혁개방 전의 중국사회와 중국정치형태에서, 당, 국가, 그리고 사회의 관계는 당이 국가를 영도하고, 국가가 사회를 주도하고, 당은 국가 또는 자신의 조직을 통해 사회를 조직한다. 그런 관계구도에서는 당이 통제를 강화해야만, 신속하게 권력을 축적할 수 있고, 절대적인 권력을 영유할 수 있다."[22]

중국현대화의 특수한 논리 규정에서, 국가와 사회에 대한 당의 통제는 범위와 정도 모두 강화되는 추세를 보였다. 중앙집권은 당의 집권을 통해 실현되었다. 당의 고도집권은 우선 당과 국가(정부)의 관계에 있어서 근본적 변화를 초래했다. 정부는 완전히 당의 조직체계 내의 일부가

---

21   戴維·米勒, 韋農·波格丹諾, 『布萊克維爾政治學百科全書』, 中國政法大學出版社, 1992, p.521.

22   林尚立, 『當代中國政治形態研究』, 天津人民出版社, 2000, p.322.

되었다. 대의민주주의를 핵심으로 하는 현대정치의 요구에 따르면, 국가제도 밖에 존재하는 정당은 반드시 집정당이 되어야만 국가를 영도할 수 있다. 집정당은 법에서 정한 절차에 따라 국가제도시스템으로 진입하고, 법률이 부여한 권리와 제도에 따라 국가업무를 배치하고 관리할 수 있으며, 그렇게 당의 이념이 국가의 의지가 된다. 정당 자체는 국가권력구조의 일부가 아니고, 집정시기에도 그렇다. 제도가 집정당의 권력을 제한적이고 상대적으로 만든다. 정당이 국가권력을 획득하는 방식에 따라 정당의 집정방식에 차이가 생긴다. 중국공산당은 처음부터 체제 외 동원정당이었고, '법에 따른 절차를 통해 국가제도시스템으로 진입'하는 문제가 생기지 않았다. 중국공산당은 본래 새로운 국가와 새로운 정부의 창립자였다. 국가와 정부를 수립할 때, 이미 자신의 의지, 조직모델, 그리고 관리원칙을 자신의 창조물에 부여했다. 따라서 국가(정부)의 영도에 대해 자연스럽게 동시에 두 가지 방식을 채택했다. 첫째, 정부기구 내에 당 조직을 건설하여 당원이 직접 장악한 국가권력을 통해 당의 영도를 실현했다. 둘째, 형식상 정부 밖에 독립적인 당의 각급 위원회 그리고 민주집중제를 기초로 하는 집단적 정책결정제도에 따라 당의 영도를 실현했다. 첫 번째 방식에서, 정부의 당 조직은 정부와 공동으로 정부 기능을 실행하는 정부조직이 되었다. 두 번째 방식에서, 정부는 내부에 있는 당 조직의 통제를 받을 뿐만 아니라, 외부에 있는 동급 당위원회의 통제를 받게 되었다. 두 가지 방식의 고도의 상호연결성과 동일구조성에 의해 당은 매우 용이하게 정부를 대체(以黨代政)하게 되었다. 정부 시스템과 정부 간 관계가 보이지 않게 당의 조직시스템의 상·하급 관계로 전환되었다. 고도집권의 산물인 이당대정(以黨代政)의 역사는 당의 근거지인 정권건설 시기로 거슬러 올라갈 수 있다. 당시 고도로 권력이 집중된 외부동력은 전쟁에서 생겨났고, 지금의 외부동력은 현대화로부터 생겨났다.[23] 당 자신이 정부가 되었기 때문에, 당의 조직도 고도로 행정화되었다.

둘째, 당의 고도집권으로 국가와 사회의 관계에 근본적인 변화가 발생했다. 사회는 완전히 국가 행정의 부속물이 되었다. 두 가지 수단을 통해 변화가 이루어졌다. 첫째는 조직 통합이다. 농촌 합작화운동(인민공사)과 도시 상공업사회주의 개조운동(단위조직)에 의해 거의 모든 사회성원이 국가의 정치생활 속으로 포섭되었다. 국가권력의 밖에서 독립하고 국가권력의 권위에 대해 도전하는 다른 사회 권력이 형성되지 못했다. 정치주도형 현대화에 의해 사회자원에 대해 독점적 분배가 가능해졌다. 그런 단위조직은 "진정한 이익주체와 자원주체가 아니라, 국가의 자원 배분과 사회 관리의 대리인이다. 따라서 (사회)성원의 조직에 대한 의존

---

23 당과 정치를 구분하지 않는 것은 레닌으로 거슬러 올라간다. 일부 문헌에서는 레닌이 당정분리를 최초로 주장했다고 하고, 그 근거로 1919년 러시아 공산당 8대 레닌의 제의가 통과된 당과 소비에트 관계에 대한 결의를 예로 든다. "당은 소비에트 기관을 통해 소비에트 헌법의 범위 내에서 자신의 결정을 관철시켜야 한다. 당은 소비에트를 영도하고자 노력해야 한다. 그러나 소비에트를 대체하는 것은 아니다." 그러나 레닌은 '영도'를 어떻게 할 것인가를 말했을 뿐, '대체'를 말하지 않았다. 레닌은 그 문제에 대해 분명한 태도를 취하지 않았다. 공산당은 체제 밖으로부터 폭력을 통해 정권을 획득한 특수한 정당이기 때문에 고도로 권력이 집중된 조직구조와 역사적 임무로 인해 "당 상부의 영도가 소비에트 상부의 영도이고, 그것은 같은 것이다."(列寧, 「我國國內外形勢和黨的任務」, 『列寧全集』第31卷, 人民出版社, 1958, p.382.) 결론적으로, 다음이 레닌의 일관된 생각에 더 부합한다. "우리는 집정당이므로, 소비에트의 '상부'와 당의 '상부'를 하나로 융합하지 않을 수 없다. 지금도 그렇고, 앞으로도 그렇다."(列寧, 「俄共(布)第十次代表大會」, 『列寧全集』第32卷, 人民出版社, 1958, p.166.)

은 단지 형식일 뿐, 국가에 대한 의존이 실질이다. 사람들은 조직(단위)을 통해 정부 또는 국가에 고도로 의존한다."[24] 중요한 의미를 갖는 것은 그 과정에서 당의 조직망이 신속하게 늘어났고, 사회의 각종 단위조직에서 그 핵심과 영도적 지위를 확립했다는 점이다. 국가의 전면적 사회통제는 당 조직에 의한 사회 네트워킹의 기초이다. 둘째, 가치통합이다. 그것은 조직통합에 맞는 문화 관념의 재건과정이다. 국가는 사회의 '편성(編組)'을 반드시 특수하고 효과적인 문화의 상징자원과 규범에 의해서 실현했다. 당의 이데올로기는 계급과 계급투쟁, 사회주의의 길, 무산계급독재(專政)에 대해 국가의 사회에 대한 전면적 통제의 합법성을 제공해야 하고, 평등주의, 집단주의, 사유제도와 수정주의 비판, 헌신정신의 선전에 관해 사회가 국가에 대해 절대 복종하는 윤리적 분위기를 조성해야 했다. 정치주도형 현대화에서 이데올로기적 통제가 심할 때에도, 모든 사회가 오히려 큰 대항이나 저항을 하지 않았던 것은 그런 이유에서이다. 조직통합과 가치통합의 공동작용하에서, 사회의 모든 생활은 국가정치 범주로 편입되고, 정치·경제·문화 일체의 구조(정치권력, 경제권력, 문화권력이 정치영역에 모두 집중됨)와 중심의 중첩(정치·경제·문화활동이 모두 정치의 강제적 논리에 따라 하나로 관통)을 실현하였다. 국가(정부)가 할 수 없는 것이 없고 관리하지 않는 곳이 없게 되었다. 기층의 자치조직과 사회의 매개 단체는 더 이상 존재하지 않거나 국가(정부)기구의 연장이 되었다.

---

24 孫立平, 王漢生, 王思斌, 林彬, 楊善華, 「改革以來中國社會結構的變遷」, 『中國社會科學』, 1994年 第2期.

셋째, 당의 고도집권이 당-국가 일체의 영도체제를 형성하고 국가를 통한 사회통합의 성공과 함께, 당 자신의 행정화가 계속되면서 두 가지 심각한 결과를 초래했다. 국가제도의 조직원칙이 와해되고 정당기능이 퇴화된 것이다. 이당대정(以黨代政)의 상황에서 국가제도의 조직원칙의 와해는 당 조직원칙의 와해였다. 그것은 주로 민주집중제의 변형으로 나타났다. 민주집중제의 규칙에 따르면, 민주집중제는 민주와 집중 두 가지 측면으로 이루어진다. 민주를 기초로 한 집중이며, 집중의 지도를 받는 민주로, 양자는 분리될 수 없다. 당의 영도방식에 대해 말하자면, 그 기본적 요구는 집단영도이지, 개인독재가 아니다. 그러나 고도집권의 권력분포논리에서처럼 개인(제1서기, 지도자)에게 귀결되기 마련이므로, 민주집중제는 '민주 없는 집중제' 즉 일인독재로 탈바꿈된다. 국가에 대한 사회의 효과적 통제가 결여된 상황에서, 일인독재가 행정수단과 독재수단을 사용하여 다른 의견을 억압하고 반대파를 공격하게 된다. 따라서 국가의 '병'이 '염증'으로 전화된다. 중국의 '문혁'이 결국에는 국가제도의 전면적 파괴를 초래한 것처럼 말이다.[25] 다른 한편으로, 당이 직접 국가권력을 행사함에 따라, 국가행정조직 그 자체가 되었고, 정당이

---

25 '문혁'은 매우 복잡한 역사현상이다. 표면적으로, '문혁'은 가장 광범위한 민주운동으로 국가기구의 관료화에 대한 청산을 표방했지만, 통제를 잃어버린 '다수의 폭정'이 되었다. 그러나 사실상 처음부터 끝까지 개인(지도자)과 당(중앙)의 통제 속에 있었다. 결과적으로 민주집중제가 '대(大)민주집중제'로 탈바꿈되었고, 이성적으로 다수의 진정한 복지를 표현하고 보호하지 못하게 되었으며, 전횡적으로 당연한 소수의 권리를 박탈했다. 린상리에 의하면, "역사적 사실이 증명했듯이, '대(大)민주'가 당이 사회를 영도하는 정치적 형식이 될 수 있었던 이유는 당의 집권과 제도의 장애를 넘어서 직접 국가제도를 통제하려 했던 것과 밀접한 관계가 있다."(林尚立 2000, p.348)

본래 갖추어야 하는 이해의 추구, 정보의 소통, 대중과의 연계 등과 같은 전통적 정치기능이 날이 갈수록 강화된 행정기능에 의해 사라지게 되었다. 당의 행정화는 당이 자신의 의지를 관철시키기에 매우 용이하기 때문에, 당과 국가권력의 일체화는 당에게는 강한 유혹이다. 그로 인해 당은 점점 직접 정권업무를 하고자 하고, 복잡하고 힘들고 상세한 대중업무를 하고 싶어 하지 않고, 또 제대로 하지 못하게 된다. 그런 역설적 현상이 나타났다. 장기간의 정치동원을 통해, 당은 이미 하나의 정부가 되었고, 관료제원칙에 따라 세워진 금자탑과 같은 조직이 되었으며, 집중적 정책결정과 수직적 지휘에 보다 익숙해졌고, 민주와 분권에 맞지 않게 되었다. 그러나 당의 관료제적 조직구조의 특징과 정부화의 행위방식은 '사회로부터 유리된 상부'라는 국가권력의 배타성과 모순성으로 인해 점점 대중과 멀어졌고, 다시 정치동원의 효과가 사라지고 정치동원의 합법성이 문제시되었다. 그것은 당이 사회를 전면적으로 통제하는 과정에서 본래 정당의 기능에 속하지 않던 것을 집행한 것과 관계가 있다. 당의 고도집권의 구조와 영도체제가 강화되면서, 동시에 당의 합법성의 근거가 약화된 것이다.

국가와 사회의 분리 속에서의 당의 건설

1979년 이래 개혁개방은 중국 역사상 가장 중대한 변혁이다. 그 의의는 중국사회의 기본구조를 바꾸어 놓았다는 점에 있는 것이 아니라, 중국사회의 권력구조를 바꾸어 놓았다는 점에 있다. 한편으로, 시장 메커니즘의 도입으로 경제영역에서의 국가의 자원독점 국면이 타파되자, 국가의 경제권력은 점차 줄어들고, 시장의 경제권력은 점차 늘어났다. 경제권력이 늘고 주는 과정에서 경제관리체제의 분권이 나타났다. 향촌에서, 가정과 산업이 연계한 승포책임제(도급제)의 실행으로 농민은 비교적 완전한 의미에서의 토지의 사용권과 경영권을 갖게 되었다. 농민경제 활동을 지배하는 동기와 행위는 더 이상 상급 지도자의 지령이 아니라 경제이익이었다. 경제이익의 실현도 더 이상 정부에 의존하지 않고 정부 밖의 독립적인 시장에 의존하게 되었다. 도시에서는 주식제도의 성립에 따라 상품노동의 결정권, 상품의 판매권, 노동권, 인사관리권, 임금과 보너스분배권 등의 자주권이 확립되었다. 정부의 개입이 광범위하고 강하게 존재했지만, 시장의 조정능력이 점차 확대되었다. 비(非)공공부문 경제는 완전히 시장의 법칙에 따라 운영되었다. 분권과 권력이양을 기본특징으로 하는 움직임으로 고도집권체제에 대한 직접적인 충격과 침식이 한번 시작되자, 분명한 정치성향을 띠게 되었다. 경제체제에서의 분권과 권력이양으로 정치체제에서의 개혁요구가 생겨났다. 즉 경제민주에 상응하는 정치민주를 요구하게 되었다.

다른 한편으로, 경제영역의 시장화에 따라 사회영역의 자치화가 시작되었다. 사회의 회복과 성장으로 점점 더 많은 권력요소가 사회에 유입되었고, 그에 따라 국가와 사회의 관계가 근본적으로 변화하게 되었다. 몇몇 학자들의 분석에 따르면, 국가와 사회의 관계변화로 인해 주로 개인적 권리의 기초가 마련되고 사회조직이 확대되었으며, 공공여론이 형성되었다. 그것은 국가와 사회의 이원적 분리를 상징하는 것이며, 정치영역이 모든 권력을 장악하던 시대는 경험한 적이 없었던 권력이 점차 다원화된 또 다른 시대에 길을 내어주게 되었다.[26] '권력의 전이'가 상당한 정도로 정치적 권위가 주도하던 현대화 논리를 변화시켰다. 중국의 현대화는 사회의 조직으로부터의 지지를 결여하고 있었기 때문에, 정치시스템의 권력이 사회 각 방면과 각 계층에 무제한적으로 침투하고 통제해야 비로소 역사적 합리성과 필요성을 갖출 수 있었다. 그러나 지금은 시장경제에 의존한 각종 사회단체가 생겨나, 그 자체가 현대화의 자발적 추동력이 되었기 때문에, 현대화 동원의 중심이 정치동원으로부터 경제동원으로 전환되었다. 정치동원이 구축한 고도집권의 현대화모델은 논리적으로 그 존재의 근거를 상실하게 되었다.

국가와 사회의 관계변화가 당의 영도방식, 영도체제 그리고 조직구조의 변혁에 결정적인 영향을 미쳤다. 왕후닝(王滬寧) 교수에 의하면, "혁명사회 초기에는, 역사-사회-문화적 조건의 제약을 받았고, 고도집권의 정치영도방식은 필연이면서도 필수였다. 사회주의 혁명 후에도 그럴 뿐만 아니라, 일반적 사회혁명으로 모두 고도집권의 정치활동모델이 출현했다. 오늘날, 고도집권의 영도방식이 '지나치다', '서로 맞지 않는다'고 말하는데, 역사-사회-문화적 조건이 지금은 전혀 그렇지 않기 때문이고, 옛날에는 옳았지만 지금은 그렇지 않게 된 변화가 생겼기 때문에, 그것을 개혁해야 한다."[27] 국가체제상의 고도집권모델은 당의 고도집권 조

---

26   康曉光, 『權力的轉移』, 浙江人民出版社, 1999, pp.82-112.

27   王滬寧, 「革命後社會政治發展的比較分析」, 『復旦學報』, 1987年 第4期.

직구조와 영도체제로 인해 결정되기 때문에, 당의 고도집권은 주로 국가 영도체제에서 당이 정치를 대신하고(以黨代政), 당정을 분리하지 않는 것(黨政不分), 경제, 사회, 문화 등에 대한 전면적 관여와 직접적 관리로 구현된다. 따라서 덩샤오핑이 지적하기를, "개혁의 내용은 우선 당정을 분리하는 것이고, 당이 어떻게 영도를 잘 하는가의 문제를 해결하는 것이다. 그것이 관건이고, 가장 우선시해야 한다."[28] 그것을 위해, 당의 13대 보고는 당정분리를 주요 돌파구이며 중국정치민주화를 추진하는 정치체제개혁 방안으로 제시했다. 13대 보고는 다음과 같이 제기했다. "당의 영도는 정치적 영도, 즉 정치원칙, 정치방향, 중대한 정책결정의 영도와 국가정권기관에 대한 주요 간부의 추천이다. 당이 국가사무에 대해 진행하는 정치영도의 기본방식은, 당의 주장이 법적 절차에 따라 국가의지로 바뀌도록 하고, 당 조직의 활동과 당원의 모범적 작용을 통해 광대한 인민대중을 이끌어, 당의 노선, 방침, 정책을 실현하는 것이다."[29] 13대 이후, 당의 영도방식을 바꾸기 위해 각급 당위원회는 동급 정부부문과 중첩되는 직능부문을 없앴고, 대량의 일상적, 업무적 그리고 행정적 사무를 행정부문과 실무부문이 맡게 되었다. 말하자면, 정치체제를 개혁하려는 노력으로 일정 정도로 당정관계를 조정하여 전통적 당의 집권추세를 어느 정도 극복할 수 있었다. 그러나 1980년대 말 국내외 정세에 출현한 새로운 상황과 전통적 정치사유의 작용으로 인해, 13대 보고가 확립한

---

28   鄧小平,「關於政治體制改革問題」,『鄧小平文選』第3卷, 人民出版社, 1993, p.177.

29   中央文獻硏究室,『十三大以來重要文獻選編』上, 人民出版社, 1991, p.36.

당정분리구상은 결국 효과적으로 관철되지 못했고 대부분 간과되었다.

당정분리의 정확한 의미는 무엇인가? 정치학에서 그것은 본래 문제가 되지 않는다. 현대정치는 보통 '정당정치'라고 불리며, 그 명제는 우선 정당이 국가가 아니라, 국가체제 밖의 특수한 정치조직이라고 가정하기 때문이다. 정당과 국가, 정당조직과 국가정권기관 사이에 포용적 또는 종속적 관계가 존재하지 않고, 교차 또는 중첩적 관계도 존재하지 않는다. 그것은 내용과 외연 모두에 있어서 독립적 개념이다. 공산당이 혁명을 통해 국가를 수립한 역사적 규정성 그리고 혁명 후의 정치, 경제, 사회의 발전으로 인해 새로운 당정관계가 전통적 당정관계를 대체하지 못한 현실적 규정성으로 인해 '당의 독재(專政)'와 '당과 정부의 상부융합'이 발생했다. 그것은 실제 정치생활에서 끊임없는 폐단을 보여준 실천과 관념이었다는 것이 증명되었다. 비록 '정당정치'라는 서구정치 개념의 배후에 숨어있는 다당경쟁의 제도적 가치는 거부하지만, 시장 경제에 의해 추동된 국가사회 관계의 역사적 변혁에서, 정당정치 개념이 내포하고 있는 현대정치에 대한 보편적 경험이성을 거부할 수는 없다. 어쨌든, 정당, 민족국가와 같은 개념들은 원래 서양으로부터 온 것이다. 당대 중국의 언어 환경에서, 당정분리는 우선 당의 국가의 속성이나 국가의 기능의 변화를 가리키고, 정치에 대한 권리 즉 당이 과거 장악하던 국가권력을 정권기관에 돌려준다는(그것은 국가가 과거 장악했던 자원을 분배하고, 경제생산을 직접 결정하고, 사회활동을 직접 관리하는 권리를 시장, 기업 그리고 사회 매개단체에 돌려주는 것에 해당) 의미이다. 몇몇 연구소에서 개괄한 것처럼, "국가정권기관의 직권 범위 내에서의 업무들 또는 정부에 의해 관리되어야 하는 일들은 모두 정부가 관리하고, 당은 당을 관리하는 것뿐만 아니라, 스스로의 건설을 잘 하고, 권력기관, 행정기관, 사법기관, 그리고 군사기관 등을 포함한 국가에 대해 정치적 영도를 행하지만, 정권기관을 구체적으로 간섭하거나 독점적으로 처리하지는 않는다."[30]

그 다음 문제는 당정분리가 당의 정치적 영도를 보장할 수 있는가 이다. 당정분리는 당의 고도집권에 대한 극복일 뿐이다. 당과 정부의 분리가 자동적으로 국가권력에 대한 당의 효율적 통제를 보장해주지는 않는다. 국가권력에 대한 당의 통제는 어떤 경로를 거쳐야 하고, 어떤 기제에 의존해야 한다는 것을 보장해주지 못한다. '영도'나 '집정'은 사람들이 오랫동안 혼용해왔던 개념이다. 정치학에서, 집정은 정당이 법적 절차를 통해 국가체제 안으로 '진입'하는 것을 말하고, 공공권력을 통제·행사하는 법적 행위로서, 그것이 다루는 관계는 당과 헌법, 법률, 정부, 대의기관(국회, 의회, 인민대표대회 등)의 공식적 관계이다. 영도는 국가체제 밖에서 정당이 공공공역을 통제·주도하는 정치적 행위를 가리키며, 그 것이 다루는 관계는 주로 당과 사회, 민중, 여론, 다른 당과의 비공식적 관계이다. 정치생활에서 집정당이 반드시 영도당은 아니다. 예를 들면 서구 국가의 경우, 연합집정뿐만 아니라 단독으로 집정하는 정당이라도 자기가 모든 국가와 사회를 '영도'한다고 말할 수 있는 경우는 극히 드물다. 왜냐하면 영도에는 민의, 정치동원, 이데올로기, 그리고 사회적 정체

---

30   王貴秀, 石泰峰, 後少文, 『政治體制改革和民主法制建設』, 經濟科學出版社, 1998, p.119.

성이 포함되기 때문이다. 강제로 국가권력을 빼앗은 정당은 더 말할 것도 없다. 그러나 중국공산당이라는 특수정당은 그 이데올로기, 강령정책, 입당의 종지(宗旨)가 중국의 가장 광대한 인민의 근본적 이익을 대표하고, 중국현대화의 진보적 요구를 구현했기 때문에, 역사적 시기마다 중국정치의 갈 길을 주도했고, 상당히 뿌리 깊은 사회적 기초와 민의를 기초로 하기 때문에, 집정과 영도가 일치해야 한다. 집정과 영도에는 교집합이 존재한다. 즉 당은 집정당이면서 영도당이다. 전자는 그것이 형식적 정의(절차성)에 부합하는가에 따라 결정되고, 후자는 실질적 정의(정당성)에 부합하는가에 따라 결정된다. 형식적 정의가 실질적 정의를 담보한다면, 당의 영도는 당의 집정을 통해 보장되어야 한다. 개혁개방 이전, 국가에 대한 당의 영도방식은 집정당이라는 현대정치원칙의 요소라는 시각에서 고려된 적이 거의 없었고, 국가체제가 영도를 하는 것이나 국가체제를 대신하여 영도하는 것은 더 말할 것도 없다. 그것은 중대한 잘못이다. 국가와 사회가 분리된 상황에서, 당의 영도는 민주와 법치의 내재적 요구로부터 출발되어야 되고, 당의 집정지위와 집정행위를 통해 구현되어야만 한다. 그것은 국가대의제기관에 의한 헌법제정과 헌법수정을 거쳐 진행되어야 하고, 국가행정기관을 통해 법령이 관철되어야 한다. 정권을 장악하려는 정당의 시도는 시장경제의 속성에 부합하는 인류 정치문명의 공동성과 위에 자리 잡아야 한다. 그러므로 당의 영도가 정치영도라는 것에는 모순이 없지만, 당의 영도는 정치적으로 실현되는 것이 아니라 제도적으로 실현되어야 한다. '제도적'이라는 것은 헌법과 법률의 범위 내에서 당이 현존하는 제도와 합법적 절차를 충분히 존중하고 이용해야 한다는 것을 의미한다. 적극적으로는 시정강령의 제정, 국가기관의 후보 영도자의 제명과 추천, 선거와 투표의 동원, 정부조직, 정강실시, 당의 의지를 국가의지로 전환하는 등 종합정치능력을 이행하는 것이다. 당의 15대는 의법치국(依法治國)을 제기하는 동시에, "공산당 집정은 인민이 국가권력을 장악하고 관리하는 것을 영도하고 지지하며, 민주적 선거, 민주적 정책결정, 민주적 관리 그리고 민주적 감독을 실행하고, 인민이 법에 의해 광범위한 권리와 자유를 향유하는 것을 보장하고, 인권을 존중하고 보장한다."고 엄숙하게 약속했다.[31] 그것은 국가에 대한 당의 영도가 법률과 제도를 통해 이루어져야 하며, 당의 영도는 제도화되고 법률화된 행위가 되어야 한다는 것을 의미한다. 예를 들면, 당 중앙과 지방 각급 당위원회가 전국인민대표대회와 지방 각급 인민대표대회에 주요 정부지도자를 추천할 때 법적 절차를 따라야지, '위임'이나 '명령'의 방식으로 해서는 안 된다. 당은 경쟁적 선거(예를 들면 차액선거)를 조직하려고 노력해야 하고, 전국인대와 지방 각급의 인대의 당원대표를 당 기율로 구속하여, 당이 추천한 정부지도자 선출이 합법적으로 이루어져 정부를 조직하고 통제하는 목적을 실현할 수 있도록 보장한다. 당의 노선, 방침 그리고 정책은 입법과 행정을 통해 지시되고 각급 행정부문의 수뇌를 맡아 정부의 행동으로 바뀌어야 비로소 사회로 향할 수 있다. 그 모든 것은 당정분리를 전제로 한다. 당정일체라면, 위에서 말한 기능

---

31   中共十五大政治報告(江澤民:「高舉鄧小平理論偉大旗幟, 把建設沒有中國特色社會主義事業全面推向二十一世紀」, 1997年9月12日)

이 쓸데없는 것이다. 당이 정부를 대신하는 고도집권이라는 구체제하에서 정당의 기능은 극도로 축소되었다.

당정분리는 당의 영도방식뿐만 아니라, 당의 조직구조를 바꿀 것을 요구한다. 당이 하나의 정부라는 상황에서 관료제의 논리는 당의 구조가 고도집권일 것을 요구한다. 그렇지 않다면 사회를 전면적으로 통제하고자 하는 당의 필요를 만족시킬 수 없다. 정당과 정부의 분리가 국가와 사회의 분리에 조응하는 상황에서, 당은 과도한 집권이라는 구조적 특징을 극복해야 한다. 그렇지 않다면 효과적으로 공공영역에 개입하고 통제할 수 없다. 상당한 수의 문헌과 실천이 당이 어떻게 공공영역에 개입하고 통제해야 하는가에 대해 뛰어난 조사를 했지만, 그것은 당정분리라는 전제조건하에서만 가치가 있다. 그렇지 않다면 손발이 따로 노는 것이다. 당의 조직구조의 변화는 당의 영도방식의 전환을 요구하게 되며, 동시에 당의 영도방식의 변화의 조직적 기초가 된다. 조직적 토대는 민주집중제이며, 정확하게 말하자면, 민주집중제라는 체제(구조)의 표현이 집단영도체제이다.

정치학에서 보면, 집단영도체제는 본질적으로 일종의 위원회제이고, 위원회제의 특징은 첫째, 위원회 성원의 권력이 평등하다. 1인 1표로, 각각의 표는 같은 가치를 갖는다. 둘째, 모든 중대한 문제는 모두 위원회가 집단적으로 논의하고, 소수는 다수에 복종한다는 원칙에 따라 공동으로 결정된다. 셋째, 위원회의 책임자는 회의를 소집하고 개최하며 일상적 업무를 주재할 수 있는 권한이 있지만, 혼자서 중대한 문제를 결정할 수 있는 권한은 없다. 넷째, 위원회의 모든 성원은 위원회의 최종결정에 대해 공동의 책임을 진다. 즉 위원회제는 일종의 집단책임제이다.[32] 그런 의미에서, 민주집중제의 '집중'은 사실 소수가 다수에 복종하는 민주주의의 최종결과이며, 그것은 '위원민주, 서기집중'의 전통적 사고방식과는 원칙적으로 다르다. 후자는 실제로는 민주집중제가 아닌 개인 집권제이다. 옛날의 역사적 조건에서 조직구조에서의 개인 집권제는 그 나름의 합리성을 갖고 있었다. 하지만 그것은 권력수수(授受)관계를 왜곡했고, 거의 모든 정치위기의 원인이 되었다. 사회적 조건이 바뀐 상황에서, 조직구조와 전체 사회생태환경의 격차가 크면, 일반 당원과 기층조직에 무력감과 소외감이 생기게 되고, 그 정치적 효능이 크게 줄어든다. 당이 당원의 소극성과 무능 때문에 그 정치적 역할을 수행할 수 없는 상황에서, 당정분리는 '분리'라는 행동 자체로 인해 국가권력에 대한 통제를 상실할 수 있다. 그것이 집권제의 모순이다. 비국가체제적 성격의 정치조직으로서 개인 집권제의 가장 큰 폐해는 정당이 대중과 연계하고, 사회에 침투하고, 민의와 종합적 이익을 표출하는 모든 기능을 발휘하지 못하도록 한다는 데 있기 때문이다. 따라서 당은 사회의 공공공역에서 튼튼한

---

32 마오쩌둥은 1962년 다음과 같이 말했다. "당위원회의 영도는 집단영도이지, 제1서기 개인의 독단이 아니다. 당위원회에서는 민주집중제를 실행해야 하며, 제1서기와 기타 서기, 그리고 위원들 간의 관계는 소수가 다수에 복종한다." 마오쩌둥은 그런 '한 사람이 말하면 그만'인 제1서기를 '패왕(霸王)'이라고 했으며, 그들은 봉건시대의 제왕들도 그렇지 않다고 보았다.(『毛澤東著作選讀』下冊, 人民出版社, 1986, pp.820-821.) 덩샤오핑도 그의 유명한 '8.8'연설에서 분명하게 지적했다. "중대한 문제는 집단토론에 의해 결정되어야 한다. 결정할 때, 다수에 대한 소수의 복종, 1인 1표를 엄격하게 실행해야 하며, 각 서기는 1표의 권리만 있고, 제1서기가 말하면 다 되는 것은 아니다."(『鄧小平文選』第2卷, 人民出版社, 1994, p.341.)

'이데올로기 영도권'을 구축할 수 없게 되고, 결국은 당의 집정에 필요한 합법적 토대를 잃게 된다.

결론

지금까지 당의 고도집권의 구조적 특징과 그 요인이 특정한 역사와 현실조건에 위치해 왔다는 점에 대해 고찰해 보았다. 당의 계보(인터내셔널의 지부), 당의 이데올로기(마르크스·레닌주의), 당의 경로의존(혁명전쟁)과 당의 임무(현대화와 사회주의 개조)로 인해 당의 집권이 필연적 역사과정이 되었다. 그러나 현대화 환경의 딜레마(자원총량의 부족), 현대화 추월전략(자원총량의 부족으로 인해 시작된 대규모의 정치동원)과 현대화 좌절위기(대규모 정치동원의 부산물)는 곧 당의 집권을 극단적인 핵심요소로 끌어올렸다. 사회에 대한 국가의 전면적 통제를 최종적으로 완성했을 때(그 주요한 상징이 경제제도의 단일 공유제와 계획체제 및 사회관리 단위제의 확립), 당의 고도집권은 신뢰할 수 있는 경제적 토대와 체제적 보장을 획득할 수 있다. 제약조건과 요인이 대부분 존재해야만, 당의 집권 경향이 실질적으로 변하지 않는다.[33]

그러나 개혁개방이 초래한 국가와 사회관계의 새로운 변화로 인해 제약조건과 요인이 사라지거나 점차 약화되어, 당의 고도집권의 변혁이 어젠다가 되었다. 그것은 우선 고도집권적 영도체제를 바꾸는 것(당정분

---

33 1950년대 이래의 집권 폐단을 당내 지도자를 포함한 일부가 점차 인식하게 되었고, 체제적으로 그것을 조정하려고 시도했지만 지금까지 성공한 사례가 없다. 그것은 1958년 권력집중적 경제관리체제(정부관리체제에서의 당의 고도의 집권의 구현)의 중대한 조정으로 알 수 있다. 조정 경향은 집권에서 분권이다. 즉 중앙과 지방, 정부와 기업 간의 분권이다. 그러나 분권은 사회에 대한 국가의 전면적 통제 상황에서 진행되었다. 따라서 일단 분권이 관리의 문란과 탈선을 초래하면, 국가는 쉽사리 '하룻밤 만에' 풀어주었던 권력을 전부 회수할 수 있다.

리)으로 나타났고, 정치체제개혁에 대해 중공 13대의 구상은 이미 그 방향을 제시했다. 그러나 영도체제와 조직구조는 연계되어 있으며, 당이 국가체제 밖의 정치조직으로서 효과적으로 국가권력을 장악할 수 있는가, 새로운 사회생태환경의 압력과 도전에 대응하여 자신의 영도를 제도화·법률화하여 당의 집정의 합법성 기초를 유지하고 확대할 수 있는가의 여부는 당 조직구조가 원칙과 일치성과 친화성을 갖는가에 따라 결정된다. 그것은 민주제의 원칙이다. 그런 의미에서, 당의 조직구조의 변혁이 당의 부흥과 미래를 결정한다고 할 수 있다.

마지막으로 지적해야 할 것은, 당대 중국의 현대화는 절대 단번에 이루어지는 과정이 아니라는 점이다. 사회자원이 매우 부족한 상황이 현대화의 전 과정을 구속해왔다. 그로 인해 국가와 사회의 관계가 심각한 변화를 겪었지만, 국가는 절대적으로 주도적 지위를 갖고 있다. 즉, 정치주도형 현대화의 특징은 근본적으로 달라지지 않았다는 점이다.(생활의 논리와 논리적 생활은 보통 분리되어 있지만, 모순적이지 않음) 그런 상황에서, 개혁은 당연히 '점진적'이며 '안정이 모든 것을 압도하는' 개혁과 '단계적' 개혁[34]이다. 따라서 당의 집권(영도체제이든 조직구조이든)은 '반(半)집권'의 양상을 보인다. 정치발전의 관점에서 보면, 그것은 역사진보 속에서 현대와 전통이 교차하는 교착점이기 때문에, 그 속에 내포된 적극적 의미를 간과해서는 안 된다.

---

34   康曉光, 『權力的轉移』, 浙江人民出版社, 1999, pp.149-150.

제1장

혁명과 현대화 사이[1]

― 당치국가의 형성과 혁신

★

근대 이래, 혁명과 현대화는 중국에서 가장 규모가 크고 가장 영향력이 광범위했던 두 가지 역사운동이다. 학술적으로는 그것을 중국의 사회, 경제, 그리고 정치 발전을 이해하고 분석하는 중요한 시각으로 삼아왔다. 어떤 당파나 정치집단도 일찍이 혁명과 현대화를 자신의 기치로 삼은 적이 없었다. 그것은 과거 1세기의 특징이다. 그러나 혁명과 현대화의 내적 논리를 알고, 시대적 조류에 적극적으로 순응하는 당파와 정치집단만이 비로소 혁명과 현대화의 성대한 잔치를 함께 누릴 수 있다. 반세기 전 마오쩌둥은 다음과 같이 말했다. "중국공산당의 노력이 없었다면, 중국공산당원이 중국인민의 주춧돌이 되지 않았다면, 중국의 독립과 해방은 불가능했고, 중국의 공업화와 농업근대화도 불가능했다."[2] 그것은 거의 모든 후발전국가들의 현대화과정에서 보편적 특징이다. 현대

---

1   『復旦政治學評論』第1輯(2003)에 실은 글임.

2   毛澤東,「論聯合政府」,『毛澤東選集』3卷, 人民出版社, 1967, p.1047.

화는 전통적 권력체제와 사회구조에 대한 개조이다. 강한 정치적 권위에 의해 개조가 시작되어 완성되고, 새로운 사회적 요인의 성장을 위한 길이 열린다. 중국이 다른 점은 오직 레닌주의에 의해 무장한 정당 이외에 어떠한 세력도 그런 정치적 권위를 가질 수 없었다는 것이다. 그것은 이론적 연역이 아니라 경험적 사실이다.

혁명의 장막은 이미 걷혔지만, 혁명의 유산은 여전히 정리되고 소화되기를 기다리고 있다. 혁명과 함께해 온 현대화는 더 중대한 역사과정으로서 오늘날까지도 끝나지 않았다. 당의 역사적 활동과 그것이 직면한 개혁의 도전을 혁명과 현대화의 분석틀 속에서 논의하는 것은 오늘날에도 흥미 있는 과제이다.

위기와 혁명시대의 도래

중국의 전통적 언어환경에서, '혁명'은 역성혁명(江山易姓)과 왕조교체(改朝換代)를 의미한다. "천지가 변하여 사계절이 이루어지는데, 탕임금과 무임금의 혁명은 하늘을 따르고 사람에 호응하여, 그 때를 바꾸었으니 의미가 크다."[3] 왕조가 이미 '천명(天命)'과 '민의(民意)'를 잃어버렸기 때문에 혁명이 일어난 것이다. 오늘날 의미로 정치적 합법성을 잃어버렸기 때문이다. 왕조의 교체는 자연의 사계절 변화와 같다. 중국은 강제로 세계 현대화 조류 속으로 편입되었고, 과거로부터 벗어나 다시 시

---

3   "天地革而四時成, 湯武革命, 順乎天而應乎人, 革之時義大矣哉."(『周易·革卦』)

작한다는 함의와 근대 서구사상과 서구혁명 개념이 상호 결합되어, 혁명 (revolution)은 통치권의 격렬한 교체뿐만 아니라, 정치제도의 근본적 변혁을 의미하게 되었다. 사회경제관계의 변화뿐만 아니라, 문명의 방식, 가치시스템, 심지어 세상 모든 것의 발전을 포함한 변화로 확대되었다.[4] 그러나 20세기 전반, 학계에서 일어난 개량과 혁명 논쟁이든, 사회 저층에서의 현실적 요구이든, 모두 혁명의 중심이 다시 중국 본토의 언어환경으로 회귀했다. 혁명에서 농후한 기존 정체의 전복이라는 폭력적 색채가 사라졌다. 만일 서구혁명 이론과 역사가 여전히 중요한 영향을 미친다면, 그것은 프랑스혁명이나 러시아혁명이지 영국혁명은 아니다. 왜 그럴까? 그 문제는 현대화와 연관지어 생각해 보아야 한다.

중국의 첫 현대화는 내우외환의 궁지에 몰린 상황에서 자강운동이었다. 19세기 중엽 이래 백년은 중국의 '굴욕의 세기'라고 말할 수 있다. "천조가 서양오랑캐에게 졌으니, 그것은 굴욕이다. 계속해서 지면, 나라는 나라가 아니게 되니, 대굴욕이다. 서양오랑캐에게 졌는데, 또 서양오랑캐에게 배우게 되었으니, 최고의 굴욕이다. 중국 백년의 현대화운동은 사실 치욕을 이기고 강해지려는 운동이다. 치욕을 이기고 강해지려는 중국의 현대화운동은 결국 국가의 '힘'과 '부'를 추구하는 운동이다."[5] 그

---

4 쩌우롱(鄒容)이 『혁명군』에서 말한 것과 같다. "혁명이란, 천연의 공례(公例)이다. 혁명이란 세계의 공리(公理)이다. 혁명이란 생사의 과도기의 요지이다. 혁명이란 하늘에 따르고 사람에 호응하는 것이다. 혁명이란 부패를 없애고 선함을 지키는 것이다. 혁명이란 야만으로부터 문명으로 나아가는 것이다. 혁명이란 노예에서 벗어나 주인이 되는 것이다."(周永林編, 『鄒容文集』, 重慶出版社, 1983, p.41.)

5 金耀基, 現代化與中國現代歷史, 羅榮渠, 牛大勇編, 『中國現代化歷程的探索』, 北京大

것은 중국 초기 현대화의 두 가지 임무였다. 즉 정치적으로는 민족국가를 건설하고, 경제적으로는 공업화를 실현하는 것이다. 그 두 가지 임무 모두를 청 정부는 완성할 수 없었다. 로이즈만(Bernard Roizman) 등의 연구에 따르면, 중원에 입성한 이민족 정부인 청왕조는 자신의 통치안정을 과도하게 관철하여 스스로 변화를 꾀하거나 외부의 도전에 대응하는 내적 추동력과 역사적 기회를 상실하게 되었다. 그것은 그 정치제도가 본연의 취약성을 갖도록 한다. "19세기 중국의 실패는 중국정치구조의 고유한 취약성 및 그로 인한 부패에 의한 것이다. 중국 정치체제는 본래의 성격이 나날이 세계의 다른 국가에서 발생한 변화에 따르지 못했기 때문만이 아니라, 외부의 정치적 도전이 가져온 충격으로 생겨난 문제들에 대응할 수 없었기 때문이다. 더 중요한 것은 19세기 말 20세기 초의 슬픈 역사가 보여주듯이, 구 정치질서가 심각한 내상을 입었다는 점이다."[6] 결국 중국 현대화의 장애는 왕조 전통의 정치권력구조로부터 생긴 것이다. 체제 내에서 다른 메커니즘이 외부의 공격과 내부의 혼란에 충분히 대응하지 못했다면, 자연스럽게 체제외적 장치가 형성된다. 그것이 지방세력(중하층 관료와 민족자산계급), 민간사회(결사와 신지식인들)와 혁명당(및 그것이 이용하고 통제하는 신군대)의 아래로부터 위로, 안팎이 호응하는 조반(造反)운동이다. 로이즈만은 다음과 같이 말했다.

學出版社, 1992, pp.8-9.

6   吉爾伯特·羅玆曼, 『中國的現代化』, 江蘇人民出版社, 1988, p.272.

청말 중앙권력의 약화와 지방권력의 팽창은 객관적으로 지역적 소범위의 개혁에 유리하다. 그러나 그러한 분산성은 서구 봉건사회 말기 다원구조에서의 분산성과는 다르다. 서구의 분산성에는 신흥 자본주의 시장의 통일적 요구가 내포되어 있다. 신해혁명은 광범위한 보편적 왕권의 일원적 구조를 갑자기 해체시키기는 했지만, 제국의 폐허 속에서 현대적 국가를 세우지는 못했다. 크고 작은 전통적 권력의 중심이 분열되어, 심각한 정치적 권위의 위기가 초래되었다.[7]

위기의 결과가 거의 40년이나 지속되었고, 열강이 호시탐탐 쳐들어오려는 매우 어려운 국제환경에서는 특히 심각했다. 비록 신해혁명이 왕조국가의 형태를 종결시켰지만, 중국현대화의 제도적 장애는 사라지지 않았다. 중국 현대화의 두 가지 임무 중 하나도 이루어지지 않았다. 민족국가는 단지 형식적으로만 갖추어졌고, 군벌할거 등 정치실패가 여기저기 드러났다. 민족공업은 그 틈새에서 고전하면서, 성장했다가 쇠퇴하기를 반복했다. 현대국가의 건설과 현대공업의 추동은 여전히 20세기 중국현대화의 주제이며, 전자가 후자의 전제라는 점을 점점 더 많은 중국인들이 인식해가고 있다.

국민당 남경정부의 소위 '신전통주의적'[8] 현대화실천을 어떻게 평

---

7   羅榮渠, 『現代化新論』, 北京大學出版社, 1993, p.302.

8   아이젠슈테트(Alfred Eisenstaedt)의 국민당의 현대화전략에 따르면, 가장 일반적인 상징
     단계에서 국민당 엘리트는 사회, 정치, 그리고 문화적 질서의 중심적 상징을 전통주의
     적 방식에 따라 정의하는, 선명한 유가적 성향을 갖고 있었다. 조직단계에서, 국민당의

가할 것인가. 중국 대륙에서 국민당의 현대화전략을 주목할 만한 시기는 단지 10년, 즉 1927년부터 1937년 사이이다. 이전의 국민혁명은 북벌통일을 중심으로 이루어졌고, 경제적으로는 성과가 없었는데, 항전 시작 이후 그리고 전후 국공내전으로 현대화가 중단되었다. 이 10년간, 중국의 방직업, 식품가공업, 광산업, 운수업 그리고 통신업 등은 큰 폭으로 성장했다. 그것은 국민당이 손중산의 삼민주의적 자원을 계승한 것과 군사와 정치수단을 통해 권력과 자원을 점차 지방에서 중앙으로 옮기고, 당치(黨治)를 핵심으로 하는 중앙집권 정치질서를 수립한 것과 불가분의 관계에 있다. 그러나 남경정부는 국제 자본주의세력과 복잡하게 얽힌 타협적이고 의존적인 정권이었다. 그로 인해 자금상이나 정책상으로 민족공업의 발전을 적극적으로 유지하고 효과적으로 보호할 수 없었으나, 의도하지 않게 개별 민족기업에게 유리한 제도적 구조를 구축했다. 민족경제와 비교하면, 외국자본은 항전 전야에 이미 중국현대화 경제부문과 통상항구에서 지배적 지위를 차지했다.[9] 그것이 첫 번째이다.

정책과 전통 제국시대의 정책이 매우 유사했다. 즉 다른 사회집단을 통제하려 하고, 그들의 이동을 축소시키고, 정치와 문화 중심에 대한 참여와 관여를 제한하여 그들을 서로 분리시키고자 했다. 다른 한편으로, 국민당정부의 대내외적 환경도 제국시대의 환경과 전혀 달랐기 때문에, 여러 가지 전통주의와 현대적인 내부집단의 거대한 압력과 거대한 국제적 압력을 받아 새로운 현대적 질서를 건설해야 했다. 새로운 질서의 중심적 상징이 새로운 전통의 유가적 성향이다. 간단히 말하자면, 그것은 전통과 극단적인 현대적 상징의 혼합물이다.(艾森斯塔特, 「傳統, 變革與現代性: 對中國經驗的反思」, 謝立中, 孫立平, 『二十世紀西方現代化理論文選』, 上海三聯書店, 2002, pp.1092-1094)

9   1936년까지 외국산업자본의 비중은 중국자본이 21.6%, 외국자본이 78.4%였다.(吳承民, 「中國資本主義的發展述略」, 『中華學術論文集』, 中華書局, 1981, p.337.)

두 번째는 남경정부가 하나의 관료화된 군사정권이었다는 점이다. '절제자본(節制資本)'이라는 미명하에 경제생활에 대해 이루어진 통제와 독점은 상공업 자본가계급이 신해혁명 이래 향유해온 경제적 자주권을 박탈했고, 그들을 관료자본주의의 부속품으로 만들었다. 페어뱅크가 말하기를 그 존재는, "자산계급의 이익을 대표한 것이 아니라, 그 정권을 지속시키기 위한 것으로, 그것은 과거 왕조와 다를 바 없다."[10] 세 번째, 남경정부는 제도화 수준이 낮은 권위주의적 도시정권이다. 제도화 수준이 낮다는 것은 그 권력운영에 수반되는 농후한 종법(宗法)혈연의 인치(人治) 전통과 '신(新)국수주의적' 색채를 의미한다. 권위주의는 '일당독재'의 정치적 패권질서가 대중의 정치참여를 억압하는 것을 말한다. 모든 도시성은 한편으로 효과적 통치범위가 연해와 장강 남부 일대 통상항구에 한정되었을 뿐만 아니라, 다른 한편으로 그것이 항구도시의 관료자본주의와 중국의 광대한 향촌사회와 첨예하게 대립했다는 것을 의미한다. 배링턴 무어(Moore, Barrington Jr.)는 "국민당통치 20년간, 유럽 공업화의 반동적 역사단계와 유사한 기본적 특징을 분명하게 보여주었다."[11]고 보았다. 다시 말하자면, 국민당이 실시했던 현대화는 국가 관료 독점자본주의와 전통세력이 상호 결합한 보수적·점진적 독일과 일본의 현대화유형이다. 그러나 문제는 20세기의 특정한 대내외적 조건하에서 국민당정부가 효과적으로 자원을 동원하기 위한 충분한 정치적 권위가 없는데도 위로부

---

10   費正清, 『偉大的中國革命』, 世界知識出版社, 2000, p.263.

11   巴林頓·摩爾, 『民主和專制的社會起源』, 華夏出版社, 1987, p.155.

터 아래로의 현대화를 실시했고, 고유의 체제적 결함과 내부의 얽히고설킨 관계로 인해 이성화된 현대국가로의 구조적 전환을 실현할 수 없었다는 점이다. 보수적이고 점진적인 현대화로는 독일과 일본식의 부국강병을 이룰 수 없었고, 오히려 중국을 점점 더 주변화시켰다. 그러나 국민당 자신은 그 이데올로기의 쇠퇴, 조직구조와 기능의 문란, 군사정치의 연이은 실패 상황에서 악화된 부패와 무능으로 결국 현대화의 주도권을 상실하게 되었다.

현대화경험이 보여주듯이, 현대화가 운 좋게 비교적 전통적 방식에 가까운 방식으로 점진적 개혁의 길로 나아가지 못한다면, 전통과 결별하는 급진적 혁명의 길을 선택할 수 있다. 그 역사적 배경하에서, 우리는 여러 위기들과 같이 나타난 일련의 혁명들을 이해할 수 있다. 즉 지속적 혁명의 물결이 점점 더 강해지고, 중국공산당이 역사무대로 나와 무장투쟁이라는 극단적 형식으로 현대화의 문을 연 것은 절대 우연이 아니다.

총체적 결전과 집단적 광란

서구학자를 비롯한 여러 연구자들은 반세기 전 중국사회의 혁명화를 중국현대화 과정이라는 특수한 형태로 보고, 17세기 이후 유럽혁명이 연 세계역사의 일부라고 본다. 그것은 대체로 맞는 말이다. 그러나 중국이 세계혁명에 조응하여 채택한 최종적 방식은 홉스바움(E. J. Hobsbawm)이 말한 '이원적 혁명(dual revolution)'-프랑스 정치혁명과 영국 산업혁명[12]이 아니라 마르크스·레닌주의적 공산주의 혁명이었다.

중국의 공산주의 혁명의 홍기에 관해, 이미 많은 문헌이 계급적 토대(무산계급의 출현), 외적 조건(러시아 10월 혁명), 그리고 여론의 완성(신문화운동) 등에 대해 분석을 했다. 그것은 특정한 요소와 연관지어야만 온전한 분석이 될 수 있다. 그것은 신해혁명의 실패이다.

신해혁명의 실패란 '반봉건'의 임무를 완성하지 못했다는 점, 토지개혁에 대한 농민의 요구를 만족시키지 못했다는 점, 사회구조의 전환을 실현하지 못했다는 점을 의미한다. 청말 이후 존재하던 지방(군벌)세력의 성장, 중앙권위가 쇠퇴하는 상황을 바꾸지 못한 것은 말할 것도 없고, 오히려 중국의 정치적·사회적 질서의 쇠퇴와 해체를 가중시켰다. 손중산이 말한 것처럼, "10여 년 이래 성적과 진전을 종합해보면, 실패라고 생각하지 않을 수 없다. 만청이 바뀌어, 이어서 원세개가 나오고, 홍헌(洪憲)에 무너지고, 무수한 독재와 작은 왕조들이 생겨났다. 군벌이 횡행하고, 정객이 해를 끼치고, 정치인들이 조국을 배반하고, 의원들이 몸을 파는 것이, 칡덩굴처럼, 태워도 다시 생겨나고, 황해가 흐려지고, 더 심하게 더러워져서, 나라 사람들이 마침내 혁명이 정치를 안정시키기 부족하고, 우리 민족에게는 힘든 일이라고 생각하게 되었다."[13] 손중산을 더 고통스럽고 실망하게 만든 것은 신해 이후 전제 복벽(復辟)에 반대한 일련의 자산계급혁명운동이 서구부르주아 민주주의국가들의 지지를 받지 못했다는 점이다. "무릇 군벌이 된 자는, 열강의 제국주의 발생과 관계가

---

12   艾瑞克·霍布斯鮑姆,『革命的年代』(第二, 三, 六章), 江蘇人民出版社, 1999.

13   孫中山,「中國國民黨改組宣言」,『孫中山選集』, 人民出版社, 1981, p.537.

없지 않다. ……그런 관측으로 인해, 중국의 내란이 사실 열강에 의해 생겼다는 것을 알 수 있다. 중국에서 이익을 얻고자 한 열강은 군벌에 손을 써서, 우리 국민을 죽여 목적을 이루었다."[14] 민국초기 이래 중국의 선진 지식인들이 서구민주주의를 숭상하고, 구미혁명을 모방하던 이상은 가혹한 현실에 의해 격파되었다. 그들은 눈길을 북쪽 이웃나라에 돌릴 수밖에 없었다. 1917년 이전, 구미에 젖어있던 지식인들에게 러시아는 중국보다 나을 것이 없었고, 낙후된 농노제와 러일전쟁에서의 참패를 빼고는 거의 잊혀진 대륙이었다. 그러나 10월 혁명으로 소비에트제도가 우뚝 서자 상황이 달라졌다. "러시아혁명당은 세계에서 가장 위력을 떨치던 제국주의를 전복시켰을 뿐만 아니라, 나아가 세계 정치·경제 문제들을 해결했다. 혁명은 진정으로 완전한 성공이다."[15] 무엇보다도 신정권이 맺었던 불평등조약을 두 번이나 '폐지'할 것을 주장하게 되어 절망한 중국인들은 새로운 희망을 보게 되었다. 따라서 러시아혁명은 '새로운 혁명모델'로서 중국의 신문화운동과 공명하여, 지식인들의 탐색과 기대심을 불러일으켰으며, 중국지식계의 보편적 좌경화와 급진화를 초래했다. 마오쩌둥은 그것을 경험한 사람으로서 진실되게 그런 역사적 변화를 묘사했다.

---

14   孫中山,「中國國民黨第一次全國代表大會宣言」,『孫中山選集』, 人民出版社, 1981, p.587.

15   孫中山,「中國之現狀及國民黨改組問題」,『孫中山選集』, 人民出版社, 1981, p.580.

중국인이 서구에게 배운 것이 적지 않지만 할 수는 없었고, 이상은 대부분 실현할 수 없었다. 여러 번의 투쟁도, 신해혁명과 같은 전국적 규모의 운동도 실패했다. 나라 상황이 하루가 다르게 나빠졌고, 사람들이 살 수 없는 환경이 되었다. 의심이 생겨나 커지고 발전했다. 제1차 세계대전이 전 세계를 놀라게 했다. 러시아인은 10월 혁명을 일으켰고, 세계에서 처음으로 사회주의국가를 창립했다. 과거 지하에 숨어있어 외국이 보지 못했던 위대한 러시아의 무산계급과 노동인민의 혁명이 레닌과 스탈린의 지도하에 화산처럼 갑자기 폭발했고, 중국인과 전 인류는 러시아인을 달리 보게 되었다. 이때, 그리고 이때만, 중국인의 사상에서 생활까지 참신한 시기가 나타났다. 러시아의 길을 가자—이것이 결론이다.[16]

당시 중국 마르크스주의자들의 사전에서, 중국혁명은 성격상 신해혁명이 완성하지 못한 임무, 즉 '반제·반봉건'을 완성하는 것이었다. 그것은 자산계급혁명에 속했지만, 혁명의 범주에서는 이미 공산주의혁명이었다. 다시 말하자면, 자산계급혁명의 미래는 자본주의가 아니라 사회주의이며, 자산계급혁명은 단지 사회주의를 위한 준비조건이었다.

그런 혁명은 매우 격렬한 성격을 갖기 마련이다. 신해혁명 시작부터 중국혁명은 온건한 방식을 채택할 수 없는 운명이었다. 첫째, 민족을 위기로부터 구한다는 배경에서 혁명이 제기되었고, 그것은 심각한 위기에 대한 직접적인 반응이었기 때문이다. 위기는 시간과 공간을 고도로

16   毛澤東, 「論人民民主專政」, 『毛澤東選集』第4卷, 人民出版社, 1957, p.1407, p.1408.

하나의 임계점으로 모으고, 모든 문제를 둘 중 하나를 고를 수밖에 없는 절박한 것으로 만든다. 정치개조로부터 시작하여 모든 문제해결 방법이 엘리트의 선택이 되어 버린다. 둘째, 혁명은 현대화를 위해 새로운 권위의 기초를 구축하고, 민족국가를 재건하기 위한 목표로서, 우선 중국에서의 서구 열강과의 첨예한 이해의 대립, 그 다음으로 국내 봉건적·전제적 할거세력의 사회경제구조가 첨예한 모순형성이라는 이 두 적은 매우 강력하다. 강한 적을 이기려면, 더 강한 힘을 가져야 한다. 그러므로 마오쩌둥은 다음과 같이 말했다. "그런 적 앞에서는 중국혁명이 장기화되고 잔혹하게 된다. ……혁명세력은 장기간 모이고 단련하여 결국은 적을 이길 수 있는 세력이 되지 않으면 안 된다. 적이 중국혁명의 진압에 대해 매우 잔혹하므로, 혁명세력은 자신의 완강함을 갈고 닦아 발휘하지 않으면 안 된다. 그렇지 않다면 자신의 진지를 지키지 못하고 적의 진지도 뺏을 수 없다." "중국혁명의 주요 방법, 중국혁명의 주요 형식은 평화가 아니라 무장이어야 한다."[17] 셋째, 중국혁명은 중국현대화를 처음으로 마르크스주의 무산계급혁명이론과 그것이 규정한 사회발전 목표와 연관시켰다. 그리고 마르크스주의는 전통적 소유의 제 관계와 전통적 관념을 철저히 결별시켜 중국현대화가 철저한 반전통적 혁명운동이 되도록 했다. 따라서 중국현대화는 다른 후발전국가들처럼 전통으로부터 조직자원과 사상자원을 구할 수 없게 되었다. 중국에는 자유민주 전통이 없었기 때문에(민국초기 한때 존재하던 국회는 군벌의 도구로 전락) 이용할 수 있는

---

17   毛澤東, 「中國革命和中國共産黨」, 『毛澤東選集』第2卷, 人民出版社, 1967, p.597.

것이 없었고, (민국 남경정부는 일당독재였기 때문)반대당을 통해 정치중심의 균형을 이룰 수 있는 기제도 없었다. 그러므로 체제 내에서 합법적 방식으로 사회를 개조할 수 없었고, 오직 체제 밖의 사회동원의 길뿐이었다.

중국혁명의 철저히 비타협적인 총체적 결전의 성격은 중공 초기 농민운동의 지도자였던 마오쩌둥과 펑파이(澎湃)에게서 특히 잘 드러난다. 예를 들면, 호남농민운동을 살펴보면, 마오쩌둥은 당시 중앙의 어떤 이가 농민이 향촌의 구질서를 소탕하는 것에 대해 제멋대로의 비정상적인 '공포현상'을 조성하게 될 것이라고 반대하며 '잘못'이라고 한 것에 대해, 그것은 '잘한 일'이라고 반박했다.

> 혁명은 손님을 불러 밥을 먹는 것이 아니고, 글을 쓰는 것도 아니고, 그림 그리고 꽃을 수놓는 것도 아니므로, 품위가 있을 수 없고, 침착하고, 고상할 수도 없고, 온화하고 착하고 공경하며 검소하고 양보하는(溫良恭儉讓) 것일 수도 없다. 혁명은 폭동이고, 한 계급이 또 다른 계급을 전복시키는 폭력적 행동이다. 농촌혁명은 농민계급이 봉건지주계급의 권력을 전복시키는 혁명이다. 농민이 만약 매우 큰 힘을 사용할 수 없다면, 몇 천 년 뿌리 깊은 지주권력을 절대 전복시킬 수 없다. 농촌에 큰 혁명의 붐이 일어나야 비로소 수천수만의 대중을 움직여 커다란 세력을 형성할 수 있다. ……솔직히, 모든 농촌이 단기간의 공포현상을 조성해야만 하고, 그렇게 해서 농촌 반혁명파의 활동을 진압할 수 없다면, 전통권력(紳權)을 타도할 수 없다. 혁명 시기 그들(농민)의 수많은 '지나친' 거동은 사실 혁명에 필요한 것이다.[18]

현대중국에서 혁명은 서구경험을 따른 평화적 변혁, 도태와 진화의 이미지를 버리고, 계급투쟁, 대중운동, 정치폭력 등 집단적 광란의 이미지를 얻게 되었다. 혁명은 피압박자의 성대한 명절이 되었고, 혁명은 피압박자의 집단무의식이 되었다. 얼마 후, '비바람이 몰아치고', '폭풍우 치는' 혁명의 형식, 혁명의 분위기가 심지어 혁명 자체의 이유와 혁명이 해결하고자 하는 현실적 내용보다 더 생명력을 갖게 되었다.

당치국가(黨治國家)의 대두

레닌주의에 따르면, 혁명은 직업혁명가를 지도자집단으로 하는 정당이 영도해야 비로소 혁명의 성공을 보장할 수 있다. 레닌주의 정당이 신해혁명 이후의 각종 정당과 조직구조와 가장 구별되는 것은 그 엄정성이다.

손중산은 볼셰비키주의를 본받아 국민당을 혁명당으로 개조하려고 시도했지만, 국민당이 원래 중국 전통사회의 기초인 향신(鄉紳)세력과 연계되어 있어서 내부의 엄격한 통합을 이룰 수 없었다. 대혁명시기 각 혁명계급과의 협력으로 국민당은 정치적 견해를 달리하고 분산된 혁명연맹이 되었다. 대혁명 실패 이후 국민당은 서구 열강의 지지를 얻고자 각 열강의 이익을 대표하는 당내 파벌세력의 존재를 용인할 수밖에 없었다. 그것은 공산당이 조직구조상 어떻게 국민당과 전혀 다른 고도집권

---

18   毛澤東, 「湖南農民運動考察報告」, 『毛澤東選集』第1卷, 人民出版社, 1967, p.17, p.21.

의 특징을 갖게 되었는가를 이해할 수 있는 관건이다.

중국공산당은 그 계보에 따라 말하자면, 코민테른으로부터 나왔다. 마르크스는 무산계급정당이론에 대해 처음부터 공산당이 기존 제도의 합법성을 비판하고 부정하는 것을 자기 존재와 발전의 근거로 삼아야 한다고 규정했다. 따라서 "다른 모든 정당과 다르고, 또한 그들과 대립하는 특수한 정당"[19]이 되어야 했다. 그 특수성은 우선 당이 정치, 조직 그리고 사상에 있어서 자신의 독립성과 순수성을 견지하는 것으로 나타나고, 당은 그에 따라 고도로 응집된 성격을 갖게 된다. 그것이 DNA처럼 나중에 모든 공산당 구조모델의 기본적 성향을 결정했고, 레닌이 창립한 코민테른으로 인해, 나아가 당 건설이론과 혁명행동이론과 결합되어 그 기본적 성향이 더욱 강화되었다. 그러나 유전정보의 확대는 많은 DNA 자체에 의해 결정될 뿐만 아니라, 끊임없이 DNA를 활성화하는 현존하는 생태환경 요인에 따라 결정된다. 아주 열악한 정치환경으로 사회의 전면적 혁명화가 초래되었다면, 사회의 전면적 혁명화는 혁명을 영도하고 혁명에 종사하는 정치집단이 자신을 단련하여 엄격한 기율, 엄밀한 조직, 고도의 집중, 고도의 통일을 특징으로 하는 '엄정한 부대'가 되도록 한다. 그렇게 하지 않고는 환경의 도전에 대응할 수 없기 때문이다.

고도로 응집된 정당구조와 고도로 확산된 정당기능은 대립의 통일이다. '기능확산'이라고 하는 것은 사회의 전면적 혁명화 상황에서, 당이 일반적 정당이 갖고 있는 선전, 연계, 소통, 조직의 기능을 이행할 뿐

---

19   恩格斯, 恩格斯致格·特利爾, 『馬克思恩格斯選集』第4卷, 人民出版社, 1972, p.469.

만 아니라, 직접 군사, 정보, 경제, 재정, 정권 등 비정당적 활동을 해야 한다는 것을 의미한다. 중국공산당은 폭력에 의해 배제되어 기존 국가체제 밖에서(1927년 후) 무장할거를 실시하고, 국가체제에 대항하는 군당(群黨) 합일, 당정(黨政)합일, 혁명정권, 예컨대 징강산(井岡山)근거지, 루이진(瑞金) 중화소비에트, 산시(陝西)·간쑤(甘肅)·닝샤(寧夏)의 정부를 건설하고, 그에 따라 정권의 독특한 방식(대중동원)을 형성했다. 대중동원은 혁명당의 행위 특성을 밝힐 수 있는 매우 중요한 개념이다. 일반적으로 광범위한 대중동원은 주변사회에 대한 중심국가의 통제를 강화시킬 수 있지만, 국민당의 남경정부는 제도화 수준이 낮은 권위주의적 도시정권이었다. 남경정부는 중국 전통사회의 구 엘리트와 연계되어 있을 뿐만 아니라 강한 의존적 관계로 인해 민중을 동원하기를 원했지만, 동원능력과 기대가 심각하게 결여되어 있었고(그것은 항전 중에 보다 분명하게 드러남), 따라서 중심국가와 주변사회 간에 크고 작은 틈이 생겼다. 그 틈에서 생존과 발전을 모색하던 홍색 할거 정권은 "양민이 산적이 되는 것(落草)"에 대해, 광범위한 대중동원이 그 '생명선'이었다. 기층사회의 대중동원은 역으로 중심국가와 주변사회 본연의 매우 취약한 관계를 소멸시키고, 주변사회와 할거 정권이 혼연일체가 되도록 한다. 따라서 억압적 국가체제를 전복시키는 보루가 된다. 우총칭(吳重慶)이 당시 중화 소비에트 차이씨(才溪)진향(鄕)소비에트업무의 '전담조사노트'에서 다음과 같이 말했다.

고도의 조직화나 행정구역의 집약화는 모두 혁명의 필요를 위한 것이다. "소비에트가 대중에 가까워지도록 하고, 소비에트가 관할하는 지방이 대중의 요구를 조금 더 알 수 있도록 하고, 대중의 의견이 신속하게 소비에트에 반영되도록 하며, 신속하게 토론하고 해결할 수 있도록 하고, 대중동원이 전쟁을 위해 소비에트건설을 위해 매우 편리하게 되도록 한다.”[20] 여기서 우리는 홍군이 왜 지부를 군대 내에 건설했는가를 이해할 수 있으며, 나아가 기층정권을 현급까지 확장한 국민당이 왜 대륙을 떠나지 않으면 안 되었는가를 이해할 수 있다.[21]

　그것은 마오쩌둥이 공산당이 중국혁명을 이끈 경험을 '3대 보물'로 개괄한 것을 생각나게 한다. 즉 통일전선, 무장투쟁, 그리고 정당건설이 그것이다. 통일전선은 '폐쇄주의'를 반대하는 것으로, 민중을 자각시키고 소자산계급 심지어 민족자산계급 내의 각종 반체제 세력을 최대한 받아들이는 것을 말한다. 무장투쟁은 농민을 주체로 하고, 농민의 토지문제를 해결하여 농민이 지지하는 농민전쟁을 쟁취한다. 정당건설은 혁명진영이 신속히 확대되어 생긴 이질성(당내로 유입된 비무산계급사상)을 해결하기 위한 것으로 당내 볼셰비키화운동을 계속해서 전개한다.[22] '3대 보물'의 핵심은 대중동원이다. 그것을 통해 당은 향촌, 가정 그리고 개인 속으로 깊이 파고들었으며, 광범위하게 대중을 일으키고, 군사노력, 정권수립 그리고 사회경제문제를 해결할 수 있었다. 도이치(Karl Deutsch)

20 　紅色中華, 『第二次全蘇大會特刊第三期』, 1934-01-26.

21 　吳重慶, 「革命的底層動員」, 『讀書』, 2000年 第1期.

22 　毛澤東, 「(共産黨人)發刊詞」, 『毛澤東選集』第2卷, 人民出版社, 1967, pp.569-576.

에 따르면, 대중동원(사회동원)은 하나의 과정이고, 그 과정 속에서 절대 다수의 구 사회의 경제적·심리적 의무가 해체되고, 새로운 사회화 모델과 행위모델을 얻게 된다.[23] 새로운 사회화모델과 행위모델은 자신의 새로운 정치적 역할에 대한 민중의 인식(노예로부터 주인으로의 계급적 지위의 전환, '자재[自在]'로부터 '자위[自爲]'로의 계급의식의 확립 그리고 해방의 격정)과 홍색정권의 합법성에 대한 인정(충성의 대상이 촌락가족, 구 정치상징으로부터 새로운 정치공동체로 이동)으로 집중적으로 나타난다. 따라서 당은 비교적 작은 대가로 거대한 혁명세력을 모을 수 있게 된다. 1940년대 중반, 대중동원은 정식으로 '대중노선'이라는 당의 업무가 되었다. 민중지지의 근거지 정권과 군대를 키우면서, 당의 조직이 지방의 기층사회로 깊숙이 들어가 개조했고, 동원되고 계급의식이 주입된 계급으로서 농민을 전통 농업 사회구조에는 없었던 조직적 자치를 하게 되었다.

하버드대학 정치학자 스카치폴(Theda Skocpol)이 프랑스혁명, 러시아혁명, 그리고 중국혁명을 비교한 저작에서 지적했듯이, 중국혁명은 정치동원형 혁명이다. 중국혁명은 레닌주의적 당이 다수를 차지하는 농민이 경제와 군사투쟁을 진행하도록 영도할 수 있고, 역사상 한 번도 진정한 의미의 영도가 있어본 적이 없었던 중국에서 새로운 조직형식을 만들 수 있으며, 조직적 세력을 운영하여 효과적 동원을 할 수 있다는 것을 보여주었다. 중국을 농민혁명으로 1917년 러시아혁명 후 향촌사회의 촌

---

23 Karl W. Deutsch, "Social Mobilization and Political Development", *American Political Science Review*, 55, September 1961, p.498.

락사회에 스스로 다스리는 무정부상태가 출현한 적이 없고, 오히려 혁명으로 농민과 공산당의 정치적 연맹이 강화되었으며, 농민은 군대와 정권을 더 지지했다. 향촌사회혁명의 정치와 경제적 성과를 보호하려면, 군대와 정권에 의존해야 했기 때문이었다. 무엇보다도 주의할 만한 점은 스카치폴의 결론이다. 즉 정치동원형 혁명은 '당치국가(party state)의 부상'을 초래한다. 그것은 혁명 전보다 국가가 더 중앙집권적이고, 더 관료화되고, 더 자주적인 신체제이다.[24] 혁명의 필연적 산물인 '당치국가의 부상'은 중앙집권의 재건이라는 역사적 추세에 대한 중국현대화의 요구가 반영된 것이다.

혁명식 현대화의 이유

1949년 공산당의 신중국 건설은 여러 세기 동안의 '국가권력의 추구', 즉 현대화의 새로운 권위를 재구축하는 기초 운동이 끝났으며, 중국이 '국가의 부의 추구'라는 현대화 경제건설 시기로 진입했다는 것을 의미한다. 이 시기의 중국현대화 건설을 살펴보려면, 사회발전에 대한 당의 이론적 목표시스템과 당이 사회발전을 실현하기 위해 이용할 수 있는 현실적 물적 시스템 사이의 내적 긴장관계에 주의해야 한다. 내적 긴장관계는 당의 사회발전전략 선택을 제약하고, 혁명 후 사회제도의 변화

---

24   Theda Skocpol, *States and Revolution*: *A Comparative Analysis of France*, Russia and China, Cambridge University Press, 1979, pp.262-265, p.236.

에 대해 중대한 영향을 미친다.

중국공산당이 영도한 새로운 형태의 자산계급혁명인 신민주주의혁명은 중국의 미래가 자본주의가 아니라 사회주의이며, 자산계급혁명은 단지 사회주의의 준비조건이라고 규정했다. 그 '준비조건'은 첫째, 중앙집권 민족국가의 재건으로, 1949년 대체로 완성되었다. 둘째, 자본주의에서 축적된 물적 기초와 문명 성과는 1949년 일찍이 물거품이 되었다. 따라서 "신민주주의사회가 장래의 사회주의사회로 발전"하려면 "낙후된 농업국이 선진적 공업국으로 전환"되는 과도기가 수반되어야 한다.[25] 오직 이 시기 이후, "공업이 크게 발전하고, 농업도 큰 발전을 하게 된다. 국가경제의 영도는 더 강화된다. ……경제관리업무를 하는 간부가 성숙하고, 수도 늘어나고, 당의 기술간부도 생기고, 노동자계급과 농민계급의 연맹이 정치적·경제적으로 공고해진다. 그때가 되면, 사회주의로의 이행을 채택할 수 있게 된다."[26]

당시 당의 정책결정단계에서 보면, 과도기는 사회주의시기가 아니라 사회주의를 위한 물질적·문화적 조건을 마련하는 공업화시기이기 때문에, 공업화를 하고 난 후에야 사회주의로 진입할 수 있다. 그리고 과도기는 장기간으로, 10년에서 15년 이상 걸릴 것이다. 지금의 시각으로 봐도 빠르다. 그러나 그것은 혁명의 시간표이지 건설의 시간표가 아니다.

---

25   毛澤東, 「在中國共產黨第七屆中央委員會第二次全體會議上的報告」, 『毛澤東選集』第 4卷, 人民出版社, 1967, pp.1368-1371.

26   劉少奇, 「中國共產黨今後的歷史任務」, 薄一波, 『若干重大決策與歷史事件的回顧』上 卷, 中共中央黨校出版社, 1991, pp.60-61.

그것은 생명과 역사의 변혁에 대한 혁명을 경험한 1세대 지도자의 독특한 인식이 반영된 것이다. 그런데 3년이 지나자 사회발전전략에 중대한 변화가 생겼다. 우선 공업화와 사회주의개조가 하나로 합쳐져 한꺼번에 추진되었으며, 과도기는 새로운 함의를 갖게 되어, 단순한 공업화시기가 아니라 "점진적으로 국가사회주의 공업화를 실현하고, 점진적으로 농업에 대해, 수공업과 자본주의 공상업에 대해 국가가 사회주의개조"를 하는 시기가 되었다.[27] 그 다음으로 이 과도기는 고도로 압축되어 3년(1953-1956) 만에 완성되었다고 발표되었다. 완성된 것은 단지 과도기의 사회주의적 개조일 뿐이었으며, 진정으로 과도기의 본질적인 공업화 목표를 달성하지 못했다. 공업화 없이 현대적 의미의 사회주의가 있을 수 없었다. 그러므로 당의 사회주의 발전전략은 선(先)사회주의, 후(後)공업화로 전환될 수밖에 없었고, 사회주의개조나 사회주의 자체가 공업화를 실현하는 방식이 되었다.

요즘 사람들은 여러 가지 이유를 들어 발전전략의 장단점을 반성하고 비판하지만, 당시에 발전전략이 제기한 문제를 간과할 수는 없다. 첫번째 문제는, 중국이 선진국의 현대화처럼 사회내부의 시장화 즉 자본주의 방식에 따른 공업화 건설을 할 수 있는가이다. 베르제르(Marie-Claire Bergère)에 따르면, 중국은 제1차 세계대전과 정치분열기에 '자산계급의 황금시대'가 있었으며, 민영기업의 신속한 발전으로 '독립적인 실업 자

---

27 毛澤東, 「對過渡時期總路線宣傳提綱的批語和修改」, 『建國以來毛澤東文稿』第4期, 中央文獻出版社, 1992, p.405.

산계급'이 형성되었다. 그들과 다른 사회세력들이 무역항 또는 내륙의
경제중심에서 서구 시민사회와 유사한 자치기구를 세웠으며, "매우 효
과적으로 현대화로의 통로를 개척했다." 베르제르는 실업자산계급을 핵
심으로 하는 시민사회는 특수한 경제상황과 정치환경의 산물로, 그것은
"미성숙하고 유치한 특징과 그 취약성"을 분명하게 드러냈다고 했다. 충
분히 강했지만, 경제낙후, 정치분열, 해외의존이라는 환경 속에서 국가경
제를 지속적으로 발전시킬 수 없었다. 게다가 중국 자산계급의 현대화는
경공업발전에 중점을 두었다. "경공업의 우선적 발전으로 중국 공업체
계가 어느 정도 성숙해졌다고 볼 수 없다. 세계대전, 그리고 중국과 서구
국가들, 국제시장과의 격차로 인해, 자금과 기술이 부족한 상황에서 채
택한 일종의 응급조치이다."[28] 중국 민간사회는 효과적으로 공업화를 추
진할 수 있는 조직적 힘이 부족했다. 조직적 힘은 혁명이나 동란의 순환
속에서 사라진 것이 아니라, 시장경제의 쇠퇴로 극도로 위축된 것이다.
1949년 신중국 성립 초기, 사적 자본주의가 제공한 공업생산액은 경제
총생산액의 10%에 미치지 못했고, 연간 1인당 평균수입은 50달러였다.[29]
중국의 공업화가 민간사회 시장화를 통해 자발적으로 진행될 수 없었으
니, 국가가 나서서 국가역량과 국가방식을 사용하는 것만이 유일한 선택

---

28   白吉爾, 『中國資産階級的黃金時代』, 上海人民出版社, 1994, pp.5-9.

29   1949년 중국의 현대적 공업경제는 대략 10% 내외였고, 현대적 공업경제는 관료자본
      을 포함했으며, 그런 부분을 제외하면, 민족자본은 10%에 미치지 못했다.(毛澤東, 「在中
      國共産黨第七屆中央委員會第二次全體會議上的報告」, 『毛澤東選集』第4卷, 人民出版社, 1967,
      pp.1368-1369.; 胡鞍鋼, 『中國政治經濟史論 (1949-1976)』, 淸華大學出版社, 2007, p.105.

이었다. 그것은 그 밖의 비교적 늦은 공업화를 하게 된 국가들이 국가를 중시한 이유와 같은 것이다. 중국의 특수성은 국가의 재건이 마르크스·레닌주의 정당의 정치동원 하에서 실현되었다는 점에 있다. 국가가 나서서 공업화를 추진했다는 것은 사회주의 주도 공업화를 의미한다.

그렇다면, 사회주의는 국가공업화에 유리한가? 공업화의 방식으로서의 사회주의는 '조직된' 제도적 장치이다. 그런 제도적 장치를 통해 국가는 비교적 쉽게 자원을 독점하고 집중시킬 수 있다. 따라서 비교적 낮은 비용으로 공업화에 필요한 원시적 축적을 완성할 수 있다. 공업화에는 여러 경로가 있다. 예를 들면, 농업노동생산율과 농업상품화를 제고하여 공업화 자본을 축적하여, '농경중(농업, 경공업, 중공업)' 노선을 가는 것이다. 그것은 먼저 농업을 발전시켜 농업이 경공업 상품에 대한 소비수요를 증가시키고, 다시 경공업발전을 통해 중공업을 위한 시장의 수요를 제공하는 것이다. 그것은 점진적이고 안정적이지만 속도가 매우 느리다. 문제는 당시의 지정학적 정치환경이 그런 공업화경로를 지지하지 않았다는 점이다. 혁명 후의 신중국은 외국의 적대세력에 의해 초승달 포위 속에 있었다. 1세대 혁명가들의 이상은 백년간이나 지속된 빈곤과 쇠약한 상황을 빠르게 바꾸고, 국가 경제의 힘을 빠르게 키우고 싶었다. 정권을 유지하고 공고화해야 한다는 필요성이 절박했다. 필연적으로 국가가 시작한 공업화는 중공업 우선의 공업화일 수밖에 없었다.

따라서 첨예한 문제가 발생했다. 중공업을 우선시하는 공업화에 필요한 방대한 자본은 어디서 구할 것인가? 1950년대 초, 중국공업화의 기초는 매우 빈약한 상태였다. 공업인구는 단지 5%였으며, 공업부문 스스로 자원을 조달할 수 없었다. 농업도 낙후되어 있었지만, 상대적으로 국민경제발전의 가장 주요한 부문이었다. 농업은 국민경제발전을 위해 자본을 축적할 수 있는 유일한 분야였다. 그러나 망망대해와 같이 분산된 소농경제와 전통적 향촌의 거래시장에서 공업화 자본축적의 거래비용은 너무 높았다. 거래도 순조롭게 진행되기 어려웠다. 식량시장을 예로 들 수 있다. 신중국 성립 초기 국가가 식량을 확보하는 경로는 두 가지였다. 하나는 농업세로 받은 정부미(公糧)이고, 또 하나는 자유시장에서 구매한 여유분(餘糧)이었다. 국가와 농민의 관계를 개선하기 위해, 1953년 중앙정부는 "세금은 적게, 구매는 많이"라는 방침을 정했다. 시장을 통해 국가 공업화를 위한 식량에 대한 수요를 만족시키고자 한 것이다. 그런데 첫 번째 5개년 계획시기 공업노동력과 도시인구가 폭발적으로 증가했다. 국가는 자유 시장에서는 필요한 식량을 모을 수 없다는 것을 깨닫게 되었다! 국가의 충분한 경제력이 없는 자유로운 식량 시장에서 가격 폭등은 취약한 예산에 대해 충격을 가했다. 소비에트처럼 무장노동자가 하향하여 농민과 식량을 교환하고 농민의 축적을 독촉할 수 없었기 때문에, 공업화를 위해 농업을 국내 저축과 투자를 제공하는 유일한 원천으로 삼아야 했고, 향촌의 자원추출 방식을 변혁해야만 했다. 그리고 향촌의 생산관계와 재산관계를 변혁해야 했다. 그것이 농촌사회주의를 개조하고자 한 근본적 이유이다. 그 첫 걸음은 일괄수매와 일괄판매제도이다. 국가가 농촌으로부터 저가로 농산품을 일괄구매하고, 공업생산을 위한 원료공급처와 도시 주민에 대한 공급계획을 보장하는 것이다. 일괄구매와 일괄판매제도에 이은 두 번째 조치는 전통적 농민을 집단화된 농민으로 바꾸는 것이다. 합작사와 인민공사 제도를 건설하고, 토지의 집단소유제와 생산과 분배의 집단소유제를 통해 각종 자원을 통제하게 되었다. 농민에 대한 집중관리와 조정을 실현했고, 농공업 상품가격의 협상가격차를 확보하는 급진적 방식이 농업자금을 공업부문으로 돌리는 주요한 경로가 되었다. 곧 도시에서 진행된 사적 자본주의에 대한 상공업 사회주의로의 개조도 같은 의미를 갖는 것이었다. 처음에는 새롭게 생긴 독점 국유기업의 경쟁을 억제했고, 나중에는 수매를 통해 국가자본으로 전환했다.

그것은 사회의 자체적 조직과 시장의 육성을 통한 것이 아니라, 국가가 사회주의적 수단을 운용하여 생산력을 발전시켜 공업화를 달성하는 발전전략으로, 본질적으로 정치동원 과정이다. 정치동원은 결정적 지위를 갖게 되었고, 당연히 무엇보다 정책결정집단이 생산관계의 변혁이 생산력의 신속한 발전을 가져온다는 철학적 이념을 가졌기 때문이었다. 공업화와 사회주의에 대해 무엇이 먼저고 무엇이 나중인지의 발전전략 논쟁의 이론적 함의는 생산력과 생산관계 사이의 변증법적 관계를 어떻게 인식하는가에 있다. 마오쩌둥이 처음으로 대내적으로 중국공산당이 먼저 생산력을 발전시키고 나서 옛 생산관계를 바꾸고 새로운 생산관계를 확립시켜야 한다는 관점을 받아들였지만, 후발국가 현대화의 논리 자체가 국가의 상대적 자율성과 확대에 대한 동기를 제공했다. 국가가 하지 못하는 것이 없다면, 국가권력을 이용하여 왜 옛 생산관계를 바꾸고 새로운 생산관계를 해방시키고 생산력을 창조할 수 없겠는가? 마오쩌둥은 다음과 같이 말했다. "우리가 그렇게 해야 하는 이유는, 생산수단의 개인소유제로부터 사회주의소유제로의 과도기를 완성해야, 비로소 사회생산력의 신속한 발전에 유리하기 때문이다.……"[30] 국가이성, 지도자의 의지, 이데올로기, 그리고 역사현실이 결합되었고, 정치동원이 이 네 가지를 결합시켰다.

다음으로, 정치동원이 일종의 격려기제로서 '추월전략'에 대한 요구를 만족시켰다. 속도와 시간을 다투는 것은 1세대 혁명가들의 기본적 특성이다. "1만 년은 너무 오래여서, 딱 하루 만에 다툰다." 몇 년 후, "시간은 생명", "하루는 20년과 같다." 등의 구호로부터 그 시대의 초조한 조급함과 절박함을 느낄 수 있다. 물적 자원이 부족한 상황에서의 '추월'은 인간의 주관적 의지에 호소할 수밖에 없었고, 사회대중이 최대한 정치에 참여하도록 할 수밖에 없었다. 전쟁 시기 극한적 도전의 성공사례는 혁명으로부터 현대화로 가고자 하는 정책결정자들에게 각인되었고, 공업화를 지도하는 근거가 되었다. 대약진시기는 정치동원이 최고 절정에 이른 시기이다. "낙후된 노동자계급의 표현이 축적되었다. 그것은 무슨 의미인가? 마르크스는 그 점을 가지고 혁명이 도래했음을 증명했다. 1956년 우리들은 이 점을 알지 못했다. 1958년, 혁명과 건설에 대해 사람들이 보여주었던 적극성은 과거 어느 시기보다도 더 높았다. 적극성을 어떻게 유지하는가?"[31] 마오쩌둥이 보기에, 혁명적 이상주의를 통해 인

---

30 毛澤東,「對過渡時期總路線宣傳提綱的批語和修改」,『建國以來毛澤東文稿』第4冊, 中央文獻出版社, 1992, p.405.

31 毛澤東,「在南寧會議上的講話提綱」,『建國以來毛澤東文稿』第7冊, 中央文獻出版社, 1992, p.17.

민의 건설열정을 계속해서 고무시키고, 대중운동을 통해 인민의 창의성과 능동성을 발휘시켜야 했다.

다시, 공업화기간이 줄어들고 사회모순이 첨예화됨으로써, 정치동원이 반대세력을 억압하고 사회질서를 재조직하는 계급투쟁을 의미하게 되었다. 그것은 한편으로 농민 혁명의 신분의식 및 그것과 당의 전통적 정치연맹의식을 생산·강화시켰고, 강제적 공업화 축적모델에 대한 농민의 반항을 완화시켰다. 다른 한편으로 도시와 농촌 자본주의의 자발적 세력을 타도하고, 기층사회에 대한 국가의 침투, 통합, 그리고 통제를 강화했다. "계급투쟁을 기점으로, 인민대중을 대상으로, 계급입장과 정치태도를 기초로, 대민주를 형식으로 하는 정치동원"[32]은 매우 깊은 정치적·사회적 전통을 갖고 있었기 때문에, 혁명전쟁기 이전에 광범위하게 이용되었고, 그 자체가 정권을 이용하여 사회를 개조하는 혁명이었다. 마오쩌둥은 1958년 9월 건국 이래 공업화운동을 회고하면서 다음과 같이 말했다.

……공업을 잡아라. 8, 9년을 했는데, 공업을 잡지 못했다. 중점을 공업에 두지 못하고, 혁명에 두었다. 토지개혁을 하고, 반혁명을 진압하고, 미국에 대항하고 조선을 돕고, 3반(三反)하고 5반(五反)하고, 기풍을 바로잡고(整風) 우파에 반대하고, 공사를 합치고, 합작화했다. 그런 모든 것은 혁명의 범주

---

32   林尙立, 『當代中國政治形態硏究』, 天津人民出版社, 2000, pp.282-285.

에 속한다.[33]

혁명은 본래 현대화를 위해 장애를 제거하는 것이지만, 당대 중국
의 상황에서 현대화의 권위적 기초(중앙집권민족국가)와 현대화의 추진방
식(사회주의적 개조)이 정치동원 및 그로 인해 형성된 정치운동을 통해 실
현되었기 때문에, 현대화는 오히려 혁명을 완성하는 수단이 되었고, 현
대화는 혁명운동으로 바뀌었다. 혁명과 현대화의 구별이 사라졌고, 혁명
과 현대화가 하나가 되었다. 혁명은 왜 이처럼 강한 융합력과 통합력을
갖게 되었는가? 가장 간단한 대답은 혁명의 경로의존성이다. 당이 정권
(할거 정권)의 형태를 띠었기 때문에, 혁명시기에 비교적 빠르게 정권획득
에 유리한 '우연과 순간'의 경험(예를 들면 조직과 동원)을 단번에 축적하는
데 성공했고, 피드백 기제를 형성했다. 즉 돌이킬 수 없는 자기 강화경향
을 형성하여, 후의 현대화의 길 즉 혁명식 현대화를 고착시켜버렸다.

혁명식 현대화의 역설

혁명식 현대화의 역사합리성과 경제적 성과를 과소평가할 수 없다.
1950, 60년대 공업화 과정을 되돌아보면, 국가가 정치동원을 통해 신속
하게 공유제를 중심으로 하는 경제적 토대를 확립했고, 계급대결의 계급

---

33   毛澤東, 「在第十五次最高國務會議上的講話」, 『建國以來毛澤東文稿』第7冊, 中央文獻
     出版社, 1992, p.398.

구조를 제거하여 사회의 재건과 통합을 완성했다. 그리고 비교적 완전한 공업시스템을 수립하고 대륙간 탄도미사일, 탑재로켓, 인공위성 등 하이테크 방면에서 서구의 선행자들을 추격했다. 당시 매우 어려운 주변의 지리적 정치환경하에서 국가의 독립과 존엄을 지켰다. 그러나 동시에 정치동원으로 체제의 절차와 법적 절차를 위배했기 때문에, 혁명을 완성하는 힘을 사용하여 비절차적·권위적으로 현대화건설을 영도했을 때, 공업화과정이 불확정성과 불안정성으로 가득 차게 되었고, 혁명식 현대화가 딜레마에 처하게 되었다.

우선 혁명식 현대화가 직면하게 된 딜레마로 인해 공업화 성과가 축적되기 어려웠다. 혁명식 현대화에서 '국가재정'은 주로 이데올로기와 정치투쟁으로 형성된 대중운동에 의해 이루어졌으며, 과학적 제도와 이익동기 메커니즘에 호소하여 추구되지 않았다. 그로 인해 공업화의 여러 지표가 상당히 큰 권력의지와 공상적 색채를 갖게 되었다. 실제적이지 않은 지표를 완성하기 위해 비용을 고려하지 않고 "에너지를 쓰고, 소모전을 벌이는 일"과 인해전술적 대약진운동을 초래하게 되었다. 방대한 에너지 소모를 지속할 수 없게 되었을 때, 정치동원으로 진영을 재정비했다. 정치동원은 새로운 경제부상을 준비하기 위해 없어서는 안 되는 대체품이 되었다. 결과적으로 대약진과 대도퇴가 번갈아 출현했으며, 공업화의 수익과 비용이 심각하게 전도되었다. 1979년 이전까지, 중국현대화의 불균형적 특징이 확연하게 드러났다. 동력자원이 광범위하게 개발되어 대량의 중공업생산에 사용되었다. 다른 한편으로는 대부분의 생산이 기계의 도움을 거의 받지 않고 인간노동력에 의존했다. 몇몇 도시부문은 상당히 현대화되었지만, 사회 대다수 부문, 특히 농업부문은 여전히 전통적이었다. 공업의 총생산액이 농업을 뛰어넘은 것이 현대화정도가 높다는 것을 보여준다. 그러나 다른 한편으로 1인당 평균 국민생산이 낮은 가운데, 소비와 서비스가 낙후된 것은 현대화가 초기단계에 있다는 것을 말해준다. 혁명식 현대화의 자기 학대적 순환논리가 경제와 사회전환의 동력자원(국가로부터나 사회로부터)을 잠식했다. 시간이 지나자 그 진상이 드러났다.

혁명식 현대화가 직면한 두 번째 딜레마는 민주적 질서가 세워지기 어렵다는 점이다. 혁명식 현대화의 기본적 특징은 사회 대중에 대한 광범위하고 심각한 동원이다. 대중이 정치동원의 주체가 되어 최대한 참여할 것을 요구했다. 형식적으로는 일종의 민주였고, 마오쩌둥은 그것을 '대민주'라고 불렀다. '대민주'는 비체제성, 반절차성, 그리고 카리스마적 권위주의라는 성격을 갖고 있었다. 마오쩌둥은 그것을 혁명 자체에서 창조된 것이며 혁명의 내용이 자신의 발전에 적합한 형식을 결정한고 생각했다. "대민주는 누구를 대상으로 하는가? 제국주의, 봉건주의, 관료자본주의를 대상으로 하고, 자본주의를 대상으로 한다. ……무산계급이 일으킨 대민주는 계급의 적을 대상으로 하는 것이다."[34] 누가 계급의 적인가? 제국주의, 봉건주의, 관료자본주의라는 '3개의 산'을 정복한 후, 우선 공업의 국유화에 반대하고, 사적 경영을 유지하고, 농업합작화에 반

34　毛澤東, 「在中國共產黨第八屆中央委員會第二次全體會議上的講話」, 『毛澤東選集』第5卷, 人民出版社, 1977, p.324.

대하는, 단독경영 집단들을 '계급의 적'이라는 범주에 넣었다. 그 범주에는 고축적 공업화모델에 대한 반대 의견, 농민착취를 '여인네의 짧은 소견'으로 여기는 것, 대약진에 대해 '찬물을 끼얹는 것', '반모험', 경제법칙에 따라 일을 하고, 전문가를 존중하고, 가치법칙을 존중하는 사람까지 포함되었다. '대민주'의 칼끝이 보여준 극도의 파괴성은 먼저 정상적 사회구조, 사회관계 그리고 사회발전논리를 파괴했다. 그 다음으로 모든 제도의 권위와 정상적 운행을 파괴했다. 마지막으로 합리적 가치체계와 신앙체계를 파괴하여, 사회정신상태가 비이성적 상태에 빠지도록 했다. "제도기능이 상실되고, 사회의 합리적 가치와 신앙체계가 와해됨에 따라, 사회주의원칙에 의해 확립된 정치제도가 이미 정상적으로 작동될 수 없었다."[35] 그리하여 '대민주'는 정반대의 방향으로 가게 되었다.

이렇게 혁명식 현대화는 정치동원을 이용하여 경제의 신속한 발전을 추구하여 현대화가 역설적 과정이 되었다. 역설이라는 것은 자원이 부족하고, 지리적 정치환경이 열악한 상황에서의 현대화가 정치동원으로 추동되었지만, 정치동원이 추동된 결과가 오히려 현대화를 위기로 이끌었다는 것을 말한다. 린샹리는 다음과 같이 말했다.

현대화의 위기는 현실적 경제와 사회의 발전이 정치형태의 공고한 발전을 실현하는 데 필요한 자원과 동력을 제공할 뿐만 아니라, 반대로 정치가 그에 대해 더 크고, 더 적극적인 작용을 할 것을 요구한다. 그러나 다른 한편

---

35   林尙立, 『當代中國政治形態硏究』, 天津人民出版社, 2000, p.286.

으로 정치제도의 위기는 정치형태의 생산이 효과적으로 작용한 제도와 체제기초가 기본적으로 사라지도록 한다. 그런 심각한 두 가지 딜레마 하에서, 정치권력은 정치형태가 유일하게 사용할 수 있고, 제공할 수 있는 정치자원이 된다. 정치권력의 과도한 사용은 정치권력구조와 운영방식의 비정상적 발전을 초래했다.[36]

비정상적 발전으로 정치권력은 점차 사회에 대한 전면적 통제와 침투를 강화하게 되고, 정치형태가 점점 '전능주의'의 특징을 나타내게 되며, 스파르타식과 유사한 체제 즉 군사적으로 관리되는 고도집권의 사회정치체제가 점차 형성된다.(체제에 대한 마오쩌둥의 '5대 지표' 참고) 주의해야 할 점은 두 가지이다. 첫째, 그런 국면은 경제와 정치의 상호작용으로 형성된다는 점이다. 경제적 측면에서의 좌절은 정치적 측면의 불안과 결합할 수 있고, 경제정책에 대한 조정과 수정은 그에 따른 정치측면의 첨예한 투쟁을 결과한다. 정치적 측면에서의 투쟁은 그 규모와 정도가 점점 더 광범위해지고 심각해지며, 권력의 집중화 정도도 전보다 더 극단화된다. 두 번째, 그런 국면의 최종적 완성은 자기착취, 자기소모적 정치적 병증이다. '문화대혁명'은 그러한 병증의 극단적 예이다. 어떤 이는 '문혁'을 권력집중체제에 대한 충격으로 본다. '문혁' 전기는 당 조직과 지방정부의 마비로, 중·후기는 국가기구의 보편적 무력이라고 보았지만, 권력집중의 논리가 권력을 중앙에 집중시키려는 것이라는 점을 보지 못

---

36   林尚立, 2000, p.287.

했다. 중앙권력은 지도자 한 사람에게 집중되었다. '문혁' 전기 당 조직과 지방정부의 마비는 고도의 권력집중에 대한 정치적 필요였다. 그것을 타파하지 않았기 때문에, 권력이 위로 신속하게 집중될 수밖에 없었다. 문혁 중·후기 국가기구의 분산은 고도의 권력집중이 피할 수 없는 정치적 재앙이었다. 그런 의미에서, 고도집권의 논리가 이율배반이 되었다. 고도집권이 권력의 합리적 배치를 파괴하여, 일원화된 국가정치구조의 취약성과 불안정성을 초래했다.

'문혁'에 관해 연구한 문헌은 적지 않다. 대부분 '문혁'을 현대화 위기의 산물과 반응이라고 생각한다. 대약진이 실패한 후, 당의 정책결정자 중 일부는 혁명식 현대화의 한계와 폐해를 인식하기 시작했다. 뤼산(廬山)회의 전기 "소자산계급의 극단적 광란"을 비판하고, "공산풍을 과장하고 허위보도"하는 것에 반대했다. 1960년대 초 농업에서 자유시장, 자류지, 자기책임을 의미하는 '삼자일포(三自一包)', 공업의 "조정, 공고, 충실, 제고" 등을 강조한 점은 그들이 위기에서 벗어나고자 했으며, 현대화를 향한 새로운 시도를 했다는 것을 보여준다. 현대화의 토대가 지나치게 취약하고, 정치시스템이 보다 강제적인 방식으로 자원을 동원하여 현대화의 필요를 만족시키려는 기본적 국가정세의 한계로 인해, 그런 노력들은 성공하지 못했다. 현대화 위기가 점차 심화되었고, 정책결정집단의 의견대립도 첨예화되었다. 정치시스템의 안정과 혁명식 현대화의 합법성을 지키기 위해, 권력 자체는 더욱 더 독재적 방식으로 각 방면에 잠재적 또는 공개적인 도전을 억압할 수밖에 없었다. '문혁'은 기층 사회의 전면적 조반을 통해, 혁명식 현대화에 대한 상부의 의견대립을 없애고,

세계현대화 주류와 중국현대화를 융합시켰다. 결국 혁명식 현대화의 순결성과 합법성의 극단화를 보호하는 정치운동에 이르렀다. '문혁'은 "어떤 사회 진보적 의미의 혁명도 아니다."라고 평가되지만, 누가 그것으로 혁명식 현대화가 논리적 결과에 맞지 않다는 것을 부정할 수 있겠는가? 1958년 대약진과 1966년 '문혁'의 관계를 이미 분명하게 보았다. 누가 그렇게 "사회적 진보의 의미를 조금도 갖지 않는 혁명"이 프랑스혁명과 러시아혁명이 발생한 배경, 그리고 그런 배경의 영향하에서 무게중심을 중국 본토로 전환한 것과 어떤 내적 연관성이 없다고 부정할 수 있겠는가? '문혁'이 남긴 가장 큰 인상은 '거대한 대중운동 물결'이다. "비천한 자가 가장 총명하고, 고귀한 자가 가장 어리석다.", "희생하는 원대한 포부를 갖고, 감히 세상을 바꾸다.", "혁명인민의 편에 선 누구나 혁명파이고, 제국주의, 봉건주의, 관료자본주의 편에 선 누구나 반혁명파이다."[37] 정상적인 행정이 헌신짝처럼 버려지고, 평범하던 일상생활이 철저하게 망가졌으며, 영웅주의와 공포주의가 수반되었고, 낭만주의와 허무주의가 무리를 이루어, 중국사회는 '광란'이라는 집단명절을 보냈다.(사인방이 체포되기 전 마지막을 구가하던 '문혁' 영화의 제목이 「성대한 명절」이었다.) '문혁'이 사상·언어·형식에 있어서 기존의 혁명이 사람들을 놀라게 했던 것과 유사점이 있다는 것을 알 수 있다. '문혁'과 '문혁' 전의 대규모 대중운동이 중국사회의 중요한 정치형식이 된 것은 기존의 국가체제의 틀로는

---

37   마오쩌둥의 문장, 시구와 연설은 '문혁' 중에 반복해서 암송되고 강화되었으며, 당시 가장 강력한 정신적 힘이 되었다.

이미 혁명식 현대화의 확장을 용인할 수 없었기 때문이다. 당의 고도집권을 통해 정식 제도의 장막을 걷어내고 국가를 운영하고, 사회를 조직해야 했던 것과 밀접한 관계가 있다.

시장형 현대화와 당의 혁신

어떤 의미로, '문혁'에 감사해야 한다. '문혁'은 모든 일을 극단적으로 몰아갔다. 레닌의 말을 사용하자면, 하층도 옛 생활대로 살기를 원하지 않고, 상층도 옛 생활과 전통대로 통치할 수 없게 되었을 때, 대변동의 시대가 온다.[38] 경로 의존적 변화와 주장은 더 나은 대안에 따라 결정되고, 더 나쁜 현실적 결과에 달려 있다. 뿐만 아니라 정치변혁에는 비용(수익분석)이 들지만, 수익은 변혁이 일어나기 전에는 단지 이론상의 가설일 뿐이고, 비용이 오히려 실재적이다. 거대한 비용으로 정치시스템을 유지할 수 없을 때, 주변에서의 어떠한 개혁도 모두 유리하다고 보기 때문에 변화를 막을 수 없다. 그러므로 '문혁' 없이 개혁개방도 없었을 것이라고 한다. 개혁개방은 중국 역사상 가장 심각한 변혁이고, 개혁개방은 중국 현대화가 새로운 시대로 접어들었음을 의미한다. 즉 혁명식 현대화에서 시장형 현대화로 전환된 것이다.

그중에서도 시장경제를 제기한 것이야말로 가장 중요한 사건이다. 선발 현대화국가와 후발 현대화국가는 현대화의 원시축적과정이 다르

38　列寧, 「共產主義運動中的"左派"幼稚病」, 『列寧選集』第4卷, 人民出版社, 1972, p.239.

다. 전자는 상업자본에 의존하여 점진적으로 추진되고, 후자는 농민에 대한 국가의 부등가 교환의 방식을 통해 추진된다. 중국에서 국가주도의 원시축적은 이미 완성되었다. 비교적 완전한 공업시스템을 건설했기 때문이다. 혁명식 현대화가 내재적으로 극복할 수 없는 위기를 조성하여, 원래의 공업화모델은 계속될 수 없었기 때문에, 경제지구화라는 대추세 하에서, 현대화는 단지 하나의 선택, 즉 시장형 현대화밖에 없었다. 그런 현대화는 과거에는 불가능했지만 지금은 가능해졌다. 우선 1950, 60년 대 가혹한 주변의 지리정치적 상황과 비교하면, 국제환경이 많이 좋아졌고, 냉전구도 후기의 완화와 해체, 평화 그리고 발전으로 새로운 역사적 기회도 생겼다. 그리고 1949년 혁명으로 이미 전대미문의 통일적 민족 국가가 수립되었다. 1세대 혁명의 이름으로 이루어진 국가공업화 축적 의 자기착취 20여 년도, "결국 덩샤오핑의 영도를 통한 개혁, 즉 재산과 권리의 재분배와 재조정으로 결국은 2, 3조 위안의 토대를 이룩했다."[39] 그러나 시장형 현대화에는 여전히 문제가 있었다. 즉 시장을 이끌어 갈 사회주체가 없었다. 중국은 선발 국가처럼 사회내부의 시장화의 성장을 통해 공업화를 이룩할 수 없었다. 중국사회에는 효과적으로 공업화를 추진할 수 있는 민간의 자생적 조직세력이 부족했기 때문이다. 그 점이 국가가 나서게 된 이유이다. 그러나 국가가 독단적 방식으로 자본을 축적한 최후의 결과는 국가가 민간사회를 잠식하여 시장의 뿌리를 완전히 제거해버린 것이었다. 따라서 시장형 현대화운동의 조건은 경제적으로

---

39   溫鐵軍, 「國家資本再分配與民間資本再積累」, 『戰略與管理』, 1994年 第3期.

우선 국가가 사회를 개방하고, '권리와 이익을 인정해주고', 시장을 육성하고, 이어서 정치적으로 분권을 특징으로 하는 시장경제와 상호 조응하는 민주화개혁을 하는 것이다. '권리와 이익의 보장'을 선도하고, 정치체제개혁을 대안으로 하는 시장형 현대화운동은 중국사회의 기본구조를 바꾸고 있을 뿐만 아니라, 중국사회의 권력구조를 바꾸고 있다. 그것은 국가와 사회관계의 근본적 변화를 결과했다.

당대 중국의 정치발전에 있어서, 국가와 사회관계의 변화보다 더 관심을 둘 만한 것은 없다. 전현대시기에 국가와 사회의 관계는 느슨했고, 왕조국가는 물론 전제적이었지만, 행정수단, 문화 수준과 통신기술이 저하되어, 정권은 단지 현급까지만 확장되었다. 정치중심은 비교적 적은 비용으로 제국을 통치할 수 있었고, 향신주도의 향촌자치체제를 인정하지 않을 수 없었기 때문에, 기능상 왕조국가의 민간사회를 남겨두었다. 혁명시기에 국가와 사회의 그런 관계가 완전히 망가졌다. 국민당 통치지역에서의 국가와 사회의 관계는 정권의 하락과 향촌엘리트의 쇠퇴와 약화를 수반했다. 공산당점령지에서는 공산당이 향촌사회를 국가의 억압에 대항하기 위해 동원함으로써 국가와 사회의 관계가 단절되었다. 총체적으로, 민간사회의 자치 틀은 점차 위축되었지만, 역사무대에서 사라진 적은 없었다. 그러나 1949년 이후, 혁명식 현대화의 주도하에, 국가가 사회에 대해 전대미문의 억압적이고 지배적인 지위를 갖게 되었다. 민간사회는 고도로 정치화되었고, 결국 국가정치기구의 부속물이 되었다. 민간사회가 사라져버린 것이다. 그것은 사실 아주 특별한 방식으로 중앙집권에 대한 중국 현대화의 요구가 반영된 것이다. 매우 특별한 방식, 즉 마르크스·레닌주의적 정당과 그에 의한 광범위한 정치동원이 없었다면, 효과적 중앙집권국가를 건설할 수 없었다. 당이 중앙집권국가의 창조자였다. 창조물이 창조될 때 자연스럽게 창조자의 성격이 부여되기 마련이다. 중앙집권은 당의 고도집권적 조직구조를 기초로 했고, 당의 고도집권적 영도체제를 형식으로 했다. 스카치폴이 말한 '당치국가'는 당정일체, 당국일체의 일원화국가를 가리킨다. 당이 국가를 영도한다는 것은 당이 국가의 기능을 대행한다는 것, 즉 당이 국가이며, 당이 국가권력을 운용하고 자신의 조직망을 통해 사회를 일원적 국가의 정치 틀 속으로 편입시킨다는 것을 의미한다.[40] 국가와 사회의 고도의 합일은 사회자치의 철저한 제거를 전제로 한다. 고도집권이라는 당의 조직구조와 영도체제를 기초로 하기 때문에, 개혁개방이 사회의 회복과 성장을 가져와, 국가와 사회의 분리를 초래했다. 그때 처음으로 혁명 중에 형성되어, 혁명식 현대화 상황에서 강화된 당이 정부를 대신하던 고도집권체제가 도전을 받았다.

1980년대 이래, 당은 그런 도전에 대응하기 위해, 이론과 실천적 측면에서 지난한 탐색을 했다. 가장 의미 있었던 극복은 당정관계에서 제기된 '당정분리' 개념이다. '당정분리'는 두 가지 의미를 갖는다. 첫째, 정당은 국가도 정부도 아니라, 단지 국가체제 밖에서 집정을 추구하는 특

---

40   그러나 엄격하게 말하자면, 개혁개방 전에 '국가—사회'관계가 없었고, '당—인민'관계만이 있었는데, 국가가 이미 당 자체가 되었고, 사회는 국가의 부속품이 되었고, 이미 인민은 그렇게 정치화된 개념으로 대체되었기 때문이다. 당—인민의 관계에서, 조금만 정치동원을 한다면, 당은 신속하게 권력을 모아서 절대적 권력을 영유할 수 있다.

수한 정치조직이라는 것이다. 둘째, 당과 정부는 내용과 외연에 있어서 각기 다른 규정을 따르며, 포용 또는 종속적 관계도 아니고, 교차 또는 중첩적 관계도 아니라는 것이다. 그것은 '당정분리'개념에 대한 가장 본질적인 정의[41]이다. 당이 국가도 정부도 아니라면, 국가기관의 직권 범위내의 사무 또는 법에 따라 마땅히 정부가 관리해야 하는 업무를 당이 멋대로 대신해서는 안 된다. 덩샤오핑은 다음과 같이 말했다. "오늘 이후 정부직권 범위 내의 일은 모두 국무원과 지방 각급 정부에 의해 논의되고, 결정되며 반포된다. 다시는 당 중앙과 지방 각급 당위원회가 지시를 하고, 결정을 하지 않는다."[42] '당정분리'가 단순히 '당정분업'의 전통적 의미로 이해될 수 없었다. 후자는 단지 구 구조의 규제하에서의 직능조직일 뿐이며, 내용은 여전히 당국일체이지만, 전자는 정치구조상의 개혁이다. 국가와 사회의 관계의 변화는 당정관계의 반영이다. 구조의 변동은 기능에 대해 제기된 새로운 요구일 수 있다. 즉 '당이 어떻게 영도를 잘 할 수 있는가의 문제'를 요구한다. '당정분리'의 개혁 구상은 당국일체(黨國一體)와 이당대정(以黨代政)에서 탈피하고자 한 것이다. 그것이 국가체제의 혼란을 야기할 뿐만 아니라, 정당기능의 기형이라는 심각한 정치적 결과를 초래할 수 있다는 현실적 고려에서 비롯된 것이다. 장기적으로 보면, 그것은 전통적 당정관계를 새로운 유형의 당정관계로 바꾸는 것이고, 중국공산당이 새로운 역사조건하에서 사회의 발전요구에 순

41   聶高民, 李逸舟, 王仲田, 『黨政分開理論探討』, 春秋出版社, 1987.

42   鄧小平, 「黨和國家領導制度的改革」, 『鄧小平文選』第2卷, 人民出版社, 1994, p.339.

응하여 발동한 일련의 체제개혁의 시작을 나타낸다. 그것은 전체 정치체제개혁의 '핵심'으로 여겨져, 당의 13대 정치보고에 삽입되었다.

'당정분리'는 영도체제 측면에서 장기간 존재하던 권력의 고도집중의 체제적 문제를 포함한다. 중국 현대화의 기본논리는 경제와 사회의 전환을 추동할 수 있는 중앙집권적 정치권위를 요구한다. 1949년 이전의 역대 혁명은 모두 그런 역사적 임무를 둘러싸고 전개되었다. 중국공산당은 무력으로 정권을 탈취해야 했기 때문에, 고도의 집권적 당의 영도체제를 만들었지만, "당이 전국적 집정당이 된 후, 특히 생산수단 사유제의 사회주의적 개조가 기본적으로 완성된 후, 당의 중심임무는 과거와 달라졌고, 사회주의 건설의 임무가 매우 복잡해져, 권력의 과도한 집중은 점점 더 사회주의 사업의 발전에 적응할 수 없게 되었다."[43] 그러나 혁명식 현대화의 대규모 사회정치동원과 그 위기로 인해 당의 지도자에게 권력이 점점 더 집중되었다. 결국 가장식 독재적 개인 집권제를 수립했을 때, 전체 '상부 건물'의 정치적 안전이 위태로운 지경에 이르게 되었다. 따라서 '당정분리'(당정합일은 고도의 권력집중의 산물이며 표현)를 제기하고 추진하고자 했을 때, 당은 위원회를 기초로 하는 집단영도체제를 회복시키고, 당내 권력인수관계를 다시 규범화하고, 당내 권력감독기제를 건설하고, 당내민주를 발전시키고 확대하고자 노력했다.

이어서 "당은 헌법과 법률의 범위 내에서 활동해야 한다."는 의법치국원칙을 확립했다. 의법치국의 반대는 '이당치국(以黨治國)'이다. '이당

---

43 위의 책, p.329.

치국'은 손중산이 가장 먼저 제기했다. 그것은 손중산의 정치발전전략, 즉 군정(軍政), 훈정(訓政), 헌정(憲政) 단계의 하나이다. 중국현대화의 시각에서 보면, '이당치국'은 당권의 지고무상을 강조하여 중앙집권을 재건한 방식이다. 현대정당으로 전통적 군벌세력을 소탕하고, 사회질서를 통합한 합리적 주장을 그 내용으로 한다. 그러나 이론적 성격에 있어서, '이당치국'과 현대의 민주정신은 많은 점에서 충돌한다. 덩샤오핑은 1940년대 공산당에게 "이당치국이라는 국민당의 독성"이 당내에 전파되는 것을 경고한 적이 있다.[44] 그러나 공산당 집정 이후 혁명식 현대화를 위해 실행된 고도의 권력집중적 사회군사화 관리과정에서, '이당치국'은 점차 정책결정집단의 심층의식으로 자리 잡았다. 당이 조직한 행정화, 국가화, 그리고 당권이 헌법과 법률의 상위에 있다는 것은 그런 의식의 체제적 외화일 뿐이었다. 당의 13대는 "당이 헌법과 법률의 범위 내에서 활동해야 한다."고 제기했다. 그것은 당의 치국이념이 근본적으로 전환되었음을 처음으로 보여준 것이다.

마지막으로, '당정분리'가 추진되고 고도집권체제가 개혁되고, 그리고 치국이념이 전환됨에 따라, 당은 점점 기존의 정치구조를 중시하고, 제도가 제공한 자원을 운용하면서, 합법적 절차에 따라 국가기구를 운영하고 사회생활을 조직했다. 국가에 대한 당의 영도는 더 이상 과거처럼 명령식의 행정행위는 아니었지만, 일종의 정치행위이다. 그러나 계속해서 제도화되고 법률화되고 있다. 예를 들면, 당은 전인대(전국인민대표대

---

44   鄧小平, 「黨與抗日民主政權」, 『鄧小平文選』第1卷, 人民出版社, 1994, p.12.

회)와 지방 각급의 인대(인민대표대회)를 통해 자신의 정부지도자 후보를 추천하고, (차액선거와 같은)경쟁적 선거의 초보단계를 조직하고, 후보자 추천을 법적으로 보장하여 정부를 조직하여 정부를 통제하고자 하는 목적을 달성했다. 사회업무에 대한 당의 개입도 더 이상 과거와 같이 직접 정책을 채택하는 방식이 아니라, 인대의 입법을 통해 자신의 주장을 국가의 의지로 승화시키고, 법률이나 정부명령과 같은 형식으로 사회에 제기하고 있다. 국가의 영도이든 사회의 영도이든, 당은 더 이상 대중운동 방식을 채택하지 않으며, 정당의 기능을 회복하고 개발하고자 노력하고 있고, 정당의 선전, 조직, 시범, 교육, 소통 등의 수단을 사용하여, 사회와 국가의 이해를 촉진하고, 사회와 국가의 협력을 이끌어내고자 한다.

그 과정을 되돌아보면, 그것은 여러 측면에서 오늘날 중국정치체제개혁의 방향으로 자리매김했고, 그런 명제들은 지금까지도 깊은 각성과 강력한 생명력을 갖고 있다. 그러나 1980년대 말 국내외 정치상황에서 출현한 새로운 현상들과 역사적 관성에 따라, 그런 변혁의 구상이 의심을 받았으며, 실천 과정에서 관철되기 힘들었다. 그런 구상이 당의 국가적 속성을 빼앗는다고 여겨졌다. 그것은 기술적으로 다루기 쉽지 않았고, 정치적으로도 국가와 정부에 대한 당의 효과적 영도를 보장하기 어려웠다. 일당집정체제에서, 당정이 어떻게 '분리'되고, '분리'될 수 있는가의 여부는 어려운 문제이다. 마치 '분리'의 '비용'이 '분리'의 '수익'보다 큰 것처럼 보이기도 한다. 무엇보다도 '분리'는 권력이 더 이상 하나의 단위, 하나의 지점이 아니라는 것을 의미한다. 두 개 이상의 권력 단위가 존재하는 상황에서, 정치에는 '거리'가 생기고, 을에 대한 갑의 통제는 시간, 기교, 그리고 기술이 필요하다. 당이 적합한 노선을 찾지 못한다면, 국가와 정부에 대한 당의 영도는 실현되지 못할 수도 있다. 그러나 심도 있게 분석하면, '당정분리'는 비교적 완전한 단계의 시험(2년 미만의 시험과 제한적인 범위)을 거치지 않았기 때문에 생긴 것이기 때문에, 그 경험과 교훈이 모두 완벽하지 않아서 '기술혁신'을 위한 충분한 자원을 축적할 수 없었다. 그것은 제도혁신처럼 투입증가액이 산출증가액보다 커서 그것이 갑자기 중단되었을 때, 사람들에게 '절반의 공정'이 비용이 수익보다 커서 효율적이지 않다는 인상을 남겼다. 그로 인해 그 진정한 의의가 매몰되었다. '당정분리'로 정당의 영도가 약화될 것이라는 우려는 전통정치모델에 대한 미련과 현대정치에 대한 자신감이 결여되었음을 보여주는 것이다. 전통정치의 구조 하에서, 집정당이 국가를 자신의 '전리품'으로 보거나 자신을 국가 자체로 보는 것보다 권력관계에서 더 편리하고 더 직접적으로 자신의 '자유의지'를 구현할 수 있는 것은 없다. 그러나 그런 이당대정의 집권정치는 당과 국가 및 사회의 관계를 파괴하고, 근본적으로 국가와 사회에 대한 당의 영도를 동요시킨다. 당이 자신을 국가권력 자체로 보는 상황에서, '정치적 거리'가 없다면, 합법적으로 국가와 사회를 통치하는 기술과 기교(즉 '제대로 영도하는')를 배우고 연구할 필요가 없다. 극단적으로 말하면, 집권정치는 정치기술을 논할 필요가 없다. 그것이 좋지 않기 때문은 아니고, 필요 없기 때문이다. 그러나 정치기술을 얘기하지 않으면, 정치의 대부분은 경색되고 전횡될 수밖에 없다. 구체제에서의 정치의 보편적 빈곤화는 그것 때문이다. 결론적으로, '당정분리'로 얼마나 많은 어려움과 위험이 생기는가는 차치하고,

근본적 문제는 국가와 사회의 분리경향이 논리적 산물이라는 점이다. 그것은 미래 정치발전의 객관적 요구를 대표하는 것이지, 단순한 주관적인 정치설계는 아니다. 개혁개방 이후, 국가와 사회의 관계가 더 이상 과거의 국가와 사회의 고도합일의 상태로 되돌아갈 수 없게 되었다면, 경제시장화에 따라 점점 더 많은 권력요소가 사회에 유입되어, 크고 작은 서로 다른 정치단위를 형성하고, 그런 상황에 조응하는 정치개혁 방안에서 '당정분리'의 정치모델은 가장 절제적이다. 그것이 포용하는 발전 전경도 민주주의정신에 가장 가깝다. '당정분리'는 중국정치체제개혁과 집정당 자신의 혁신을 위해 피해갈 수 없는 단계이다.

두 가지 중요한 개념 즉 정권장악(집정)과 정치영도(영도)를 논할 필요가 있다. 당대 중국정치 개념에서 집정과 영도는 같은 의미이지만, 정치학에서는 다르다. 집정은 정당이 법적 절차에 따라 국가체제 안으로 '진입'하여, 공공권력을 통제·행사하는 법률적 행위를 의미하고, 영도는 정당이 국가체제 밖에서 공공영역을 통제·주도하는 정치적 행위를 말한다. 그런 구분은 우선 정당이 국가가 아니며, 정당의 권력이 국가권력이 아니고, 정당이 국가권력을 행사하려면 국가로 '진입'해야 하고, 정당의 '진입' 통로를 제공하는 것은 헌법과 법률이라는 것을 가정한다. 두 가지 개념은 비록 교집합을 이루지만,(즉 그 광범위한 사회적 기초와 깊은 국민의식이 배타적으로 공공영역을 주도하고, 동시에 배타적으로 공공권력을 점유한 정당만이 집정과 영도를 일체화할 수 있음) 각각의 분야는 분명하게 구별된다. 각국의 정치생활에서 집정당 자신이 영도당이라고 하는 경우는 적다. 집정이 일당집정일 뿐만 아니라, 다당 연합집정이기도 하며, 집정하는 하나의 정당이 집정하는 또 다른 정당을 영도한다고 하면, 정치적으로 문제가 생길 수 있다. 상대적으로 재야의 입장에서 보면, 대선 중 국가권력을 잃은 정당은 자신이 집정하지는 않지만 여전히 국가를 '영도'한다고 말하는 것도 성립하기 어렵다. 그 근본적인 원인은 정치에 대한 국가와 사회의 이원적 분리에 있다. 중국의 특수성은 중국공산당이 본래 체제 외의 정당이라는 점에 있다. 공산당의 강령과 학설은 체제가 용인하지 않았던 것이며, 구 헌법과 법률이 그의 '진입'을 용인하지 않았기 때문에, 혁명이라는 길을 통해서만 국가를 재건할 수 있었기 때문이다. 혁명 후의 계획체제 시기에 국가와 사회의 고도의 융합으로 인해, 정치형태에 있어서 집정과 영도가 고도로 결합되었다. 그로 인해 당은 집정당의 그런 현대정치 원칙의 요소로부터 출발하여 국가의 거버넌스를 고려하게 되었다. 그러나 중국현대화에서 세계현대화의 주류로 유입된 상황에서, 국가와 사회의 분리로 인한 사회경제 다원화와 사회자치화가 형성되기 시작한 상황에서, 현대정치의 공생적 집정과 영도 간의 긴장이 나타나게 되었다. 이어서 '당정분리' 상황에서 "어떻게 당이 영도를 잘 할 수 있는가"와 '당의 영도 개선'문제가 제기되었다. 그것은 중국공산당원의 혁명식 현대화에 대한 반성과 청산을 반영했고, 중국공산당원의 현대국가 정치체제의 합리적 운영의 일반원리에 대한 인정과 존중을 반영했다.

중국의 개혁은 연속적 개혁이지, 전복되어 재건된 과정이 아니다. 1980년대 이래 정책수뇌부와 학자들은 매우 심각하게 중국정치발전 논리를 다루었다. 이정표라고 할 수 있는 13대 정치보고는 오늘날의 중국문제를 생각하는 출발점이다. 덩샤오핑은 "13대 정치보고는 당의 대표대회를 통해 통과된 것이기 때문에, 한 글자도 바꿀 수 없다."[45]라고 했는데, 다름 아니라 극단적인 말로 정치개혁도 축적성과 연속성을 존중해야한다는 것을 강조한 것이다. 국가와 사회관계에서 더 심각한 변화가 발생한 오늘날, '당정분리'라는 구도하에서 우리는 어떻게 당의 집정과 영도를 개선해야 하는가를 계속해서 탐색해야 한다. 그런 구도하에서 당의 현대화를 추진할 수 있고, 그렇지 않다면 정반대의 방향으로 갈 수 있다.

---

45   鄧小平, 「組成一個實行改革的有希望的領導集體」, 『鄧小平文選』第3卷, 人民出版社, 1993, p.296.

결론

1978년 시작한 개혁은 중국현대화의 새 장을 열었다. 덩샤오핑은 개혁개방을 '두 번째 혁명'[46]이라고 불렀다. 그것은 매우 역사적이며 현실적인 결론이다. 한편으로, 그것은 당대중국의 혁명역사와 유산에 대한 존중을 보여주면서, 혁명언어가 여전히 전통적 합법성을 갖는다는 것을 보여준다. 혁명은 이미 막을 내렸지만, 인류의 자기생존과 발전을 지키고 역사적 과정에서 형성된 교정, 재건 그리고 균형기제가 영원히 시대착오적일 수 없다는 것을 보여주었다. 다른 한편으로, 당의 업무중심이 전환됨에 따라 혁명이 폭력적 색채를 잃게 되었고, 사회경제관계의 변환, 문명방식, 가치시스템의 개량과 연계되어, 근대 서구사상과 서구혁명이 보여준 혁명의 범주가 포함하는 풍부한 의미를 회복시켰다. 최근 30년 이래 평화적 방법으로 진행된 변혁운동으로 사회주의 시장경제체제의 목표가 확립되었고, 당 자신의 현대화를 통해 중국 정치체제의 현대화를 위한 기초가 다져졌다. 그것은 전대미문의 심각한 대변동이다. 혁명식 현대화가 시장형 현대화로 전환되는 과정에서, 중국현대화에 대한 당의 영도권 실현은 현대 정치문명의 조류에 부합하는 정당과 국가와 사회의 관계를 어떻게 다시 확립하는가에 달려 있다.

---

46 『鄧小平文選』第3卷에는 덩샤오핑이 외빈을 접견했을 때의 담화문이 두 편 수록되었다. "우리는 개혁을 혁명이라고 여기자"(1984년 10월 10일)와, "개혁은 중국의 두 번째 혁명이다."(1985년 3월 28일)라는 제목의 담화문이다. 또 미국 기자 마이크 월리스의 취재를 받았을 때(1986년 9월 2일), 월리스가 중국이 새로운 혁명을 진행하고 있다고 하자, 덩샤오핑이 주저 없이 말했다. "그 말이 맞다. ……우리가 하는 것은 혁명이다."(『鄧小平文選』第3卷, 人民出版社, 1993, p.82, p.113, p.174.

결론적으로, 집정당의 혁신은 다음과 같은 요구에 직면해 있다.

첫째, 당이 정치국가와 공민사회를 연결한 정당조직이라는 지위를 확립하지 못한다면, 정당의 기능을 개발하려고 최대한 노력을 할 필요가 없다. 성심성의껏 사회와 민의를 토대로 사회 속에서 스스로의 '문화패권'을 확립하지 못하면, 당은 사회를 영도할 수 없다. 사회에 대한 영도권을 상실하게 되면, 당의 집정에 두 가지 문제가 생길 수 있다. 효율성이 낮은 집정이나 집정의 상실, 또는 점점 더 국가폭력에 의존하여 집정을 유지함으로써 과두집정으로 변질될 수 있다.

둘째, 사회자치화가 진전되면 사회구조에 중대한 변화가 생길 수 있다. 새로운 사회계층이 빠르게 확대되고 발전하여, 사회계층으로부터의 지지와 인정을 얻는 것이 당이 직면한 절박한 문제가 된다. 당이 자신의 전통적 지지기반을 잃지 않는 상황에서, 서로 다른 이익집단 특히 새로운 계층의 이익, 기대와 요구를 고려하여, 여러 사회계층의 대화와 타협을 하려고 할 수 있다.

셋째, 국가와 사회의 분리는 국가의 상대적 독립성을 강화시킬 수 있다. 국가는 점점 더 사회의 중재자의 면모를 보일 것이다. 국가는 더 이상 어떤 한 계급의 대변자가 아니다. 집정당의 국가운영은 국가의 그런 사회협력기능의 발전에 부합하게 되고, 당은 국가의 정책과 주장을 받아들이게 된다. 즉 국가의지로서 출현한 것은 당의 이데올로기와 당의 계급적 상징 사이에서 탄력적인 관계를 갖게 된다.

넷째, 당이 시장경제의 속성에 부합하는 정치문명의 원칙 즉 민주와 법치원칙을 열심히 배우고, 적극적으로 따르지 않는다면, 당이 국가권력을 이용하여 자신의 정치목표를 실현하는 것이 쉽지 않게 될 것이다. 그것은 집정당이 현대 정치문명의 원칙과 그에 상응하는 집정행위를 해야 한다는 것을 의미한다. 집정당은 분명하게 집정의식을 자각해야 한다. 서구의 '정당정치' 개념 배후의 제도적 가치를 거부할 수는 있지만, 그 개념이 내포하고 있는 현대정치에 대한 보편적 경험이성을 거부할 수는 없다.

제2장

혁명당·통치당·집정당

— 정당 및 그 혁신에 대한 단어정리[1]

★

최근 몇 년간의 중국공산당 영도체제와 집정방식의 변혁에 관한 논의에서, '혁명당으로부터 집정당으로'는 이론적 가치와 현실적 의의를 갖는 명제로 여겨졌다. 고위직 연설이나 정부문서로 분명하게 채택된 것은 아니지만, 그 기본정신은 글로 생생하게 표현되었다.[2] 정치학계에서 점점 더 많은 학자들이 그것을 효과적이라고 여기는 경향이 늘었고, 중국공산당의 변혁의 흐름을 관찰하기 위해서뿐만 아니라, 레닌주의 후발

1　『中大政治學評論』第5期(2005)에서의 글을 수정한 글임

2　장쩌민은 중국공산당 성립 80주년을 기념하는 대회에서의 연설에서 중공의 지위와 임무에 중대한 변화가 생겼다고 지적했다. "우리 당은 이미 인민을 영도하여 전국의 정권을 탈취하기 위해 분투하던 당으로부터, 인민을 영도하여 전국정권을 장악하여 장기집정하는 당이 되었다. 이미 외부의 봉쇄를 받는 상태에서 국가건설을 영도하던 당으로부터, 전국의 개혁개방 하에서 국가건설을 영도하는 당이 되었다."(江澤民, 『論"三個代表"』, 中央文獻出版社, 2001, p.164.) 그것과 "혁명당으로부터 집정당으로 전환"의 함의는 큰 차이가 없다. 정부는 "혁명당으로부터 집정당으로"라는 표현을 사용하지 않기 때문에, 2002년 8월 중국인민대학에서 개최한 토론회가 끝났을 때의 리쥔(李軍)의 발언은, 그러한 용어로 야기될 수 있는 혁명(당의 합법성의 중요한 출처 중 하나)에 대한 오해(리쥔의 연설 기록문의 경우처럼)를 피하기 위해서였다.

전국가 정당의 전환으로 해석하는 분석틀로 격상되었다.[3] '혁명당으로부터 집정당으로'는 매우 간결한 비교정치연구 시퀀스이다. 그것은 복잡한 역사와 현실 사이에서 정치발전의 맥락을 정리할 때 도움이 되고, 패러다임 비교에 있어서 새로운 패러다임을 세울 때에도 유리하다. 문제는 정치학자의 이원적 개념(혁명-집정)이 당의 영도체제와 집정방식의 발전단계별 구조적 특징을 포괄하고 있는가의 여부이다. 그 명제가 이론적 추상으로서, 중국정치의 정당발전과 일반적 의미에서의 정당정치의 논리적 차이와의 연관을 적절히 보여줄 수 있는지와, 그밖에 그런 개념 자체의 정확한 의미와 개념 간의 대칭성 및 개념의 활용성 등은 진일보한 논의를 필요로 한다.

'혁명당으로부터 집정당으로'라는 가설은 두 가지 의미를 갖는다. 첫째, '혁명'에서 '집정'으로는 그 명제의 목표적 성향을 보여준다. 즉 혁명의 동인과 귀결은 국가정권을 장악하는 데 있다. 둘째, '혁명'과 '집정'이라는 이원적 대립은 그 명제의 가치선택을 규정한다. 집정은 대규모의 급격한 사회동원의 종결을 의미하고, 건설이 파괴를 대신하고, 이성이 격정을 대신하는 것을 의미한다. 그런 가정을 받아들인다면, 다음의 문제에 답을 해야 한다. 1949년 신중국 성립이 중국공산당이 혁명을 통해 사실상 그리고 법률상 국가정권을 장악했음을 보여주는 것이라면, 왜 지금까지도 중국공산당이 '혁명당'에서 '집정당'으로의 전환을 논의해야

---

3 『남방주말』이 개최한 "중국이 '세기의 문'을 열기 위해"라는 제목의 좌담회를 참고.(『南方周末』, 20002年11月7日.)

하는가? 만일 중국공산당이 '혁명당'으로부터 '집정당'으로 전환하는 것이 실질적으로 중국공산당의 헌법적 지위의 전환을 의미하지 않고, 중국공산당의 집정방식과 집정이념의 전환에 착안한 것이라면, 국가정권의 장악과 일반적 의미로의 '집정'은 무엇이 다른가? 그런 문제에 대해, 일부 정당연구자들은 "중국의 정치언어환경에서 관련 정당개념의 출현과 사용에 주의해야 한다."고 지적했고, '혁명당', '개량당', '영도당', '참정당' 등등의 개념의 정리에 있어서 현재 국내 학계에서 문제의 핵심에 대해서는 제대로 논의하고 있지 않는 상황을 극복하고자 한다. 그것은 매우 의미가 큰 작업이다. '혁명당'과 '집정당'의 이원적 대립은 효과적이지만 제한적인 분석방법이지만, 레닌주의적 당국가체제의 일반적 경험에서 추상해낸 이상적 구도에 완전히 부합하는 것은 아니다. 중국의 정치환경으로 되돌아가서, 중국공산당의 정치계보로부터 중국혁명과 현대화의 상호작용과 더불어 정당정치의 발전을 살펴보아야 한다. 그것을 위해 삼분구도가 필요하다. '혁명'과 '집정' 사이에 '통치'가 들어갔다. 시간과 순서상으로, 그것은 그렇게 짧지 않은 '통치시기'이고, 국가형태로는, 특수하지만 중대한 의미를 갖는 '당국가체제(party-state regime)'로 나타났다. 정당의 특징으로는, 정치자원분배를 독점하는 '통치당'으로 표현되었다. 따라서 '혁명당'과 '집정당'의 이원적 구조는 '혁명당', '통치당', '집정당'의 삼원적 구조로 바뀌었다. '혁명'과 '집정'은 그 사이에서, '통치'에 대해 영향을 미치고, 그 자신도 '통치'의 한계와 변화를 제약했다.

'혁명당'으로부터 '통치당'을 거쳐 '집정당'으로 가는 정치과정의 묘사는 이번 장의 임무가 아니다. 이장의 취지는 그 세 가지 개념이 각기 달리 대응하는 경험과 이론을 근거로, 그 각각의 의미, 특징, 그리고 그 관계에 대해 간결한 비교를 하여, 현재 중국 정당혁신의 학문적 기초를 이해하는 것이다. 그런 작업은 이미 행해진 적이 있었지만, 아직까지 그다지 명확하게 이루어지지 못했기 때문이다.

혁명당과 혁명의 현대성

혁명은 20세기 비서구세계의 현대성의 선구자이다. 18세기 서유럽 혁명이 대상으로 삼았던 것이 고도로 전통적인 정권이었다면, 20세기에 비서구 국가의 혁명이 겨냥했던 것은 조금은 현대화된 정권이다. 다시 말하자면, 혁명은 우선 지구적 차원에서의 자본주의 경제구조의 불균형이 확대되었기 때문이고, 그 다음은 그런 국제구조로부터 고통을 받아 분열된 국내 통치엘리트 및 그 정책의 실패 때문이었다.[4] 20세기 중반, 정치폭력과 관련된 혁명이론 저술이 계속해서 나왔을 뿐만 아니라, 사회개조운동에 종사하는 수많은 정치조직과 정당조직도 여기저기 '혁명'을 내세워,[5] 시대의 특성과 추세를 집중적으로 보여주었다.

---

4   Theda Skocpol, *States and Social Revolution*, Cambridge University Press, 1979, pp.19-23, pp.112-113.

5   비교적 유명한 혁명조직으로는 베트남청년혁명동지회(1925), 몽고인민혁명당(1921), 라오스인민혁명당(1939), 멕시코혁명제도당(1929), 볼리비아민족주의혁명운동(1941) 등 등이 있다. 20세기 후반에 이르면, 제3세계에서 '혁명'을 이름에 넣은 당파가 더 많아지는데, 베냉인민혁명당(1976), 르완다전국발전혁명운동(1975), 소말리아혁명사회주의당(1976), 자이르인민혁명운동(1967), 차드전국독립과 혁명연맹(1984), 파라과이2월혁명당

중국에서, 정당의 정식명칭으로서 혁명당이 처음 선을 보인 것은 1913년 '2차 혁명'이 실패한 후 손중산이 조직한 '중화혁명당'이었다. 그러나 전에도 극단적 방식으로 청 정부를 전복시키고자 한 혁명조직과 인물들을 '혁명당' 또는 '혁명당인'으로 불렸다. '흥중회(興中會)', '화흥회(華興會)', '광복회(光復會)', '동맹회(同盟會)', '공진회(共進會)' 등처럼, 그 당시 혁명당의 의미는 주로 조직이 아니라 행동에 있었다. 그러므로 청말 혁명당인이란 이름이 천하를 가득 메웠지만, 혁명당 자체는 오히려 막후에 숨어 보이지 않았다. 혁명에 관한 모든 이야기는 혁명의 죄악이든 혁명의 영광이든 모두 신비로운 군사적 모험이라는 면사포를 쓰고 있었다. 일반적으로, 1905년 동맹회의 성립은 혁명당이 진정한 의미로 당파를 이루었음을 보여준다. '진정한 의미'로 혁명당이 행동으로 조직되고, 조직으로 주의를 담은 것이다. 즉 '입당(入黨)', '선전(宣傳)', '기의(起義)' 삼위일체를 함께 추진함으로써[6] 돌연히 일어나 거사를 일으키고, 독자적으로 국가에 도전하고 조직적으로 강령을 가지고 혁명을 하게 되

(1951), 과테말라혁명당(1957), 파나마민주혁명당(1979), 아르헨티나혁명공산당(1968), 페루혁명좌파동맹(1980), 콜롬비아혁명독립노동자운동(1969), 베네수엘라좌파혁명운동(1960) 등등이 그렇다. 그들 당파는 이데올로기에 있어서 마르크스주의, 레닌주의와 드러내든 숨기든 관계가 있고, 정당국제관계에 있어서 코민테른, 사회당 인터내셔널과도 많든 적든 교류가 있었다.

6   손중산은 '입당', '선전', 그리고 '기의'를 혁명당의 혁명방침으로 여겼다. "내가 혁명하면서…… 천하의 어진 사람, 뜻 있는 선비를 구하여, 함께 하나의 주의를 가지고 함께 힘을 합쳐, 당을 세우게 된 것이다. 거국의 인민을 구하고, 그런 주의를 함께 옳고, 몸소 그것에 힘쓰고, 선전을 한다. 그 주의의 실현을 위하여, 먼저 파괴한 후에 건설하고, 그러고 나서 기의를 한다."(孫中山, 「革命運動史」, 『『中華民國』開國五十年文獻』第1編 第9冊, 台北"中華民國"開國五十年文獻編撰委員會, 1963, p.191.

었다.

혁명당의 가장 큰 특징은 그것이 기존 질서의 전복을 목적으로 했다는 점에 있다. 혁명당 초창기 사람들에게 '탕무(湯武)혁명'이라는 상고의 기억을 불러일으켰지만, 손중산이 처음에 스스로를 '혁명당'이라 했을 때에는 농후한 '종성(種姓)혁명'("청을 타도하고 한을 일으키자")의 색채를 띠었다. 20세기의 중국혁명은 세계 현대화의 언어환경에서 전개된 것이었으며, 중국민족주의의 부상은 사실 현대성의 산물이었다. 그러므로 "오랑캐를 무찌르자"와 "민국을 세우자"를 함께 내세우는 것이 조금도 이상하지 않았다. 그러나 "만청정부를 전복하는 것을 뜻으로 삼은" 혁명운동은 본질적으로 역사상 '왕조를 바꾸고자 한' 고전적 혁명과는 구별된다. 그것이 지향한 것은 청정부가 의존하고 있던 기본적 제도 틀이고, 바꾸고 싶었던 것은 기존 질서의 기본 규범과 논리이지, 정부와 인사의 교체가 아니었다. 그와 달리, 혁명의 현대적 성격 규정에 있어서, 무장투쟁에서 혁명당은 세력이 약하여 후자의 조직자원을 빌릴 수밖에 없기는 했지만, 혁명은 역사상 왕조통치체제 내의 붕당 반대세력과 만청 이래 체제 밖에서 떠돌던 민간의 반대단체(일부 비밀결사단체)와는 구별된다. 손중산은 다음과 같이 말했다. "우리는 만주정부를 뒤집어엎고, 민국을 건설해야 한다. 혁명이 성공하는 날, 미국의 대통령선거를 본받아, 전제를 없애고, 공화를 실시해야 한다.[7] 신해혁명 발발 이후 분명하게 밝혔다.

7　孫中山, 「在檀香山正埠荷梯厘街戲院的演說」, 『孫中山全集』第1卷, 中華書局, 1981, p.226.

"중국혁명의 목적은 공화정부를 건설하고, 미국을 본받는 것이다. 그것 말고는, 어떠한 정체든지 모두 중국에 맞지 않는다."[8] 사람들은 후에 신해혁명이 철저하지 못했다고 비난했고, 혁명에 대한 기대감을 가지고 혁명의 공적과 성과를 따졌다. 혁명당이 기존 질서의 근본적 전복을 완성하지 못했고, 구제도의 여러 요소를 공화제의 틈새로 집어넣었으며, "민국이라는 이름만 있고, 민국의 내용이 없다."[9]고 보았다.

중국공산당의 출현은 국민혁명의 불철저함에 대한 비판적 반응이었고, 국민당에 대해 혁명발언권을 전면적으로 박탈한 것이라 볼 수 있다. 소련의 방식에 따른 손중산의 국민당 개조는, "혁명 성공 후, 그런 가짜 혁명당이 전국에 퍼져 있고, 혁명의 탈을 쓰고, 혁명의 성과를 파괴"한 현실에서 비롯되었고,[10] 국민당의 혁명정신을 회복하고자 한 것이다. 그러나 국민당의 이데올로기 및 그것과 중국의 전통적 사회계층의 본연의 관계는 국민당의 혁명화가 뛰어넘을 수 없는 장애물이었다. 국민당의 느슨한 정치구조와 복잡한 정치계보와 달리, 레닌주의 원칙에 따라 세워진 중국공산당은 구질서를 근본적으로 전복시키는 것에 뜻을 둔 혁명당의 특징을 더 많이 갖고 있었다. 사실 중국공산당도 '혁명당'이라는 이름을 사용해왔다. 마오쩌둥은 다음과 같이 말했다. "혁명당은 왜 필요한가? 세계에서 인민을 억압하고 있는 적이 존재하기 때문이다. 인민이 적

---

8   孫中山, 「附: 在巴黎的談話」, 『孫中山全集』第1卷, 中華書局, 1981, p.563.

9   孫中山, 「在神戶歡迎會的演說」, 『孫中山選集』, 人民出版社, 1981, p.971.

10   孫中山, 「告誡同志」, 『孫中山選集』, 人民出版社, 1981, p.913.

의 억압을 전복시키기 위해서는, 혁명당이 필요하다."[11] 혁명당은 혁명 중 누구와도 비교할 수 없는 결정적 역할을 했다. "혁명당은 대중의 안내 자이고, 혁명 중에 혁명당이 길을 잘못 안내하여 혁명이 실패하지 않은 적이 없었다."[12] "혁명당 없이, 마르크스 레닌주의 혁명이론과 혁명 스타 일에 따라 세우진 혁명당은 없고, 노동계급과 광대한 인민대중을 이끌어 제국주의와 그 개들을 이길 수 없다. 마르크스주의가 탄생한 지 100여 년의 시간 동안, 러시아 볼셰비키가 10월 혁명을 이끌어 사회주의건설과 파시스트 침략을 무찌른 모범을 보였을 때만이, 세계적 차원에서 신식 혁명당을 건립하고 발전시켰다. 혁명당이 생긴 이후, 세계혁명의 면모가 달라지기 시작했다. 중국공산당은 소련 공산당의 모범에 따라 건설되고 발전한 당이다."[13] 마오쩌둥은 구식 혁명당과 구별되는 신식 혁명정당으 로서의 중국공산당의 성격을 분명하게 지적했다.

기존 통치질서의 전복을 목적으로 하는 혁명은 폭력을 수단으로 한 다. 홉스바움이 구상한 유럽에서 세계로의 '이원적 혁명'(프랑스식 급진적 정체변혁과 영국식 산업사회의 점진적 변혁이라는 두 가지 역사운동모델)에서, 후자 는 개량으로, 정치와 사회의 제도적 변화를 배척하지는 않는다. 그러나 중국에서 '이원적 혁명'의 반향은 '이원'적이었다. 우선 혁명은 정치범위

---

11   毛澤東,「整頓黨的作風」,『毛澤東選集』第3卷, 人民出版社, 1967, p.769.

12   毛澤東,「中國社會各階級的分析」,『毛澤東選集』第1卷, 人民出版社, 1967, p.3.

13   毛澤東,「全世界革命力量團結起來」,「反對帝國主義的侵略」,『毛澤東選集』第4卷, 人
      民出版社, 1967, p.1297.

에 한정되었고, 폭력으로 그것을 추진했다. 천지엔화(陳建華)는 『"혁명"의 현대성』이라는 책에서 저우리보(周立波)의 소설 『폭풍취우(暴風驟雨)』에서 지주와 투쟁하던 농민의 한마디를 예로 들었다. "그의 목숨(命)을 빼앗지(革) 않는다면, 이 한을 풀 수 없다." 혁명이 생명이나 육체의 소멸로 확장된 것은 현대 급진주의의 원인 중 하나인 'revolution'의 복잡한 의미가 성공적으로 중국에 이식되지 못했기 때문이다.[14] 서구의 혁명 개념이 왜 중국에 수용되지 못했을까? 시각을 바꾼다면, 즉 언어문화의 시각에서 보지 않고, 중국 현대화에 필요한 사회재건과 중앙집권의 재건이라는 각도에서 보면, 그 문제는 비교적 쉽게 이해될 수 있다. 쩌우당(鄒讜)의 분석에 의하면, 중국혁명은 19세기 이래 총체적 위기(전면적 위기)의 산물이다. 총체적 위기는 모든 일을 흑백논리의 극단적 경지로 끌고 간다. 정치로부터 시작하여, 일괄적으로 해결하고자 하는 방법이 혁명당의 유일한 선택이 되었다.[15] 스카치폴의 『국가와 사회혁명』, 베링턴 무어의 『민주와 전제의 사회적 기원』이라는 두 책은 모두 정도는 다르지만 그런 생각을 지지한다.[16] 혁명은 총체적 위기의 산물일 뿐만 아니라, 총체적 위기를 해결하는 수단이었다. 그것은 중국에서의 서구 이익의 첨예한 충

---

14 陳建華, 『"革命"的現代性: 中國革命話語考論』, 上海古籍出版社, 2000, p.5, p.29, p.169, pp.276-278.

15 鄒讜, 『二十世紀的中國政治』, 牛津大學出版社(香港), 1994, pp.69-72.

16 Theda Skocpol, *States and Social Revolution*(Chapter 2, Chapter 4), Cambridge University Press, 1979; 巴林頓·摩爾, 『民主與專制的社會起源』第4章, 華夏出版社, 1987年.

돌을 바탕으로 하고, 국내 전제정치구조에 첨예한 모순의 형성을 바탕으로 한다. 따라서 농민을 주체로 하는 혁명이 매우 폭력적이고 잔혹한 성격을 띠었다. 그것을 이해하면, 마오쩌둥이 "중국혁명의 주요 형식은 평화적일 수 없으며, 무력적이어야 한다."고 강조한 이유를 알 수 있다. 왜 "모든 농촌에서 모두 단기간의 공포현상이 일어났는가 하면, 그러지 않고는 농촌의 반혁명파의 활동을 진압할 수 없고, 신권(紳權)을 절대 타도할 수 없다."[17]라는 것, 즉 저우리보(周立波) 소설이 보여준 향촌혁명의 경관을 이해할 수 있다.

혁명의 폭력성으로 인해 혁명당은 무장세력에 대한 통제와 폭력자원에 대한 독점을 매우 중시했다. 손중산은 혁명당을 조직한 이후, 혁명당원이 자신의 군대를 만들 수 있는가의 여부가 혁명성패의 관건이라고 여기게 되었다. 혁명당원은 비밀결사단체의 포섭, 신군대의 조직, 군벌부대의 쟁취 등에 대해 많은 노력을 했고, 전력을 다했다고 할 수 있다.[18] 손중산은 후에, 중국혁명에서 혁명군의 탄생은 군벌에 의지할 수 없다는 '깊은 깨달음'을 얻었고, 혁명당은 무장 세력을 독점해야 한다고 생각하

---

17   毛澤東, 「湖南農民運動考察報告」, 『毛澤東選集』第1卷, 人民出版社, 1967, p.17.

18   『광저우 주둔 상군(湘軍)에 대한 연설』에서, 손중산은 병력동원에 대한 혁명당인의 간절한 기대를 집중적으로 표현했다. "본 대원수는 오늘 너희들 상군과 이야기를 하러 왔는데, 어떤 효과가 있어야 비로소 인민의 희망에 부합하겠는가? 희망이 생기는 효과는 너희들 전 상군이 혁명군이 되어, 혁명당의 전철을 밟는 것이다. 왜인가? 우리는 13년 전, 만청을 전복시켰지만, 이 13년 안에 진정한 민국을 세우지 못했다. 큰 원인은 만청을 전복시킨 후, 혁명군이 혁명당의 뜻을 계승하지 못했기 때문이다. 그러므로 이전에 파괴는 성공했지만, 건설은 아직 성공하지 못했다. 이후 건설을 성공하려면, 혁명군이 생겨나야 한다."(『孫中山選集』, 人民出版社, 1981, p.881)

게 되어, 소련식 당군(黨軍)(황포군관학교)을 건설했다. 아이러니는 소련공산당의 동지인 중국공산당의 군사력에 대한 인식이 오히려 국민당으로부터 생긴 것이었고,[19] 민간동원에 종사한 수많은 지식인 중공 지도자가 손중산의 병력동원 작업을 인정하지 않기 시작했다는 점이다. 마오쩌둥은 8대 회의에서 다음과 같이 말했다.

> 군사적 측면에 대해, 이전에 우리는 (손)중산의 군사운동을 욕했고, 우리는 완전히 반대로 군사운동을 하지 않고 민중운동만을 했다. 장(개석)(蔣介石), 당(생지)(唐生智) 모두 무기를 들어도 우리만은 신경 쓰지 않았다. 지금 비록 중요하게 생각하게 되었지만, 확고한 개념은 아니다. 예를 들면, 추수폭동은 군사가 아니면 안 되므로, 이번 회의는 이 문제를 중시해야 하고, 새로운 정치국의 상임위원회는 이 문제를 보다 확고하게 주의해야 한다. 호남의 이번 실패는 완전히 서생의 주관적 착오 때문이고, 이후 군사를 매우 중시해야 하고, 정권은 총자루에서 얻어지는 것이라는 것을 알아야 한다.[20]

그 다음 회의에서, 마오쩌둥은 다음과 같은 생각을 말했다. "폭동의

---

19 마오쩌둥의 '중국 국민당 전쟁사'에 대한 서술은 매우 생동적인 문헌이고, '중국적 특징'에 대한 국민당의 파악은 중국공산당인이 "스스로 무기를 장악해야 하는 중요성에 대한 깨달음"을 얻게 한다.(毛澤東, 「戰爭和戰略問題」, 『毛澤東選集』第2卷, 人民出版社, 1967, pp.511-512)

20 毛澤東, 「在中央緊急會議上的發言」, 『毛澤東文集』第1卷, 人民出版社, 1999, p.47.

발전은 정권탈취이다. 정권을 탈취하려는 데, 병력의 뒷받침 없이 빼앗는다는 것은 스스로를 속이는 말이다. 우리 당의 이전의 잘못은 군대를 간과한 것이다. 현재 60퍼센트의 에너지를 군사운동에 두고, 총자루로 정권을 탈취하여, 정권을 건설해야 한다."[21] 그것이 나중에 중국공산당의 보배인 '총자루가 정권을 만든다'라는 저명한 주장의 출발점이다. '총자루'는 혁명의 기본형식일 뿐이다. 혁명당에게 중요한 것은 '총자루'가 정치의 최종적 상고법정이라는 것을 인식하게 된 것일 뿐만 아니라, '총자루'를 당의 절대적 통제하에 둔다는 원칙, 즉 대외적으로 적대세력을 단호하게 막을 수 있고, 대내적으로 당의 명령을 강제로 집행할 수 있다는 것을 인식하게 된 것이다. 중국공산당은 현대 혁명 역사상 보기 힘든 폭력혁명을 성공적으로 당의 일상생활에 적용한 혁명정당이며, 혁명당 내부에서 전문적으로 군사, 전역, 모반, 민병, 정보투쟁을 영도하는 기구를 발전시켰다. 혁명당체제는 군당(軍黨)일체화 체제 또는 군사정치 일체화 체제이다. 그런 체제와 제3세계국가 군사독재체제의 근본적 차이는 첫째, 군대가 당의 혁명 엘리트집단의 명령을 듣는다(이 집단의 핵심구성원은 절대다수가 군인출신이 아니다)는 점이다. 둘째, 군대는 당이 제기한 혁명의 임무를 완성하는 도구라는 점이다. 셋째, 군대는 당의 이데올로기의 제약을 받는다는 점, 즉 군대 자체가 혁명화된다는 점이다. 넷째, 군대 자체에 당의 업무시스템, 당대표, 정치위원, 정부 등이 존재한다는 점이다.

　　정치과정으로부터 보면, 기존 질서에 대한 혁명당의 개조가 성공할

21　위의 책, p.48.

수 있는가의 여부는 국가기구를 중심으로 하는 정치구조에 직접 가해지는 군사투쟁뿐만 아니라 모든 사회경제문화구조에 대한 대중동원의 폭과 깊이에 달려 있다. 어떠한 현대정당도 동원을 필요로 하지만, 정당마다 그 동원의 이유, 방식, 그리고 범위에 큰 차이가 있다. 혁명당에게는 투표가 필요 없다. 혁명당은 체제 내에서의 정부의 합법적 교체를 목적으로 하지 않고, 폭력으로써 기존 질서를 근본적으로 전복시키거나, 기존 질서를 혁명적으로 개조하는 것이 목적이기 때문이다. 혁명당의 동원은 대부분 전쟁동원이고, 동원의 범위는 기존 질서에 불만을 갖고 있는 계급, 계층으로부터 사회의 주변집단에 이른다. 그런 동원은 혁명당 특유의 대규모 대중동원이다. 중국공산당은 언제나 대중동원 작업을 매우 중시해왔고,[22] 마오의 연설은 당이 "민중운동을 전적으로 한다."와 심지어 '군사운동'을 해왔음을 입증한다. 중국에서 대중동원은 주로 농민동원이었다. 1926-1927년의 호남농민운동, 10년 내전 기간의 소비에트구역의 토지혁명으로부터, 국공 결전시기의 화북, 동북의 토지개혁까지, 대규모의 대중동원으로 철저하게 향촌의 구제도를 소탕했고, 빈곤농민의 사회경제적 권리를 가장 직접적인 방식으로 보장받았다. 기층민중의 전폭적 지지를 얻는 것이 공산당의 군사적 필요에 가장 효과적 수단

---

[22] 마오쩌둥은 다음과 말했다. "우리 당은 20년 이래, 매일 대중공작을 해왔고, 10여 년 가까이 매일 대중노선을 말해왔다.", "당의 정책을 대중의 행동으로 바꾸기를 잘 했고, 우리의 모든 운동, 모든 투쟁에서 잘 했고, 지도자 간부가 잘 알고 있을 뿐만 아니라, 광대한 대중 모두 잘 알 수 있고, 모두 파악할 수 있다. 그것이 마르크스 레닌주의적 영도기술이다."(『毛澤東選集』第4卷, 人民出版社, 1967, p.1261, p.1262)

이었다. 당은 대규모의 대중동원을 통해 민중(농민, 노동자)과 유기적으로 연계했다. 그것을 기초로 각 사회집단과의 정치적 협력(통일전선)을 추구했고, 마지막으로 사회정치세력의 대결구도를 바꾸었다. 1940년대 중반, 대규모의 대중운동은 당에 의해 중국혁명을 지도하는 공작방식과 행동방략으로 인정받았고, '대중', '대중운동', '대중노선'의 관점이 당의 7대 문헌에 삽입되었으며, 당의 보편적 의미를 갖는 이론방법이 되었다.

중국혁명 개념에서, '대중', '대중운동', '대중노선' 등은 특수한 의미를 갖는 개념들이다. 그것은 마르크스주의의 인민사관과 연관된다. '대중'은 계급관념에서 파생된 것이지만, 계급관념을 초월하여 억압받는 절대다수의 사람들을 의미한다. '대중운동'이 절대다수(기층)가 공동으로 참여하는 사회의 정치행위라고 한다면, '대중노선'은 대중과 영도, 대중운동과 혁명당정책 설계 사이에서 정확한 관계를 정립한 인식론과 방법론을 가리키는 데 사용된다. 쩌우당(鄒讜)의 연구에 의하면, 대중운동이 혁명당의 공작의 중심이 된 이유는 중국혁명과 우선 사회경제적 권리를 쟁취하는 것으로부터 시작되어, 나아가 정치적 권리를 요구하고, 민주를 요구하게 된 성격과 관계있다. 대중이 요구한 것은 추상적 인권이 아니라, 토지, 교육, 남녀평등과 같은 사회·경제적 권리였다. 그런 상황에서 '대중'이 혁명의 기점이 되었다. 그것과 서구의 근대혁명(국가재건)은 매우 다르다. 후자의 '공민'개념에서 '공민'은 고립적 개인의 집합이고, 그들이 일련의 추상적 권리를 영유하고 있다는 것을 기초로 한다. 그들은 그런 권리를 행사하여 사회집단을 구성한다. 서구의 근대혁명은 사회성원의 의무가 아니라 권리에 관심이 있기 때문에, 사회와 경제의 발전은 공민의 권리와 함께 기층 민중으로의 전이와 병행된다. 그러나 중국혁명의 과정은 그 중점이 '대중'개념이지 '공민'개념이 아니다.[23] 쩌우당은 다음과 같이 말했다.

> 대중, 대중운동과 대중노선개념의 출발점은 개인이 사회의 어떤 일부분의 성원으로 여겨진다는 것이다. 그들이 추상적인 법률과 공민의 권리를 향유하는 것이 아니라, 실질적인 사회·경제적 권리를 갖고 있다는 것이다. 대중은 사회의 절대다수로서, 기층계급의 일원이다. 그들은 정치의 열성분자의 동원과 조직으로 말미암아야 한다. 일단 그들이 정치지도자를 얻게 되면, 그들은 사회와 경제정의에 대한 주동적 또는 잠재적 요구에 대해 그들이 적극적 정치행동을 할 수 있도록 격려된다. 따라서 대중, 대중운동과 대중노선 개념은 정치운동에서의 적극적 참여와 이행의무를 중시(체현)하게 된다. 어떤 중간이익(계층)은 정당조직을 통해 조직되며, 그 밖의 중간이익(계층)은 배제된다. 모든 현대사회에서, 공민관념과 대중개념은 일반적으로 국가와 사회를 연계시킨다. 최소한 글로는 그렇다. 그러나 그들의 출발점에 있어서, 연계형식에 대한 강조점은 각 사회마다 다르다. 그 차이가 서로 다른 정치, 사회, 경제발전모델을 만들어내며, 더 중요한 것은 국가재건 모델이다.[24]

23　鄒讜, 『二十世紀中國政治』, 牛津大學出版社 (香港), 1994, p.17.

24　鄒讜, 『中國革命闡釋』, 牛津大學出版社 (香港), 2002, p.15.

이것은 혁명당의 대규모 대중운동과 일반 정당의 선거동원방식의 차이를 이해할 수 있는 매우 의미 있는 시각이다. 대규모 대중동원은 이론적으로 말하자면 혁명당의 조직구조가 대중적이며 분권적일 것을 요구하지만, 혁명당은 엘리트적이고 집권적이다. 어떤 경우에는 폐쇄적이기도 하다.(그 조직주변의 보루화) 그것은 일종의 모순이다. 하나의 정당이 어떠한 조직적 특징을 보여주는가는 세 가지 변수, 즉 정당의 목표, 정당이 그 목표를 운용하는 방식, 그리고 정당의 생존환경에 달려 있다. 혁명당이 기존 질서의 근본적 전복을 자신의 임무로 삼는 것은 스스로를 기존 질서의 대립자로 보는 것이다. 혁명당은 폭력수단을 통해 정치사회적 구조를 개조한다. 그로 인해 혁명당은 기존 질서와의 관계에서 심각한 긴장과 비타협적 성격을 갖게 된다. 그 두 가지 점이 혁명당의 생존환경의 억압성과 가혹성을 결정짓는다. 러시아 사회민주노동당의 조직구조 문제를 논의할 때 레닌이 마톱 등과 격렬한 논쟁을 한 것은 잘 알려진 예이다.[25] 레닌의 관점에 따르면, 전제정부의 고압적 통치하에 있는 혁명당은 민주적 대중정당이 될 수 없고, 독일 사회민주당처럼 '광범위한 민주원칙'에 따라 당이 자신의 조직구조를 건설하려고 시도하는 것은 유치한 일이다. '광범위한 민주원칙'이 따르는 두 가지 조건은 즉 '완전한 공개성'과 '모든 자리를 선거를 통해 선출'하는 것으로, 러시아와 같은 열악한 정치환경에서는 근본적으로 실행될 수 없기 때문이다. 레닌은 다음과 같이 말했다.

---

25   列寧, 「怎麼辦, 進一步, 退兩步」, 『列寧選集』第1卷, 人民出版社, 1972.

어두운 전제적 제도하에서, 헌병과 경찰이 도처에서 선택(집표)하는 상황에서, 당 조직의 '광범위한 민주제'는 단지 조금의 의미도 없고 유해한 장난이다. 그것이 조금의 의미도 없는 이유는 어떠한 혁명조직도 광범위한 민주제 같은 것을 한 번도 실행해본 적이 없고, 그 자신이 얼마나 그것을 원하는가와 상관없이, 할 수 없기 때문이다. 그러므로 그것은 해롭다. '광범위한 민주제'의 기도는 경찰이 광범위하게 우리 조직을 파괴하도록 할 수 있기 때문이다……[26]

레닌이 보기에, 혁명당은 마톱, 악셀로드(Akselrod) 등이 주장하는 것과 같은 경계가 모호하고, 구조가 느슨한 조직을 건설할 수 없다. 혁명당은 적은 수의 조직이 엄격하고, 집중제를 실시하고, 혁명을 직업으로 삼는 엘리트집단이 주도하는 전투부대를 건설해야 한다. 혁명당의 지도원칙은 "가장 엄격하게 비밀을 지키고, 엄격하게 성원을 선택하고", 무조건 '직업혁명가의 훈련'을 받으며 "군사기율처럼 철통같은 기율"에 복종해야 한다. "전제제도 국가에서, 그런 견고한 혁명조직은 그 형식에 따라 말하자면 '비밀'조직이라 부를 수 있다."[27]

26 列寧, 「怎麽辦」, 『列寧選集』第1卷, 人民出版社, 1972, pp.348-349.

27 위의 책, p.345. 레닌식 혁명당의 '직업혁명가'의 신념은 '대규모 대중운동'과 '비밀결사'이 두 가지로 보면 모순된 개념이 어떻게 연관될 수 있는가를 이해할 수 있다. 레닌의 사상은 강렬한 엘리트주의적 특성을 갖고 있다. 「어떻게 할까?」에서, 레닌은 중요한 관점을 밝혔다. 즉 자본주의의 발전은 노동자운동을 '경제주의', '노동조합주의'의 궤도로 이끌어 갈 수 있는데, 만일 혁명엘리트의 계몽이 없다면, 노동자운동의 자발성은 영원히 작가성으로 향상될 수 없다는 것이다. "노동자는 본래 사회민주주의 의식을 가질 수 없

'비밀조직' 사상은 코민테른 '21조'를 통해 각국 공산당의 조직구성에 중대한 영향을 미쳤다. '21조'는 레닌과 지노비에프(Zinovyev)가 초안을 작성한 '코민테른 가입조건'의 약칭이다.[28] 그 중 일부 조항은 1903년 레닌이 사회민주노동당 제2차 대표대회에서 제기했던 장정의 재판(再版)이라고 할 수 있다. 그 기본정신은 혁명당이 사상과 조직에 있어서 레닌식의 볼셰비키당이 되는 것이다. '21조'의 규정에 따르면, 모든 국가에서 계급투쟁은 국내전쟁의 단계로 진입하고, 공산당원은 자본가계급의 합법성을 신뢰할 수 없고, "그들은 각지에서 평등한 비밀조직기구를 건설해야 하고, 그로써 중요한 시기에 당이 자신의 혁명책임을 수행할 수 있도록 도와야 한다."(제3조) 당의 혁명공작에는 군대에서 비밀리에 선전

다. 그런 의식은 밖으로부터 주입될 수 있을 뿐이다. 각국의 역사가 모두 증명하기를, 노동자계급이 자신만의 역량에 의존하면, 노동조합주의적 의식을 형성할 수 있을 뿐이고, 노동조합과 결합하고, 공장주와 투쟁하고, 정부를 향해 노동자들이 필요로 하는 법률들의 반포의 쟁취와 같은 신념들을 함께 해야 한다. 그러나 사회주의학설은 유산계급 중 교양 있는 사람 즉 지식인이 만든 철학, 역사, 그리고 경제이론에서 성장하기 때문이다. 현대 과학적 사회주의의 창시자인 마르크스와 엥겔스도 그들의 사회적 지위로 말하자면, 자산계급 지식인이다. 같은 이치로, 러시아 사회민주주의 이론학설도 완전히 노동자운동의 자발적 성장에만 의존할 수 없다. 그들의 생성은 혁명적 사회주의지식인의 사상 발전의 자연과 필연의 결과이다."(『列寧選集』第1卷, 人民出版社, 1972, pp.247-248) 그러므로 구제도를 전복시키는 대규모의 대중운동은 '직업혁명가'에 의해 조직되고 영도되어야 한다. 레닌은 다음과 같이 말했다. "역사적으로, 어느 계급도, 조직운동과 영도운동에 능한 정치지도자와 선진대표를 뽑지 않는다면, 통치지위를 얻을 수 없다. ……우리는 저녁의 여유시간을 혁명에 바치고, 전 일생을 혁명에 바칠 수 있는 사람을 길러내야 한다. 우리는 대규모의 조직을 건설하여, 우리가 각양각색의 공작들에 있어서 엄밀한 분업을 진행할 수 있도록 해야 한다."(『列寧選集』第1卷, 人民出版社, 1972, pp.210-211) '직업혁명가'로 구성된 당은 대중을 동원하고 대중을 영도하는 기둥이다.

28 '코민테른 장정'과 '21조'(코민테른 가입조건)는 다음을 참조. [奧地利]尤利烏斯·布勞恩塔爾, 『國際史』第2卷 (附錄), 上海譯文出版社, 1986, pp.631-641.

하는 것, 농촌에서 광범위한 동원을 하는 것, 노동조합과 그 밖의 사회집 단에서 민중의 지지를 쟁취하는 것(제4, 5, 9조)이 포함된다. '코민테른 장 정'에 의하면, 코민테른은 "진정으로 그리고 전 세계의 통일된 공산당"이 고, "하나의 고도로 집중된 조직"이므로, '21조'는 특별히 코민테른은 집 중제 원칙을 실시해야 한다는 점을 강조한다. "공산당은 고도의 집중적 방식에 따라 조직되어야만, 당내에서 철의 기율을 실행하고, 당의 중앙 기관이 전체 당원의 신임을 얻어 충분한 권력과 권위와 광범위한 직권 을 누려, 비로소 자신의 의무를 수행할 수 있다."(제12조) 코민테른의 영 도기관—집행위원회는 무제한적 권력을 갖는다. 집행위원회는 '총참모 부'로 구성되고, 인터내셔널에 참가한 각국의 공산당은 세계혁명의 '사 단(師團)'으로 여겨지며, 집행위원회에 종속되고, 코민테른의 한 지부로 서 집행위원회의 지휘와 영도를 받는다. 집행위원회는 당원 선거를 통해 뽑힌 지도자를 파면할 권한을 가지고, 그가 뽑은 지도자로 하여금 그것 을 대신하게 할 수 있다. 각국 공산당(특히 아시아)의 조직구조는 최소한 초창기에는 러시아 공산당을 본뜬 코민테른 조직구조의 복제품이었다. 나중에 바뀌기는 했지만, 어느 정도 그랬고, 기본적 특징도 같았다. 각국 공산당의 생존환경은 그 조직구축에서 가장 중요한 제약조건이었다. 전 제독재의 국가가 강하면 강할수록, 혁명당 조직구조는 점점 더 집권적이 었다. 그것을 통해 더 강한 힘을 모아 강력한 적을 제압할 수 있었다. 중 국공산당이 혁명시기 형성했던 고도의 집권적 조직구조와 영도체제는 그렇게 이해할 수 있다.

결론적으로, 혁명당의 특징은 다음과 같다. (1) 혁명당은 현대 혁명의 산물이다. 혁명당의 역사적 사명은 기존 질서를 근본적으로 전복시키는 것에 있으며, 정치국가와 정치국가가 의존하여 존재하는 사회경제문화를 철저히 변혁시키는 것에 있다. (2) 혁명당과 구질서의 첨예한 대립은 혁명당으로 하여금 기존 체제 내에서, 기존체제의 자원을 이용하여 사회정치개조를 진행할 수도, 하고 싶지도 않게 한다. 혁명당은 구질서를 보호하는 데 사용되는 법률, 제도, 절차, 규칙, 문화에 대한 이질적 힘과 파괴적 힘이다. (3) 혁명당은 그 혁명과 역사의 합법성을 증명하는 이론과 학설을 갖고 있다. 그 이론과 학설들은 혁명당에게 세계적 방법, 행동적 전략과 책략 그리고 미래사회에 대한 정치설계를 이해하고 관철할 수 있도록 해준다. (4) 혁명당은 혁명의 전쟁론자이다. 그들은 혁명적 폭력이 역사의 기관차라는 것을 믿는다. 혁명당의 사회정치개조 공정은 폭력적 자원을 사용하여 혁명당이 특수한 군당체제로 발전하게 하여, 혁명당이 고도로 군사화하도록 한다. (5) 폭력수단으로 기존 질서를 전복시키려면 최대한 민중을 동원할 필요가 있기 때문에, 대규모 대중동원은 혁명당의 기본운용방식이다. 대중운동을 통해 혁명당은 거대한 정치적 권위와 뛰어난 사회추동능력을 축적한다. (6) 혁명, 전쟁 그리고 동원의 필요에 조응하기 위해, 혁명당은 엄격한 당의 기율, 당적 관리, 기능 전문화의 분업체계, 엄격하고 통일적 조직구조, 고도의 집권적 영도체제를 형성했다. 혁명당은 역사상 가장 전형적이며, 가장 엄밀한 엘리트 집단이다.

통치당과 통치형태

통치당은 혁명을 통해 국가정권을 취득한 후 이당치국 방략의 정당
유형을 실현한 당이다.[29] 정치생활에서, 국가정권을 통제하는 정당은 일

---

29 통치당을 영문으로 번역하면, 'ruling party' 또는 'governing party' 말고 더 좋은 말
   이 생각나지 않지만, 'ruling party'나 'governing party'를 중문으로 '집정당'이라고 번
   역할 수도 있다. 그것은 통치당 개념이 중국의 언어 환경에서 사람들을 곤혹스럽게 만
   드는 점이다. 그로 인해 문제가 생긴다. 영어권에서, 통치당과 집정당을 구분하기 더 좋
   은 단어가 있겠는가? 서구 정치학자들에게 있어서, '패권당'(hegemony party)이라는 말
   은 그 의미가 대개 통치당에 가장 가까운 말이다. 패권당이란 무엇인가? 말뜻을 생각해
   보면, 패권당은 어떤 정당을 가리키는 것이 아니라 정당체제를 가리킨다. 즉 정권을 장
   악한 정당이 정당중심을 차지하고, 소정당(minor party)이 그 주위를 둘러싸고 그 다음의
   지위를 차지한다. 그러나 그 소정당은 경쟁적 정당도 아니고, '소수당'(minority party)도
   아니라, 헌법과 법률이 규정한 '영도 받는 당'으로, 실력과 규모로 결정되는 '위성정당(衛
   星黨)'이다. Giovanni Sartori, *Parties and Party Systems: A Framework for Analysis*,
   Cambridge University Press, 1976. 여기서, 패권당은 별자리와 같다. 별자리 중심과 주
   변의 주종관계는 통치당과 그 체제를 이해하기 위해 중요한 참고가 된다.
   그러나, 패권당 개념은 통치당과 부분적으로만 일치하고, 통치당 전부를 포괄하는 함의
   를 가질 수는 없다. 우선, 위에서 말한 것처럼, 정당체제로서의 패권당은 몇몇 정당(비록
   그 사이에 경쟁적 관계가 없다고 하더라도)의 존재를 전제로 하며, 패권 자체의 존재는 정치
   시스템 내의 권력주체가 최소한 형식적으로 유일한 것은 아니다. 만일 권력주체가 하나
   밖에 없다면, 권력 간의 강제와 복종 현상이 나타날 수 없다. 즉 패권문제가 발생할 수
   없다. 패권당은 소련과 같이 오직 하나의 당만이 존재하는 정당체제에 적용될 수 없다.
   그 다음으로, 패권당은 통치당의 '패권'이 어떻게 형성되고, 어떻게 존속되는가를 설명
   해줄 수 없다. '패권'이란 말은 지배적 권력의 존재, 그리고 직접적 정치폭력과 강제성의
   상호연관성을 사람들에게 생각나게 하고, 그런 권력이 '강제력'의 '권리'로의 전환, '복
   종'에서 '의무'로의 전환 과정을 거친다는 것을 간과하게 만든다. 다시 말하자면, 통치당
   은 참으로 폭력 및 강제와 떨어질 수 없지만, 통치당의 탄생과 상당한 시기 동안의 통치
   는 오히려 가장 많은 노동자들의 권리주장과 의무복종을 기초로 한다. 즉 통치당의 통
   치권은 대다수 인민의 '동의와 지지'를 얻은 것이다. 그러므로 패권당 개념은 통치당의
   전신으로서의 혁명당의 정치적 지위와 정치적 합법성을 분석하는 데에 적합하지 않다.
   즉 특정한 정치적 환경에서 '패권'의 불법적 엘리트단체가 어떻게 전 사회에서 대규모
   의 정치동원 능력을 갖게 되었는가를 설명할 수 없다. 마지막으로, 전자는 주로 정치에
   서의 지배와 피지배관계를 밝히는 것이고, 후자는 주로 시민사회부터 문화-이데올로기
   의 각도에서 시민사회의 정치사회의 통치에 대해 동의가 발생한 원인과 과정을 설명한

반적으로 '통치당'이란 이름을 스스로 쓰지 못한다. 그것이 혁명당과는 다르다. 후자의 경우, 역사발전의 동력으로서 '혁명'은 영웅서사시적 가치를 부여받고, 직접 당의 명패에 새길 수 있다. '통치'는 정치에서의 강제 심지어 전횡과 병행되기 때문에, 냉혹한 정치의 본질(정치의 본질에 관한 가장 전통적 명제는 "누가 통치하는가—who governs")을 보다 쉽게 연상시킨다. 그것은 대개 당의 정치과정에 응집되어 있다. 그러나 통치는 은유가 아니라 사실이다. 고전 엘리트주의의 관점에 의하면, 통치와 피통치는 인류사회의 만고불변의 진리이다. 마르크스주의 관점에 따르면, 통치와 피통치는 계급사회의 정치현상일 뿐이며, 무산계급이 피통치계급에서 통치계급으로 전환했을 때의 통치가 인류정치사의 최후의 행동이다.[30] 마르크스와 엥겔스의 정치문헌을 읽으면, 그들이 무산계급의 통치지위를 거리낌 없이 얘기했다는 것을 알 수 있다. "노동자혁명의 첫 걸음은 무산계급이 통치계급으로 상승하도록 하여, 민주를 쟁취하도록 하는 것이다. 무산계급은 자신의 정치적 통치를 이용하여, 한 걸음 한 걸음 자산계급의 모든 자본을 빼앗고, 모든 생산도구를 국가, 즉 조직을 통치계급인 무산계급의 수중으로 집중시켜, 가장 빠르게 생산력의 총량을 증가

것이다. 그러므로 '문화패권'은 중국어에서 '문화영도권'으로 번역되기도 한다.

30 마르크스가 생각하기에, 계급소멸 이후에 국가가 그 다음으로 소멸하고, 공공권력의 정치적 성격이 다시는 존재하지 않게 된다. "우리는 계급을 소멸시켜야 한다. 어떤 수단을 사용해야 그 목적을 달성할 수 있을 것인가?—무산계급의 정치통치이다."(『馬克思恩格斯選集』第2卷, 人民出版社, 1976, p.440)

시킨다."[31] 『독일이데올로기』에서 마르크스는 의식했다. "모든 통치지위를 얻으려고 시도하는 계급은 그의 통치가 무산계급의 통치처럼, 모든 구 사회형태와 일체의 통치를 소멸시키려면, 정권을 빼앗아야 한다."[32] 엥겔스가 초안을 작성한 '공산주의자동맹' 장정 제1조에 따르면, 동맹의 목적은 "자산계급정권을 전복시키고, 무산계급통치를 건설한다."[33]이다. 혁명후의 사회조직의 형태 즉 공화국은, "무산계급이 장차 통치를 하게 되는 이미 갖추어진 정치형태이다."[34] 계급으로써 통치하는 형태가 출현하기는 하지만, 마르크스의 논리에 익숙한 사람은 모두 알 수 있듯이, 무산계급의 통치는 국가정권의 장악에 있어서 그 선봉대조직, 즉 공산당에 의해 실현된다.[35]

중국공산당의 개국과 정권수립으로부터 20세기말에 이르기까지, 처음에는 간혹 언급하다, 나중에는 점점 더 자주 집정당 개념을 중국공산당의 정치지위와 법률지위 그리고 정치기능을 서술하는데 사용하게 되었다. 그러나 집정당이란 말은 통치당의 의미로 더 많이 쓰였다. 일부

---

31   馬克思, 恩格斯, 「共產黨宣言」, 『馬克思恩格斯選集』第1卷, 人民出版社, 1976, p.272.

32   馬克思, 恩格斯, 「費爾巴哈」, 『馬克思恩格斯選集』第1卷, 人民出版社, 1976, p.38.

33   恩格斯, 「共產主義者同盟章程」, 『馬克思恩格斯選集』第4卷, 人民出版社, 1958, p.572.

34   恩格斯, 「恩格斯致保·拉法格」, 『馬克思恩格斯選集』第4卷, 人民出版社, 1976, p.508.

35   마르크스, 엥겔스가 강조하기를, 무산계급은 하나의 계급으로서 행동하려면, 하나의 독립된 정당을 구성해야만 가능하다. 그런 측면에 대한 논술은 마르크스, 엥겔스가 쓴 『공산당선언』, 『중앙위원회의 공산주의자동맹서』, 『국제노동자협회의 임시장정』과 수많은 통신을 참고할 수 있다. 레닌이 그런 관점을 간단명료하게 표현했다. "당은 무산계급이 직접 집정하는 선봉대이다."(列寧, 再論工會, 「目前局勢及托洛茨基和布哈林的錯誤」, 『列寧選集』第4卷, 人民出版社, 1972, p.457.)

학자들은 통치당이란 표현으로 '영도당'을 대신하는 것을 피하고자 했다. 그들은 정확하게 헌정구조에서, 영도당과 집정당의 중요한 차이를 알고 있었기 때문에, "공산당의 영도방식이 영도당으로부터 집정당으로의 전환"되려면 "중국의 치국방략이 점차 헌정궤도로 진입"해야 한다고 주장했다.[36] 영도당은 집정당과는 다른 유형이다. 그러나 '영도'의 의미와 '통치'의 의미가 비슷한데,(그들은 '통치'의 시각에서 '영도'를 규정) 왜 통치당이란 표현을 쓰지 않았을까? 정치학에서는 '영도'와 '통치'의 중첩점이 있지만, 양자는 근본적으로 다르다. 전자는 거느리고 이끄는 것으로, 그 핵심은 시범과 설득이다. 후자는 통섭하고 다스리는 것으로, 통일과 복종에 치중한다. 영도당은 정권을 소유하지는 않지만, 사회에 대한 동원과 영도를 할 수 있다.(국민당통치시기의 중국공산당의 경우) 그 영도는 주로 민중 속에서 얻어지는 거대한 공신력으로 생기는 것이며, 혁명의 영도권으로 나타난다. 통치당은 정권의 발생과 관련이 있고, 정권장악이 통치당의 기본전제이며, 정권을 떠나서는 통치라고 할 수 없지만, 통치가 강제력을 사용할 때에도 강제의 정당성을 증명해야 한다. 중국 특유의 정치조건과 정치언어환경에 있어서, 통치당은 이론적으로 중국의 국가건설과 민주건설의 딜레마 요인, 발전특성 및 헌법에 의한 치국의 필요성을 더 잘 보여준다. 그것이 우리가 통치당을 사용하고, 영도당을 사용하지 않는 이유이다.[37] 다른 한편으로 지적해야 할 것은, 우리가 통치당 개

---

36   李林, 「從領導黨到執政黨轉變的憲政闡釋」, 『學術界』, 2002年 第2期.

37   소비에트국가건설에서, 정부 문건이 이미 통치당의 뜻을 명확하게 표현해주었다. "공산

념을 사용하여 중국의 정치문제를 분석할 때, 통치당과 집정당이 모두 국가정권을 정당이 통제한다는 사실을 포함한다는 점, 양자의 의미와 그것과 국가정권의 논리적 관계가 서로 다르다는 점이다. 통치당은 혁명당에서 유래한 것으로, 정책, 인맥, 행위방식 그리고 정신적 성향 등으로 보면, 통치당은 혁명당의 연장이다. 간단히 말하자면, 통치는 혁명의 정치적 성과이고, 혁명은 통치의 이유이며 원동력이다. 통치당의 기본특징은 국가정권을 당이 통제한 후의 당과 국가, 사회의 관계에서 파악되어야 한다. 그 특징은 당의 국가정권 통치의 경험사실에서 생긴 것이 아니라, 당이 국가정권을 통제하여 전개해온 역사적 활동 속에서 형성된 것이다. 결론적으로, 통치당의 정책과 책략은 혁명당의 혁명시기에 만들어진 것이다. 통치당의 특징에 대한 분석은 그것과 혁명당의 역사·논리적 관계에 주목해야 한다.

정치권력에 대한 독점은 통치당의 가장 중요한 특징의 하나이다. 레닌은 국가정권은 다당연맹을 실행해야 한다는 사회혁명당원과 멘셰비키의 주장을 거부하여 '일당독재'로 비난받았을 때, 다음과 같은 유명한 말을 한 적이 있다.

어떤 이는 우리가 일당독재라고 비난하지만 ─여러분이 들은 것처럼, 사회주의통일전선을 건설할 것을 제의하자 우리는 말했다. "그렇다. 일당독

당은 지금의 국가조직─소비에트에서 자신의 강령과 자신의 전 통치를 실현하고, …… 모든 소비에트 조직에서, 당의 기율을 엄격하게 따르는 당조직을 건설해야 한다."(蘇聯共産黨代表大會, 『代表會議和中央全會決議彙編』第1分冊, 人民出版社, 1964, pp.570~571.)

재다! 우리가 의지해야 할 것은 일당독재이고, 우리는 이 기지를 절대 떠날 수 없다. 왜냐하면 이 당은 몇 십 년 안에 모든 공장의 무산계급과 공업의 무산계급의 선봉적 지위를 얻어낸 당이기 때문이다. ……오직 이 당만이 노동자계급을 이끌어 구사회를 근본적으로 바꿀 수 있다."[38]

'일당독재'란 무엇인가? 스탈린의 해석에 따르면, "우리 당은 정권을 독점해야 하고, 다른 정당과 정권을 나눠 갖지 않는다."로 이해해야 한다. '당의 독재'는 '당의 영도, 당의 영도 작용'을 말하지만, 문제는 그 '영도'가 그가 보기에 여전히 '영도의 독점'이라는 점이다.[39] 스탈린의 해석은 그와 당내의 정치적 견해가 다른 자들과의 논쟁을 위한 것이었다. 그것은 상황의 진상을 말한 것이었지만, 동시에 더 모호하게 만들었다. 그는 '일당독재'에 대해 보류적 태도를 가졌기 때문에, '당독재'와 '무산계급독재'를 '동일시화'했고, 레닌이론의 본뜻에 부합하지 않게 되었으며, 당을 본 계급에 대해 폭력을 사용한 독재자로 만들었다. 후자에 있어서, 스탈린은 철저했다고 할 수 있지만, 전자에 있어서, 스탈린은 독단적이었다고 할 수 있다. 레닌은 혁명가로, 그의 수많은 이론에서 단번에 정치의 본질을 드러내고 조금의 수식도 가하지 않았는데, 나중에 사람들이 여러 가지 이유를 들어 해석을 하게 되어, 오히려 문제를 더 모호하게 만

---

38   列寧, 「在全俄教育工作者和社會主義文化工作者第一次代表大會上的演說」, 『列寧全集』第29卷, 人民出版社, 1956, pp.489-490.

39   斯大林, 「論列寧主義的幾個問題」, 『斯大林選集』上卷, 人民出版社, 1979, p.432.

들었다. 레닌에게 있어서, '당의 독재'와 '무산계급독재'는 병행하는 것이다. 무산계급독재란 무엇인가? 레닌이 생각하기에, 첫째, 무산계급 독재는 본질적으로 무산계급의 통치이다. "정치적 통치를 하게 된 계급은 그가 혼자 정치통치를 하게 되면 이 통치를 전유하게 된다는 것을 의식한다. 그것이 무산계급 독재라는 개념의 내용이다."[40] 둘째, 무산계급 독재는 폭력이 아니면 안 되지만, 폭력이 아니라면, 무산계급 독재는 "이전의 조직보다(자본주의시스템) 더 고도의 노동조직"[41]이고, 이 노동조직에서, 독재의 "주요한 실질은 노동자의 선진부대, 선봉대, 유일한 영도자인 무산계급의 조직성과 기율성이다."[42] 셋째, "어떠한 자본주의 사회에서도 진정으로 각성한 노동자는 전체 노동자의 소수에 불과하기 때문이다. 그러므로 우리는 오직 이렇게 깨달은 소수만이 광대한 노동자 대중을 영도할 수 있고, 그들을 앞으로 이끌어 갈 수 있다는 점을 인정해야 한다." 그런 점에서, "우리가 이해한 무산계급 독재는 실질적으로 무산계급 내 조직의 각성한 소수의 독재"[43]이다. "조직적이고 각성한 소수의 독재"는 선봉대이론에 따라, '당의 독재'일 수 있다. 이보다 더 합리적인 설명이 있을 수 없다. 스탈린은 지노비예프의 『레닌주의』에서의 말을 인용하여,

---

40   列寧, 「在全俄運輸工人代表大會上的演說」, 『列寧選集』第4卷, 人民出版社, 1972, p.488.

41   列寧, 「關於用自由平等口號欺騙人民」, 『列寧選集』第3卷, 人民出版社, 1972, p.852.

42   列寧, 「向匈牙利工人致敬」, 『列寧選集』第3卷, 人民出版社, 1972, p.857.

43   列寧, 「共產國際第二次代表大會 · 關於共產黨的作用的發言」, 『列寧全集』第31卷, 人民出版社, 1958, p.206.

지노비예프의 레닌주의 반박을 설명하고자 했는데, 그것은 다음과 같다.

> 소련의 기존제도는 그 계급적 내용에 의하면 무엇인가? 바로 무산계급 독
> 재이다. 소련정권의 직접적 동력은 무엇인가? 누가 노동자계급의 정권을
> 행사하고 있는가? 공산당이다! 그런 의미에서 당의 독재와 소련 정권의
> 법적 형식은 무엇인가? 10월 혁명에서 창립한 신형 국가제도는 무엇인가?
> 바로 소비에트제도이다. 양자는 조금도 모순되지 않는다.[44]

지노비예프는 틀렸는가? 아니다. 레닌의 가장 친밀한 동지이며
10월 혁명의 지도자 중 하나인 지노비예프의 레닌주의에 대한 이해는
스탈린보다 못하지 않다. 그가 말한 레닌식 통치당과 국가정권의 관계의
본질은 풍자적 의미를 갖는다. 이론적으로 '당 독재'가 당의 모체인 노동
자계급을 잠식시킬 수 있음을 우려한 것이다. 실천 속에서 그 이론을 제
기한 스탈린 본인이 그것을 오히려 현실화시켰다.

통치당은 다른 정당과 정권을 나눠 갖지 않는다는 것은, 마르크스
주의, 특히 레닌주의 이데올로기에서 상당히 상세하게 논증되었다. 가장
중요한 근거는 통치당의 전신으로서의 혁명당이 일군 혁명이 전통적 소
유제관계, 사회관계 및 정치관계와 철저히 단절하는 공산주의 성격의 혁
명이라는 점, 즉 기존 질서의 근본적 전복(혁명에서, 무산계급은 자신이 통치
계급이 될 뿐만 아니라, 미래사회의 기초가 됨)을 실행한다는 점이다. 그러므로

---

44   斯大林, 「論列寧主義的幾個問題」, 『斯大林選集』上卷, 人民出版社, 1979, p.430.

혁명당은 자신의 독립성과 선진성을 견지해야 한다. 독립성은 당이 "하나의 다른 정당과는 다른, 그들과 대립하는 특수한 정당"[45]이어야 한다는 점을 말한다. 그것은 자기 완성적 학설과 강령, 특정한 목표와 정책을 가지며, 당이 어떠한 자산계급정당의 하수인이 될 수 없고, 그렇지 않다면 당의 무산계급 성격에 문제가 생긴다는 점을 의미한다. 선진성은 당이 어떠한 시기에도 무산계급의 해방을 쟁취하는 방향으로 집중적으로 표현된다. "각 나라의 무산자의 투쟁에서, 공산당원은 모든 무산계급의 민족의 구별이 없는 공동이익을 강조하고 견지한다.", "무산계급과 자산계급의 투쟁에서 경험한 각 발전단계에서, 공산당원은 시종 모든 운동의 이익을 대표한다."[46]는 점을 의미한다. 우리가 주의해야 할 것은, 마르크스·엥겔스가 말한 것이 공산당과 다른 무산계급정당과의 관계라는 점이다. 그런 관계에서, 무산계급 운동 내부의 다른 당파이지만, 공산당을 그들과 동일시해서는 안 된다. 자산계급, 소자산계급 정당과는 더 말할 것도 없다. 공산당은 노동자정당에서 가장 단호하고, 운동을 통해 앞으로 영도해 나간다.(그것이 '선봉대'개념의 본질) 무산계급이 통치계급이 된 이후, 홀로 운동의 영도권을 장악하는 것은 논리적으로 국가정권의 독점으로 전환하는 것에 부합한다. 그 유력한 증거가 하나 있다. 1980년대, 어떤 정치학자가 중국의 민주당파와 중국공산당 모두 집정당이라는 점

---

45   恩格斯,「恩格斯致格·特利爾」,『馬克思恩格斯選集』第4卷, 人民出版社, 1976, p.469.

46   馬克思, 恩格斯,「共産黨宣言」,『馬克思恩格斯選集』第1卷, 人民出版社, 1976, p.264.

을 제기했고, 상부로부터 호된 비판을 받았다.[47] 중국의 정치구도에서, 민주당파는 정권에 참가하고 정무에 참여하지만, 집정에 참여하지는 않고, 더욱이 연합집정은 하지 않는 참정당일뿐, 집정당이 아니다. '집정당'이라는 술어가 사용되었지만, 그것이 나타내는 정치적 의미는 분명하다. 집정을 통치로 이해하고 있기 때문이다. 참정당도 체제 내에 위치하고, 참정당도 통치당 강령과 이념에 대해 수용하고 지지하지만, 통치당은 정당 내의 어떠한 정당과도 정권을 공유하지 않는다. 즉 통치권을 공유하지 않는다.

통치당은 정치이데올로기에 있어서 특수한 당국가체제로 나타난다. 당국가체제라는 동전의 양면의 한 쪽은 정당의 국가화이고, 다른 한 쪽은 국가의 정당화이다. 어떤 쪽이든 모두 사회정치조직으로부터 (마르크스가 계급조직이라고 부르고, 서구 정치학이론에서 집단조직이라고 부르는)국가조직으로의 정당의 변화를 의미한다. 정당은 본래 국가가 아니지만, 당국가체제에서 정당은 국가로서의 지위를 획득했고, 정당엘리트는 동시에 국가통치엘리트가 되었다. 레닌은 그 점을 인정하며 다음과 같이 말

---

47 1980년대 후반, 중국 인민대학 당사이론가 가오팡(高放) 교수가 일찍이 '사회주의 다당제' 개념을 제기했고, 사회주의국가의 정당제도 일당제와 다당제로 나뉠 수 있다고 주장했다. 중국은 다당제에 속한다. 즉 일당위주로, 다른 당이 정당에 참여하는 제도이다. 그런 제도에서 공산당은 집정을 영도하는 당이며, 기타 민주당파는 집정에 참여하는 당이다. 이에 따르면, 공산당이든 민주당파든 모두 집정당에 속한다.(高放, 「論社會主義國家的政黨制度一關於社會主義多黨制之我見」, 『政治學研究』, 1987年 第4期.) 가오팡 교수는 정치학에서 중국과 서구의 제도적 대립을 해소하고 통칙을 만들었지만, 중국에서 공산당과 민주당파의 협력이 정당연맹의 성격을 띠고 있지 않다는 점을 보지 못했으며, 인민대표대회에서의 민주당파의 대표도 당파의 신분으로서가 아니라 선거민 대표로서의 신분으로 참여한다는 사실을 보지 못했다.

했다. "당의 상부 지도자는 소비에트 기관의 상부 지도자이고, 그것은 같은 것이다."[48] 그가 보기에, "우리가 집정당이므로, 소비에트 '상부'와 당 '상부'를 일체로 만들지 않을 수 없고, 지금도 그렇고, 앞으로도 그럴 것이다."[49] 당국가 상부기구의 고도융합은 당의 고도집권을 초래하기 마련이다. 당이 정부 자체가 되어, 정부의 행정기능을 직접 행사하게 된다. 1958년 국무원에서 제정한 '15', '25'계획은 중앙정치국에 통지하지 않고 참가하여 마오쩌둥의 '제2정치설계원'에 대한 비난을 받았다. 정부의 독립적 기능행사라는 사실은 당국가체제의 분할을 초래할 수 있기 때문이었다. 마오쩌둥에 의하면, "대정방침은 정치국에서, 구체적 부서는 서기처에서 맡는다. 단지 하나의 '정치설계원'만 있을 뿐, 두 개의 '정치설계원'은 없다. 대정방침과 구체적 부서가 모두 일원화되어야 하고, 당정은 분리되지 않는다."[50] 그런 정치설계를 실현하려면, 국가조직이 정당조직에 의해 커버되어야 한다. 즉 국가의 정당화가 기본적 보장조건이다. 제도를 구성하며 중국공산당은 신중국 성립 초기에 후의 체제형식에 대해 중대한 영향을 주게 된 두 가지 결정을 했다. 하나는 중앙정부 내에 당위원회를 조직하는 것이고, 또 다른 하나는 정무원 내에 당 조직을

48   列寧, 「我國國內外形勢和黨的任務」, 『列寧全集』第31卷, 人民出版社, 1958, p.382.

49   列寧, 「俄共(布)第十次代表大會·俄共(布)中央政治工作報告」, 『列寧全集』第32卷, 人民出版社, 1958, p.166.

50   毛澤東, 「對中央決定成立財經, 政法, 外事, 科學, 文教各個小組的通知稿的批語和修改」, 『建國以來毛澤東文稿』第7冊, 中央文獻出版社, 1992, pp.268-269.

건설하는 것이었다.[51] 두 가지는 모두 중앙정부 내에 당위원회와 정무원 내에 당 조직을 중앙정치국 직속으로 두는 규정이다. 중앙정치국의 영도를 직접 받아야 하고, 중공중앙의 상관의 결정은 집행되어야 하고 위반할 수 없으며, 행정에서의 중대한 문제는 당 조직을 통해 중앙에 보고되고 지령을 받아야 한다. 1950년대 초, 중앙과 지방 당위원회 상임위원회는 정부의 작업을 분담하여 책임지고, 각급 정부기구에 대응하는 조직을 세우고 교대로 관리하고 지도를 하게 되었다. 각급 정부부문은 당 조직의 집행기구가 되었다. 당 조직이 직접 정부를 지휘하는 모델은 그렇게 자리 잡게 되었다.[52] 해외 정치학자가 중국의 정치과정을 관찰하고, 당국가체제의 특징을 다음과 같이 표현했다. "실천에 있어서, 당이 정부과정을 직접 통제하는 정도가 급별로 차이가 있다. 중앙의 일급에서는 당의 엘리트는 정책결정권을 독점하고, 국가, 당과 군대관료기구에서의 핵심 직위를 독점한다. 중급 레벨에서, 당원의 지도적 직위의 비율이 정부기

---

51 이 두 가지 결정은 「중앙인민정부 내 중국공산당 당위원회 조직에 대한 결정」과 「중앙 인민정부 내 중국공산당 당조직의 건설에 대한 결정」으로, 1949년 11월에 통과되었다.

52 양광빈(楊光斌)은 다음과 같이 말했다. "그런 배경에서, 당대 중국정치관계에서 가장 근본적인 '당정관계'가 형성되었고, 우리가 습관적으로 말하는 '당과 국가영도체제'에서의 '국가'가 '정권', '정부', '행정', '정법'을 포함하게 되었고, '정치임무'를 지니는 인민단체 등 다양한 함의를 갖게 되었다. 그러므로 중국에서 많은 정치관계와 중요한 정치현상은 모두 일정한 정도로 '당정관계'의 내용을 포함한다.(楊光斌, 『中國政府與政治導論』, 中國人民大學出版社, 2003, pp.23-24.; 鄒讜, 『二十世紀中國政治』, 牛津大學出版社, 1994, pp.71-72. 참고.) 원본은 단지 일정한 범위에서 존재하고 특정한 의미를 갖는 당정관계가 고도로 일반화되고, 오히려 정반대로 통치당의 일원적 구조 하에서 사실 진정한 의미로의 당정관계라고 부릴 수 없다는 것, 예를 들면, 헌법규정은 국가정권조직에 따라 독립적으로 행사되는 입법, 행정, 그리고 사법권력을 규정하는데, 대개 당에 의해 행사된다는 것에 있다. 정부행정기관은 국가권력기관에 의해 생기지만, 국가권력기관에 대해 책임을 진다."

관에 대한 당의 통치를 보장하기에 충분하다."[53] 당국가 일체의 상황에서, 정당은 국가행정 집권제의 규칙에 따라 운행되고, 정당의 정책결정은 국가 정책결정의 강제성을 가지며, 정당의 구조는 국가정책을 추동하기 위해 설립되고, 정당관원은 국가행정 등급을 가지고, 정당이 직접 군대와 경찰의 정보시스템 등을 통제한다. 통치당의 경험에서 보면, 당국가체제의 발전에는 두 가지 형식 또는 두 가지 단계가 있다. 그중 하나는 당 즉 국가단계로, 혁명당이 국가권력을 탈취하여 통치지위를 획득한 초기의 기간이다. 구국가기구는 사라졌지만 신국가기구는 아직 건설되지 않은 국가건설준비로 인해, 당은 혁명시기에 형성된 각 기능부서를 국가/정부의 기능부서로 대체하고, 국가권력을 직접 행사한다. 둘째는 당치국가 단계이다. 국가/정부의 각 기능기구는 이미 건설되었고, 형식적으로 제한적인 당 국가의 분리가 나타났지만, 그런 분리는 오히려 국가/정부가 당의 집행도구가 되는 것을 전제로 하기 때문에, 당무와 정부가 본질적으로 다르지 않다. 특별한 이유가 없다면, 일반적으로 당국가체제의 그 두 가지 형식 또는 단계의 차이를 일부러 강조할 필요가 없다. 그것은 후웨이(胡偉)가 『정부과정』이라는 책에서 말한 것과 같다.

---

53 톰슨은 뒷면에 '기층레벨'에서의 당의 '영도핵심'의 작용을 비당간부에 대한 당원의 설득과 상호 간의 협력에서 당의 정책이 관철되는 것으로 나타난다고 서술했고, 사실 당국가체제 구조에서, 기층에서는 '설득'이 '명령'의 기초가 되지만, 기층의 중요성은 매우 제한적이다. 근본적 문제는 구조가 기능을 결정하고, 당국가체제하의 정당은 국가행정의 역할을 한다는 것에 있고, 그것은 기본적인 제약이다. 톰슨이 서술한 것은 1980년대 초의 중국의 당정관계이고, 그 관계는 50년대부터 큰 변화가 없었다.(詹姆斯·湯森, 『中國政治』, 江蘇人民出版社, 1994, p.280.)

중공조직은 국가기관의 권력을 자신과 통일시켰고, 군사력을 장악했으며, 이익표출, 종합, 정책결정과 집행의 전 과정을 결정한다. 그 구조상으로나 기능상으로나, 그것은 세계정치현상에서 일반적인 정당의 의미와는 다르다. 그것은 사회의 공공권력이고, 국가조직에 상당하면서 국가조직을 초월한다. 단지, 중공은 국가조직을 완전히 대체하지는 않았으며, 국가조직의 존재가 자신의 기능의 발휘에 더 유리하도록 할 뿐이다. 그것은 사회주의 국가의 일반적 특징이면서, 중국만의 특징이기도 하다.[54]

고도로 국가화 또는 행정화된 정당은 기능일치성 원리에 따르면, 그 내부관계 및 그로 인해 결정된 자원배분방식이 집중적이고 분권적이지 않다. 그런 점에서, 통치당과 혁명당은 일맥상통한다. 혁명당의 집권구조를 결정하는 주요 요인은 두 가지이다. 즉 최대한의 전쟁동원과 그로 인한 극도로 어려운 정치환경이다. 그와 유사하게 통치당의 집권구조를 결정하는 요소도 최소한 두 가지이다. 하나는 공업화동원을 진행하는 것이다. 둘째는 그 통치지위를 유지하는 것이다. 전쟁동원과 본질적으로 상통하는 공업화동원은 효율, 속도, 증가, 기적을 기초로 만들어진다. 계획, 통일, 기율, 복종에 대한 자연스런 요구는 객관적으로 통치당이 권력

54　胡偉, 『政府過程』, 浙江人民出版社, 1998, p.98. 이 책의 다음 장에서, 후웨이 교수는 국가정권조직을 '중공의 정치보조구조'로 규정했는데, '정치보조구조(輔政結構)'는 국가가 정당이 그 방침, 노선, 정책을 추진하는 정치적 도구가 되는 것이다. 1990년대 후, 국가기구는 '비교적 독립적인 작용'을 했지만, 이전에는 '상대적으로 독립적인 작용'은 미약했다.

을 독점하여 어떠한 정치적 경쟁과 감독도 거부하는 것에 대한 합리적 근거를 제공한다. 그 결과 외부의 구속이 없는 상황에서, 공업화(혁명운동)의 논리가 혁명시기에 형성된 군사화 집권구조를 통치비용이 그 집권구조를 지지할 수 없을 때까지 추진되도록 했다. 많은 이들은 당이 건국초기부터 1959년까지 루산(廬山)회의 전까지 당내민주였지만, 후에 당내 좌파에 의해 파괴되었다는 점을 강조한다. 그것은 레닌시대의 러시아공산당이 당내민주였는데, 후에 스탈린에 의해 사라졌다고 얘기하는 것과 같은 맥락이다. 그런 생각이 지금 유행하지만, 역사적 논리를 결여하고 있다.[55] 러시아공산당 내의 동방국가의 공산당이 불법적 혁명시기에 무조건적인 '당내민주'라는 말을 한다면, 당은 합법적인 통치집단이 된후에 '당내민주'를 얘기할 필요가 없다. 가장 큰 이유는 통치당과 국가권력이 하나가 되어, 민주라는 외적 압력과 내적 동력이 사라졌기 때문이다. 통치당이 관료제원칙에 따라 수립된 '국가조직'이 되었다면, 행정의 논리에 따라 운행되지 않을 수 없다. 다시 말하자면, 그것은 집중적 정책결정, 수직적 지휘, 통일적 분배, 자원통제에 더 적합하고, 민주와 분권에

---

[55] 스탈린주의는 레닌주의를 벗어난 당 건설 방안이 아니었고, 전 소련공산당의 로이 메드베데프(Roy Medvedev)는 평론에서 긍정하기를, "종합하자면, 스탈린은 20년대 초 정립된 정치체제기제를 파괴하지 않았다. 그러므로 그는 기초를 전복시킨 사람이 아니다. 그러나 그가 체제 내에 포함되어 이미 실시된 것 중에서 가장 좋지 않은 부분을 발견, 장악, 그리고 발전시켰다." 스탈린주의는 우리 사회, 우리 국가, 그리고 우리 체제 내부에 나타난 현상으로, 스탈린집정시기 발생한 일을 레닌집정시기의 일과 완전히 분리하는 것은 불가능하다. 혁명과 스탈린시대 사이에 복잡한 관계가 있다. 어떠한 1차 혁명도 몇몇 가능성, 몇몇 선택, 몇몇 발전방안을 만들어낼 수 있고, 스탈린주의가 그중에서의 하나를 현실로 만들었다."(馬爾科維奇, 塔克, 『國外學者論斯大林模式』, 中央編譯出版社, 1995, p.464-465, p.466.)

적합하지 않다. 만일 당내에서 민주를 실행하면, 통치당이 그 행정구조와 명령식 운영방식을 바꿀 필요가 있다는 것을 의미한다. 그런 상황은 통치당의 정치적 통합과 공업화동원의 작용을 약화시킬 것이다. 루산회의 이후, 당내의 취약하고, 한계가 있으며, 초라했던 민주생활은 사라지기 시작했다. 그것은 1950년대 이래 점점 더 강화되고 완성되어 가고 있는 당국가체제 운행의 필연적 결과였다.

혁명당과 통치당의 조직원칙으로서의 '민주집중제' 논의는 그런 문제를 이해하는 데 도움이 될 수 있다. 민주집중제개념(레닌은 1906년 3월 「러시아사회민주노동당 통일대표대회의 책략강령 제안」 참고)은 레닌이 처음으로 고안해낸 것이다. 이전에 레닌이 제기한 당 건설 원칙은 민주집중제가 아니라 집중제였다. 집중제는 주로 차르 전제제도와 경찰헌병이 당을 파괴하지 못하도록 하기 위한 것이었고, 한편으로는 당의 "협의의 지방적 분산성의 철저한 탈피"하기 위해서였다.[56] 1905년 혁명시기, 차르정부가 인민의 집회결사자유권을 인정하자, 사회민주노동당의 활동조건이 개선되었다. 레닌은 민주원칙을 당내에 도입했고, "철저한 집중제의 실현과 당 조직 내의 민주제의 단호한 확대"를 제안했다. 그렇게 민주집중제가 만들어졌다.[57] 민주집중제의 내용은 「소련공산당(볼)당사 간편교육과정」에서 4가지로 정리되었다. (1) 당의 각급 기관은 선거로 구성한다. (2)

---

56   列寧, 「我們的當前任務」, 『列寧全集』第4卷, 人民出版社, 1984, p.165.

57   列寧, 「德國社會民主工黨耶拿代表大會」, 『列寧全集』第11卷, 人民出版社, 1984, p.325.

당의 각급 기관은 자신의 당 조직에 업무를 보고한다. (3) 소수는 다수에 복종한다. (4) 하급기관과 전체 당원은 상급기관의 결정을 집행해야 한다.[58] 마오쩌둥은 간단하고 기억하기 쉬운 말로 그것을 정리했다. (1) 개인은 조직에 복종한다. (2) 소수는 다수에 복종한다. (3) 하급은 상급에 복종한다. (4) 모든 당은 중앙에 복종한다.[59] 이 네 가지 내용에서, 진정으로 민주와 관련 있는 것은 오직 "소수는 다수에 복종한다."는 것 하나이고, 그 나머지는 모두 집중에 대한 것이다. "소수가 다수에 복종한다."는 원칙은 조직내부에 존재하고, 각급 조직 간에는 존재하지 않는다. 당의 전국대표대회기간에만, 그 원칙이 비로소 모든 것을 포괄한다. 문제는 당의 전국대표대회가 언제 개최되고, 어떻게 개최되고, 어떻게 대표되는가 등등 모두가 당의 중앙위원회에 의해 결정된다는 것이다. 중앙의 동의와 비준이 없이, 모든 당은 대표대회의 형식을 통해 소수가 다수에 복종하는 민주원칙을 전체적으로 실시할 수 없다. 그러므로 민주집중제의 실질은 집중제이고, 또는 집중제가 지배적 지위를 차지하고, 민주제는 종속적이다. 그것은 레닌주의에 부합하는 사상이다. 두 가지 점이 그것을 증명해준다. 첫째, 레닌이 언급한 민주집중제는 '집중'을 볼드체로 강조하고, '민주'에 대해서는 형용사적 접미사를 사용하는 '민주적 집중제'(전제적 집중제와 구별)를 의미했다. 민주집중제 표현에서, 레닌은 중점

58   聯共(布)中央特設委員會編著, 『聯共(布)黨史簡明教程』, 人民出版社, 1975, p.220.

59   毛澤東, 「中國共產黨在民族戰爭中的地位」, 『毛澤東選集』第2卷, 人民出版社, 1967, p.494.

을 후자에 두었다. 둘째, 민주집중제를 언급할 때, 레닌은 때때로(어떤 경우에는 무의식적으로) '집중제'라는 단어를 사용하여 민주집중제를 표현했다. 레닌에게 있어서 집중은 조직생명의 기본적 요구와 조직생명의 정상상태를 의미했다.[60]

조직의 존속시간이 충분히 길어지면, 어떠한 조직도 집권화경향을 보인다. 사회주의정당에 대한 로버트 미쉘(Robert Michels, 1876-1936)의 연구에 따르면, 정당의 조직구조가 매우 복잡한 정도에 이르게 되면, 조직은 일부의 사람들이 모든 몸과 마음을 당을 위해 일하도록 요구하게 된다. 조직 내의 일반당원은 에너지, 시간, 경험, 재능 부족으로 인해 힘으로 그들에게 당비로 월급을 주고 일을 맡게 할 수밖에 없다. 따라서 권력이 점차 조직의 수뇌부로 집중되고, 일반당원의 영향력은 점차 약화된다. "조직은 유권자로부터 선출된 자가, 위탁자에 대해 위탁받은 자가,

---

60 이엔밍(延明)의『민주집중제분석』(6년 전 친구가 해외에서 메일로 보내준 글로 출처가 불분명함)을 참고. 나는 민주에 대한 레닌의 진정한 믿음을 의심하지는 않는다. 그는 당내민주와 노동자해방에 대해 서로 밀접한 관계가 있다고 말한 적이 있지만, 레닌의 정치저작을 읽어보면, 다음과 같은 생각이 강하게 든다. 첫째, 레닌은 민주를 기본적 가치로 여기지 않았고, 민주가 궁극적 의미로의 국가형태라고 보지 않았기 때문에, '무산계급독재 즉 무산계급민주'라는 표현은 해도, 그것은 일반적 의미로 당내의 의견교류로서 공통의 인식을 만들어가는 도구일 뿐이었다. 둘째, 레닌은 혁명가이며, 행동주의자로, 시간과 장소에 따라 모든 것이 바뀐다. 이 점을 보지 못하면, 레닌의 저작에서의 수많은 모순들을 이해할 수 없다. 셋째, 설사 이렇다고 하더라도, 볼셰비키의 정치적 실천에 따라 레닌 사상의 주류를 파악할 수 있고, 그 개인의 민주적 성향과 환경구조 간의 관계 그리고 결국 어떻게 그런 긴장이 조화를 이루는가를 살펴볼 수 있다. 더 많은 곳에서, 레닌은 당내민주보다 당내집중에 더 관심이 있다고 말할 수 있다. 그런 점에서 레닌의 세 가지 저서가 가장 중요하다. 그것은『국가와 혁명』,『어떻게 할 것인가?(WHAT IS TO BE DONE)』,『무산계급혁명과 배반자 카우츠키』이다.

피대표자에 대해 대표자가 통치지위를 얻게 된다. 조직은 곳곳에서 과두통치가 된다!"[61] 그러나 우리는 아직도 유럽 사회주의 정당(독일사회민주당)에서 당내민주가 사라지지 않았다는 것을 안다. 이유는 무엇일까? 가장 합리적인 설명은, 국가와 사회의 분립, (의회제, 다당제와 같은)경쟁적 정치생태로 만들어진 당내의 민주적 환경이 당내의 과두화 경향을 억제하고 균형을 이루었다는 것이다. 다시 말하자면, 당내에서 기능주의적 요구가 계속해서 집권주의를 양산하고 발전시키지만, 국가정치구조로서의 정당은 당 바깥의 '구조주의'적 압력을 받아 당내의 집권주의를 억제하고 그에 대항함으로써, 사회민주가 당내민주를 이끈다. 그것은 통치당과 그것이 구성한 당국가체제와는 비교할 수 없다. 당국가 일체 상황에서, 당외 또는 당내 기층이 국가 또는 국가중심을 제약하고, 통치당 또는 통치당 상부를 제약하는 독립적·정치적 요소가 존재하지 못한다. 당의 민주집중제에서 집중을 우선시하는 경향은 어떠한 세력도 절제와 균형을 하도록 할 수 없고, 절제와 균형이 없는 집중은 고도집권으로 나아간다. 당의 장정에 명시된 당원의 권리는 종이 쪽에 불과하다. 당의 전업적 직위는 비록 선거에 의한다고 규정되어 있지만, 실제로는 그들이 통치계층으로서 스스로 정하며, 후계자의 배양과 지정을 통해 계승된다. 그들이 당의 강령과 종지(宗旨)에 충성을 하는가는 개인의 덕성과 지성에 달려 있고, 당국가 상부의 통치제도로 보내는 선거기제에 의해 결정되는 것이

61   羅伯特·米歇爾斯, 『寡頭統治鐵律—現代民主制度中的政黨社會學』, 天津人民出版社, 2003, p.351.

아니다. 관건은 국가 관료로서의 그들의 신분이다. 일반적 의미로의 정당 관료로서의 신분뿐만이 아니라, 전자로서 그들은 위임되고, 후자로서 그들은 선임되지만, 집중이 우선시되는 상황에서 위임이 선임을 압도한다. 미셸이 유럽사회주의 정당에서 도출해낸 '과두 철칙'은 통치당 유형의 정당에서 비로소 완벽하게 나타나는 형태이다.

마지막으로, 통치당의 이론과 정책의 발전경향을 논해야 한다. 통치당은 혁명당에서 발전한 것이며, 통치는 혁명의 목표이며, 혁명당과 통치당의 관계는 복잡하다. 통치는 결국 혁명이 막을 내렸음을 의미한다. 시간의 흐름과 환경의 변화에 따라, 통치당과 혁명당은 점차 멀어지고, 그 이론과 정책은 점차 '보수주의화'된다. 그러나 '보수주의적' 형식과 내용 및 정도는 시대에 따라 변하고 다르게 나타난다. 혁명엘리트와 통치엘리트가 같은 경우, 그런 보수주의가 사람들을 매우 당혹스럽게 만든다. '3대 개조'는 보수주의라고 할 수 있을까? '반우파운동', '4청운동' 그리고 '문화대혁명'은 보수주의라고 할 수 있을까? 그것은 보수주의의 범주에 들어갈 수 있다. 보수주의는 보수라는 개념의 원래 의미를 차용한 것이다. 즉 기정사실과 기정사실을 구성하는 근거와 이유를 유지하는 것이다. 통치당은 그 개념이 대표하는 정치철학적 당대 또는 역사적 사조와 특정한 관련이 있는 것이 아니다. 혁명엘리트와 통치엘리트가 동일한 시대에 공존하는 상황에서, 통치당의 보수성은 혁명사상의 근본주의에 대한 수호를 의미한다. '3대 개조'가 그 전형이라고 말하기에는 부족하다. 그 기본정책은 주로 혁명당에서 통치당으로의 과도기이다. 혁명당은 원래 정치적 통치질서에 대한 전복을 완성하는 것으로, 국가권력을 운용하여 사회·경제적 질서를 재건하는 것이고, 재건과정에서 혁명당에서 통치당으로의 전환을 완성하는 것이다. 다시 말하자면, '3대 개조'의 착안점은 사회·경제적 질서가 정치질서에 적응하는 것이고, 정치와 사회 경제 간의 새로운 평형과 대칭성을 세우고자 노력하는 것이다. 그 점은 '보수주의' 해석에 적용된다. 이후의 역대 정치운동은 형식에 있어서는 혁명적이고, 내용에 있어서는 현대화에 대한 추구이다. 그러나 경향으로 말하자면 보수적이다. 운동의 발생, 과정과 목적이 한 가지에 천착한다. 그것은 즉 혁명의 정치적 성과에 대한 수호, 혁명이상의 순결성에 대한 수호, 혁명 후의 사회정치생활의 분산과 구질서로의 복귀에 대한 방지이다. 그것으로 '수정에 반대하고, 수정을 방지하는' 의미가 있다.

논리적으로 통치당의 합법성의 근거는 혁명에서 통치로의 이론적 논증에서 유래한다. 이론의 유효성과 안정성을 지키는 것은 곧 통치의 유효성과 안정성으로 이어진다. 그러나 제1대 혁명/통치엘리트 사후의 몇 세대 사이에서 혁명이상의 순수성을 수호하는 '보수주의'의 뜻에 기존 통치질서를 수호하는 '권위주의적 보수주의'(authoritarian conservatism)와 시장이라는 요인이 포함되었고, 제한적인 다원적 구도가 출현하기 시작했다. 통치엘리트에 더 많은 기술, 관리, 경제엘리트를 받아들임으로써 전문가의 국가통치가 주류 이념이 되었다. 공공정책의 유효성은 점차 이데올로기의 합리성을 대체했다. 이익을 따지는 시대가 되었고, 통치당의 주요한 정치적 임무는 새로운 이익단체와 옛 이익단체의 관계를 보호하고 조정하는 동시에, 법률, 행정, 기술적 수단으로 급진적 집단들이 당국가체제질서에 대해 도전하는 것을 방지하는 것이었다.

안정이 가장 중요한 가치가 되었다. 이론적으로, 통치당의 정책에는 상한과 하한이 있다. 하한으로 정책의 실시와 성과가 최저수준보다 낮아서는 안 된다. 그 수준보다 낮으면, 통치는 실패하고 위기가 생긴다. 상한으로 정책의 실시와 성과가 최고 수준을 넘어서는 안 된다. 그 수준을 넘어서면, 당국가체제는 사회경제 관계와 힘의 변동으로 구조적 변혁을 겪게 된다. 전문가에 의한 통치를 주장하는 이들이 점점 늘어 점차 주도적 지위를 차지하여 통치당이 상한선을 넘게 되면, 역사적 변혁이 일어나게 된다. 통치당의 세대교체과정에서, 전문가 통치론을 중심으로 하는 '권위주의적 보수주의'는 통치당 발전의 필연적 귀결이며, 통치당 변혁의 새로운 출발점이다.

종합하자면, 다음과 같다. (1) 통치당은 혁명당이 혁명을 통해 국가정권을 취득한 후 "무산계급의 선진계층을 통해 노동자를 위한 관리를 하는 것이지 노동대중을 통해 관리를 하는 것이 아니다."[62] 즉 직업혁명가집단으로 구성된 선봉조직에 의해 계급을 대신하여 통치하는 정당유형으로, 통치당의 이당치국의 이론적 근거는 혁명시기의 학설, 강령, 실천에 있다. 그러므로 통치당의 특징에 대한 분석은 그것과 혁명당의 역사적 논리와 관계있다. (2) 정치권력에 대한 독점은 통치당의 기본적 특징으로, 통치당은 다른 당파 또는 정치세력과 국가권력을 나누어 가질 수 없고 가져서도 안 된다. 그러므로 통치당 유형의 정당제도는 본질적

---

62 列寧, 「俄共(布)第八次代表大會文獻·關於黨綱的報告」, 『列寧全集』第35卷, 人民出版社, 1985, p.155.

으로 정치적 경쟁을 배격하는 하나의 당이 통치권력을 독점하는 정당제도이다. 그 당이 모든 정치적 이익을 향유하고, 모든 정치적 책임을 진다. (3) 통치당은 정치형태에 있어서 특수한 당국가체제로 나타난다. '특수'라는 것은 시간적으로 정당이 국가보다 우선하고, 국가가 정당의 창조물이라는 것을 의미한다. 공간적으로 국가가 정당에 속하고, 국가구조는 정당구조의 일부이며, 국가의 정책결정은 정당의 정책결정의 이데올로기성을 갖는다. 국가의 모든 행동은 정당 편향성이 강한 정보를 보여주고, 정당의 정책결정은 국가정책결정의 강제성을 갖는다. "당의 대표대회에서 통과된 결정은 전체 공화국에서 준수되어야 하고,"[63] "어떠한 국가기관도 당 중앙의 지시 없이, 어떠한 중대한 정치문제나 조직문제를 결정할 수 없다."[64] (4) 당국가 일체와 공업화동원과 통치유지의 필요로 인해, 통치당은 기본적으로 혁명당시기에 형성되었던 고도집권의 조직구조와 영도체제를 계승하고·강화했다. 당 밖에 당 없고(진정한 의미로의 정당이 없음), 당 안에 파벌 없다(다른 의견을 표현하는 파벌이 제도화되지 못함). 사회민주와 당내민주의 공간이 매우 협소하여, 민주집중제는 사실상 '서기집중제', '제1인자집중제'(덩샤오핑의 표현) 즉 영수집중제로 변했다. 당의 기층조직과 보통당원의 정치적 효능이 떨어져 보편적 무능력이 정치생활에 영향을 미쳤다. (5) 통치당의 제1대 엘리트의 혁명이상에 대한

63   列寧, 「關於以實物稅代替餘糧收集制的報告」, 『列寧全集』第41卷, 人民出版社, 1986, p.55.

64   列寧, 「共產主義運動中的"左派"幼稚病」, 『列寧全集』第39卷, 人民出版社, 1986, p.27.

근본주의적 수호와 해석이 혁명식 현대화의 동력과 발전 틀을 제공했다. 정치엘리트의 세대교체와 현대성의 성장으로, 전문가통치론이 점차 통치당의 이론과 정책이 되었고, 공공정책의 유효성이 점진적으로 통치 합법성의 주요한 출처가 되었다. 통치당의 '보수주의'적 중심이 이데올로기 전환으로부터 제한적인 다원적 통치질서로 전환되었고, 현대적 집단 정치참여에 대한 요구와 압력에 대응하고 수용하기 시작했다.

집정당과 그 화법적 구속

중국공산당의 정치사전에서, '집정당'은 최근에 생겨난 단어이다. 당의 정식 문건에 나타난 것은 1950년대 중공지도자의 담화와 보고였지만,[65] 우연히 사용되었거나 차용된 것이었다. 개념, 정치상황, 역사적 지위로 다루어진 것은 최근 10, 20년의 일에 불과하다. 그것은 시대의 변화, 세대교체, 그리고 통치당의 통치 합법성에 대한 요구 및 재구성과 관계있다.

집정당은 영어권에서 'ruling party' 또는 'governing party'로 불리고, 국가의 최고행정권을 장악한 정당 또는 정당연맹을 의미한다. 그것

---

65 마오쩌둥이 중공 7회 2중전회에서 중공이 전국의 정권을 장악한 후 역사적 통치자가 경험한 시험과 도전을 예견했지만, '집정당', '집정지위', '집정시험'이라는 표현을 사용한 적이 없다. 일반적으로 1956년 중공 제8차 전국대표대회에서 덩샤오핑이 「당 장정의 수정」에 대한 보고에서 처음으로 '집정당'이라는 표현을 사용했다.(『鄧小平文選』第1卷, 人民出版社, 1994, p.214.) 그러나 이후 '집정당'이란 말은 중국 정치언어에서 사라져서 찾아보기 힘들었다.

이 전면적으로 의회의 입법권을 장악했는가, 또는 기타 국가기관 및 지방행정기관을 통제하는가와 상관없이 서구인들에게, 정부를 조직하고 통제할 수 있는 당이라면 집정당이라 할 수 있다. 집정당은 국가권력의 중추로 진입하여 국가정치의 주도적 역량이 되었기 때문에, 일정한 범위와 시간 내에 국가의 정책결정권을 실시할 수 있다. 정치자원을 분배하여 국가의 정치생활에 영향을 주고 정치과정의 속도와 방향을 규정하기 때문에, 정치의 본질적 특징—ruling 또는 governing(통치나 관리로 번역될 수 있음)—으로 표현된다. 그것이 '통치당'과 '집정당'을 함께 거론하는 주된 이유이기도 하다. 지적해야 할 점은, 서구 국가의 '집정당'은 우리가 말하는 '통치당'의 의미를 갖고 있지 않다는 점이다. 가장 큰 차이는 전자의 집정적 지위가 고정적이지 않고, 정해진 시기마다 대선 즉 유권자로부터 권리를 위임 받는다는 점이다. 그런 서구식 집정당 개념은 지나치게 협소하다. 그러나 정당현상이 서구의 대의정치에서 유래했고, 정당정치가 민주정치의 범주에 속한다는 것을 인정한다면, '집정당'이란 개념의 초기 의미와 그 현실적 운행방식을 존중하지 않을 수 없다. 다시 말하자면, 집정당 개념을 차용하여 완전히 다른 장소(서구의 환경이 아닌)의 유사한 정치적 대상(엘리트영도집단)과 정치과정(국가권력의 장악)의 발생을 이야기 할 수는 있지만, 개념 자체에 내재되어 있는 규정성을 벗어나거나 개념에 의존하여 만들어진 경험적 배경을 간과할 수는 없다.

오랫동안 중국공산당은 국가권력을 장악한 정당이 집정당이라고 생각하지 않았다. 중국공산당 혁명지도자들은 집정당 개념과 중국혁명과 현대화의 현실적 거리와 내적 충돌을 잘 알고 있었다. 다음 두 가지 점이 그것을 말해준다. 첫째, 신민주주의 혁명시기, 국민당이 대내적으로 정부를 장악하고, 대외적으로 국가를 대표했지만, 문헌상으로 중국공산당은 한 번도 국민당이 '집정당'이라고 인정한 적이 없었다. 중공은 국민당의 정권장악 사실에 대해 가장 극단적으로는, 국민당은 "도시 매판계급과 향촌호신계급의 통치"이며, 대외적으로 제국주의에 투항하고, 대내적으로 노농대중을 억압하는 매판호신계급과 연합한 전정(專政)으로 표현했다.[66] 가장 예의바르게 말했을 때는(국난을 위해 협력을 하고자 했을 때), "귀 당은 중국의 가장 많은 영토를 통치하고 있는 당으로, 과거에 행해진 모든 정치적 책임은 귀 당이 책임지지 않으면 안 된다."[67]라고 했다. 일반적 이론서술에서는 비교적 중성적으로 규정했다. "그(국민당)는 정권을 탈취하여 상대적으로 정권을 안정시킨 당이다. 전 중국의 정치, 경제, 교통, 문화의 중추와 명맥을 장악했기 때문에, 전국적 정권이다."[68] 그러나 어떤 표현을 하든지, 중공은 국민당을 '집정당'으로 부르지 않았다. 왜 그럴까? 근본적으로, '집정당'은 '합법적 정권'이란 의미를 갖기 때문이다. 중공이 보기에, 대지주 자산계급 독재전정을 실시했기 때문에, 국민당의 정권장악은 '독점'이지, '경쟁'에 의한 것이 아니기 때문이었다. 국민당도 중공의 '재야'지위를 인정해본 적이 없다. '재야'는 체제 내적

---

66 毛澤東,「中國的紅色政權爲什麼能夠存在？」,『毛澤東選集』第1卷, 人民出版社, 1967, p.47.

67 중공이 국민당 2중전회에 보낸 편지(1936년 8월 25일).(毛澤東,「關於蔣介石聲明的聲明(注釋7)」,『毛澤東選集』第1卷, 人民出版社, 1967, p.231)

68 毛澤東,「中國革命戰爭的戰略問題」,『毛澤東選集』第1卷, 人民出版社, 1967, p.173.

인 평화적 반대를 의미하고, 체제외의 혁명동원을 의미하지 않기 때문이다.[69]

둘째, 중국공산당정권 수립 이후, 중공의 문헌에서 공산당이 '집정당'을 스스로 표방했던 것을 찾아보기 힘들다. 우선 이데올로기적 측면에서, '집정당'으로는 공산당과 같은 '특수정당'(엥겔스)과 기타 국가정권을 장악한 정당과의 성격을 구별하기에 부족하기 때문이다. 즉 공산당은 국가정권의 취득에 만족하지 않고, 목표를 "세 개의 소멸과 하나의 변화"[70]로 삼고 있었고, 정당 자체와 국가의 소멸을 촉진하는 것을 목표로 삼고 있었다. 그런 점에서, 권력을 장악한 공산당을 여전히 혁명당으로 보는 것이다. 그 다음으로, '집정' 활동 고유의 법적 성격과 중공의 정책 주도형 정치행위가 상호 충돌하기 때문이다. 집정은 법적 구속력을 갖는

69　항일전쟁 시기, 국민당도 공산당의 합법적 지위를 어쩔 수 없이 인정한 적이 있다. 그러나 진안핑(金安平)이 지적한 것처럼, 국민당 정권은 본질적으로 일당 전제였다. 일당전제의 논리는 국민당 이외의 정당의 존재를 배격한다. 국민당은 다른 정당에 대해 억압과 공격 및 불법화라는 수단을 사용했다. 국민당의 그런 강도 높은 전제적 통치는 중국에서 재야당의 지위가 법적으로 보호받을 수 없도록 만들었다.(金安平의 「"革命黨向執政黨轉變"命題的中國意義—中國語境下的政黨概念」 참고) 국민당은 공산당의 합법적 지위를 인정하게 되었을 때에도, 공산당 조직에 대한 정탐과 파괴활동을 멈추지 않았다. 공산당은 형식적으로는 합법적 지위를 얻었지만, 개별기구와 저명한 지도자 이외에, 국민당통치 구역 내의 기본조직에서는 여전히 비밀이었다. 공산당은 국민당의 '집정'약속을 믿지 않았고, 자신의 '재야'입장을 중시하지 않았다. 쌍방이 항일을 진행했을 때, 정치적 타협을 서로 내심 원하지 않았기 때문에, 항일 통일전선은 매우 취약한 연맹이었고, 부서지기 직전이었다.

70　국가정권의 힘을 운용하여 "일체의 계급차별을 소멸시키고, 그런 차별이 생산한 일체의 생산관계를 소멸시키고, 그런 생산관계에 상응한 일체의 사회관계를 소멸시키며, 그런 사회관계가 생산해낸 일체의 관념을 바꾼다."(馬克思, 「1849年至1850年的法蘭西階級鬥爭」, 『馬克思恩格斯選集』第1卷, 人民出版社, 1972, pp.479-480.)

정부행위이다. 그것은 집정당이 국가가 헌법과 법률의 명의로 각종 사회관계를 규범화하고 통제하도록 하면서, 헌법과 법률의 구속을 받도록 한다. 중공에게는 혁명시대 구국가, 구법률, 구법통과 서로 충돌했던 혁명전통이 있다. 그리고 1950, 60년대 사회주의 개조와 공업화 동원에 대한 정치적 요구는 모두 그것의 법률, 법제, 그리고 법치에 대해 비판적이며 보류적인 태도를 갖도록 했다.[71] 법은 정치에 종속되었고, 정책에 종속되었다. 그런 상황은 1980년대 중공 13대에까지 이어졌다. 그때가 되어서야 당이 비로소 명확하게 헌법과 법률의 최고지위를 인정하고, 헌법과 법의 범위 내에서의 활동을 약속했다. 또, '집정당' 개념에서 확대된 정당정치도 중공의 민주당파에 대한 영도 실행의 당제(黨際)관계모델에는 맞지 않는다. 정치학에서, 집정은 재야에 상대적인 개념으로 사용된다. 집정당의 존재는 이론적으로 재야당의 존재를 의미하지만, 집정당과 재야당을 막론하고 협력관계이거나 대립관계이다. 민주당파의 일부 지도

---

71 마오쩌둥의 법률에 대한 태도가 대표적이다. 1958년 8월 열린 협작구 주임회의에서, 마오쩌둥은 다음과 같이 말했다. "공안과 법원도 정풍(整風) 중인데, 법이란 물건도 없어도 안 되지만, 우리는 우리대로, 마칭산(馬靑山)은 마칭산대로, 조사연구는 현장에서 문제를 해결한다. 또한 법에 의존해서 다수를 다스려서는 안 된다. 민법이나 형법처럼 조항이 많으면 누가 기억하겠나. 내가 참여해 제정한 헌법을 나도 기억하지 못한다. 한비자는 법치(法治)를 얘기했지만, 유가는 인치(人治)를 얘기했다. 우리의 각종 규장(規章)제도는 90%가 부서가 만든 것이다. 우리는 기본적으로 그런 것에 구애되지 않고, 주로 결의에 의존한다. 1년에 4번 회의를 열어, 민법, 형법에 의존하지 않고도 질서를 유지한다. 인민대표대회, 국무원회의는 그들대로, 우리도 우리대로이다. 류샤오치(劉少奇)가 제기했다. "법치인가, 인치인가? 보아하니 사람에 의존해야 한다. 법은 일을 처리하는 데 참고로 삼을 수 있을 뿐이다.""(全國人大常委會辦公廳研究室, 「人民代表大會制度建設四十年」, 『中國民主法制出版社』, 1991, p.102.)

자는 1950년대 그런 생각으로 자신과 중공의 관계를 바라보았고, 중공의 집정지위를 인정하고, 때로는 당파협력으로서의 '집정연맹'의 성원으로, 때로는 자신의 정치적 역할을 집정당에 대한 재야당의 감독과 제약으로 해석하기도 했다.[72] 그러나 반우파운동은 공산당이 정치학적으로 '집정당'이 아니라, 레닌주의적 '영도당' 즉 통치당이라는 것을 보여준다. 마지막으로, 집정당의 집정 지위는 영구적이지 않고, 정기적이며 공개적인 경쟁적 선거를 통해 확인된다. 그러나 공산당은 그가 완성할 위대한 사회개조공정이라는 역사적 사명이 그렇고, 국가정권에 대한 장악을 포기할 수 없으며, 기타 당파와 정권을 나눠가질 수도 없기 때문에 국가정권을 독점해야 한다. 그로 인해 공산당은 오랫동안 이론적으로 '집정당' 개념과 관념을 받아들이지 못했다. 그것은 공산당의 약점이 될 수밖에 없었고, '집정당'으로서 행동할 수 없도록 했다. 집정당 개념의 내적 규정성은 서구 대의민주제 하의 정당정치의 운행법칙에서 비롯되었다.

대의제는 일반적으로 현대정치의 체현으로 여겨진다. 대의제는 왜 필요한가? 기술과 효율의 관점에서 보면, 현대국가의 영토와 인구규모가 확대됨에 따라, 고전식의 직접 민주제는 실행될 수 없기 때문이다.[73]

72　1957년 '당 천하'에 대한 추안핑(儲安平)의 비판에서 알 수 있다. 내전시기, 추는 다음과 같은 우려를 말했다. "국민당 치하에서, 민주는 큰가 작은가의 문제이고, 공산당 치하에서 민주는 있는가 없는가의 문제이다." 마오쩌둥은 민주당을 '정도가 다른 반대파'로 보는 쪽이었다. 그는 그들에 대해 깊은 불신감을 갖고 있었고, 전쟁이 일어난다면, 그들이 반란을 일으킬 것이라고 생각했다.(毛澤東,「論十大關系」,「在省市自治區黨委書記會議上的講話」,「打退資産階級右派的進攻」,『毛澤東選集』第5卷, 人民出版社, 1977, p.279, p.342, p.448.)

73　어떤 이는 현대 통신기술의 발전과 인터넷의 출현으로 직접민주에 대한 기술적 장애가

직접민주는 전국적 집회와 표결에 호소하고, 그 경제적 비용, 사회적 비용 그리고 정치적 비용이 지나치게 높고, 사회적 과도정치화를 초래하기 쉽기 때문에, 사회의 과도정치화가 쉽게 초래되어 인민의 이름으로 정권을 탈환하거나 권력을 독점하는 '독재적' 민주가 발생할 수 있다. 그러므로 현대정치는 법리적으로 인민의 직접참여와 국가사무의 정책결정과 관리 권력을 정치경험이 풍부하고, 정치능력을 구비하고 있으며, 정치에 헌신하기를 원하는 일부 공민이 대신하도록 할 수밖에 없다. 위탁적 대리관계가 선거에 의해 성립한다. 선거는 자연스럽게 선거구를 나누고, 후보자를 선택하는 절차를 갖게 된다. 선거구가 작고, 선거민의 수에 한계가 있고 재산권에 의해 선거권이 제약되었던 초기에, 개인이 후보자를 선포하거나 몇몇 세력을 가진 선거구민이 그를 후보자로 선택하여 밀었다. 나중에 선거제도가 개혁되고, 선거구도 확대되고, 평등관념도 전파되고, 후보자의 선택, 제명, 경쟁이 전업화된 조직에 의존할 수밖에 없게 되었다. 대중정당이 그렇게 생겼다. 영국과 같은 서구헌정사에서, 의회가 어떤 당파(휘그나 토리)에 의해 장악되는가는 우연일 뿐이지만, 의회에 의한 정당과 정당정치의 발전은 필연적이다. "비록 형식적으로, 의회는 법률제정과 국가정책의 유일한 합법적 기구이지만, 실제로 정당정치가

없어졌다고 하지만, 사르토리는 오히려 경고했다. 전자단말기로 실행하는 '공민표결민주주의'가 기술적으로는 실행될 수 있다고 하지만, "우리의 그렇게 대단히 복잡하고, 상호 연관되어 있으면서도 매우 취약한 사회적 통치권의 부여를 수천만의 서로 떨어진 개인의 의지에 주고, 총합이 0인 방식을 사용하여 멋대로 결정을 하도록 하는 방식은 우리를 위험한 경지로 내밀 것이다. 그 결과는 재난일 것이고, 민주적 자살이다."(G. 薩托利, 『民主新論』, 東方出版社, 1993, pp.123-129, p.253.)

가장 세력을 갖는다. 대중선거권은 근본적으로 정치생활의 동력을 바꾸었고, 정당을 정치의 중심에 놓았다."[74] 선거권의 확대와 대의제의 규범은 민주정치가 국가 측면에서 점점 선거정치로 전환되도록 했다. 정당도 점차 선거에 참여하고 선거에서 승리하는 최고의 도구가 되었다. 선거전에서 의회 다수 석을 얻거나 대선에서 다수표를 획득하여 내각구성권을 얻은 당파는 집정당이 된다. 반대로, 소수로 떨어져 권력의 핵심 밖으로 떨어진 당파는 반대당 또는 재야당이 된다. 집정이나 재야나 모두 기존의 게임규칙을 받아들인다는 것을 전제로 한다. 그런 의미에서 집정당과 재야당은 모두 체제 내의 정당이다. 체제의 논리가 당파가 합법적으로 (법적 절차에 따라) 국가정권에 진입할 것을 요구한다. 다시 말하자면, 국가정권은 당파에게 있어서 순응하여 취득할 수 있는 것일 뿐, 거역하고 빼앗을 수 있는 것이 아니다.

집정당이 된 정당은 일단 국가체제에 진입하면, 국가체제시스템의 내부제약을 받아들이고[75] 전과는 다른 '당정관계'를 형성하게 된다. '당정관계'의 핵심적 내용은 집정당의 당파정부와 의회의 관계이지, 집정당

---

74   赫爾德, 『民主的模式』, 中央編譯出版社, 1998, p.214.

75   어떤 이는 집정당이 국가체제에 진입하면 곧 "국가체제구조의 일부가 된다."고 생각한다. 그것은 당의 지도자와 상부에 국한된다. 그들이 대선을 통해 국가공직을 얻는다는 측면에서 그렇다. 그러나 전체 조직시스템으로서의 당은 정부체제 밖에 존재한다. 당의 기능은 당의 후보가 선거에서 승리하도록 하는 것이다. 정부를 구성하는 것에 대해 당은 정부운영을 대체할 수도 없고, 정부에 대해 책임을 지지도 않는다. 그러므로 현대 집정당이 '당정합일'의 체제라는 생각에는 동의할 수 없다. 오직 통치당에게만이 '당정합일'이 있다.

과 의회, 집정당과 정부의 관계가 아니다. 대선 전에 집정을 추구하던 정당과 의회의 관계는, 쉽게 말해서 정치적 역할과 정치무대 그리고 무대 규칙의 관계이다. 그때 정당의 중심업무는 '라인업' 규칙(투표의 다소를 기준으로 함)에 따라 '무대 앞'으로 비집고 나아가서, '무대 앞'을 장악하는 방법을 찾는 것이다. 일단 다수의 표를 얻어 다수당이 되고, 국가정권을 장악하면, 집정당과 의회의 관계는 집정당의원 개인과 의회의 관계로 바뀌고, 의회 정당그룹 내에서만 집정당과 의회의 관계가 된다. 같은 이치로, 대선 전에 집정을 추구하던 정당과 정부의 관계는 국민의 정치단체와 국가행정 당국의 관계일 뿐이다. 체제의 여러 장벽을 뚫고, 결국 권력이란 대문을 열고, 국민의 정치단체가 비로소 집정당이란 월계관을 쓰게 된다. 그때 그 당의 조직이 아니라 국가기구를 통해서 권력이 행사되고, 그 당의 영수와 소수 엘리트들이 행사하는 권력이 당의 지도자 또는 당파 자체의 명의로 이루어지는 것이 아니라 정부 관리의 명의로 이루어진다.[76] 그런 체제에서, 정치과정 대부분은 선거에서 승리한 다수당의 대표가 정부의 수뇌(총리, 수상 또는 총통)가 되고, 그가 제출한 내각명단에 따라 정부를 조직하고, 국가원수 또는 의회의 비준을 받고, 회의에서 집정당의 의원단(동일 정당 또는 정당연맹의 의회로 구성된 당파조직)이 본당의 의원을 동원하고 조직하여, 집정당정부가 의회에서 표결하고자 하는 각항

---

76 일부 국가에서, 미국과 같은 경우, 선거가 일단 끝나면, 정당의 임무도 다음 선거연도까지 잠시 종료된다. 선출된 정부관리의 행정행위의 개인적 색채가 선명하고, 그들이 자기 당의 성향과 일치하는 정책을 제정할 수 있는가를 말한다면, 그것은 그들이 대표하는 당의 선거구민의 이익 때문이지, 당의 지령 때문은 아니다.

의 정책 의안을 지지한다. 집정당정부는 의회에 대해 책임을 진다. 그 행정활동은 일반적으로 정당조직의 관여를 받지 않는다. 중대한 정책결정이 의회에서 표결되기 전에 당의 지도자집단이 함께 연구하고 타당 영수와의 협상을 진행하고, 정부수뇌가 전권을 가지고 처리한다. 집정당의 중앙기구와 지방기구는 여전히 존재한다. 어떤 경우 '휴면'상태(일상적인 사무관리와 재무관리만을 함)에 들어가고, 대선 년도에 이르면 자동적으로 다시 활동한다. 어떤 경우에는 적극적 활동상태에서, 선전, 친목, 자금조달, 당원발전 등을 하지만, 직접적으로 의회와 정부와 기타 직능부분의 일에는 간섭하지 않는다.

현대정당정치는 일반적으로 입헌정체의 범주에 속한다. 입헌정체는 정치운영이 법률화된 이상적 상태를 가리킨다. 그것은 정부의 권력행사가 헌법과 법률의 궤도 속에서 헌법과 법률의 구속을 받을 것을 요구하기 때문에, 입헌주의의 중심은 정부에 있고, 그 핵심은 '제한정부'와 법치이다. 제한정부의 기본방침은 정부의 분권이다. 분권을 기초로 권력을 상호견제한다. 분권체제에서, 사법권은 법원이 독립적으로 행사하고, 입법기관과 행정기관은 사법 심판권을 행사할 수 없고, 사법심판활동에도 직접 간섭할 수도 없다. 사법시스템 내부에서도, 어떠한 법원도 한 법원의 심판활동(상급법원은 단지 상소절차에 의해 심리와 변경을 할 수 있음)에 간섭할 수 없다. 그밖에, 사법독립과 법관의 임관제도는 하나로 묶여 있다. 법관이 한 번 임명되면, 탄핵을 할 수도, 사면시킬 수도, 임기 전에 퇴직을 하도록 할 수도 없다. 법관이 한 번 임명되면, 의원을 겸임할 수도 없고, 당파활동에 종사할 수도 없다. 심지어는 당원의 신분을 유지할 수도 없다. 헌법통치의 형식이 완비된 국가에서, 국가시스템 내의 입법기관과 행정기관이 모두 사법기관의 사법권의 행사에 대해 간섭할 수 없다. 사법시스템 내의 한 부문도 절차 밖에서 또 다른 부문의 심판결과를 바꿀 수 없다. 그렇다면, 비정부기관인 정당으로서의 집정당은 사법기관 및 그 심판활동에 대해 지휘와 명령을 할 수 있을까? 법관이 체제에 의해 구속되는 '정치적 독립'이라면, 정부의 변경은 법관의 거취에 영향을 주지 못한다. 그들이 집정당 정부의 수뇌 또는 총통의 제명과 위임에 따른 것이라도 법관이 집정당정부의 사법안건에 대한 입장과 성향을 따를 수 있겠는가? 권력균형의 제도적 설계에 따르면, 입법기관과 행정기관은 사법기관을 제약하는 작용을 한다. 그것은 사법에 대한 집정당의 영향에 모종의 공간을 제공한다. 예를 들면, 집정당은 의회에서 법관위임 절차를 통해 사법에 영향을 줄 수 있고, 의회에서 사법기관에 대한 예산안 책정을 통해 사법에 영향을 줄 수도 있다. 헌법수정을 통해 사법에 영향을 줄 수도 있고, 국가이익에 관련된 외교업무를 정부가 강조하는 과정에서 사법에 영향을 줄 수도 있다. 서구 국가의 역사와 현실에서 볼 수 있듯이, 헌법통치구조의 제약 하에서 집정당정부의 영향은 주로 제도와 절차를 통해 발휘된다. 그것도 매우 은밀하고 제한적으로 이루어진다. 가장 극단적인 예로 집정당정부가 위임한 법관이 정부의 수뇌를 정치적 '단두대'로 보내는 것—'워터게이트'사건의 닉슨대통령과 같은 경우—보다 지나친 것은 없다. 공화당대통령이 임명한 대법관이 '당성'과 개인적인 애정이 없다고 할 수는 없지만, "어떤 경우라도 개인을 최고법원에 놓게 되면, 그는 더 이상 너의 친구가 아니다.(트루먼대통령)"[77] 체제의 강제하에서, 법치원칙이 결국 당파이익과 사적 친분을 압도하기 때문인 것이다. 체제가 하나의 계급으로서 자산계급의 통치를 보장했다. 자산계급 내부의 각 집단적 이익이 전체 정치과정에 대한 통제를 초월하게 되었다.

결론적으로, 집정당의 일반이론과 경험으로 보면, 집정당을 자처함으로써 자신을 그런 경지로 몰고 갈 수밖에 없다. 첫째, 정기적으로 그 지위를 다시금 확정짓는 시험을 받아야 한다. 둘째, 체제 내의 규칙을 따라야 한다. 셋째, 입법절차를 통해 그 정책을 국가의 법률로 바꾸어야 한다.[78] 모든 문제는 오직 서로 다른 국가와 서로 다른 정당이 그런 상황을 어떻게 이해하고, 어떻게 대처하는가에 달려 있다. 서구에서 '정기적인 확인'이라는 압력을 받는 집정당은 사회에 대해 대선에서 한 약속을 실행하게 되고, 자신이 책임을 지고, 할 일을 다하는 정당이라는 것을 보여주려고 노력하게 된다. '정치적 업적'을 추구하지 않는 정당은 없다. 무엇보다도 정치가 시장이 된 상황에서, 집정당의 '이익'(명성, 권력, 지위, 연임될 수 있는 전망)은 그 '상품'(공공정책)의 산출이 '소비자'(유권자)의 요구와 효용을 얼마나 만족시킬 수 있는가에 달려 있다. 그런 의미에서, 집정당 모두 적극적으로 간섭하는 큰 정부의 경향(신자유주의에서의 나카소네 정부, 처칠정부, 레이건정부)을 보였다. 부캐넌이 발견한 것처럼, 정치활동가

78　曹沛霖, 『議會政府』, 三聯書店(香港), 1993, pp.61-62.

(정치엘리트)는 대부분 정부활동의 범위와 규모를 확대하고자 하고, 어떠한 공적 한계도 초월하려는 경향을 타고났다. 그러므로 정치적, 집단적, 정부적 또는 국가의 활동범위가 강제로 집행되는 헌법의 구속을 받도록 해야만 그런 과도한 확장을 막을 수 있다.[79] 그런 헌법적 구속은 공식적인 사법제도(formal constraint)로 집정당이 체제에서 설정한 노선, 절차, 관계에 따라 정당과 정부의 실적을 규범화하고, 집정당의 정책, 계획, 방안이 입법절차에 따라서만 국가의 법률을 사회에 실시할 수 있도록 하는 것으로 나타난다. 다른 한편으로, 다원적 정치환경과 다원적 경제환경과 관련된 많은 비공식적 관례(informal constraint)에 의한 집정당에 대한 구속도 간과할 수 없다. 그것도 체제 내 규칙에 속한다. 가령, '정치적 업적'에 있어서 칭찬받을 만한 것이 없는 집정당이 뜻밖에 대선에서 예상을 뛰어넘고 집정지위를 유지한다면, 최악의 관점에서 보면 그 당은 교묘하게 현존 체제 규칙의 틈새(합법적인)를 이용한 것이다. 최선의 관점에서 보면, 그 당은 현존체제규칙의 주변자원을 충분히 동원한 것이라 할 수 있다. 어떻게 말하더라도, 집정당이 체제 내 행동에서 정당운영과 체제규칙, 법정절차의 일치성을 유지하는 것이 현대 서구정치의 기본적 요구이다. 즉 집정당의 집정 합법성(legitimacy)은 무엇보다도 주로 집정당이 합법적으로(lawfully) 국가정권을 운영하는 행위 자체에서 비롯되는

---

79 詹姆斯·布坎南, 「經濟自由與聯邦主義」, 『公共論叢 · 經濟民主與經濟自由』, 三聯書店, 1997, vol.3.

것이지, 집정당의 '정치적 업적'에서 생기는 것은 아니다.[80]

사람들이 좋아하는 집정당의 신중하고 이성적인 성격은 대의제 민주주의 하에서, 극단적으로 말하자면, 국가권력에 대한 재야세력의 야심과 집정당에 대한 정치적 도전에서 만들어진다. 의원 내각제 국가에서, 집정당에 대한 재야당의 제약은 무엇보다 대의제의 경선기제를 이용하고, 국회의원 선거에서 집정당 정부에 대한 한계와 약점에 대해 자신의 경선 강령과 정책주장을 제시하고, 유권자의 지지를 확보하여 의회의 다수의석을 차지한다. 대통령제 국가에서, 반대당은 주로 국회의 입법권과 의안 심의권을 이용하여 집정당 정부를 '자극'한다. 무엇보다도 반대

---

80 합법성은 현재 국내학자들이 가장 많이 사용하는 개념의 하나이다. 정치학에서, 합법성은 통치의 이유가 정당한가, 그러므로 통치질서가 민중에게 의해 인정되고 받아들여지는가에 대한 이론 및 학설이다. 통치로 말하자면, 합법성은 강제력, 물질적 이익과 함께 통치질서를 지탱하는 3대 요소의 하나이다. 하나만 갖추어도 합법적 정부는 강제력을 사용하지 않고서도 안정적으로 다스릴 수 있지만, 오히려 합법성을 상실한 정부는 더 많은 감옥, 군인, 경찰을 늘려 반항자들을 처리해야 하고, 더 많은 돈으로 불만 있는 자들에게 혜택을 주며 그들을 달래야 하므로, 통치 비용이 상승하고 떨어지지 않아서 결국은 붕괴된다. 그런 의미에서, 합법성은 법률과 더 관계를 갖는다. 다시 말하자면, 합법성과 합헌성, 합법률성, 합절차성은 밀접한 관련이 있다. 상대적으로 헌법, 법률, 절차 배후의 가치, 실질과는 유리되어 있다. 우리는 정치학적 의미의 합법성을 '실질적 합법성'이라 부를 수 있고, 법(률)학적 의미의 합법성을 '형식적 합법성'이라 부를 수 있다. 일부 학자들이 제기한 '정치적 업적 합법성'은 전자에 속한다. 정당정치에서, 집정당이 임기 내에 전에 발행했던 정치 수표를 실현하는 것이 상당히 어렵고, 정치적 사정이 그때그때 다른 것은 차치하고라도, 정권을 획득하기 위해 사실 할 수 없는 입바른 소리를 할 수밖에 없다. 이성적으로 고려한 정책이지만, 그 실시는 여러 요인(예를 들면 반대당, 이익집단, 매체)의 견제를 받아 그 정책의 활동범위, 실시강도, 또는 뉴스 효과가 크게 줄어들 수 있다. 말할 것도 없이, 각 당은 정치적 업적을 내세울 수 있지만, 카드규칙(법률과 절차)에 따라 카드를 내밀어야 자명한 약속이 된다. 헌법적 가치와 제도적 가치가 이미 의심의 여지없는 전제와 배경일 때, 형식은 실질을 압도하고, 절차는 기회를 선점한다. 그것이야말로 법치주의에서의 정당정치의 주된 풍경이다.

당이 국회 다수석을 차지한 상황에서, 정부 의안은 반대당의 이익과 성향에 대부분 부합하지 않기 때문에 폐기되거나 수정 혹은 부결될 수 있다. 다음으로, 내각제이든 대통령제 국가이든, 재야당은 체제에서 부여한 많은 수단을 갖게 된다. 예를 들면 의회의 질의권, 청문회제도, 불신임 제의권, 탄핵절차 등으로 집정당 정부를 힘들게 한다. 그밖에, 지방자치나 연방제를 실시하는 국가에서, 지방정부의 수장이 유권자의 직접 선거로 선출되기 때문에, 각 당은 후보자를 내어 경선에 참여시킨다. 어떤 지방정부의 수장이 속한 정당은 전국 의회에서 재야당이지만, 지방에서는 오히려 집정당이다.(일본, 인도의 경우) 재야당이 지방자치체를 통해 집정당이 통제하는 중앙정부를 견제할 수 있다. 그것은 모두 집정당에 대해 극도의 정치적 압력으로 작용하고, 집정당이 시도 때도 없이 자신의 시정결과를 검토하고, 자신의 방침과 정책을 조정하고, 상대방의 주장들을 흡수하여 정적의 이익을 보살피도록 만든다. 그 과정에서, 경쟁의 부정적 작용이 분명하게 드러나고, 쌍방 또는 각각이 늘 일부 의안의 의견 대립에 대해 쉴 새 없이 논쟁을 할 수 있다. 그 배후는 숭고한 동기에서 출발한 것이 아니라, 더 많은 경우는 편협한 집단의 사사로운 이익에 의한 것이다. 경쟁으로 납세자의 재산이 낭비되고, 대부분의 세력이 서로 적대하게 되며, 심한 경우에는 사회의 동란과 정국불안이 초래된다. 그러나 경쟁은 정치의 장력을 유지하고, 민중에게 정치선택의 여지를 제공하기 때문에, 결국 반대당이 법적 절차에 따라 집정당 정부에 대해 비판, 탄핵, 내각해산을 진행하는 것은 현대 서구 민주공화국의 핵심이다. 경쟁의 부정적 작용이 해결되는 것은 정치발전경험에서 보면, 첫째, 시민사회의 성숙도에 달려 있다. 성숙한 사회는 계약관계와 법치정신의 상대적 발달을 의미하고, 사회분화구조의 상대적 합리성을 의미하기 때문에, 대항열기를 억제할 수 있고, 충돌이 만들어내는 진동을 흡수한다. 둘째, 제도적 설계에 달려 있다. 정치를 행정으로 전환하고, 행정을 기술로 전환함으로써 정치적 극단주의를 사라지게 한다. 서구의 정당정치는 그런 정교화 과정을 거쳤고, 점진적으로 정치가 타협적이고 절제적인 성격을 갖게 되었다.

따라서 집정당이 대의 민주주의체제의 규범적 활동을 따를 때, 집정당의 특징들을 형성한다. 집정당의 행위방식에 대한 간결하고 핵심적인 요약을 할 수 있다. (1) 정당정치는 대의제 정치에 적응할 필요에 의해 출현한 것이다. 대의제 정치는 본질적으로 계급과 이익집단의 경쟁적 정치이다. 정당은 국가권력(예를 들면 최고행정권)의 장악을 위한 경쟁과정이다. 정당은 헌법과 법률절차에 맞게 합법적으로 국가체제 내에 진입해야 하기 때문에, 집정당은 그것이 국가권력을 장악할 수 있는가를 상징할 뿐만 아니라, 체제 안으로 '합법적으로 진입'하고, 국가권력을 '합법적으로 획득'하는 과정을 척도로 삼는다. (2) '합법적 진입'과 '합법적 획득'은 정당이 '합법적 운영'을 할 것을 요구한다. 즉 헌법제도와 절차에 따라 국가권력을 운영하고, 국가권력에 대한 집정당의 장악은 국가가 최소한의 형식적 '천하공기(公器)'라는 성격과 상대적으로 독립적인 구조와 기능을 인정하고 존중한다는 것을 전제로 하므로, 단순히 집정한다고 해서 국가를 자신의 '전리품'으로 볼 수 없고, 국가를 독립적 인격의지와 내부규칙의 공공권리기관이 운용하는 것이라고 보아야 한다. (3) 집정당은 국가권력을 장악한 이후에도 사회와 밀접한 연계를 유지하는 정당이어야 한다. 서구에서 선거정치는 정당의 생명을 지배하기 때문에, 집정전의 선거 동원이든, 집정 후의 연임하기 위한 스트레스이든, 당으로 하여금 정당의 일반적 기능 즉 선전, 조직, 자금마련, 당원의 발전, 사회업무, 정치사회화 등을 고도로 중시하여 발전하게 된다. 집정당은 그것을 통해 정당으로서의 '원시적' 특징을 유지한다. (4) 집정당은 직업정치인의 특징을 집중적으로 구현한다. 즉 당의 집정 엘리트는 자신의 당뿐만 아니라 국가의 "가장 정치적 경험, 정치적 안목, 정치적 지혜를 갖고 있고, 정치적 열정, 정치적 헌신정신을 가진 '정치동물'"이 된다. 집정당의 엘리트는 자기당의 집정지위를 보호하고 자기 당이 정치적 책임을 이행하도록(뿐만 아니라 개인의 정치적 앞길도) 한다. 한편으로는 유권자의 신뢰를 얻기 위해 적극적으로 집정당정부의 정책상품이 창의성을 갖도록 하고, 인류 역사 이래의 정부의 창조능력(복지국가 건설)을 최대한 확대하도록 한다. 헌정의 제약을 받아 점점 사회와 시장의 힘에 의존할 수밖에 없기 때문에 20세기 정부의 이론적 의미(새로운 공공관리와 거버넌스이론의 발표)를 쇄신하고 풍부하게 만든다. 그런 추세 하에서, 집정당의 집정지위의 유지는 집정당 정부의 '정치적 업적'에 따라 결정될 뿐만 아니라, 주로 집정당정부(즉 집정 엘리트)가 헌법과 법률에 따라 국가권력을 운영하고자 하는 의지, 이념, 능력, 그리고 기교에 따라 결정된다. 무엇보다도 학습, 혁신능력과 기타 사회적 이익집단과 반대세력과의 관계를 처리하는 능력과 기교에 달려 있다. (5) 내적 장력이 있는 정치환경에서, 헌법은 형식적·실질적으로 자신의 최고의 법적 지위와 정치적 지위를 확립한다. 집정당의 대내적 각종 정치조직, 집정당정부 내의 각 국가기관을 포함하여 모두 헌법과 법률의 범위 내에서 활동할 수밖에 없다. 그것은 집정당과 그 정부가 제한 없이 최고 권력을 행사할 수 없다는 것을 의미한다. 정치형태에 있어서, 헌법과 법률은 집정당에 대한 구속 및 헌법과 법률에 의존하는 집정당의 정치적 합법성이 민주정치를 법률화·제도화하도록 했다.

통치에서 집정으로

집정당의 행위 특징을 서술한 후, 일찍이 공산주의이데올로기가 배척하고 비판했던 개념이 황당하게도 중국공산당의 당 건설이론에서, 현재 정치문헌에서 가장 많이 사용되는 단어가 되었는가에 대해 답해야한다. 가장 중요한 이유는 아마도 중국공산당이 처한 시대와 환경에 전대미문의 변화가 일어났기 때문이다. 그리고 당과 국가의 권력관계, 국가와 사회에 대한 국가의 거버넌스 방식이 시대 및 환경변화에 맞게 변혁적 조정을 하지 않을 수 없었기 때문이다. 그런 조정과정에서, 집정당개념이 의미하는 법률규범('의법치국' 또는 '의법집정')이 서로 다른 정치 언어환경을 초월하는 기능을 갖는다고 생각되었다. 인류정치문명의 보편적 경험을 받아들인다면, 중국정치발전에서도 건설될 수 있다는 사회의 보편적 인식에도 부합한다. 다시 말하자면, 중국공산당은 정당의 영도, 국가 거버넌스와 사회통합을 실현해야 하며, 현재의 법리자원에 충분히 의존하고 그것을 이용해야 한다. 모든 정치행위를 헌법과 법률의 기초

위에 수립해야 한다. 그런 의미에서, 집정당 개념의 채택과 유행은 중국 민주정치발전의 필연적 요구라고 할 수 있고, 본래 중국 사회현대화의 새로운 내용들을 반영한 것이라 할 수 있다.

개혁개방 30년, 중국사회에 역사적 의미를 갖는 심각한 변화들이 일어났다. 첫 번째 변화는 시장경제의 도입이다. '정치의 상부구조'가 토대로 하는 사회기초가 바뀌었다. 시장의 논리는 경쟁의 논리이고, 경쟁의 논리는 분화의 논리이다. "분화의 가장 직접적 표현은 사회와 사회 속의 개인이 국가권력의 통제로부터 점차 독립하는 것이다."[81] 그것은 우선 자유로운 유동자원의 증가와 자유로운 활동공간의 확대로 나타난다. 그 다음은 이익에 대한 추구와 이익 구도의 다원화로 나타난다. 그 다음은 앞의 두 가지의 종합으로 이루어진 사회 분화구조, 즉 직업구조, 교육구조, 수입구조의 분화발전으로 나타난다. 마지막으로, 분화구조의 반영으로서, 사회대중의 가치, 태도, 신앙 등 정치문화 요소가 점차 다양화된다. 그런 변화는 초기에는 '주변'에 나타나고, 시장요인이 계획체제를 잠식하고, 시장의 압력 하에서 계획체제가 '권리에 양보'되는 결과를 낳게 된다. 시장경제가 발전하면서, 변화가 썰물과 밀물처럼 천천히 '정치중심'으로 옮겨가고, 시장경제에 조응하는 국가 측면의 민주와 분권의 추세가 나타난다. 정치국가의 본의에 따라 말하자면, 시장경제에 대한 중국의 선택은 처음으로 새로운 사회경제형태를 구축하기 위해서가 아니라, 효과적으로 자원을 배분하는 경제적 운행방식을 찾기 위한 것이다.

---

81   林尚立, 『當代中國政治形態研究』, 天津人民出版社, 2000, p.416.

그것은 계획체제의 딜레마에서 벗어나기 위한 것으로, 도구지향적이지만, 가치지향적인 선택은 아니다. 그러나 자원배분의 운행방식으로서의 시장의 경쟁논리는 사회구조와 제도체제에 대해 대칭적이고 내적 요구를 하지 않을 수 없다. 즉 경쟁의 논리를 비경제영역으로 확대하여 사회구조와 제도시스템의 혁명적 변화를 초래한다. 그것은 시장경제의 전반적 추세이다.

두 번째 변화는 국가와 사회의 분리이다. 일반적으로 개혁개방 이전의 중국에는 진정한 의미로의 사회가 존재하지 않았다고 생각한다. 그것은 경제영역과 사회영역 모두 정치국가의 엄격한 통제하에 있었고, 국가의 절대적 주도와 달리 경제영역과 사회영역은 어떠한 자주성을 갖고 있지 않았으며, 경제와 사회가 국가권력에 의해 은폐되고 경제와 사회가 모두 국가정치영역에 집중되었고, 모두 국가사무의 성격을 갖고 있었으며 전체 사회가 고도로 정치화되었던 것을 의미한다. 그러나 개혁개방 이후, 시장기제의 도입으로 경제영역에 대한 국가의 통제능력이 점차 줄어들었다. 국유기업의 노동력이 전 사회노동력 총량에서의 점유 비율이 빠르게 하락한 것이 그것을 상징한다. 공업 총생산액에서 국유기업의 생산액이 차지하던 비율이 사회총투자에서 국가의 투자가 차지하던 비율과 함께 계속해서 감소했고, 노동자의 수입과 국가가 직접 장악하던 분배체제가 점차 분리되었다. 국유경제규모는 축소되었고 여러 종류의 독립소유제형식이 빠르게 성장했다.[82] 그 과정에 수반하여 사회영역도 국

---

82   謝文, 「中國公民社會的孕育和發展」, 載周雪光, 『當代中國的國家與社會關系』, 桂冠圖

가정치영역에서 분리되었다. 그것은 1980년대부터 '인간의 권리', '인간의 해방'이 중국 지식계의 가장 유행하는 화두가 된 것으로 알 수 있다. 취업, 소비, 복지, 언론, 출판, 교제 등은 점차 더 개인의 선택이 되었다. 그러나 당시 많은 개인들은 오직 조직화된 개인 즉 공민결사(시민사회)가 비로소 국가를 구성하는 대응물이라는 것을 인식하지 못했다. 1990년대 중후반, 경쟁적 시장경제가 일상생활에서 보편적으로 확립되었다. 각종 민간결사와 비정부조직의 수가 빠르게 늘어나 사회영역이 번영하고 발전했다. 그때 국가와 사회의 이원적 모델은 서재 속의 개념에서 경험적 현실로 바뀌었다. 여전히 국가(정부)가 정식결사들을 통제했고, 사회결사의 발전에서 국가권력을 확대했지만, 상대적으로 사회영역의 수익이 정부의 수익을 훨씬 더 초과하게 되었다.[83] 가장 중요한 점은 사회운영의 기제와 논리가 이미 형성되었으며, 국가기제와 논리에 대해 점점 더 중요한 영향을 미치게 되었다는 점이다.

세 번째 변화는 공공영역의 발생과 성장이다. 공공영역은 국가와 사회관계의 범주에 속한다. 하버마스에 있어서, 공공영역은 국가와 사회가 분리되었을 때, 국가와 사회를 소통시키는 제도적 매개를 제시한다. 공공영역의 기본 기능은 국가와 사회의 요구를 조정하는 것으로, 국가와 사회가 분리되어 나타난 충돌을 극복하는 것이다.[84] 그 기본적 사명

書股份有限公司, 1992, pp.111-119.

83 康曉光, 『權力的轉移—轉型時期中國權力格局的變遷』, 浙江人民出版社, 1999, p.114.

84 哈貝馬斯, 『公共領域的結構轉型』, 學林出版社, 1999, p.35.

은 현대제도와 생활방식에 조응하는 가치체계를 수립하는 것이고, 현대인의 생존과 교제를 위해 새로운 공간과 의의를 제공하는 것이다. 시민사회의 합리성원칙에 따라 현대 경제제도와 국가제도의 형성과 개선을 촉진한다. 의견, 비판, 여론의 형식으로 공공관료체계의 '감독'을 하여, 국가의 합법성 기초를 확립한다. 하버마스의 공공영역은 국가와 사회 사이의 '중간적(intermediary) 영역'이다. 황종즈(黃宗智)는 그것을 '제3의 영역'이라고 표현했다. 즉 국가와 사회 사이에서 양자 모두에게 영향을 주지만, "국가와 사회의 영향을 넘어서는 특성과 논리가 존재한다."[85] 개혁개방 이전의 중국에는 진정한 의미의 사회가 없었고, 진정한 의미의 공공영역도 없었다. 공공영역이 국가와 사회의 분리가 초래할 수 있는 충돌을 극복하고자 한 것이었다면, 중국에서의 공공영역의 발생은 오히려 국가와 사회의 분리를 전제로 한다. 1980년대 이후, 시장경제의 작용으로 국가와 사회가 분리된 후, 중국의 공공영역이 발육하고 성장하기 시작했다. 공공영역의 두 가지 매개체, 즉 사회결사와 대중매체가 중국사회와 정치생활에서 갖는 지위와 영향에 따라, 공공영역이 어느 정도 어떤 방식으로 중국의 민주화 과정에 개입하고 관여했는가를 알 수 있다. 1989년 초, 전국적 사회결사가 이미 1600여 개에 이르렀다. 지방의 사회결사는 20만 개 이상으로 발전했는데, '문혁' 전의 16배와 33배이다. 1996년까지, 전국적 사회결사는 1800개로 증가했다. 그 중에는 680여

---

85 黃宗智, 「中國的"公共領域"與"市民社會"? ─國家與社會間的第三領域」, 『中國研究的範式問題討論』, 社會科學文獻出版社, 2003, pp.269-270.

개의 학술적 사회결사가 포함되어 있고, 410개의 산업 사회결사, 520개의 전문직 사회결사와 180여 개의 연합적 사회결사가 있었으며, 각종 전문 기술자, 전문 학자들 9000여 만 명이 포함되었다.[86] 이들 단체의 자금 출처, 단위부문에 대한 종속, '관민(官民)신분'의 상이함, 내부관리, 사회적 명성, 일상 활동, 그리고 좋고 나쁨이 서로 다르지만, 모두 특수한 공공의 집단적 이익을 표현하고자 노력했다. 그들은 공적이며 장기적인 사회문제에 관심을 가지고 사회참여의 길을 열었으며, 정부와 공중의 관계를 소통시켰다. 표층 상태의 초기형태에서 점점 더 크고 새로운 활동공간을 만들어냈다. 그와 동시에, 대중매체에 대한 국가의 독점적 지위도 타파되었다. 여론의 '일률화'는 더 이상 존재하지 않게 되었다. 시장경제의 추동으로, 매체는 점점 세속화되었고 대중의 입맛에 따르게 되었다. 그 결과 매체에 대한 대중여론의 통제능력이 상승되었다. 다른 한편으로, 시장의 압력으로 매체는 지식 엘리트와 협력하여 더 많은 관중을 끌어들일 수밖에 없었기 때문에, 엘리트가 여론에 영향을 주고 심지어 주도하는 광활한 무대를 제공했다. 여론 세계는 이미 셋으로 나뉘어졌다. 국가, 엘리트, 대중이 각각 그 중 하나를 차지하게 되었다.[87] 여론의 힘은 어느 정도일까? '순즈강(孫志剛)사건'과 '비전(非典)사건'이 가장 좋은 예이다. 전자의 경우 매체의 보도를 통해 심의제 폐지를 수용하게 되었다.

---

86   吳中澤, 陳金羅, 『社團管理工作』, 中國社會出版社, 1996, pp.6-7.

87   康曉光, 『權力的轉移—轉型時期中國權力格局的變遷』, 浙江人民出版社, 1999, pp.139-142.

후자는 인터넷에서 정부의 업무 공개라는 비바람을 일으켰다. 하버마스는 유럽의 경험을 토대로, 시장화는 공공영역의 정치성을 소멸시킬 것이며, 공공영역에 대한 자본의 '식민통치'를 초래할 것이라고 생각했다. 그러나 중국의 시장화는 오히려 공공영역을 발생시키고 성장시켰으며, 엘리트 민주주의와 대중 민주주의를 위한 공적 공간을 열어주었다.

마지막으로, 헌법지상 개념이 점차 인심에 뿌리내린 것이 중국개혁개방 이래 정치발전과정에서 가장 실질적인 변화이다. 헌법에 의한 통치(憲治)는 국가권력의 행사가 헌법과 법률의 궤도를 받아들이고 헌법과 법률의 구속을 받는 이상적 상태를 가리킨다. 따라서 그것은 전적으로 정부에 대한 것이다. 헌정의 확립은 최소한 두 가지 조건을 필요로 한다. 첫째, 국가 외부에 효과적으로 공공사무와 국가권력을 감독할 수 있는 사회시스템이 존재해야 한다. 둘째, 국가 내부에 권력분립의 권력시스템이 존재해야 한다. 전자로 말하자면, "헌정개념은 최소한 국가와 사회의 구별 심지어 대립을 가정한다. 그런 구별과 대립이 없다면, 국가에 법률절차를 수립할 필요가 없다."[88] 개혁개방 이후, 시장경제체제의 점진적 확립, 국가와 사회의 분리, 공공영역의 발생에 따라, 권력의 요소가 사회와 기층으로 옮겨간 것은 법치건설이 당대 중국에서 이미 초보적 기초를 형성했음을 보여주는 것이다. 후자로 말하자면, 헌정개념은 정부의 자기구속을 의미한다. 그 기본노선은 정부권력의 제도화를 통한 분립으로 권력 간의 상호 균형에 도달하는 것이다. 중국의 정부이론의 쇄신

---

88   張文顯, 信春鷹, 『民主+憲政=理想的政制』, 比較法研究, 1990年 第1期.

과 공공행정시스템의 개혁은 헌정 즉 '제한정부'가 현실에서 실행 가능한 틀을 제공했다. 당대 중국의 헌정주의자에게 헌정은 공허한 말, 요원한 논의가 아니다. 이념에 있어서 그것은 헌법을 재건하는 권위이다. 즉 헌법은 국가의 진정한 '근본대법'이다. 헌법은 최고의 법적 효과를 가지며, 어떤 조직과 개인도 헌법을 초월한 권력을 갖지 못한다. 실천에 있어서, 헌법을 적용하는 각종 보장들이 있다. 예를 들면 공민권리가 침해되는 법을 막기 위해 법률심사제도에 호소하고, 공민의 권리가 행정권에 의해 침해되는 것을 막기 위해서 행정 소원, 행정감찰, 행정소송을 수립하고 점차 개선해나가며, 공민의 권리가 사법권에 의해 침해되는 것을 막기 위해서 재판상소제도 등을 만드는 것이다. 1986년 13대 이래 '법치국가의 건설'이라는 정치개혁의 목표에 조응하여, 세계화 조류 속에서 동서양 정치문명에 대한 비교와 반성을 하고 있다.

중국사회의 최근 10여 년의 변화에 대해 아무리 높은 평가를 해도 지나치지 않다. 변화는 점진적이었지만 결과는 혁명적이었다. 오늘날 사람들은 개혁을 거부할 수 없다고 생각한다. 30년간 축적된 변화가 이미 사람들의 운명을 새로운 교제 메커니즘과 이익실현 메커니즘의 체제 속으로 들여놓았다. '생활 패러다임'이 전통에서 현대로 전환되었고, 그로 인해 제도 변화의 방향과 구조(아직 진행 중)라는 사회적 기초를 닦아놓았다. "모든 역사 시대의 경제생산과 그로부터 필연적으로 만들어진 사회구조는 그 시대의 정치와 정신의 역사적 기초"[89]이다. 그것은 아래 명제

89　馬克思, 恩格斯, 「共產黨宣言」, 『馬克思恩格斯選集』第1卷, 人民出版社, 1972, p.232.

에서 중국정치가 그에 적응할 것을 요구한다.

첫째, 시장논리는 대칭적 성격을 갖는다. 대칭성이란 시스템 내의 하위 단계 시스템이 따르는 규칙과 운행의 요소가 전체 시스템에 있어서 상호 저촉되는 것이 아니라, 상호 지지하고, 상호 모순적이 아니라, 상호 일치하는 것을 의미한다. 하위 시스템(경제시스템)이 경쟁의 원칙을 따르는 것을 상상하기 힘들지만, 또 다른 하위 시스템(정치시스템)은 독점적 원칙을 따르고, 오히려 전체 시스템의 의미에서 시스템 기능의 평형을 이루고, 시스템과 환경의 양성적이고 물질적 순환과 에너지 교환을 이룬다. 근대 국가의 충돌과 혁명은 기원에 있어서 비대칭성에 의해 생겨났고, 추세에 있어서 대칭성이 비대칭성을 극복하는 과정으로 나타난다. 당대 중국에서, 시장이 경제영역에 도입한 경쟁이 이미 상당한 규모로 형성되었다. 경제영역이 정치영역으로 확대되기 시작했다. 그것이 촌민대표선거와 구(區)와 향진(鄕鎭)이하의 인민대표대회 대표의 선거이다. 그것은 경선의 특징을 보여주었다. "경선은 사실 일종의 경쟁기제이다. 상품경제 사회에서, 경쟁은 경제번영과 사회발전의 유효한 기둥이다. 적자생존은 자연계의 발전법칙이면서, 인류사회발전의 동력이다. 경선은 경쟁기제가 정치영역에 도입된 형식이다."[90] 2003년 선전(深圳)구 인민대표대회 선거에서, 자체후보의 탄생, 유권자자격 논쟁, 선거절차를 둘러싼 우여곡절, 선거 포스터의 훼손, 투표일과 투표현장의 파란, 당선자에 대해 제기된 파면소송 등 마음을 크게 동요시킨 '경선 소동'을 보게 되었다. 그것은

---

90   蔡定劍, 『中國人民代表大會制度(第四版)』, 法律出版社, 2003, p.177.

충분히 "사회주의 시장경제의 발전이 거부할 수 없는 법칙으로써 중국정치의 발전과정에 영향을 주고 바꿀 것이라는 것을 미리 보여주었다.(黃衛平)[91] 미래의 어느 날, 직접선거와 경쟁선거가 구(區)와 향(鄕)으로부터 성(省)과 시(市)로, 일부지역에서 전국(대칭성 원리에 따라. 그것은 필연적 과정)[92]으로 확대된다면 사회의 자치정도를 대폭 상승시킬 것이다. 그로써 대중이 이익을 추구하고 정치에 참여하는 수단이 대규모로 증가할 것이고, 국가와 사회관계의 계약적 특징은 나날이 심화될 것이다.

두 번째, 빠르게 성장하는 공민참여사회에 어떻게 대응할 것인가는 중국공산당이 신중하게 고려해야 하는 중요한 문제이다. 공민결사와 사회의 성장 그리고 국가에 상대적인 자주성이 국가에 진입하여 국가를 통제하는 것을 자신의 임무로 삼는 정당에게는 심각한 도전이다. 그것은 우선 정당의 지위, 역할 및 그것이 처한 지위에 대한 의문을 낳는다. 정당의 기본적 기능은 무엇인가? 정당과 이익집단은 어떻게 다른가? 그런 의문들은 당국가체제에서는 생기지 않는다. 그것은 집정 여부와 상관없

---

91   唐娟, 鄒樹彬, 『2003年深圳競選實錄』, 西北大學出版社, 2003, p.2.

92   직접 선거와 경쟁 선거로서의 보통선거제도는 가치적으로 정책결정집단이 인정한 것이며, 아직 추진하지 않은 것은 조건이 성숙하지 않았다고 생각하기 때문일 뿐이다. 덩샤오핑은 다음과 같이 말했다. "보통선거를 하더라도, 점진적인 과도기가 있어야 하고, 한 걸음 한 걸음 나아가야 한다. 외국 손님에게 말한 적이 있는데, 대륙은 다음 세기에 반세기를 지난 후 보통선거를 실시할 수 있고, 지금은 현(縣) 이상에서는 간접선거를 실행하고 있고, 현급과 현 이하의 기층에서만이 직접선거를 실시한다. 인민의 문화소양이 아직 부족하고, 보편적으로 직접선거를 실행할 수 있는 조건이 성숙하지 못했다." 덩샤오핑은 실제로 시간표를 만들었다.(鄧小平, 「會見香港特別行政區基本法起草委員會委員時的講話」, 『鄧小平選集』第3卷, 人民出版社, 1993, p.220)

이 국가와 사회의 관계라는 거시적 배경에서 정당을 고찰하고 이해해야 한다. 정당은 근본적으로 공민이 헌법규정에 따른 결사의 자유에 따라 조성된 정치적 사회조직일 뿐이다. 그것이 향유하는 권리는 단지 공민의 각종 정치적 권리의 연장일 뿐이다. 그것은 헌법과 법률의 절차에 따라, 그것이 장악하고 있는 국가기관을 통해서만이 국가권력을 행사할 수 있다.[93] 정당은 국가와 사회관계의 변혁에 있어서 자신의 발전공간을 다시 찾을 수밖에 없다. 현재 중국의 정치형태에서 변혁 중인 국가와 사회관계에 대한 정당의 적응은 이념적·정책적으로 '관료주의화의 해소' 과정을 필요로 한다. '관료주의화의 해소'는 정당이 국가통제를 포기하는 취소주의적 행위로 오해될 수 있다. 그것은 정당이 공공권력기관이 아니라는 사실에서 비롯되며 정당, 국가 그리고 사회의 법리관계를 다시금 확립하려는 노력이다. 그 대상은 계획체제이래 나날이 현저해진 정당위기이다. 즉 정당 본래의 기능의 위축과 퇴화, 그리고 그로 인해 생겨난 정당의 국가통제에 있어서 사용할 수 있는 정치수단이 점점 줄어들고 있다. 정당의 '관료주의화의 해소'는 정당의 관료주의화에 대해 상대적으로 말한 것이다. 후자는 정당 쇠퇴의 주요원인이다. '관료주의화의 해소'는 정당이 '당정불분(黨政不分)', 즉 당-국가를 구분하지 않는(黨國不分)의 상태에서 벗어날 것을 요구하며, 국가와 사회 간의 정치성과 매개적 지위를 회복할 것을 요구한다. 정당은 본래 정당으로서 건설되어야 하며, '당이 당을 관리하고', '당이 당다워야 한다'(중공 13대의 명제)는 것을 의미

---

93   殷嘯虎,『憲法學』, 上海人民出版社, 2003, p.111.

한다. 정당이 국가기관이 아니라면, 행정수단에 호소할 수 없고 정치적 방식 즉 설득, 시범, 협상, 그리고 타협을 통해 사회의 기타 집단과의 관계를 처리해야 한다. 법에 따라 국가에 진입하고 법에 따라 국가를 운영하는 이중적 구속을 받으며, 정당의 중심업무와 행위방식은 이익을 표출하고, 민의를 종합하고 선거를 조직하고, 의안을 준비하고 입법을 추진하고, 당의 간부를 추천하는 방식으로 전환할 수밖에 없다. 간단히 말하자면, 정당의 의지를 국가의 의지로 바꾸는 작업이야말로 정당이 정당일 수 있는 동력인 것이다.

세 번째, 중국에서의 공공영역의 발달이다. 국가에 대한 정당의 통제는 정당이 공공영역의 영도권을 얻을 수 있는가의 여부에 따라 결정된다. 공공영역은 국가와 사회의 매개적 영역이다. 시민사회와 정치국가의 기본적 매개는 오랜 시간동안 정당이 맡아왔고, 정당이 공공영역을 대표해왔다. 공공영역의 각종 사회정치조직과 여론이 발전하기 시작한 후, 정당은 더 이상 공공영역의 독보적 존재가 아니었다. 그것은 1960, 70년대 이후 서구 '정당이 쇠퇴한' 이유이다. 중국은 그런 상황과 아직은 거리가 멀다. 국가와 사회의 분리가 완성되지 못했기 때문이다. 공공영역이 막 발전하기 시작했기 때문에, 정당은 여전히 강대한 정치자원과 문화자원을 소유하고 있다. 그러나 주목할 만한 것은 국가와 사회의 분리가 논리적으로 문명국가발전의 통칙에 종속되기 때문에, 공공역역의 기본특징은 이미 기본적으로 완성되었다. 정당 이외에도 공민이 이익을 표출하고 교류하고 소통하고 정치에 참여할 수 있는 수단이 점점 많아지고 있으며, 객관적으로 정당의 잠재적 경쟁이 되고 있다. 그러므로 이상의 두 가지 논쟁점은 정당이 어떻게 전통적 정치우세를 공공영역의 영도권으로 전환시킬 것인가의 문제이다. 공공영역에서 영도권을 획득하는 중요성은 집정을 추구하는 정당에게 있어서, 그것은 국가에 진입하는 여론준비와 필요한 훈련이다. 이미 집정을 하고 있는 정당에게 그것은 집정지위를 유지하기 위한 민의의 기초이며 지지의 원천이다. 공공영역이 자유로운 비판과 토론의 공간이라면, 공공영역에 대한 정당의 영도권은 '정견'의 독립성과 포용성에 의존한다. 독립성은 정당의 시정강령과 정책주장이 비슷해서도, 심지어 여론에 잠식되어서는 안 된다는 것을 의미한다. 그것은 독보적이어야 하며, 남이 말할 수 없는 것을 말하고, 남이 보지 못하는 것을 보아야 하고, 대중 속에서 특색 있고 특수한 영향력을 갖고 있어야 한다. 독립성을 갖고 있어야만 경쟁성이 있다. 포용성은 정당의 이데올로기와 정치적 가치가 개방성과 탄성을 갖고 있어야 함을 가리킨다. 의견대립을 해소하고, 공공이익을 표출하며, 각종 합리적 사상과 관점을 수용하고, 그와 더불어 창조적이고 종합적 품성을 갖고 있어야 한다. 포용성을 갖고 있어야만 정합성을 갖는다. 그런 의미에서, 공공영역에서의 정당의 영도권은 그람시가 제기한 지식, 문화 그리고 도덕의 영도권과 유사하다. 중국의 공공영역 발전상황에서 그것이 점점 쉽게 강제 또는 일방적으로 표명만으로 얻어낼 수 없게 되었고, 정당의 험난하고 세밀한 사회업무, 정당이데올로기의 혁신 그리고 민주기제에 의한 정당의 운영으로 실현될 수 있게 되었다.

　네 번째, 지금까지의 정당, 국가 그리고 사회의 관계는 중국공산당이 이미 국가권력을 장악한 사실을 전제로 한 것이다. 1990년대 이래 정치생활에서의 가장 큰 변화는 사람들이 점점 더 분명하게 혁명이 구축한 정치합법성이 영원한 것이 아니라는 것을 인식하게 되었다는 점이며, 일당체제는 경제와 사회영역으로 인해 침투한 정치경쟁의 압력을 감소시킬 수 없으며, 국가장악도 일반적 의미에서의 정당집정과 같을 수 없다는 것이다. 그런 변화를 상징하는 것이 당의 14대와 15대에서 제기한 의법치국, 그 후 16대에서 더욱 명확하게 제기한 의법 집정의 새로운 전략 그리고 당정관계를 둘러싸고 일어난 일련의 체제변혁이다. 그것은 4가지 내용으로 되어 있다. 첫째는 영도체제의 혁신이다. 당은 헌법과 법률에 따라 국가를 운영하며, 국가제도를 통해 사회를 조직하고 영도할 것을 강조했다. 두 번째, 조직체제의 혁신이다. 당의 조직체제는 시장경제발전과 그로 인해 형성된 사회구조의 변화에 적응하여, 조직을 주요한 구축 단위로부터 지역을 주요한 구축단위로 전환하고, 당의 조직이 직접 기층사회에서 세워졌다. 셋째 정책결정체제의 혁신이다. 당의 노선, 방침, 정책이 국가의 의지로 바뀌는 과정이 절차화, 제도화 그리고 법률화되는 과정이다. 네 번째 감독체제의 혁신으로, 효과적으로 당원을 감독하는 당내 감독체계와 책임체계를 확립하여, 당의 활동이 조직활동과 개별활동 모두 통제되도록 한다.[94] 첫 번째와 세 번째는 중요한 의미를 갖는다. 그것은 집정당의 일반적 특징에 상당히 가깝다. 즉 국가측면에서 정당이 외부로부터 '합법적으로 진입하고', 진입한 후 정당이 내부에서 '합법적으로 운영되는' 특징을 강조한다. 린샹리 교수의 연구에 따

---

94   林尙立, 『當代中國政治形態硏究』, 天津人民出版社, 2000, p.429.

르면, 당국가체제의 틀에서 당의 영도는 주로 당이 정치적인 절대적 우위를 통해 국가제도와 국가의 정치생활을 전면적으로 주도하는 것으로 나타난다. 당은 집정당으로서가 아니라 국가제도에 의존하지 않고 존재하는 역량으로 영도를 한다. 그것은 국가제도를 버리고 영도를 하든, 국가제도를 대신하여 영도를 한다. 그러므로 당국가체제하에서 '합법적 진입'이라는 것은 중요하지 않다. 국가는 본래 당의 창조물이다. 새로운 역사적 조건하에서, 당의 영도는 당의 집정에 의해 구현되어야 한다. 즉 당은 국가제도 밖의 영도역량과 유리되지 않고, 국가제도 내의 영도역량으로서, 즉 집정당으로서 국가제도를 운영하고 국가생활을 영도한다.[95] 하지만 다음과 같은 문제들을 따져보아야 한다. 예를 들면, 국가에 진입하는 정당은 오직 당의 영수나 상부 엘리트뿐이고, 국가 밖에 여전히 방대한 당의 조직이 존재한다. 그런데 그들은 스스로를 어떻게 자리매김하는가? 공공영역을 비공권력주체의 사회정치적 초기 활동으로 보고, 국가에 진입하는 정당의 지도자를 위해 물질, 인력, 정치, 도의 그리고 정신적 지지를 지원한다.

종합하자면, 시장경제의 도입, 국가와 사회의 분리, 공민단체와 사회의 성장, 공공영역의 발전, 헌법지상 관념의 수립 등등은 강한 합력을 형성했다. 정치환경을 바꾸어, 정치를 봉쇄에서 개방으로, 통치에서 거버넌스로, 일원적 구조에서 제한적인 다원구조로 전환시켜 중국의 민주

---

95   위의 책, p.428.

정치에 '정당정치'에 대한 요구가 출현하도록 했다.[96] 중국공산당은 특수한 정치생태 속에서(혁명과 전제적 대항) 발전했으며, 그렇게 집정당으로 발전했다. 공산당의 집정이념과 방식은 서구의 선거형 정당과 의회형 정당과는 상당한 차이가 있었다. 규모는 초대형이면서 1인당 자원은 빈약한 중국사회는 권위주도의 평화와 안정, 질서 있는 현대화 전환을 강하게 요구했다. 그로 인해 당은 혁명과 통치시기를 통해 세워진 자신의 강력한 조직망과 제도시스템으로 정치체제의 안정을 유지하고 사회통합을 실현하는 목표를 추구했다. 중국 현대화는 본질적으로 현대국가 건설과 현대 사회성장의 상호작용의 과정이다. 중국공산당의 국가와 사회의 거버넌스는 본질적으로 민주적 법치국가와 자유롭고 조화로운 사회를 제도적으로 연결시키고 재구축한 것이다. 중국공산당은 집정하기 위해 산업시장을 포함하여 민주국가 내의 각국의 정당정치의 경험을 충분히

---

96   정당정치도 집정개념처럼 장기적으로 배격되어 온 개념이다. 1980년대 정치학 교과서나 사회과학 사전 아무거나 들추면, 모두 정당정치에 대해 그런 관점을 반복하거나 암시하고 있다. 정당정치는 자산계급정치학의 범주에 속하고, 사회주의 국가에는 정당정치가 존재하지 않는다. 우리가 교과서를 통렬히 비판할 필요는 없다. 교과서는 잘못이 없다. 그것은 정당정치 개념이 내포하는 정치경쟁의 성격이 이미 선포된 기타 당파와 국가권력을 나눠 갖지 않는다는 당국가체제와 직접적으로 대립하는 것이기 때문이다. 정당정치에 대한 담론은 시대와 공간 착오적 거짓이라는 느낌을 주었다. 그러나 우리는 정치문명의 보편적 언어의 강제를 벗어날 수 없다. 1992년 출판된 『중국대백과전서』(정치학)는 드디어 무산계급정당이 국가정권과 사회결사에 대해 정치적 영도라고 표현하고 있다.(p.477) 오늘날 사람들은 점차 정당정치 개념을 받아들여 사용하고 있다. 비록 어떤 경우에는 그런 개념의 가장 민감한 부분은 피한다. 서술의 책략에서, 점점 더 많은 저술들이 정당정치를 협의의 개념으로 국가정권이 정당을 통해 행사되는 사실로 해석하거나, 광의의 개념으로는 정당정치를 정당이 국가정권을 장악하거나 참여하는 정치과정으로 정의하고, 정치사회생활과 국가체제 및 그 사무에 있어서 중심적 위치를 차지하는 정치현상이라고 정의한다.

학습하고 흡수하지 않을 수 없다. 정당정치의 기본 틀 속에서 사회(민중), 국가(공권력), 정당[97] 3자가 민주주의원칙에 부합하는 유기적 연관을 추구한다. 그 과정은 다음과 같이 정리할 수 있다. (1) 현대에 들어와 전통적으로 정당이 '전문적으로 경영'하는 정치업무가 기타 비정당조직에 의해 분할되었지만, 정당정치는 사회의 각종 세력이 조직적으로 정치에 참여하는 도전을 받았다. 서구에서처럼 '정당정치의 쇠퇴'가 나타났지만,[98] 정치과정은 여전히 정당을 벗어날 수 없다. 대의제의 전성기가 이미 지났지만, 여전히 현대정치에서 없어서는 안 되기 때문이다. (2) 중국에서 쇠퇴한 것은 단지 구 체제하의 전능정치이며, 발달하고 있는 것은 성장 중인 공민 참여정치와 그로 인해 나타난 새로운 정치교류형식이다. 그 표현의 하나가 당국가체제의 적응과 변혁이며, 정치언어의 변화이다. 예를 들면 '의법집정', '공공거버넌스', '합법성', '공민의 위임', '공공권력' 등의 개념이 도입되었고, 역으로 언어 공간의 구축을 통해 새로운 정치 공간이 형성되었다. (3) 따라서 중국의 정당정치의 요구는 단순히 공업문명 국가체제의 산물로 볼 수 없다. 그것은 개혁개방 후의 시장경제의 도입과 현실정치, 사회 그리고 문화가 상호작용한 결과이고, '대칭적 원리'에 따른 필연적 전개이다. 그렇지 않다면 같은 경쟁이면서, 서구에서

---

97   王長江, 『中國政治文明視野下的黨的執政能力建設』, 上海人民出版社, 2005, p.57.

98   '이데올로기의 종언'이라는 시각에서 '정당의 쇠퇴'를 보는 경우도 있다. 예를 들면 후쿠야마는 다음과 같이 말했다. "이전에 주요한 이데올로기의 붕괴로 인해, 이데올로기 위에서 조직된 운동에 기초한—정당— 것도 그에 따라 쇠퇴했다."(霍華德·威亞爾達, 『比較政治學導論: 概念與過程』, 北京大學出版社, 2005, p.167)

는 대중이 정당정치를 비판을 하게 되었는데, 중국에서는 오히려 정당성치를 기대를 하게 된 이유를 이해할 수 없다. (4) 최근 가장 의미 있는 변화는 집정당이 헌법과 법률의 범위 내에서 활동할 것을 약속하고, 정권을 장악한 정당이 헌법의 틀 속에서 법률과 제도의 방식으로서만이 자신이 역사적으로 형성한 정치적으로 우세한 정치적 지위를 유지하고 발전시킬 수 있다는 것을 받아들였다는 점이다. 그것은 대의제기구(인대)가 정당이 정치를 운영하는 주요한 영역의 분량이 크게 증가할 것이라는 것을 의미한다. 그런 추세는 장차 진정으로 정당윤리, 법률암기와 그 현대정치운영의 직업정치인과 정치지도자를 배양하는 데 도움이 될 것이다. (5) 중국의 현대화는 하나의 강하고 단단한 정치핵심을 필요로 한다. 그를 통한 사회구조와 정치구조의 평화롭고 안정적인 전환이 정당정치가 두 가지 세력의 제약을 받게 될 것이다. 첫째는 사회다원화로부터 생겨난 경쟁이며, 두 번째는 평형적 다원화로부터의 정치적 통합이다. 중국공산당의 혁신은 장차 중국특색의 정당정치에 대해 시험, 경험, 그리고 기초를 제공할 것이다.

결론

당대 중국정치발전에서, 혁명당으로부터 집정당으로의 전환은 사실 통치당 단계에 걸쳐 있다. 시간적으로, 1949년 혁명의 성공은 통치당의 시작과 당국가체제의 건설을 상징한다. 1978년의 개혁개방이 축적해온 운영 틀과 논리는 1992년까지 통치당의 개혁을 현실화시켰다. 레닌주의 방식으로 국가정권을 획득한 정당과 그것을 기초로 구축한 정치형태에 있어서, 통치당으로부터 집정당으로의 전환은 정당혁신의 참명제이다. 다시 말하자면, 혁명당으로부터 집정당으로 간 것이 아니라 통치당으로부터 집정당으로 가는 것이다. 정당혁신의 목적은 혁명의 결과를 살피는 것이 아니라 현대정치문명에 조응하는 통치의 새로운 방식을 모색하는 것이다. 그 과정에 굴절과 반복이 있을 수 있고, 심지어는 과거로의 복귀가 출현할 수도 있지만, 전체 방향과 궤적은 변하지 않을 것이다.

제3장

당치국가: 이유, 형태와 한계

─ 중국 현대국가 건설에 대한 논의[1]

★

정당, 국가, 사회 3자의 관계는 당대 중국의 기본적 정치관계이다. 개혁개방 이전, 정당, 국가, 사회의 3위 일체로 정당의 권력을 축으로 하는 국가와 사회의 고도의 정당집권 정치형태를 형성했다. 개혁개방 후, 신헌법이 반포되어 실시되고, 사회주의 시장경제체제가 수립되는 과정에서 국가와 사회의 상대적 자율성이 헌법과 법률에 기초하게 되었지만, 국가와 사회가 분리되고 양자의 관계에 적극적 변화가 생겼다. 그러나 국가와 사회에 대한 정당의 영도는 본질적으로 그리고 메커니즘상으로는 변화가 없었으며, 변한 것은 단지 정당의 영도와 집정 방식뿐이었다. 일반적인 국가와 사회의 관계이론은 정당의 '사회정치적 역할'의 성격을 가정하고, 정당은 사회적 지지를 동원함으로써 국가에 '합법적으로 진입하는' 과정을 거친다. 당대 중국에서, 국가가 자율성을 획득함에 따라 정당의지를 국가의지로 전환시키려는 노력이 필요해졌다. 정당은 '비

1　이 장은 『푸단정치학평론』 제7집(2009)에 실었던 글을 수정한 것이다.

(非)국가공권력' 조직이지만, 중국 현대역사의 논리로는 정당에게 '국가 신분'을 부여했다. 정당이 표를 획득하여 국가에 '진입'하여 국가를 '운영'할 자격을 얻은 것이 아니라, 혁명을 통해 국가를 '건설'한 국가의 영혼이 되었다. 정당이 '국가'이며, '국가'의 가장 본질적 내용이 된 것이다. 그런 국가형태를 '당치(黨治)국가'라 할 수 있다.

중국어에서 '당치국가'라는 단어의 구조는 세 가지로 이해할 수 있다. 첫째는 주어-술어 구조로, 국가에 대한 당의 통치 및 거버넌스의 실시이다. 그것이 나타내고자 하는 것은 당과 국가 사이의 정당통치 또는 관리라는 사실이다. 두 번째는 수식어-중심어 관계로, 당의 통치하에서의 또는 거버넌스하에서의 국가이다. 그것은 국가가 정당의 통제를 받는 상태와 성격을 강조한다. 셋째는 '당치국가'를 하나의 병렬구조로 이해하는 것이다. 즉 당과 국가가 동등한 정치적 가치와 기능을 갖는다. 정당은 공권력기관의 신분을 가지며, 국가는 정치동원, 이익표현과 종합의 역할을 맡는다. 따라서 당-국가의 동일구조, 당-국가의 일체를 형성했다. 그것이 흔히 말하는 '당국가체제(黨國體制)'이다. 그 세 가지 이해는 실질적으로는 차이가 없다. 어떤 구조에서든, 정당이 바퀴의 축을 차지하고, 국가가 정당통치나 거버넌스의 대상이나 도구가 된다. 바퀴 축이 없으면 바퀴는 지탱될 수 없고, 정치시스템이 곧 와해되어 자연히 '당-국가체제'를 얘기할 수 없다.

당치국가의 개념과 역사

'당치국가'는 20세기 저발전 국가의 공산주의 혁명의 산물이다. 그 것은 소련에서 시작되어 다른 지역으로 확산되었지만, 특정 개념으로 만 든 것은 중국 국민당 및 그 창립자였던 손중산(孫中山)이다.[2] 1924년 국 민당은 '러시아를 스승으로 삼아' 조직개편을 실시했다. 러시아혁명의 경험으로 당은 국가를 창립했고, 당 이데올로기를 이당영정(以黨領政), 이당치군(以黨治軍)으로 삼아, 일당독재정권을 실행하고 다른 정당과 정 치권력을 나누지 않게 되었다. 손중산은 그것을 매우 높이 평가하고, "이 당치국을 하고 싶으면, 러시아인을 본받아야 한다.", "먼저 당으로 말미 암아 국가를 만들어야 한다."고 얘기한 후 "당을 국가의 위에 둔다.", "완 전히 당으로써 다스린다(실행한다)."고 여러 번 밝혔다.[3] 조직개편 후의 국 민당은 소련의 당과 군대 건설경험을 모방하여 당을 대중기초를 갖는 현대적 동원형 정당을 수립했으며, 당에 의해 통제되는 신식 군대를 건

---

2 민국시기의 정치학자 천즈마이(陳之邁)는 국민당이 조직을 개편하여 레닌주의를 받아
   들였지만, 당치(黨治)의 원칙은 손중산이 "창시"한 것이라고 생각했다. 왜냐하면 시간적
   으로, 손중산의 이당건국(以黨建國), 이당치국(以黨治國)이론은 1914년에 형성되었으나,
   공산당의 러시아혁명은 1917년 발발했기 때문이다. 천즈마이에 의하면, "본래 이당건국
   제도는 본당의 총리인 손 선생이 가장 먼저 발명한 것이다. 본당이 만청을 전복시키고,
   민국을 세운 것이야말로 이당건국의 시작이다. 후에 소련이 이어 일어났고, 도이치가 모
   방하여 행한 것도 모두 당원의 노력으로 혁명을 완성하고, 국가를 부흥시킨 것이다. 그
   러므로 이당치국 이론은 손 선생이 창시한 것이고, 소련혁명의 성공은 단지 그런 방법
   에 대한 신념을 더 믿게 해준 것일 뿐이다."

3 孫中山,「在廣州國民黨黨務會議上的講話」,『孫中山全集』第8卷, 中華書局, 1986,
   p.268. ; 中國第二曆史檔案館編,「中國國民黨第一」,『第二次全國代表大會會議史料
   (上)』, pp.14-15.

설했다.

'이당치국'은 '당치국가'의 핵심이지만, '이당치국'의 '당치'는 다른 의미를 갖는다. 당은 다양한 요소의 정치시스템을 가지며, 그것으로 '당치국가'는 당 이데올로기에 의한 치국(治國), 당 조직에 의한 치국, 당 수령에 의한 치국, 당원에 의한 치국, 당장(강령)에 의한 치국, 당 기율에 의한 치국으로 이해될 수 있고, 심지어 당 군대에 의한 치국으로도 이해될 수 있다. 손중산에게 있어서, '이당치국'의 근본적 의미는 당 이데올로기에 의한 치국이며, 당 이데올로기는 삼민주의이다. 손중산은 다음과 같이 말했다. "이당치국은 본당의 당원이 다스리는 것이 아니라, 본당의 이데올로기에 의해 나라를 다스리는 것이다. ……여러분이 이데올로기를 전국으로 선전하여, 전국인민이 모두 찬성하도록 하고, 전국인민이 모두 환영하도록 하면, 이러한 이데올로기를 통해 전국인민의 마음을 통일하게 된다. 전국인민의 마음이 우리 당에 의해 통일되면, 우리 당은 자연히 전국을 통일하여, 삼민주의를 실행하고, 구미를 뛰어넘는 진정한 민국을 건설할 수 있게 된다."[4]

손중산의 설명은 중국 현대국가 건설의 갈 길에 대한 기본적 인식을 보여준 것이다. 중국문제의 표층에는 제국주의와 봉건적 군벌주의가 있었고, 심층에는 국민의 허약함, 빈곤함, 우매함, 무지함이 있었다. 제국주의와 봉건적 군벌주의를 타도하기 위해 민지(民智)를 계몽해야 했고,

---

4   孫中山, 「在廣州中國國民黨懇親大會上的演說」, 『孫中山選集』, 人民出版社, 1981, pp.525-526, p.528.

'먼저 알고 깨달은 자'가 '나중에 알고 깨닫는 자'와 '알지도 깨닫지도 못한 자'에 대해 각성과 계몽을 해야 할 필요가 있었다. 당시 '먼저 알고 깨달은 자'였던 정치엘리트 대부분이 국민당에 집중되어 있었다. 국민당의 정치엘리트와 레닌의 소수직업혁명가집단은 혁명이론을 밖에서 노동자 계급에 주입하여 그들이 멋대로의(自在) 계급에서 자발적(自爲) 계급이 되도록 했다. 비록 양자의 역사관이 본질적으로 다르고 방법도 달랐지만, 효과는 같았다. 당대 비교정치학에서 '각성과 계몽'은 사회동원의 범주에 속한다. 사회동원은 전통적 사회, 경제, 심리, 의무, 신념이 침식되고 붕괴되는 과정이며, 그 과정을 통해 새로운 사회화와 행위모델을 획득하게 된다. 그때 동원의 무기는 당의 이념이며, 동원의 힘은 당의 조직이고, 동원의 과정은 선전과 귀화의 과정이다. 그러므로 손중산은 다음과 같이 말했다. "당원이 우리 당의 이데올로기를 선전하기 위해 노력하면, 천 수백 명을 감화시킬 수 있다. 천 수백 명이 우리 당의 이데올로기를 선전하면, 다시 수십만 또는 수백만을 감화시킬 수 있다. 이렇게 하다 보면, 우리 당의 이데올로기는 저절로 중국의 모든 인민에게 널리 퍼질 것이다."[5] "4억이 우리 당의 선전을 받게 되면, 4억의 마음이 우리 당으로 귀화하게 될 것이고, 4억의 마음이 우리 당에 귀화하게 되면, 우리 당은 이당치국을 실시할 수 있게 될 것이다."[6] 인민들 중에는 똑똑한 자와 어

---

5   孫中山, 「要靠黨員成功不專靠軍隊成功」, 費約翰, 『喚醒中國』, 三聯數道, 2004, p.59.

6   孫中山, 「在廣州中國國民黨懇親大會上的演說」, 『孫中山選集』, 人民出版社, 1981, p.529.

리석은 자가 있고, 계몽은 순차적이며 점진적으로 이루어지며, 건국에는 중요한 것과 중요하지 않은 것, 급한 것과 급하지 않은 것의 구별이 있다는 경험이성이 손중산의 정치발전전략이며, 국민당 '훈정(訓政)' 이론의 기초가 대개 여기서 비롯되었다.

손중산 이후 국민당의 '이당치국'은 일당독재로 발전했고, 개인독재 또는 영수독재의 배타적 체제가 되었다. "혁명단체의 모든 것은 지도자에게 집중되어야 하고, 당원의 정신, 당원의 신앙도 집중되어야 하며, 당원의 권력 및 당원의 책임도 집중되어야 하고, 당원이 소유한 모든 것도 당에게 주어져야 하고, 지도자에게 주어져야 한다……"[7] '훈정시기'는 그런 체제를 입법(『훈정시기약법』, 1931년 6월)을 통해 확정했다. 당치국가는 다른 당파의 정치참여를 용인하지 않지만, 똑같이 소련원칙에 따라 조직된 공산당을 정견이 다르다는 이유로 체제 밖에서 사회동원을 하도록 내쫓았다. 그로 인해 중국 현대사에서 국공양당의 대결이라는 정치적 국면이 초래되었다.

중국공산당이 이끈 혁명은 폭력에 의해 국민당의 '당국가체제'를 전복시키고, 그것을 새로운 '당치국가'로 대체하는 형식으로 중국 현대화를 추진한 운동이다. 공산당 이론의 선전에 있어서, 국민당의 '당국가체제'는 본질적으로 지방호족(豪紳)계급과 매판계급의 연합 전정(專政)이며, 군주제 해체 후의 중국 '반봉건'(쇠락한 지방경제)과 '반식민지'(의존적

---

7   蔣介石, 「革命的心法―誠」, 張其昀, 『蔣"總統"集』第1冊, "國防"研究院, 中央大典編委會 (台北), 1968, p.722.

자본관계)라는 특징을 집약적으로 보여주었다. 1928년 마오쩌둥은 다음과 같이 말했다. "지금 국민당의 신군벌 통치는 여전히 도시 매판계급과 향촌 호족계급의 통치로, 대외적으로는 제국주의에 투항하고, 대내적으로는 신군벌이 구군벌을 대체하여, 공농계급에 대한 착취와 억압이 이전보다 더 심해졌다."[8] 항일전쟁 발발 이전, 10년 동안 당치국가를 실시했던 국민당은 그 통치를 안정시켰고(남경정부의 '황금기 10년'), 그때의 당치국가는 전에 없이 강력했다. "그것은 정권을 빼앗아 상대적으로 그 정권을 안정시킨 당으로서, 전 세계의 주로 반혁명국가들의 원조를 받아 군대를 개조했다. 중국의 어떤 역사적 시대의 군대와도 다르게, 세계 현대 국가의 군대와 대체로 유사하지만, 무기와 기타 군사물자의 공급은 홍군에 비해 더 풍부하고, 그 군대수도 중국의 어떤 역사적 시대의 군대를 능가하며, 세계 어떤 국가들의 상비군도 능가한다."[9]

그런 군사독재정권에 대해서는 당연히 군사적 수단에 호소해야 하지만, 그런 군사독재정권은 단순한 군인정권이 아니라, 당치(黨治)와 군치(軍治)를 겸비한 이중적 성격의 또 다른 현대 동원형 정권이다. 따라서 그에 대한 반대자로서의 중국공산당의 군사투쟁은 그와 똑같이 강력한 이당통군(以黨統軍), 이군건정(以軍建政)(총구에서 나온 정권)의 특징을 보이지 않을 수 없었고, 그로써 국민당이 국가라는 미명으로 실시한 군사적·

8   毛澤東, 「中國的紅色政權爲什麼能夠存在？」, 『毛澤東選集』第1卷, 人民出版社, 1967, p.47.

9   毛澤東, 「中國革命戰爭的戰略問題」, 위의 책, p.173.

정치적 협공에 대응할 수밖에 없었다. 군사적으로 국민당정권과 대결하는 과정에서 공산당은 일련의 혁명 전략을 구성했다. 그것은 모두들 잘 알고 있는 '세 가지 보물(三大法寶)'이다. 즉 통일전선, 무장투쟁 그리고 당의 건설이다. 통일전선이 해결한 것은 동맹자 문제이고, 무장투쟁이 해결한 것은 정치지위문제이며, 당의 건설은 확실하게 "통일전선과 무장투쟁이라는 두 개의 무기를 장악"하기 위해 전개된 사상적·조직적 '볼셰비키화'운동이다.[10] 공산당은 그에 따라 국민당정권의 박약한 지대에서 '나라 속의 나라'(a state within a state)를 건설했다. '나라 속의 나라'는 두 가지 시기를 거쳤다. 장시(江西) 소비에트 시기, 무장투쟁과 당 건설문제는 당의 전략적 구성의 중요한 토대가 되었지만, 통일전선이 그렇게 높은 전략적 위치를 차지한 적이 없었다. '중화 소비에트공화국'은 공농전정(專政)의 정권이고, 그 정권은 철저한 반제 반봉건정책을 실시했고, 대자산계급, 매판계급과 지주계급을 결연히 타도했고, 정권 안에서도 민족자산계급과 부농의 지위를 없앴다. 후자가 이미 전자 쪽으로 흘러갔다고 여겨졌기 때문이었다. 통일전선은 통합할 사람이 없었다. 소비에트정권의 조직형태는 당·정·군이 고도로 합일된 군사정권이고, 그 강도와 효능, 순수성과 침투성은 국민당통치지구의 '당국가체제'가 따라잡을 수 없었다. 항일전쟁 시기, 공산당은 단결하여 일본에 대항하기 위해 계급관계에 대한 조정을 했다. 민족자산계급과 '개명한 사대부(士紳)'가 연합대상이 되었고, 변구근거지 정권의 조직형태로 '삼삼제'를 실시했다. 즉 공산

---

10   毛澤東, 「《共產黨人》發刊詞」, 『毛澤東選集』第2卷, 人民出版社, 1967, pp.565-577.

당원, 비당 진보인사, 중간인사와 기타 인사들이 각각 1/3을 차지했다. 그들에게 공동으로 당의 영도지위를 인정했을 때, 각 당파와 무당파 인사들이 근거지 정권의 활동과 관리에 참가했다. 그때에만 통일전선이 자각적 전략이 되었다. 통일전선으로 인해, 변구정권의 강도와 순수성(배타성)이 상당한 정도로 특수한 시기에 필요한 포용성, 연합성, 그리고 흡수성과 균형을 이루어 유연해졌다.

무기의 비판은 결국 비판적 무기와 함께 사용된다. 문헌에서 보면, 공산당이 국민당의 '당치국가'에 반대한 언설은 주로 항일통일전선에서 형성된 국공합작시기에 집중되어 있다. 그것은 우선 국민당이 항일 변구 근거지 정권을 인정하지 않은 것으로부터, 나중에는 더 제약하게 된 것, 그리고 근거지 정권이 중앙정부의 정식적 승인이 없다고 생각한 이들이 합법이 아니라고 제기한 것에 대한 것이었다. 류샤오치(劉少奇)는 「항일민주정권을 논하며」라는 글에서 다음과 같이 말했다.

지금의 항일전쟁 시기에는, 민족이익이 모든 것보다 우선하고, 항일이익이 모든 것보다 우선한다. 그것은 전국인민의 최고의 법적 원칙이다. 정부의 일체의 법령은 모두 민족이익을 보호하고, 항일의 승리를 보장하기 위한 것이어야 한다. 삼민주의, 항전건국강령이 지금의 법적 기초이다. 그렇다면, 적의 뒤에서 항일민주정권을 건설하고, 민주정치를 실행하고, 삼민주의를 실시하고, 항전건국강령을 실행하고, 민족이익, 항일이익이 모든 것에 우선한다는 원칙을 실행하는 것이야말로 가장 합법적이다. 실행하지 못했다고 불법은 아니다. 삼민주의, 항전건국강령 그리고 항일이익이 모

든 것에 우선한다는 원칙을 위배하는 것이야말로 위법이다. 대다수 인민
이 인정하고, 뽑은 것이야말로 합법이다. 반대로, 대다수 인민이 인정하지
않고, 반대하고, 스스로 억지로 강점한 것이야말로 불법이다. 항일민주정
권은 인민의 선거로 말미암은 것이니 합법이다. 기타 정부는 인민이 뽑은
것이 아니므로 불법이다.[11]

류사오치는 서구정치학의 원리에 근거하여 정권의 합법성을 구별
했다. 정권이 합법인지 불법인지는 민의에 의해 판단할 수 있고, 민의
가 어떻게 나타나는가는 선거를 하면 분명하게 알 수 있다. 선거를 정치
의 기초로 삼으면, 국민당 훈정시기의 당치의 합법성이 문제된다. 선거
를 거치지 않고 정권을 '강점'한 중앙정부는 존재이유 자체가 의심스러
운데, 선거에 의해 생긴 지방정부의 불법성을 무슨 자격으로 따진단 말
인가? 선거를 정치의 기초로 삼는다면, 공산당은 민주의 기치를 들고 국
민당의 '이당치국' 즉 '일당독재'를 단호하게 반대해야 한다. 1941년 덩
샤오핑은 중공 중앙 북방국 간행물『당의 생활』에서「당과 항일민주정
권」이라는 제목의 글에, "'이당치국'의 관념을 반대한다."는 절을 일부러
삽입하고, 당내 일부 사람들이 항일민주정권에서의 당의 우세를 '당원독
단', '당권이 모든 것에 우선한다'고 이해하는 것은 "국민당의 열악한 전
통을 우리 당에 반영한 구체적 표현"이라고 했다. 그에 의하면, "'이당치
국'적 국민당이 남긴 독은 당을 마비시키고, 부패시키고, 파괴시켜, 당

11   劉少奇,「論抗日民主政權」,『劉少奇選集』上卷, 人民出版社, 1985, p.176.

이 대중으로부터 유리되게 만드는 가장 효과적인 방법이다. 우리는 국민당의 이당치국적 일당독재를 반대하며, 무엇보다도 국민당이 남긴 독을 우리 당 안으로 전파시키는 것에 반대해야 한다."[12] '당치(黨治)', '당국(黨國)'은 이미 국민당통치의 대명사로 여겨졌고, 공산당의 언어체계에서 제거해야 하는 것이라 생각되었다는 것을 알 수 있다.

당시의 국내외 환경에서 공산당이 '당치국가'를 반대한 이유는 세 가지이다. 첫째, 당치국가는 세계 민주화 조류에 맞지 않기 때문이다. 1930년대 중반 초, '이당치국'에 대해 중국 국내에서는 두 가지 상반된 평가가 존재했다. 구미 정당정치를 숭배하는 사람들은 일당독재를 헌정에 반하고 민치에 반하는 정치로 여겼고, 또 다른 사람들은 일당독재를 시대적 폐단을 해결하고 민중을 훈련시키기 위해 필요한 것으로 여겼다. 후자는 무엇보다도 독일, 이탈리아, 심지어는 소련의 일당독재가 국가를 어떻게 빨리 위기에서 벗어나도록 하여 열강의 반열에 들게 했는가를 가지고, '신식 독재'의 부국강병에 대한 효과를 증명하고자 했다. 그러나 30년대 말 독일과 이탈리아가 제2차 세계대전을 일으킴에 따라, 독재정치와 전쟁재난, 일당독재와 폭력적 강권은 하나로 엮이게 되었고, 여론의 격렬한 공격을 받게 되었다. 둘째, 변구근거지의 '삼삼제'정권은 "몇몇 혁명계급의 연합정권"이고, "밥이 있으면 모두 먹는" 통일전선의 정권으로, 자연히 "하나의 당과 하나의 파, 그리고 하나의 계급이 전정할 수

---

12   鄧小平, 「黨與抗日民主政權」, 『鄧小平文選』第1卷, 人民出版社, 1994, p.12.

없었다."[13] 그 정권의 성격은 공산당의 '정권에 대한 영도권'이 '조직구성에서 획득'(삼분천하 중의 하나)하는 것 말고, "더 기본적인 것은 민주정치투쟁에서 취득하는 것, 다시 말하자면, 그것에 의존해야, 광대한 대중이받아들이고, 수용하고, 믿는 정치적 명망에서 획득"하도록 했다.[14] '삼삼제'정책이 제기된 후, 당내에서 '일부의 저항'을 받게 되었는데, '삼삼제'와 소비에트무장 할거시의 '당국일체', '당권지상'과는 많은 차이가 있기때문이었다. 근원적으로 보면 "'이당치국'의 사상이 일찍이 어떤 지역을통치했고", "'이당치국'관념이 화를 초래했다."는 것은 분명하지만,[15] 국민당이라는 큰 당과 비교하여 작은 당, 약한 당, 변두리 당은 실력(군사적힘, 재정적 힘, 당의 힘)이 통일되기에도, 억지로 통일되기에도 불충분하고, 상황이 자신에게 불리하여, 스스로를 고립시키게 되므로, '이당치국'에반대하고, "당 집단을 제2정권으로 전환시키는 것에 반대"[16]하고 당 집단이 민주적 방식으로 정권업무를 하도록 고무한 것은 현명한 처사였다.

셋째, 아마도 가장 중요한 것은 당치국가의 이론적 논리가 결국은 '당국가체제'로 귀결되었다는 점이다. '당국가체제'는 당시에 이미 민국헌법(헌법적 문건)에 기입되었으며, 국민당정권은 중국사회가 인정하는 '전국적 정권'이 되었다. 중앙정부의 '법통'과 '정통'을 내세워 국민당 정부가

---

13   毛澤東,「新民主主義的憲政」,『毛澤東選集』第2卷, 人民出版社, 1967, p.691.

14   鄧小平,「黨與抗日民主政權」,『鄧小平文選』第1卷, 人民出版社, 1994, p.9.

15   위의 책, p.10.

16   위의 책, p.19.

전국을 호령하고, 지방을 구속했고, '반역'을 토벌했다. 공산당정권은 '나라 속의 나라'로서 혁명의 합법성, 역사적 합법성에 호소할 수 있었지만, 국가의 법리적 측면에서는 '불법'이었다. 항전 후 세워진 각 근거지정권은 비록 나중에 국민당정부의 인정을 받기는 했지만, 그것은 기정사실로 여겨진 것일 뿐이어서 취약하고 불안한 것이었다. '당국가'의 법리상 중앙정부가 권력을 부여할 수도 회수할 수도 있었다. '나라 속의 나라'라는 정치적 지위를 공고하게 하려면, 군사적으로 군대를 소집하고 정치적으로 독립을 유지하는 것 말고도, 여론적·이론적·법리적으로 '당치국가'의 '당통(黨統)'사상을 비판하고, 그로써 최대한 '당국가체제'의 정치적 통치와 행정관리능력을 제한해야 했다.

'당치국가'에 대한 공산당의 비판은 주로 '당국가체제'의 패권을 억제하고, 혁명당의 생존과 발전공간을 보호하려는 정치적 책략이었으며, 책략이기는 하지만 시세와 자신의 역량의 변화에 따라 변할 수 있었다. 국공대립의 결과는 대륙으로부터 국민당의 패배와 퇴각, 그리고 공산당의 개국과 정부수립이었다. 1949년 9월, 중국 인민정치협상회의가 「공동강령」을 다음과 같이 선포했다. "중화인민공화국은 신민민주의, 즉 인민민주주의국가를 위해, 노동자계급이 영도하고, 공농연맹을 기초로 하며, 각 민주계급을 단결시키고, 국내 각 민족의 인민민주전정을 실시한다." "중국 인민민주전정은 중국 노동자계급, 농민계급, 소자산계급, 민족자산계급 및 기타 애국적 민주인사의 인민민주 통일전선의 정권으로, 공농연맹을 기초로 하고, 노동자계급을 영도한다."[17] 정권의 형태로 보면, 그것은 장시 소비에트지구 소비에트정권(노동자계급의 영도, 공농연맹)과 항일

민주 근거지의 '삼삼제'정권(각 혁명계급과 민주당파 및 무당파 인사의 단결)의 특징을 섞어 놓은 것이었지만, '인민민주통일전선'의 형식을 취했다. 그 전의 중공과 각 계급의 항일협력 및 그 후의 각 당파의 반(反)장제스 협력을 한 역사가 여전히 중대한 영향을 미쳤고, 역사적 인물과 역사적 기억 모두 정치적 관성이 계속되었다. 하지만 공산당은 이미 군사적 거인이었던 국민당과 투쟁을 하던 작은 당, 약한 당, 소수당이 아니라, 거대한 군사기구를 장악하고 혁명동원에서 강대한 정치자원을 축적한 정당이었다. 가장 중요한 것은 그것이 레닌주의 행동이론과 조직이론에 따라 조직된 정당이라는 점이다. 당의 네트워크가 이미 전국에 퍼져 있었고, 점점 더 광범위하고 심도 깊게 정치, 사회, 그리고 문화생활을 주도했다. 항일 민주정권의 유산이 이미 종결을 고했고, 장시 소비에트의 정권형태가 회복되었다. 그런 변화는 '당치국가'에 대한 공산당의 태도에도 흥미로운 변화를 가져왔다. 첫째, 당은 비록 국가와 사회를 전면적으로 통제하고, 당 이데올로기로 나라를 다스리고, 당이 나라를 다스리며, 당이 국가를 조직하고, 당원이 국가를 다스리는 것이 논쟁의 여지가 없는 사실이 되었지만, 주류정치 언어에서는 여전히 '이당치국'을 꺼리고, '이당치국' 대신에 '당의 영도'라는 표현을 썼다. 둘째, 혁명시기 '일당독재'에 대한 비판이 통치시기에는 결국 봉건의 잔재로서의 역사로 여겨졌고, 옛 말을 다시 거론할 수 없었다. 다시 거론할 때에는 에둘러서 말하거나,

---

17 「中國人民政治協商會議共同綱領」, 『建國以來重要文獻選編』第1冊, 中央文獻出版社, 1992, p.1, p.2.

'일당독재'에 대한 비판은 국민당정권의 '대지주·대자산의 계급적 성격'에 대한 비판이 되었다. 셋째, 역사 교과서에서의 '당치국가'는 단지 전 정권에 대해 스스로의 성격을 규정한 순수한 '역사'적 기록이 되었다. 주류이데올로기의 역사학과 정치학적 분석은 다시는 '당치' 자체의 시비에 얽매이지 않았고, 다시는 '당치'를 '민주', '인권'과 대립하는 것이라고 강조하지 않았다. '당치'하는 당의 성격(정당의 계급성), '당치'정책의 목적(시정의 계급적 본질)을 강조하게 되었다. 근본적으로, 공산당의 철저한 당치의 실시는 오히려 '당치'라는 단어를 기피하도록 만들었다. 한편으로는 국민당의 '이당치국'이 가져온 전제적 부패가 '당치'의 최초의 신성한 의미를 심각하게 훼손했고, 다른 한편으로는 공산당이 통치자를 향해 도전을 하던 과정에서 '당치'의 부정적 정보를 과도하게 제공하여, 자신이 통치자가 된 후 정상적으로 '당치'의 언어부호를 수용할 수 없게 되었기 때문이다.

이제 다음과 같은 문제들을 다룰 것이다. (1) '당치국가'는 일반이론의 분석에서 어떤 의미를 갖는가? 어떤 체제적 특징을 갖는가? (2) 국공 양당은 모두 서구의 정당제도를 거부하고, 소련식 정당제도를 시행했는데, 그 배경과 원인은 무엇인가? (3) 국공 양당의 '당국가체제'는 어떤 차이가 있으며, 그것은 무엇 때문인가? (4) '당국가체제'의 효용과 한계는 무엇인가?

'당치국가' 논의: 정당체제연구

서구 정치학에서, '당치국가'의 논의는 일반적으로 두 개의 연구영역과 관계있다. 하나는 정당과 정당체제의 연구에 대한 것이고, 다른 하나는 정당과 정치발전에 대한 연구이다. 전자로 말하자면, 오랜 시간 동안 '당치국가'는 대다수 서구 정치학자들에 의해 중시되지 못했다. '당치국가'가 정상적 국가(입헌민주주의국가)로 여겨지지 않았기 때문이고, '당치국가'의 당도 통상적으로 정당으로 정의되는 당(정기적이며 합법적 선거에 의해 공직을 추구하는 조직)으로 여겨지지 않았다. 'party state'(정당국가)라는 말을 사용하는 학자들 사이에서 'party state'도 위에서 말한 '당치국가'의 의미를 갖고 있지 않다. 예를 들면, 『볼셰비키 정치학 백과전서』「정당」편의 '정당국가'에 대한 해석은 다음과 같다. "제2차 세계대전 이래 ……협의의 '정당국가'를 가리키며, 당의 지도자와 의회에서의 당의 지도자는 정부조직에 대해 거의 유일한 결정권을 갖는다. 그런 국가는 드물게 존재하고, 벨기에, 네덜란드 그리고 이탈리아는 그런 의미에서의 정당국가라고 불릴 수 있다."[18] '협의의 정당국가'는 사실 의회제 조건하에서 정당의 우두머리나 국회의 우두머리가 정부조직에 대해 압도적 결정권을 갖는 사실을 표현한 것으로, 그런 국가는 그 수가 많지 않다. 그렇다면 '광의의 정당국가'는 어떠한가? 대다수 산업 민주주의국가와 정당이 내재적이고 보편적으로 연계된다고 할 때, 다른 학자들은 '정당국

---

18 戴維·米勒, 韋農·波格丹諾, 『布萊克維爾政治百科全書』, 中國政法大學出版社, 1992, p.523.

가'와는 다른 의미를 갖지만 의미가 비슷하고 정도는 상대적으로 약한 개념 즉 '정당정부'(party government)라는 개념을 사용한다. 블론델(Jean Blondel)과 코타(Maurizio Cotta)는 '정당정부'가 무엇인지를 설명할 때 카츠(R. S. Katz)의 관점을 인용했다. 정당정부는 세 가지 조건을 만족시켜야 한다. 첫째, "정당강령에 근거하고, 선거를 통해 인원을 선발하고, 그들에 의해 정부의 모든 중대한 정책결정을 결정하거나 정부의 정책결정자를 그들에 의해 임명하고 그들에 대해 책임을 지도록 한다." 둘째, "'일당(一黨)'정부가 존재한다면 집정당이 정책을 결정한다. 연맹정부가 존재한다면, 각 정당의 협상에 의해 정책을 결정한다." 셋째, "최고 관리(내각성원, 무엇보다도 총리)는 본 당 내에서 선택해야 하고, 그들이 속한 정당을 통해 인민에 대해 책임을 진다."[19] 정당정부는 단지 사회정치적 정책결정과정에서의 현대정당의 일반적인 주도적 작용에 대한 개괄일 뿐이고, 대체로 광의의 정당국가에 해당된다. 그것은 두 가지 측면에서 이해될 수 있다. 첫 번째 측면은 '정부의 정당성(政黨性)', 즉 국가와 시민사회 사이에서 정당의 지위가 가치의 권위적 배분에 대해 간과할 수 없는 영향력을 갖고 있다는 것을 강조한다. 즉 그 당의 정부에 대한 직접적 통제능력이 상대적으로 약화되도록 한다.[20]

'정당정부'나 '광의의 정당국가'의 분석은 주로 서구민주 산업국가의 정치과정에 국한되어 있다. 그러나 비교연구에 종사하는 학자들은 자

19   讓·布隆代爾, 毛裏其奧·科塔, 『政黨與政府』, 北京大學出版社, 2006, p.2.

20   讓·布隆代爾, 毛裏其奧·科塔, 『政黨與政府的性質』, 北京大學出版社, 2006, p.42.

신들의 분석을 총체적 분석틀로 상승시키기를 원하고, 그것을 위해서는 분류연구에 있어서 민주산업국가의 범위를 벗어나지 않을 수 없었다. 앤드베그(R. B. Andeweg)는 그것을 위해 '정당-정부 관계에 존재할 수 있는 형식'을 제기했다. '정부-국가 관계', '정당-사회관계'라는 두 가지 측면에 근거하여, '정당정부'는 4가지 유형으로 구분되고, 4분 공간에 분포된다. 정당이 사회와 정부를 완전히 장악하는 경우와 정부가 국가를 완전히 장악하는 두 번째 공간(좌상방)에서, 정당정부는 '당치국가'로 발전할 수 있는 잠재력이 있으며, 그 표준모델이 소련이며, (정도가 다소 약한) 비표준모델은 이탈리아, 오스트리아 등의 국가이다. 그들은 표준적 '당치국가'는 아니지만, 사회정치생활에서 정당은 현저한 작용을 한다. 그것과 상대적으로 극단적 상황은 무당사회와 무정부국가라는 4번째 공간(우하방)이고, 앤드베그는 그것과 가장 가까운 형태가 미국이라고 보았다. 그것은 생각의 혼란을 낳을 수 있다. 그의 뜻은 미국사회가 자족자급의 영역이고, 국가는 자유방임정책을 따르며, "미국정당이 표방하는 것의 중요성이 조직의 중요성보다 훨씬 크다."는 것이다. 그밖에, 첫 번째 공간(우상방)에서, 그 정당은 사회생활에 깊숙이 들어가며, 당과 사회의 관계가 긴밀하지만, 국가에서의 정부의 작용은 미약하다. 그 표준모델은 '극단적 협상민주주의'이고, 가장 근접한 형태의 국가는 벨기에이며, 사회에서 대부분의 조직(교회, 노동조합, 학교, 미디어 등) 모두 어떤 정당과 밀접한 관계가 있지만, 정부는 오히려 정당에 의해 주도적으로 각각의 이익들이 교환되는 장소이다. 마지막으로, 그것들과 상대적으로 세 번째 공간(좌하방)에서는, 정부가 국가를 지배하며, 사회에는 오히려 강력한

정당이 없다. 그 극단적 예는 "카리스마적, 전통적 또는 군사적 독재"이다.[21]

　정부와 국가의 관계를 '정당정부' 연구의 차원으로 살펴보면 혼란스럽다. 일반이론(베버이론과 같은 경우)에 따르면, 관료기구의 정부는 국가의 일부일 뿐이거나, 국가의 권위적 표현이기 때문이다. 그러나 하나의 구조가 고도로 분화된 정치체제에서 부분은 전체와 같을 수 없고, 정부는 국가와 같을 수 없으며, 국가 내의 기타 기구(의회, 사법시스템)로부터 권한을 받은 법률질서가 정부의 활동범위를 제한한다. 그러므로 그런 차원에서 시장민주공업국가의 '정당정부'를 고찰할 때 그 방법론은 합리적이다. 그런 생각에 따르면, 정당은 단지 국가에서 정부라는 부분만을 직접 통제할 수 있고, 다른 국가기구(사법)에 침투하는 것이 쉽지 않다. 정부의 대소는 국가권력의 강약에 대해 반향적 영향을 갖고(정부가 작을수록, '국가'의 관할권은 점점 커진다), 그로 인해 정당과 정부의 관계는 많은 점에서 국가에서의 정부규모의 크고 작음에 달려 있다. 그것은 '당치국가'의 성격과 행사스타일과는 큰 차이가 있다. '당치국가'의 문제는 주로 정부와 국가의 관계에 대한 문제가 아니라, 정당과 사회, 정당과 국가, 국가와 사회관계의 문제이다. 총체적 비교분석틀을 세우려는 노력은 불가피하게 '당치국가' 유형을 다루어야 한다. 자신이 제기한 '정당-정부관계에서 존재할 수 있는 형식'의 공간도에서, 앤드베그는 그 공간도에 중요한 차원이 빠져 있음을 알아차리게 되었다. 즉 국가와 사회의 관계이

21　讓·布隆代爾, 毛裏其奧·科塔, 『政黨與政府的性質』, 北京大學出版社, 2006, p.41.

다. 국가가 사회를 통제하는 차원을 보충한 후라야, '정당정부'가 도달할 수 있는 정도와 범위는 완전한 모형을 갖추게 된다. 그런 모형 입방체의 앞의 좌하방에서, 정부가 국가를 통제하는 정도, 정당이 사회를 통제하는 정도와 국가가 사회를 통제하는 정도가 최대에 이르면, 정당, 사회, 국가 그리고 정부가 완전한 일체로 융합된다.[22] 그런 의미에서만이, 'party state'가 비로소 '정당국가'가 아니라 특수한 성격을 갖는 '당국가(黨國)' 또는 '당치국가'가 된다.

　'당치국가' 연구에서, 프랑스 정치학자 뒤베르제(Duverger)와 이탈리아 정치학자 사르토리의 정당체제에 대한 분류는 특별히 중요한 의미를 갖는다. 뒤베르제의 정당체제 분류는 간단하고도, 고전적이다. 그는 정당 수의 다소에 다라 정당체제를 일당제, 양당제, 다당제로 나누어, 세계 각국의 정당정치를 동일한 비교 틀에서 다루었다. 뒤베르제가 비록 따로 장과 절을 두어 '당치국가'를 논의하지는 않았지만, '당치국가'는 일당체제에 속하기 때문에 일당제와 다당제, 준군사적 정당과 경쟁적 정당의 비교연구에서 '지부' 방식, '소조' 방식 그리고 '부대' 방식으로 활동하는 일당제에 대한 논의에서 소련식 '당치국가' 정당체제의 특징을 언급했다.[23] 그것과 비교해 사르토리의 분류는 더 간결하다. 그는 정당체제를 경쟁적 정당과 비경쟁적 정당 두 종류의 유형으로 구분하고, 일당제를 '비경쟁

22　讓·布隆代爾, 毛裏其奧·科塔,「圖3.3 政黨政府可能達到的程度和範圍」,『政黨與政府的性質』, 北京大學出版社, 2006, p.42.

23　Maurice Duverger, *Political Parties: Their Organization and Activity in the Modern State*, Methuenl Co., 1964.

적 체제'에 '당치국가'를 일당제의 극단적 형식으로 분류했다.[24] 사르토리는 일당제의 학리적 근거에 대해 매우 완곡하게 비판했다. 일당제 하의 정당은 진정한 의미에서의 정당이 아니며, '일당제'(one party system) 자체가 개념모순이지만,[25] 그는 여전히 현실에 직면하지 않을 수 없었다. 정확히 수많은 국가에서 정권을 장악한 단일정당은 다른 정당들을 소멸시켰지만 유사정당 조직구조와 기능을 남겨두었고, 그것도 '정당'이라 할 수 있다. 일당제의 분류학상의 합리성과 일당제 하의 단일정당의 객관적 존재를 부정한다면, 그런 국가의 정치를 분석할 때, 매우 큰 어려움을 겪게 된다.[26]

그렇다면, 단일정당은 도대체 어떤 체계의 단위에 속하는가? 사르토리는 '당국가체제'(party-state system)라는 단어가 단일정당의 정치공간 구조를 적절하게 개괄한다고 보았다. 'party state'는 '정당국가'나 '정당정부'가 아니라, 특수한 유형의 '당치국가'이다. 당국가체제에서, (1) 비록 모든 정부관리가 당의 당원은 아니지만, 공공행정사무는 기본적으로 당 업무의 부산물이다. (2) 정당관료체제와 정부관료체제가 동시에 병존하며, 정당이 정부관료를 통제하는 것은 행정효율을 높이는 데

---

24   G·薩托利, 『政黨與政黨體制』, 商務印書館, 2006, 第2, 7章.

25   사르토리가 생각하기에, "다당제의 원리에 근거하면, 정당이 부분이 아니라면, 그것은 가짜 정당이다. 만일 전체가 하나의 정당일 뿐이라면, 그것은 하나의 가짜 전체이다." 일당체제의 모순은 "그것이 여럿을 배척하면서도, 동시에 여럿을 갖는 것이다." 사르토리가 근거로 삼는 이유는 서구의 정당 다원주의이다.(위의 책, pp.60-62.)

26   위의 책, pp.66-67.

유리하다. (3) 국가기구의 운행은 정당이 기술전문가를 흡수할 것을 요구하고, 정당관료와 기술전문가 사이에는 관계의 조정문제가 존재한다. (4) 국가정치기구 즉 경찰, 군대, 그리고 정당조직 간의 관계의 조정문제가 존재하며, 그 복잡성에 거대한 변수가 포함된다.[27] 다당국가와 달리, 사르토리가 생각하는 '당치국가'(당국가체제)의 가장 큰 특징은 하위체계의 자치를 인정하지 않는다는 점이다. "단일정당이 독립된 하위체계를 구성할 수 없을 뿐만 아니라, 그 구성이 본래 체계의 자치를 저해하기 때문이다."[28] '하위체계'의 유무와 자치문제는 일원적 체계(a system of unitarianism)와 다원적 체계(a system of pluralism)의 기본분야이고, 정치분석 방법론에서 사르토리는 서구정당의 다원주의적 사고로 회귀했다. 즉 서로 다른 '부분'(정당)의 상호작용으로 구성된 체계—사르토리가 그것이야말로 진정한 '정당체제'라고 말한—를 일상적인 상태로 여기고, 두 가지를 비교하여 '당국가체제'의 행위특징을 일반화했다.

> 일원중심의 정치적 실체에서, 체계와 유사한 특성이 정당-국가의 상호작용에 존재하기 때문에, 그것은 하위체계의 자치의 결여를 특징으로 한다. '일당체제'가 …… 실제로 가리키는 것은 '국가체제'이며, 그 속에서의 정당의 작용은 국가에 대한 봉사를 목적으로 하는 것이 아니라 사회에 봉사하는 것을 목적으로 한다. 정당체제는 의견대립을 인정하고 반대세력을

---

27   위의 책, p.71.

28   G·薩托利, 『政黨與政黨體制』, 商務印書館, 2006, p.72.

제도화한다. 당-국가체제는 의견대립의 정당성을 부정하고 반대세력을 억압한다. 다원체계에서의 정당은 표현의 도구이고, 일원체계에서의 정당은 선발의 도구이다. 사회가 정당체제를 만들어낸다고 할 수 있지만, 사회가 당국가체제를 만든다고는 말할 수 없다. 정반대로, 당국가체제가 사회를 만든다.[29]

그런 가설과 분석방법은 정당을 논한 것이 아니고, 심지어는 정당체제를 논한 것이 아니다. 그것은 '국가체제' 즉 국가의 정체(regime)를 논한 것이다. 일당제와 다당제 논의는 '정당체제'의 논의 영역에 속하지만, 일당제로부터 '당국가체제'를 도출해내고, 단일한 정당을 '총체적 정당으로 삼고', 나아가 국가와 동일시했다. 정당이 국가를 흡수하는지 또는 국가가 정당을 흡수하는지를 논하지 않았다. 그것은 모두 20세기 중엽 이후 비교정치학에서 제기된 정체의 새로운 분류법의 범주에 들어갔다. 그런 새로운 분류법은 전통적으로 군주정과 공화(의회공화 또는 대통령공화)정을 법적 구조로 구분하던 것으로부터 벗어나 정치의 실제운행과정에 따라 정권의 형식을 헌정주의(constitutionalism), 전체주의(totalitarianism) 그리고 권위주의(authoritarianism)로 구분한다. 세 가지 정체의 구분은 대체로 세 가지 기준에 따른다. 첫째는 국가와 사회의 분리(분립) 정도이다. 둘째는 정부정책에 대한 공중(公衆)의 영향 정도이다. 셋째는 정부의 권한구성, 행정적 권한 그리고 정권교체에 대한 헌법과 법

---

29   위의 책, p.74.

률의 구속 정도이다. 그 중에서 가장 중요한 것은 첫 번째 기준이다. 뒤의 두 가지 기준은 첫 번째 기준으로부터 파생된다. 국가와 사회가 고도로 결합되고, 국가가 사회에 대해 전면적 통제를 실시한다면, 어떠한 하위체계의 자치성도 존재하지 않게 된다. 그런 정체를 '전체주의'라고 한다. 국가와 사회가 적절한 정도로 분리되고 분립되며, 국가가 특정한 정치영역에서 말고는 기타 사회세력과 권력을 나누지 않고, 사회에 일정한 공간을 남겨두고, 그로 하여금 '제한적 다원주의'와 '제한적 참여주의'의 특징을 나타낸다면, 그런 정체는 '권위주의'로 분류될 수 있다. '헌정주의'는 국가와 사회의 이원대립, 사회의 고도의 자치, 경제정치영역의 고도의 경쟁 및 각 경쟁주체의 권리 및 행위의 규범과 보호가 특징이다.[30]

당국가체제는 '전체주의'와 '권위주의' 두 가지 모델을 채택하는데, 주로 '전체주의' 모델이다. 사르토리는 그것에 근거하여 일당제의 유형을 구분했다. 일당제의 세 가지 유형에서, '전체주의적 일당제'가 '권위주의적 일당제', '실용주의적 일당제'와 구별되는 점은 전자는 공민의 모든 생활경험에 대해 침투, 동원, 독점적 통제 정도가 최고라는 것이다. 그러한 침투, 동원 그리고 통제는 강력하고, 배타적이며, 전면적 이데올로기에서 비롯되며, 고강도의 사회자원에 대한 추출력, 사회에 대한 강제력, 민

---

30 Carl J. Freidrich & Zbigniew Brzezinski, *Totalitarian Dictatorship and Autocracy*, Praeger Publisher, 1965; Juan J. Linz, Totalitarian and Authoritarian Regimes, in Fred I. Greenstein & Nelson W. Polsby, eds. *Handbook of Political Science*, vol.3 Addison-Wesely Publishing Company, 1975, p.264; 羅伯特·達爾, 『多頭政體—參與和反對』, 商務印書館, 2003, 第1章.

중의 정치참여 대한 동원력에서 비롯되고, 사회의 모든 집단에 대한 일원적 통합에서 비롯되며, 고도의 내적 응집력에서 비롯되며, 정책결정모델의 독단성에 비롯된다.[31] 사르토리에게 있어서, '당치국가'는 전체주의적 국가정체이면서 전체주의적 정당체제이거나, 전체주의적 국가정체가 전체주의 정당체제에 의해 조성되고 지지된 것이다.

전체주의 모델은 이상화된 유형이다. 그것을 추상화할 때, 정당과 그 체제의 논의를 하려면 구체적으로 보충되어야 한다. 서구학자들과는 달리, 전 사회주의국가인 헝가리의 마리아 차나디(Maria Csanadi)의 연구는 정태적 구조뿐만 아니라 동태적 운영방식에서 '당치국가'체제의 특징을 관찰했다. 『자기소모식 발전으로부터』라는 제목의 책에서,[32] 문헌, 통계수치 그리고 대량의 조사방문을 분석하고, 거기에 체제 내 생활에서 장기적으로 축적한 독자적 경험을 더하여 '당치국가'에 대해 심도 깊은 고찰을 했다. 그것을 기초로 '상호작용식 당국가모델'을 제안하고, '당국가체제'의 권력구조, 운행, 해체, 전환 및 발전경로를 이해하는 데 이용했다.

'당치국가'는 무엇보다도 관료제적 요소를 갖는 구조이다. '당', '국가'라는 명칭이 보여주는 것처럼, 그 구조는 정당의 관료화, 국가의 관료화, 국유경제부문, 당국가의 관료가 상호 연계되어 있고 구조적으로 피

31　G·薩托利,『政黨與政黨體制』, 商務印書館, 2006, p.307.

32　차나디의 이 책의 부제는 "정당-국가체제의 모형과 증명"이다. 원문의 '정당-국가체제'(party-state system)는 '당국가체제'로 번역되어야, 서구학자들이 논의하는 서구정당 정치에서 사용하는 '정당국가' 개념에 대한 오해를 피할 수 있다. 이미 말한 것처럼, 현대 공업 민주주의국가는 정당이 주도하는 국가체제이지만, 공산주의 혁명이론과 정치적 실천하의 '당국가체제'에 전적으로 속하지는 않는다.

드백 되는 요소로 구성된다. 당과 국가라는 두 개의 관료층 내부에 각기 위로부터 아래로의 관료지배라인(원문에서는 '관료의존경로', 의존의 반대쪽은 지배이고, 지배로서의 관료의 위로부터 아래로의 관계는 중의적으로 해석되지 않을 수 있음)과 아래로부터 위로의 이익증진라인, 당과 국가의 관료구조가 국가가 경제소유권을 독점하고, 독점으로 인해 자원의 탈취와 배분을 제공할 수 있도록 하는 구조이다. 조직이론에 있어서, 수직적 지배라인을 통해서만이 이익을 증진시킬 수 있고, 직속 상급으로 가는 것은 허락되지 않는다. 그러나 실제의 정책결정과정라인에서는 당과 국가 두 곳의 관료들이 긴밀히 상호 연관되어 있으며, 두 개의 관료 정책결정자가 밀접하게 상호작용하고, 그런 상호작용의 제도화를 통해 융합된 구조이다. 즉 당-국가 관료구조의 상호연결관계(상호연결라인)를 형성한다. 상호연결은 정당관료에서 처음 시작되고, 비정당기구의 주변을 지나, 개별 정책결정자에게로 확대된다. 차나디가 지적하듯이, 정당이 그 의도를 실현할 수 있도록 네 가지 중요한 상호연결라인이 제공된다. (1) 비(非)당기구(국가와 기업)에서의 각급 당 조직의 당원은 당 기율을 준수하고 당의 요구를 실현한다. (2) 중앙과 지방 당의 기관은 비당기구 내의 당 조직을 지휘 및 통제하고, 당 조직은 각 기구에 속한 당원과 그 활동을 지휘하고 통제한다. (3) 특정 레벨의 당 기관은 비당조직 및 그 대표를 통해 '정당 우선권'의 이행상황을 반영한다. (4) 당이 장악한 채용시스템(간부체제)은 구체적 조건에 따라 비당기구의 개인에게 직위를 제공한다. "정당이 정치의 하위영역을 독점하고, 비정치적 하위영역도 독점하기 때문에, 정당의 직능은 그 관료 틀을 벗어나야, 그 권력의 집행을 보호할 수 있다."[33] 상호연결관계는 일종의 권력관계이다. 그것은 특정한 조직구조, 활동구조 그리고 채용구조를 통해서 당의 관료구조와 비당의 관료구조를 연결시키고, 당 기관의 집행력을 크게 확대하고, 국가와 경제조직의 행위가 당의 의지에 근거하여 제도화와 구조화되도록 하고, 반대로 어느 정도에 있어서 관료구조의 등급원칙을 모호하게 한다. 차나디는 그것을 가지고 당국가 구조에서 서로 다른 단계에서의 정책결정과정의 '제도화된 지름길'(institutionalized shortcut)이라는 문제를 제기했다. 지름길이 필요한 것은 정책결정자가 다른 레벨에 있거나, 같은 레벨에 있거나 해서 초래될 수 있는 거리를 없애기 위해서이다. '당국가체제'의 정상적 운영은 경제에 대한 정치의 정책결정 또는 정치에 대한 경제의 정책결정의 고도의 민감성에 달려 있고, 정보는 봉쇄될 수 없다. 차나디는 그런 지름길을 '구조적 피드백'이라 부른다. 구조적 피드백과 이익증진은 사실 실질적인 차이가 없고, 모두 이익표현과 정치지배(의존)의 표현의 하나이지만, 이익증진은 일정한 관료레벨에 따르지만, 구조적 피드백은 어떠한 레벨로도 '도약'할 수 있고, 특정 레벨의 어떤 정책결정자에게도 이를 수 있다. 그것은 당국가구조를 분명하게 보여주지만 결정론이나 예정론적 구조가 아니라, 비용과 수익계산에 따른 '이성적 선택'구조이다. 조직과 개인들의 흥정과 기회주의가 모두 그런 구조에서 발생하여 구조적 불평등을 초래할 수 있다.[34]

---

33   瑪利亞·喬納蒂, 『自我耗竭式演進』, 中央編譯出版社, 2008, p.21.

34   위의 책, pp.24-29.

따라서 '당국가'관료체제의 '동태적 운행'은 '구조적'이면서도 '선택적'이다. 구조가 정책결정자의 행동을 외적으로 제약하고, 정책결정자는 외적 제약하에서의 이익을 추구하고 손해를 피하는 선택을 하게 된다. 즉 차나디가 말한 "정책결정자의 경제행위와 동기는 정치이성적이다."[35] 차나디는 '당국가'의 동태적 운영법칙을 세 가지로 정리했다. 첫째, 당과 국가 간의 상호연결라인의 정치적 독점으로, 당의 정책결정자만이 당과 비(非)당 구조 내의 행위자가 연결되는 통로를 장악한다. 둘째는 자원배치의 정치적 독점으로, 간접적으로 생산수단의 소유권을 국가가 독점하거나 직접적으로 경제단위와 재산권을 통제하는 것이다. 셋째는 이익증진 가능성의 정치적 독점이다.[36] 독점구조는 일종의 제도적 틀이지만, 독점구조 자체도 일종의 '구조적 동기'이다. 그것이 정책결정자의 행동을 고무시킨다는 것을 알 수 있다. 그러므로 독점구조 내에서 모든 정책결정자는 이중적 역할을 맡게 된다. 지배라인(의존라인)의 통제자이면서, 지배라인(의존라인)의 통제대상이기도 하다. 지배라인의 통제자인 정책결정자는 지배의 경로를 유지하기 때문에, 그들은 '전면적 책임'이라는 기치를 내세워 체제 내 어떠한 곳에도 개입할 수 있고, 자원 추출과 분배의 우선권을 정하고, 사회유동성을 증가시키거나 제한하며, 조직을 재조직하고 절차를 바꾸며, 자본과 인력을 이동시킨다. 지배라인의 통제대상인 정책결정자는 이익을 증진시킬 수밖에 없기 때문에, 체제 내의 여러

---

35 위의 책, p.35.

36 위의 책, p.34.

행위자들이 제기한 자원 재분배의 계속된 거대한 압력을 받지 않을 수 없고, 자원분배과정에서 간섭을 할 수밖에 없으며, 심지어 다른 행위자의 '착취'를 참을 수밖에 없다. 압력이 참을 수 없을 정도로 커질 수 있지만, 어떤 사람이나 기구도 지배(의존)를 포기하거나 지배(의존)를 감히 벗어나기를 원하지 않는다. 독점구조 내에서 지배를 포기하는 것은 권력과 직위를 포기하는 것과 같고, 지배에서 벗어나는 것은 스스로 방출되고 살길을 스스로 끊는 것과 같기 때문이다.

차나디는 '당국가체제'를 단순히 분할할 수 없는 전체로 보는 것에 동의하지 않았다. 그녀는 당국가 내부에 여러 레벨의 형식에 복잡한 정책결정자와 행위자들이 존재하는 상호작용 네트워크가 존재한다는 것을 증명하고자 했다. 그러나 당국가구조 연관법칙과 여러 하위구조의 교차적 경계에 대해 분명하게 밝혔듯이, 고도로 융합된 체제에서 사람들은 "정당과 국가 간의, 국가와 사회 간의, 정치와 경제 간의, 통치엘리트와 노동자 계급 간의 경계와 비중을 확정하기 어렵다."[37]

'당치국가' 논쟁: 시작과 발전

'당치국가' 논의는 두 번째 연구영역 즉 정당과 정치발전에 대한 연구와 관련 있다. 그것은 다음의 문제로 귀결될 수 있다. '당치국가'는 어떻게 발생하는가? 정당제도의 극단적 유형으로서의 '당치국가'는 근본

---

37   瑪利亞·喬納蒂, 『自我耗竭式演進』, 中央編譯出版社, 2008, p.328.

적으로 현대화과정에서 '무당국가'에 대한 반동이다. 그런 의미에서, '당치국가'는 현대성의 산물이며, '전체주의', '권위주의'가 모두 현대성의 극단적 반응인 것과 같다. '무당(無黨)국가'에서도 현대화 초기에는 적지 않은 정당이 출현했다. 심지어 한 번은 '다당국가'였지만, "정당이 정치 동란과 정치의 약화를 조장하고, 국가가 외부세력의 영향과 침투를 받도록 했고", 그런 시도들에 있어서 전통사회의 정치구조, 예를 들면 세습구조에서의 군주의 보수세력, 민중의 정치참여의 확대에 반대하는 군사기술관료 및 직접민주주의를 주장하는 포퓰리스트들 속에서 정당을 억압하고 배척하는 것이 정치적 요구가 되었다. 즉 '무당국가'는 '다당국가'에 대한 부정적 반등과 대응이다. 사회가 현대화됨에 따라, '무당국가'는 점점 정당을 반대하게 되고, 정치당국은 점점 더 정당을 적대시하게 되어, '무당국가'는 점점 더 취약해지고, 정당을 억제하고 억압하여, '무당국가'는 곧 점점 더 정당의 대체품을 제공하고자 노력하고, 참정을 조직하는 기술을 장악하여 정당의 파괴적 결과를 최대한 감소시키고자 했다.[38] 여기서 '무당국가'의 역설이 나타난다. 하나의 사회가 점점 현대화되고, '무당국가'의 정당을 반대하는(정당을 미워하고 적대시하는) 정책의 공급은 점점 더 그것을 '일당제국가'가 되도록 할 가능성을 키운다. 그것은 후자가 전자보다 그다지 취약하지 않고, 더 능력이 있다는 것을 증명했기 때문이다. 서구의 경험을 더하면, 일당제는 다당제가 실패한 후 정치 불안정을 극복하기 위한 최종적 해결방안이다. 일당제가 제2차 세계대

---

38   塞繆爾·亨廷頓, 『變動社會的政治秩序』, 上海譯文出版社, 1989, p.434-440.

전 기간에 비로소 출현했다는 점을 주목한다면, 이탈리아, 독일, 러시아 및 국민당 시기의 중국의 상황은 우연이 아니다.

일당제의 원인('당치국가'의 경로)을 연구하면서, 사르토리는 일당제의 선결조건이 '정치화된 사회(politicized society)의 출현'이라고 지적했다. 무엇이 '정치화된 사회'인가? 그것은 현대화된 동원과 대중적 정치참여를 말한다. '정치화사회'는 우선 대중이 정치과정에 진입했다는 것을 의미한다. 정치적으로 냉담한 대다수 인구가 정치에 관심이 있는 인구로 전환되어, 그들이 정부의 정책결정이 자신들의 이익에 영향을 준다는 사실을 인식하기 시작하고, 정치업무에 관심을 가지고 의견과 이익을 표출하고, 정부의 정책결정에 영향을 줄 수 있기를 희망하는 것이다.[39] 그것은 물론 선거의 턱이 낮아지거나 선거권이 확대된 결과이다. 선거권의 확대가 가져온 문제는 '인도(引導)'와 '소통(溝通)'이다. 정치에 참여하는 사람이 많아질수록 '인도'와 '소통'이 점점 더 절박해진다. "사회가 보편적으로 정치화된 후, 국가의 소통으로의 사회의 진입은(반대도 그렇다) 정당시스템의 구조화된 방식을 통해 이루어진다. 이때, 정당이 소통기구가 되고, 정당시스템은 그 사회의 정치소통시스템이 된다."[40] 그러나 사르토리는 단지 '정치화된 사회'에서 무당정치가 불가능하다는 점을 증명했을 뿐이고, 왜 다당제가 아니라 일당제가 '정치화한 사회'를 '인도' 그

---

39   Karl W. Deutsch, "Social Mobilization and Political Developmet", *American Political Science Review*, September 1961.

40   薩托利, 『政黨與政黨體制』, 商務印書館, 2006, p.65.

리고 '소통'하는 유일한 통로인지를 증명하지 못했다. 관건은 '정치화사회'라는 개념이 또 다른 의미를 갖는다는 점이다. '정치화사회'는 '대중사회'이지, '시민사회'가 아니다. '대중사회'는 수적으로 광대한 인구가 정치에 진입했다는 것을 의미할 뿐만 아니라, 중간계층과 중간조직의 희박함을 의미한다. 콘하우저(W. Kornhauser)에 따르면, 약소한 중간계층과 조직은 포퓰리즘과 엘리트주의가 결합된 정치혼란에서 균형을 가져올 수 없다.[41] 그밖에, '정치화사회'는 '동원된 사회'이지, '조직화된 사회'가 아니다. '동원된 사회'는 민중의 권리의식을 일깨울 뿐만 아니라, 민중의 욕구와 요구를 자극하고, 데이비스와 헌팅턴에 의하면, 조직자원과 제도자원을 결여한 사회에서 권리의 회복과 욕구의 만족 간에 거대한 차이가 혁명의 유인이다.[42] 그런 '대중적', '동원된' 사회 즉 '정치화된 사회'에서 일당제만이 풍부한 토양을 얻게 된다. 그러므로 사르토리는 다음과 말했다.

> 일당제국가가 정치화된 사회를 계승하게 되거나, 사회의 정치화를 촉진하게 된다. 다원제정치와 비교하면, 그것은 정치화된 사회를 보다 더 요구한다. ……일당제국가가 혁명의 정세 또는 혁명의 수단을 생산하는가와 상관없이, 그들은 모두 예외의, '특수한' 정당으로 여겨진다.—그러나 그저 '새로운' 정권은 아니다. 그러므로 일원적 정체는 시간이 지남에 따라 그

---

41   William Kornhauser, *The Politics of Mass Society*, Free Press, 1959.

42   James Davis, "Toward a Theory of Revolution", *American Sociological Review*, February 1962; 塞繆爾·亨廷頓, 『變動社會的政治秩序』, 上海譯文出版社, 1989, pp.58-64.

낭 합법성을 얻게 되기를 바랄 수 없고, 다원정치보다 더 많이, 더 좋게, 더 빨리 할 수 있다는 것을 보여주어야 한다. ……어찌되었든, 사회는 동원되고, 설득되고, 확실하게 ─무조건적이 아니라면─헌신되어야 한다. 그런 임무는 모두 강한 주입식 체제를 요구하기 때문에, 동원사회의 자연스러운 도구는 단일정당이라 할 수 있다. 실제로 강제적 관할과 독단적 주입을 통해서라면, 일당제국가는 다당제 후에 출현할 수 있고, 다당제정체가 실패한 지역에서만이 성공할 수 있다.[43]

사르토리의 '정치화된 사회'는 순수한 이론적 가설에 속하고, 그것이 내포하고 있는 '대중적', '동원적' 성격과 그러한 성격이 어떻게 '당치국가'로 향하는지 경험적 측면에서의 예를 가지고 논증했다. '당치국가'의 특성으로 보면, 소련체제는 모범적인 '당국가체제'이다. 소련과 소련식 체제의 형성에 대한 연구가 '당국가발전론'의 중심내용이다. 그 점에서 테다 스카치폴(Theda Skocpol)의 연구는 중요하다.

스카치폴은 유명한 저작 『국가와 사회혁명』에서 구조주의적 시각에서 사회혁명의 발생을 분석했고, 사회혁명의 노선도로부터 혁명 후 국가체제의 상이성을 찾았다. '구조적 시각'은 두 가지 점으로 정리될 수 있다. 첫째는 국내사회정치구조의 영향하에서의 서로 다른 상황에 처한 집단 간의 관계, 계급 간의 관계 또는 계급구조이다. 둘째는 세계자본주의경제와 다국적 구조(국제관계)의 영향하에서의 계급집단과 국가 관료

43   薩托利, 『政黨與政黨體制』, 商務印書館, 2006, pp.65-66.

조직 간의 관계로, 양자의 결합은 곧 계급구조와 국제관계의 교착면에서 잠재적 자율성을 갖는 국가이다. 그런 이론은 주로 국제환경(세계역사), 공업화(사회경제적 조건), 그리고 농민혁명(농민과 국가의 관계)을 가지고 프랑스, 러시아, 그리고 중국의 혁명원인을 해석한다. 스카치폴은 도시공업과 계급구조의 차이가 혁명의 과정과 결과에 영향을 준다고 생각했지만, 그런 영향을 받아 자산계급이나 무자산계급이 핵심적 역할을 하는 것이 아니라, 상이한 도시구조와 농민혁명의 상이한 결과가 혁명적 국가의 공고화와 운영에 결정적 조건을 만든다. 프랑스혁명과 러시아혁명은 모두 성공한 혁명에 속한다. 두 국가의 농민 모두 비교적 강하고 상대적으로 다른 계층의 조직(村社)에 비해 독립적이었기 때문이다.[44] 그러나 프랑스혁명의 정점에서는 중앙집권적 관료국가와 시장경제하의 사유재산권사회가 공존했고, 러시아혁명은 왜 국가주도의 민족공업화를 추구하는 국가가 되었는가? 그녀의 해석에 의하면, 프랑스혁명은 자본주의적이었다. 농민폭동은 한계를 넘어 개인재산을 공격했지만 공평하게 나누지 않았다. 그러나 이미 존재하는 농민의 토지권은 건드리지 않았다. 그와 달리, 러시아혁명은 공산주의적이었고, 농민은 모든 대지주의 재산의 재분배를 요구했다. 프랑스에는 국가가 공업화발전을 추동하는 세

44　러시아의 길드는 분명한 사실이지만, 프랑스의 소농은 많은 사람들에게 마르크스가 말한 마대 속의 감자들일 뿐이었는데, 그것은 프랑스 농민은 분산적이고, 러시아와 같은 상대적으로 독립된 조직이 없었다는 의미이다. 스카치폴은 알베르 소불(Albert Soboul)의 『농촌길드』를 인용하여, 프랑스가 수세기 이래 경제적 보장과 행정자치에서 형성된 농민길드를 쟁취했고 프랑스혁명 전에도 그것이 존재했고, 상당한 정도로 자치를 누렸다고 설명했다.(斯考切波,『國家與社會革命』, 上海人民出版社, 2007, pp.149-150.)

계역사의 요구가 존재하지 않았기 때문에, 농민을 착취할 필요가 없었고, 농촌에서 대규모로 국가주도의 공업화모델에 반대하는 저항이 없었다. 러시아는 그렇지 않았다. 러시아는 유럽국가로서, 지리적·정치적 지위가 상당히 취약했고, 국가주도의 공업가 불리한 상황을 개선해주지 못했기 때문에, 공업화를 추진하면서 공업화에 대한 농민의 저항을 억압했다. 볼셰비키는 우선 도시에서 당의 영도를 공고히 할 필요가 있었고, 그러한 기초 위에서 매우 강제적인 조치와 수단을 발전시킨 후, 당이 위로부터 아래로 국가의 의지를 농촌에 확대하게 되었다.[45]

러시아혁명의 논리와 중국은 매우 유사하다. 그러나 한 가지가 다르다. 러시아공산당은 전국정권을 획득했을 때 농촌에까지 침투하지 못했기 때문에, 농촌사회에서 성공적으로 소비에트정권의 기초를 세우지 못했다. 그러나 중공은 전국정권을 취득하기 이전에 농촌에 광범위하고 깊이 침투했고, 전국정권을 취득한 후에는 농촌을 제대로 통제했다. 억압적 행위가 있었지만, 정책적 측면에서 전체적으로 보면 그 행동은 소비에트처럼 잔혹하지는 않았다. 스카치폴의 삼국혁명 비교연구에서, 중국혁명은 진정한 의미의 농민혁명으로, 프랑스혁명과도 다르다. 프랑스에서의 자치농민의 반란은 자산계급이 전제왕조를 전복시키는 자본주의적 경향의 사회운동이었고, 러시아에서 반란을 일으킨 자치농민은 길드 평균주의를 통해 구제도의 대지주를 공격했으면서도, 기본적으로 볼셰비키 공산주의혁명의 방관자이거나 심지어는 억제자였지만, 중국에서

---

45   위의 책, pp.280-282.

는 분산된 개별적 비자치적 농민폭동이 '평균지권'이라는 자본주의적 성격의 투쟁을 했고, 점차 공산주의적 성격의 정치혁명이라는 목표 틀 속으로 통합되었다. 중국공산당도 급진적 토지개혁을 실행했으며, 심지어 육체적으로 지주를 없애고, 지주, 부농의 토지를 모두 몰수했고, 인구에 기초해 최대한 절대평균의 토지분배를 했다. 그러나 그것도 시간적으로는 주로 두 가지 시기, 1930년대 홍색 소비에트시기와 40년대 말 내전시기에 국한되었다. 가장 중요한 것은 급진적 토지개혁정책이라도, 수혜자의 절대다수는 토지가 없거나 적은 중농 이하의 빈곤층이었다는 점이고, 급진적 토지개혁을 추진하면서 동시에 향촌의 기층사회로 깊이 파고 들어갔으며, 전통적 농촌엘리트를 몰아내고 농민조직을 세웠다는 점이다. 스카치폴이 다음과 같이 말했다. 급진적 토지개혁은 "중국공산당의 군사적 필요와 중국 농민사회혁명의 잠재적 요구가 상호작용한 독특한 결과이다. 농민이 근거지의 행정기구와 군대를 지지하는 과정에서, 중국공산당이 지방의 기층사회에 침투하여 개조했다. 따라서 농민계급은 전통적 농업사회 정치구조에서 갖고 있지 않던 조직화된 자치와 단결을 하게 되었다. 농민이 일단 그런 수단을 갖게 되면, 곧 자위적 계급이 된다……. 1917년 러시아 농민혁명과 다른 점은, 중국의 농민혁명은 무정부상태의 농민자치를 초래하지 않았다는 점이다. 반대로, 중국의 농민혁명은 농민과 공산당 간의 본래의 정치연맹을 강화했다."[46]

스카치폴은 러시아혁명과 중국혁명의 결과를 서술하는 두 장에 각기 다음과 제목을 달았다. "러시아 무산계급 전정국가의 출현"(제6장), "중국 대중동원형 정당국가의 흥기"(제7장)이다. '무산계급 전정국가'이든

'대중동원형 정당국가'이든 모두 '당치국가' 또는 '당-국가'의 하나이다. 그녀의 결론은 사회혁명이 중앙집권관료제국가의 엔진이며, 그런 점에서 프랑스, 러시아, 그리고 중국혁명은 같다. 공산주의혁명은 보다 집권적이고, 보다 관료적인 '당치국가'의 효모이고, 그 예가 중국의 공산주의혁명이다.

> 중국혁명은 혁명이 고조되던 시기의 계급투쟁과 정치투쟁을 거치며, 보다 폭 넓고, 보다 강력하고, 보다 관료화된 새로운 유형의 정권을 탄생시켰다. 행정관리를 책임지는 정부와 정책결정과 협조 및 감독을 책임지는 정당이 함께 형성되었고 구별은 되지만, 나눌 수 없는 조직관리시스템이다.[47]

주의해야 할 점은 "보다 폭 넓고, 보다 강력하고, 보다 관료화된" 것이란 중국의 기존의 역사와 비교해서 그렇다는 것이다. 규모, 강도, 그리고 통제 측면에서 그런 신형 정권은 중국의 유사 이래 국가의 정점에 이른 것이지만, 똑같이 혁명의 산물이었던 프랑스의 관료국가처럼 효율적이지도 않았고, 러시아의 관료국가처럼 능력이 있지도 않았다. 전자는 시장을 배경으로 하는 이성-법치 관료국가였고, 후자는 계획을 배경으로 하는 정치-기술 전문가 관료국가였다. 스카치폴에 의하면, 1949년 이전의 중국경제는 18세기 말 19세기 초의 프랑스와 유사하지만, 중국혁

46　斯考切波, 『國家與社會革命』, 上海人民出版社, 2007, p.313.

47　위의 책, 2007, p.314.

명의 결과는 러시아에 보다 가깝고 프랑스와는 다르다. 그것은 무엇보다 중국혁명과 러시아혁명이 똑같이 공산주의 혁명의 계보에 속하기 때문이다. "중국공산당과 국민당은 모두 러시아의 지도하에서 발전하기 시작했고, 모두 레닌주의적 정당조직모델을 모방했기 때문이다. ······중국공산당의 레닌주의적 조직모델과 이데올로기의 유산은 자연스럽게 소련 정권의 기본적 특징을 모방하도록 했다."[48] 다음으로 중국 현대화의 기초적 조건과 그것이 직면한 국제환경 그리고 공업화에 대한 강한 요구도 중국공산당이 소련식 당치국가모델을 학습하고 강화하도록 촉진했다. 결과적으로, "중국의 정권은 소련과 같이, 모든 정부조직이 당의 통제를 받았고, 모두 당의 고위 지도자에 의해 전국적 목표를 결정하고 그에 함께 협조하는 것을 실현하게 되었다." 그러나 국가와 사회 간에, "공민이 정치적으로 상호 협조하는 '컨베이어'와 유사한 각종 조직기구가 통합되었기 때문에", 당이 영도하는 국가는 자신의 정책을 충분히 관철할 수 있었다.[49] 물론 전국적 정권을 취득하기 이전의 농민과의 관계와는 다르다. 양자는 당치방식을 이용하여 국가건설을 추진하는 것에 차이가 있다. 예를 들면, 농업집단화와 같은 경우, 러시아공산당은 주로 '명령식 동원방식' 즉 도시특파원이 농업집단화를 강제적이며 강압적인 수단으로 실현했다. 러시아공산당은 농촌간부 인원이 부족했고, 농촌 기층조직의 기초가 박약했기 때문이다. 그러나 중국공산당은 '참여식 동원방

---

48   위의 책, p.317.

49   위의 책, 2007, p.316.

식'으로 집단화를 이룰 수 있었다. 설득과 시범을 수단으로 하되 적절한 압력을 보조적으로 사용했는데, 집단화 과정에서 지도자 대부분이 원래 지방출신이거나 또는 지방에서 충성하는 농민 또는 농촌과 밀접한 관계를 맺어온 간부였기 때문이다.

사회혁명(국가와 농민혁명) 후의 국가의 체제의 상이성이 중요한 가설을 내포하고 있기 때문에, 즉 체제건립 초기에 직면한 사회적 성격(계급관계), 정치적 사건과 국제적 배경이 그 형성의 특징과 이후의 발전에 대해 지속적이고 중대한 영향을 줄 수 있다. 그런 의미에서, 스카치폴의 비교역사사회학의 분석은 사회과정분석이다. 사회과정분석은 정치체제 변화의 원인이 체제 자체로부터 이해될 수 없다는 점을 강조하므로, 체제 밖의 사회, 경제 그리고 국제적 요인에서 그 원인을 찾고, 체제와 환경 간에 결정론적 관계를 설정하여, 많은 사람들의 비판을 받았다. 스카치폴의 '국가중심론'은 사회과정에 대한 방법론적 결정론경향에 대한 극복이지만, 그녀의 '구조주의적 시각'은 오히려 또 다른 결정론의 정형화에 빠지게 되었다. 그녀가 보기에, 사회혁명은 자연스럽게 도래하는 것이지, 만들어지는 것이 아니므로(Revolution comes, not made), '구조주의적 시각'은 '의지론'이나 '목적론적 상상', 엘리트의 선택이나 정치지도자, 문화, 이론, 이데올로기, 책략 등의 요인을 배제하여, 구조의 강제 앞에서, 혁명의 전개방식은 "혁명 상황이 처음 출현할 때의 방식에 따라 결정되고", "제도적 결정 상황, 집단 간의 사회에서의 상호적 관계 그리고 세계역사에서 형성된 국제구조에서의 각 사회 간의 상호관계"[50]에 의해 결정된다. 다시 말하자면, '당치국가'의 흥기는 혁명 속에서 행위주체의 주동적 선택과 의식적인 노력에 의해서가 아니라 '객관적 상황'에 의해서 일어나는 것이다. 그런 점에서, 스카치폴의 '당치국가'의 성립원인에 대한 논의는 깊이 파고들 여지가 있다.

쩌우당은『중국혁녕의 재해석』에서 스카치폴 본인이 제시한 '구조주의적 시각'은 '극단적 구조주의'로서, 중국의 개별적인 사례와 심각하게 배치된다고 보았다.[51] 또 다른 재미 정치사회학자 쟈오딩신(趙鼎新)은 스카치폴의 '구조주의적 시각'을 "매우 유치한 것"이라고 주장했다.[52] 재미있는 점은 스카치폴의 저작은 구미의 학술계에서는 좋은 평가를 받았지만, 중국에서는 비판을 받았다는 점이다. 문제는 스카치폴의 결론이 많은 논쟁점을 갖고 있다는 것이 아니라, 그녀가 중국의 당치국가의 성립요인을 얘기할 때 쩌우당과 같이 중국혁명사를 잘 알고 있는 사람들이 보기에는 매우 중요한 요인들을 생략했다는 점이다. 쩌우당도 인류의 행위와 역사적 변화의 배후에 사회구조의 제약이 있었다는 것을 부정한 것은 아니다. 그도 중국 공산주의혁명에서 구조적 제약이 함께 작용했다는 것을 인정했다. '구조적 제약'은 '거시적 역사'의 배경을 구성하고, 사람들의 행동의 동기, 이유와 기초를 구성한다. 쩌우당은 '구조적 제약'으로 '국제관계와 세계역사 현상'을 이해하기를 원했다. 즉 중국혁명을 세계현대화 조류에 대한 민족국가 간의 경쟁적 대응이라고 보았다. '국제

---

50   위의 책, 2007, pp.18-19.

51   鄒讜,『中國革命再闡釋』, 牛津大學出版社(香港), 2002, pp.118-120.

52   趙鼎新,『社會與政治運動講義』, 社會科學文獻出版社, 2006, p.119.

관계와 세계역사 현상'의 구조적 제약 하에서, 자본주의 중심국가로 부터의 충격은 후발 주변국가 내부의 특정한 정치시스템과 계급구조를 통해 주변국가의 발전에 중대한 영향을 주었다.[53]

그런 '구조적 제약'이라는 조건하에서, 쩌우당은 "중국의 정당국가(즉 '당치국가')는 20세기에 중국이 처한 위기에 대한 반응의 최종적 산물"이라고 주장했다. 위기가 현대정당의 발생을 설명한다는 것은 새로운 관점이 아니다. 현대정당체제에서 위기가 일당제 형성에 대해 특수한 역사적 전환을 하도록 했다는 관점도 정치학의 주류 문헌에서 자주 보인다. 예를 들면 라팔롬바라(Joseph LaPalombara)와 바이너(Myron Weiner)는 1960년대 말 조직된 정당성위기, 통합위기 그리고 참여위기에 대해 어떻게 일당제의 발생이 최후의 동력이 되었는가에 대해 논의했다.[54] 그러나 쩌우당이 말한 위기는 일반적이며 기능적인 위기가 아니라, 중국과 같은 후발국가가 외부세계가 접촉한 이후 나타난 구조적이며 총체적인 위기(전면적 위기)이다. 총체적 위기는 비록 정치영역에서 집중적으로 나타나지만, 그 근원은 사회와 경제에 있고, 내부구조에서 국제환경의 강력한 영향을 받는다. 국제권력구조에서의 중국의 지위의 변화, 발달국가가 제기한 도전과 제공된 모델, 자본주의 세계경제와 정치의 유입과 침투 등이 그에 포함된다. 쩌우당이 다음과 같이 말했다.

---

53 鄒讜, 『中國革命再闡釋』, 牛津大學出版社(香港), 2002, p.118.

54 Joseph LaPalombara & Myron Weiner eds., *Political Parties and Political Development*, Princeton University Press, 1972(Ch1. The Origin and Development of Political Parties).

20세기 초, 조직화되지 않은 중국사회에서 전통적 질서는 붕괴되었다. 그러나 그것을 대체할 기본적 원칙이 공통된 인식을 형성하지 못했기 때문에, 정치권력은 명확한 이데올로기를 기초로 하지 않을 수 없었고, 새로운 조직구조를 중심으로 세워지지 않으면 안 되었다. 세계에서의 중국의 위치를 고려한다면, 두 가지가 완전하게 또는 부분적으로 외국으로부터 들여오지 않을 수 없었다. 즉 마르크스·레닌주의와 레닌식 정당구조가 급진적인 지식인들에 의해 받아들여졌다. 그들은 후에 그런 이데올로기를 바탕으로 중국사회를 전면적으로 개조하고자 했다. 계급투쟁개념이 중국의 정치와 사회상황에 적용되었다. 거기에서 나타난 충돌은 늘 있는 것으로, 그것은 무조직적 구조에 깊이 뿌리내렸다. 계급투쟁개념은 당이 권력을 추구할 때 충돌을 식별하고 이용할 수 있도록 도왔다. 그것은 당 자신의 정책과 전략, 책략의 합법화에 도움을 주었다.

계급투쟁과 사회혁명에는 폭력적 수단이 사용된다. 결국 군사력이 각 정당, 집단, 그리고 개인의 운명을 결정한다. ……계급투쟁과 군사력을 통해 당은 시민사회로 침투하여 대중을 동원하고 조직할 수 있었다. 군사력과 대중운동이 초래한 사회혁명 자체가 가져온 전체주의적 경향으로 인해, 마르크스·레닌주의가 레닌식 정당이 이끄는 사회혁명을 지도하게 된 것은 이처럼 필연적이다. 1949년 내전에서 최후 승리함으로써, 그것은 레닌식 정당국가의 집정당이 되었다. 당 바깥에 공산당의 권력을 견제하는 어떠한 세력도 존재하지 않았다. 사회계층제도의 개조와 사회주의를 수립하는 과정에서, 시민사회에 대한 정당국가의 침투는 더 심화되었고, 각종 사회집단과 개인에 대한 통제가 나날이 강화되었다……[55]

쩌우당은 '당치국가'를 '전능주의정치'(totalistic politics or totalism)라고 부른다. '전능주의'는 "정치기구의 권력이 어떤 때, 어떤 곳에서도, 무제한적으로 사회의 모든 계층과 모든 영역에 침투하고 통제하는" "일종의 지도사상"에 관한 것이다. "전능주의정치는 그런 지도사상을 기초로 하는 정치사회이지만, 정치와 사회관계의 특정형식에 해당되고, 그 사회에서의 정치제도와 조직형식을 포함하지는 않는다."[56] 쩌우당에 의하면, 그 단어는 리프톤(Robert Lifton)이 1961년 발표한 중국연구논문에서 그것을 '전체주의'와 구별하기 위해 사용했다. '전체주의'라는 개념은 정체의 유형을 표현하기 위해 더 많이 사용되었다. '전체주의'의 고도의 안정된 성격과 특징으로 인해, 그 결과는 혁명이 아니라 붕괴이며, 통치자가 '전체주의' 상황하에서 시작된 국가와 사회관계의 변혁을 수용하거나 이해할 수 없다.[57] 쩌우당의 정의에 따르면, '전능주의'와 '전체주의'는 실질적으로 차이가 없다. '독재', '권위', '헌정'을 구분하는 근본적 기준이 국가와 사회관계의 방식을 처리하는 방법에 달려있기 때문이다. '전능주의'는 "무제한적으로 사회에 침투하여 통제"하고, '전체주의'적 국가도 사회를 똑같이 포괄한다. 그런데, '전능정치'는 위기의 약화에 따라 그의 범위를 점차 축소하는데, '전체주의'에서는 국가와 사회관계의 변혁이 왜 일어나지 않을까? 스카치폴의 극단적 '구조주의 시각'을 채택한다면,

---

55   鄒讜, 『中國革命再闡釋』, 牛津大學出版社(香港), 2002, pp.69-70.

56   鄒讜, 『二十世紀中國政治』, 牛津大學出版社(香港), 1994, p.69.

57   鄒讜, 『中國革命再闡釋』, 牛津大學出版社(香港), 2002, p.136.

같은 이유로 '전체주의'가 상황과 역사의 상호작용 하에서 변화할 수 있을 것이라고 믿을 수 있다. 그것은 당연히 또 다른 문제이다.

쩌우당이 보기에, 중국혁명과 프랑스혁명은 다르다. 중국혁명은 단번에 이루어지지 않았다. 즉 바스티유감옥 공격과 같은 극적인 사건은 없었다. 여러 가지 사건으로 구성되어 여러 우여곡절을 겪었으며, 커졌다 작아졌다 하면서 이루어졌고, 혁명의 의의를 다졌다. 중국혁명은 러시아혁명과도 다르다. 중국혁명은 도시 무산계급이 일어난 것이 아니라, 향촌의 고통 받는 대중의 동원이었다. 극단적이고 급진적인 정책을 채택했다가도, 매우 온화한 정책을 채택했고, 향촌으로부터 도시로, 주변으로부터 중심으로의 혁명이 이루어졌다. 대중(농민) 동원에서 쉬지 않고 새로운 군사, 정치조직과 제도를 건설했다. 스카치폴의 '혁명자발론'과 달리, 쩌우당은 '혁명제조론'을 지지하고, "중국혁명은 자발적이 아니라, 극단적으로 불리한 조건에서 제조된 것"[58]이라고 보았다. '혁명제조론'이 강조하는 것은 거시적 구조하에서의 행위주체의 적극적 선택이다. 구조는 강제적 작용을 하지만, 구조의 강제는 기계적이거나 일방적이지 않다. 구조 속에서 사람은 여전히 선택의 자유를 가지고, 심지어 구조도 역사에서의 사람의 활동 속에서 형성되는 것일 뿐이다. 그것은 중국의 '당치국가', 즉 '당국가체제'가 일정한 조건하에서 거시적 역사와 행위주체 간의 상호작용을 통해 "최후에는 사회주의의 고도의 민주정치로 발전"[59]

---

58   위의 책, 2002, p.145.

59   鄒讜, 『二十世紀中國政治』, 牛津大學出版社(香港), 1994, p70.

한 이유가 될 수도 있다.

　결론적으로, 쩌우당은 중국의 사회혁명과 전능주의의 기원이 20세기 초의 중국이 직면한 전면적 위기라고 보았다. 중국의 정치엘리트는 우선 강력한 정당을 세워 그의 정치적 역량과 조직방법을 통해, 모든 계층과 모든 영역에 깊이 들어가 통제해야만, 사회국가와 각 영역의 조직과 제도를 개조하거나 재건할 수 있었고, 그렇게 해야만 비로소 전면적 위기를 극복할 수 있었다고 생각했다. 사회혁명은 전면적 위기를 극복하는 방안이었고, 전능주의적 '당치국가'는 사회위기에 대응하고 사회혁명의 필연적 결과를 따른 것이다. 쩌우당의 결론은 스카치폴의 결론과 매우 유사하지만, 쩌우당의 논리가 스카치폴의 논리에 비해 더 분명하다. 그러나 쩌우당이 더 낫다는 것은 아니다. 쩌우당이 스카치폴에 비해 보다 더 계몽적 의의를 갖는 이유는 중국혁명에 있어서 거시적 구조의 제약을 충분히 중시할 필요가 있기 때문이고, 미시적 메커니즘하에서 행위주체의 선택이 어떻게 거시적 역사의 얼굴과 그 발전의 단서를 만들고 그에 영향을 주었는가를 연구하고, 양자 간의 내적 관련을 보았기 때문이다. 다시 말하면, 그는 '거시적 구조'(macro-structure)와 '미시적 메커니즘'(micro-mechanism)을 결합시켜 '당치국가'의 발전이유를 관찰함으로써 구조주의 일반의 논증을 초월했다.

조직언어의 흥기와 전환

　스카치폴과 쩌우당의 '세계역사 현상'은 곧 제국주의시대의 세계성

관계가 중국공산주의혁명 및 '당치국가'의 기원의 중요한 출발점이다. '세계역사현상'의 구조적 제약 하에서, 자본주의 중심국가의 충격과 영향이 주변에 위치한 중국 국가내부의 특정한 사회, 경제, 그리고 정치구조의 선택적 대응을 통해 나타나게 된 것이다. 그것이 중국 현대화의 명제이며, 더 정확하게 말하면, 중국 현대국가 건설의 명제이다. 그런 명제는 내용과 과정에 있어서 중국적이다. 그러므로 전통, 문화, 체제, 경험 등 일련의 '국정(國情)'이라는 것이 중국 현대화건설의 방식과 특징을 결정지었다. 배경에 있어서 그것은 세계적이다. 중국 현대국가 건설은 서구정치경험에서 구성된 민족국가의 패권적 언어로부터 올 수 없고, 전통과 현대, 내부와 외부 간에 시종 긴장적 관계가 존재한다. 즉 끊임없이 해석, 분석, 학습, 대항, 취사하여 '세계역사현장'의 압력을 완화시켜야 했다.

현대화 과정은 현대 민족국가의 건설 과정이다. 민족국가의 건설은 다음과 같은 특징을 갖는다. 첫째, 중앙집권적 국가의 통합이다. 원래 봉건귀족과 지방엘리트집단에 속했던 몇 가지 권력 즉 입법, 사법, 행정, 세금징수, 화폐주조 등이 점차 국가에 귀속되고, 국가의 법률, 정령이 정치적으로 통일되고, 기능적으로 분화된 관료체제와 관료집단을 통해 기층에 관철되며, 중앙의 권위는 봉건귀족과 지방엘리트의 제거 또는 재편성되는 과정에서 확립된다. 둘째, 자원에 대한 국가의 강제적인 독점이다. 국가는 대내적 통치와 대외적 전쟁(또는 대외적 전쟁의 준비) 과정에서 중앙정부의 상비군을 장악하고 일상적 통치질서를 유지하는 경찰체제를 소유하게 된다. 국가가 독점한 군사·경비 시설은 국가 법률과 정령의 통일이 관철되는 강제적 기초이다. 그것이 국가가 '영토', '공국', '도시국가', '제국'과 구별되는 점이며, 상비군이 용병, 지방군벌과 구별되는 근본적 지점이다. 셋째, 국가의 민족주의 이데올로기의 동원이다. 중앙집권은 두 가지 문제를 초래한다. (1) 국가는 새로운 정부형태를 설계하여 인구와 관련 업무를 효과적으로 관리해야 한다. 그것이 관료체제이다. (2) 국가는 새로운 기제를 만들어 정치공동체에 대해 사람들이 충성하고 인정하도록 해야 한다. 즉 통치하는 사람들에 대해 강한 종교, 국적, 정치신분, 상징부호 등 귀속의식을 부여하여, 그들의 지지를 얻어야 한다. 민족과 민족국가의 이해는 연관되어 있기 때문에, '애국주의'는 대중동원을 할 수 있는 좋은 도구이다. 대중이 '애국주의'의 기치하에서 원래의 낡은 지역공동체에 대한 그들의 귀속감을 타파하거나 그로부터 멀어지도록 한다. 따라서 민족은 전체 공민(국민)을 통칭한다.[60]

민족국가 건설의 모습은 전통국가에 대한 현대화의 재조직화를 보여준다. 고전 현대화이론에 따르면, 전통국가의 재조직화의 동력은 시민사회의 자본과 그와 관련된 조직의 확대요구로부터 나온다. 블랙(Cyril E. Black)은 그것을 '현대성 도전'이라 부른다. 현대 민족국가 수립의 예 중 하나인 프랑스를 분석할 때, 학자들은 프랑스의 봉건제도에 이미 '현대성의 중요한 성분'이 있었다고 지적한다. 예를 들면 도시 자치조직, 계약관념의 유행으로 생겨난 시민단체와 제도, 재산, 능력, 지혜, 그리고 직업활동과 관련된 '중산층'이 그것으로, 자본주의 원칙에 따라 상인집단, 은

---

60   埃裏克·霍布斯保姆, 『民族與民族主義』, 上海人民出版社, 2000, pp.98-104.

행, 기업, 운수시스템에 대해 투자하거나 판매를 했다. 그것은 초보적으로 스스로 조직된 자본 세력이 블랙이 말하는 '현대화된 영도'를 점차 구성하여, '경제와 사회적 전환'을 유도한 것이다. 향촌과 농업의 생활방식을 도시의 공업적 생활방식으로 전환했다. 정치적으로, 그것을 상징하는 사건이 프랑스대혁명이다. 결국 '사회의 일체화', 즉 사회구조의 근본적 개조를 달성했는데, 그 정치형태가 민족국가이다.[61] 다시 말하자면, 서구 민족국가의 성장과정에서 중세 후기에 출현한 시민사회는 경제와 사회적 전환과 현대국가의 도래를 위해 불가결한 조직적 자원을 제공했다. 그런 조직자원으로 왕권(중앙집권 왕조국가)은 제후의 분산된 동맹군을 억누를 수 있었다. 집권이 시민을 대표하고 통일적 시장의 요구를 수립했기 때문이었다. 그 후에 전제적 왕권과의 대결 중에 왕조국가를 자본주의적 민족국가로 전환시키는 기초를 마련했다. 전통국가의 재조직화는 본질적으로 자본주의적 성격의 시민사회가 봉건전제의 배 속에서 나날이 커진 자신의 조직세력을 움직여 국가에 대해 구별, 조정, 규범, 파기와 재건 등을 진행하는 과정이다. 그렇기 때문에, 서구의 현대화는 점진적이고 질서정연한 특징을 보여주었고, 국가건설과 민족건설에 뒤이어 이루어진 민주(참여)건설, 경제건설, 복리(분배)건설 모두 중심문제를 해결하는 전략적이며 자발적인 발전특징을 보여주었다.[62] 시민사회의 자

---

61 伯納德·布朗,「法國的現代化經曆」, 西裏爾·布萊克, 『比較現代化』, 上海譯文出版社, 1996, pp.238-269 ; 布萊克, 『現代化的動力』, 四川人民出版社, 1988.

62 阿爾蒙德, 鮑威爾, 『比較政治學』, 上海譯文出版社, 1987, pp.421-422.

발적 조직이 없다면, 국가의 재조직을 상상하기 어렵다. 그런 점에서, 그 것은 중국의 민족국가 건설과 매우 다르다.

중국은 후발 현대화국가이다. '후발'은 시간적 개념일 뿐만 아니라, 논리적 개념이기도 하다. 중국의 현대화는 자신의 문명으로부터 발전한 것이 아니라, 외부의 이질적인 문명이 수입되어 시작되었다. 그것은 '먼 저 발전한' 국가가 현대화를 '떠밀어' 하게 된 것이다. 원래의 발전논리 즉 뤄룽취(羅榮渠) 선생이 말한 것과 같은 '왕조순환'의 논리가 갑자기 중 단되고, 준비되지 않은 상태에서 중국 역사상의 전국시대와 완전히 다른 '신(新)다국가시대' 즉 제국주의 시대의 국제관계가 되었다. 외부의 상품 과 자본이 군함과 대포를 이끌고 쳐들어와서 철저하게 "만리장성을 파 괴했다."(마르크스) 그리고 외국의 가치, 제도와 언어를 그대로 가지고 와 서 해안을 점령했다. 내륙으로 침입하여 전통적 생활양식을 침식하고 전 복시켰다. 전통적 전제주의가 궤멸되고, 중앙집권적 행정체제의 해체와 함께 심각한 정치적 혼란이 발생했다. 그것은 '3천 년 동안 있어 본 적 이 없는 이변'이었다. 그리하여 중국은 대량의 이질적 문화의 유입과 충 만한 위기 상황에서 현대국가의 건설을 시작했다. 거의 모든 후발국가처 럼 다원식의 현대세계에서 생존하기 위해, 중국은 선진국보다 더 적극적 인 정치수단을 사용하여 경제와 공업화 발전에 개입하여 추동할 수밖에 없었다. 그리고 선진국보다 더 강력한 정부정책을 실행하여 각 사회집단 간에 사회적 자원을 재분배할 수밖에 없었다. 중국 현대화와 중국국가 건설이 바란 것은 오직 한 가지, '강한 국가'의 건설이었다.

자발적 조직과 기제가 결여된 약소한 사회가 민족국가 건설을 지속하기는 힘들고, '강한 국가'는 더 말할 것도 없다. 중국 현대국가 건설은 총체적으로 말하자면, 이용할 수 있는 자원이 너무 부족했다. 그 중에서 가장 두드러진 점은 조직자원의 결핍 또는 낮은 조직화 상태이다. 그것은 세 가지 점에서 나타난다. 첫째, 전통적 중앙집권국가에서 ㈜현 이하에는 기능적 관원과 기구가 없어 이갑(裏甲)이나 이사(裏社) 그리고 지방 향신집단에 의존하여 업무를 처리했다. 향리 조직은 전통국가의 기술과 재정의 한계로 인해 기층사회를 다스리지 못하는 상황을 해결하기 위해 설립된 '관차(官差)사무'기구였다. 그 기능은 부역, 소송, 치안 등에만 국한되었다. 그들은 중앙집권국가체제의 기층 관리에게 속하지도 않았으며, 기층사회의 공공건설 기능을 담당하지 않았다. 청대가 끝날 때까지, 조직의 폐단이 무수히 많이 발생했고 부패도 심각했다. 그것은 '새로운 정치'가 없애야 할 목표의 하나였다. 기층사회의 거버넌스는 상당한 정도로 지방향신집단이 개인 자격으로 맡을 수밖에 없었다.[63] 그러나 1905년 과거제가 폐지된 후, '향촌조직의 기초'인 지방의 호족집단이 급속히 분화되고 해체되어, 과거시대에 농민을 다잡아 중요한 사회적 작용을 했던 사대부는 도시로 계속해서 이동했고, 향촌의 호족은 나날이 '토호와 악질 지주'로 전락해 지방엘리트 집단의 질이 빠르게 악화되어 지방사회질서의 궤양이 되었다.[64] 둘째, 사회집단이 상대적으로 집중되어 있던 통상항구에서의 각종 상업조직은 엄밀한 전문노동분화

---

63   魏光奇, 『官治與自治―20世紀上半期的中國縣制』, 商務印書館, 2004, pp.4-55.

64   王先明, 『近代紳士』, 天津人民出版社, 1997, pp.343-346.

가 되어 있지 않았다. 시장경쟁적인 자주적 교역의 성격도 결여되어 있었다. 도시의 상업조직(行會)은 지연·혈연적인 동향(同鄕)조직이 차지했다. 종족과 고향 관계에 근거한 조직들은 외지의 환경에서 자신의 이익을 성공적으로 지켰고, 모든 도시 공동체와 격리되어 있었다.[65] 민간 산업분야에서 처음부터 '관독상판(官督商辦)'의 방법을 채택했기 때문에, 결과적으로 '상인', '향신', '매판'과 '관리' 간의 신분적 역할이 모호해졌다.[66] 업계의 민간조직에 의존하고 관부에 의존하여 조직의 정상적인 발육을 제약했다. "1900년 이전, 이렇게 널리 퍼진 대부분의 중국의 조직형식에는 거의 어떠한 변화도 없었다. ……낡은 조직형식은 여전히 존재했다."[67] 셋째, 전통적 정치권위는 통치나 사회유지에 있어서 보다 윤리강상(倫理綱常)에 의존하고 비공식적 조직에 의존했다. 기층 정치에 대해서는 비지방적, 지역적, 그리고 전국적인 조직은 통합이라는 통치목표에 치중했다. 거버넌스 방식은 윤리적이지 행정적이 아니었고, 관료의 채용은 시문(時文)에 의한 것이지 기술에 의한 것이 아니었다. 통치경향은 보수적이지 변혁적이지 않았기 때문에, "중국사회의 주도적 조직원칙은 분산되고 동원되지 못했다." 분산된 조직원칙은 통치자가 각종의 효과적 조직수단을 창조할 수 있는 동력을 최대한 억제하며, 통치자가 각종

65   吉爾伯特·羅玆曼,『中國的現代化』, 江蘇人民出版社, 1988, pp.220-224.

66   張玉法, 「中國現代化的動向」, 羅榮渠·牛大勇, 『中國現代化曆程的探索』, 北京大學出版社, 1992, p.82.

67   吉爾伯特·羅玆曼,『中國的現代化』, 江蘇人民出版社, 1988, p.224.

조직자원을 개발할 수 있는 능력도 최대한 억제한다. 로이즈만(Bernard Roizman)은 중국을 일본, 러시아의 현대화와 비교하면서 다음과 같이 말했다.

> 개괄적으로, 중국의 조직상황은 일본과 러시아와는 달라 보인다. ……중국인은 어떤 경우 중대한 문제에 있어서 성공적으로 동원되지만, 오히려 국가는 열심히 조직을 구축하여 지속적으로 자원을 축적한 적이 없다. 조직의 연속성은 완만하게 발전하고, 심지어 지방에서 번영하여 자유롭게 발전하는 전현대사회에 상응하는 것이지만, 그런 사회는 동원된 사회가 아니고는 맹렬한 현대변혁에 대해 더 낫고 강력한 대응을 할 수 없다. 그런데 현대화 노력에 대한 도전에 대응하는 것은 더 말할 것도 없다.[68]

량수밍(梁漱溟)은 조직자원의 결핍이나 낮은 조직화 상태를 "집단조직의 결여"라고 불렀다. "중국의 실패는 그 사회의 산만, 소극, 평화, 무력에 있다. 만약 그 실패를 특별히 지적한다면 두 가지를 꼽을 수 있다. 첫째는 과학기술의 결핍이다. 둘째는 집단조직의 결핍이다."[69] "집단(생활)의 결핍은 곧 중국의 가장 기본적인 특징이다. 중국의 모든 사정이 그것으로부터 비롯되지 않은 것이 없다."[70] "중국인의 집단생활의 결여"는

---

68 吉爾伯特·羅茲曼, 『中國的現代化』, 江蘇人民出版社, 1988, p.228.

69 梁漱溟, 『鄕村建設理論』, 上海世紀出版集團, 2006, p.46.

70 梁漱溟, 「中國建國之路」, 『梁漱溟全集』第3卷, 山東人民出版社, 1990, p.331.

"공공관념의 결핍, 기율습관의 결핍, 조직능력의 결핍, 법치정신의 결핍, 한마디로 집단생활 경영에 필요한 그런 성품의 결핍"을 초래했다.[71] 손중산은 그것을 "한 줌의 흩어진 모래"라고 불렀다. "외국인들이 늘 중국인은 한 줌의 흩어진 모래라고 말한다. 중국인은 국가 관념에 대해 본래 한 줌의 흩어진 모래이고, 본래 민족 집단이 없다." "중국인은 왜 한 줌의 모래인가? 왜 한 줌의 모래가 되었는가? 각자의 자유가 너무 많고, …… 집단이 없고, 저항력이 없어서, 한 줌의 흩어진 모래가 된 것이다. 한 줌의 모래이기 때문에, 외국 제국주의의 침략을 받았고, 열강의 경제 무역전의 압박을 받아도, 우리는 지금 저항하지 못하는 것이다."[72] 주의해야 할 점은, 중국사회조직의 병증에 대한 량수밍의 진단은 문화(문화불균형)로부터 파악한 것이라는 점이다. 그에게 '집단조직', '집단생활'은 매우 중요한 한 면이지만, "그 집단조직은 윤리적·정서적 조직"으로, 서구의 계급, 정치 집단적 조직과는 많은 차이가 있다. 중국사회의 상황에 대한 손중산의 분석은 비록 정치적 분석이지만, 중국의 가족조직을 기초로, 향촌에서 성과 현으로, 성씨종족을 '민족 집단'으로 결합시키고자 한 것이다. 그것은 정치 관념에서 문제가 된다. 그것은 그의 자유에 대한 이해에서도 나타난다. 그러나 한 가지 분명한 것은, 집단이나 조직과 같은 사회정치적 요건이 중국 현대국가 건설에 대해 결정적 작용을 한다고 인식했다는 점이다. 그것은 그 시대의 대다수의 생각을 대변한 것이다. 즉

---

71   梁漱溟, 「中國文化要義」, 위의 책, p.313.

72   孫中山, 「三民主義」, 『孫中山選集』, 人民出版社, 1981, p.674, p.721.

중국은 조직되어야 하고, '혁명을 조직'해야 현대화 국가가 직면한 대내외적 딜레마에서 벗어날 수 있다는 것이다. 중국의 조직화구조는 형편없을 정도로 쇠약했지만, 흥미로운 점은 중국의 '조직화'라는 언어가 대부분 국가주의(민족주의)라는 언어형식으로 출현했고, 오히려 더할 나위 없이 강해졌다는 것은 량치차오의 말에서 알 수 있다.

> 무릇 민족주의란, 국가가 인민을 소중히 여겨 존립하는 것으로, 모든 이익을 희생해서라도 인민을 위하는 것이다. 제국주의란, 인민이 국가를 소중히 하여 존립하는 것으로, 모든 이익을 희생해서 국가를 위하는 것으로, 줄기는 강하고 가지는 약한 것으로, 집단을 중시하고 개인을 경시한다. ……무릇 나라가 민족주의의 계급을 거치지 않으면, 나라라고 할 수 없다. ……지금 구미열강은 모두 혈기왕성한 힘으로 위협하며, 우리와 경쟁하는데, 우리나라는 민족주의라는 것에 대해 아직 시작도 하지 않았다. ……제국주의로 침략한 것이 무섭다는 것을 알고, 우리 고유의 민족주의를 빨리 키워 그것을 막는 것이야말로, 오늘의 우리 국민이 당장 해야 하는 일이다![73]

량치차오의 민족주의론은 '혁명조직'에 대한 강렬한 표현이다. 장하오(張灝)가 지적한 것처럼, "그것은 조직이 산만하고 활력이 결여되어 있는 사회에 대한 하나의 반동이며, 그런 사회에서 사람들은 공민감과 통

---

73 梁啓超, 「國家思想變遷異同論」, 陳書良, 『梁啓超文集』, 北京燕山出版社, 1997, pp.149-150.

일된 민족공동체에서 필요로 하는 일치단결의 협력정신을 갖고 있지 않다. 그것은 무조건적으로 민족국가가 최고의 정치공동체라는 것을 인정하는 것이다. 그것은 민족국가의 민주화를 포함하고, 그것이 처음 생겨났을 때는 주로 외래의 제국주의에 대한 대응이다."[74] 그러므로 량치차오는 다음과 같이 말했다.

> (정부개조, 전제반대, 즉 국민정치, 국민의사의 공식적 표출은) 집단을 필요로 하고, 그것을 표출기관으로 삼는다. 무릇 국체라는 것은 항상 그 집단성원의 의사를 의사로 삼는 것이 보편적이다. 그러므로 그 집단성원이 가령 국민의 작은 일부를 차지한다고 한다면, 그 집단이 표출하는 의사는 곧 일부 국민이 표출한 의사이고, 그 집단 성원이 국민 대다수를 차지한다면, 그 집단이 표출하는 의사는 곧 대다수 국민이 표출하는 의사가 된다. ……그러므로 정치집단이란, 항상 인민이 국가의 권리와 의무를 따르게 하고, 정치와 인민의 관계는 ……일반 국민정치에서의 열정을 일으켜, 그 정치적 흥미를 키운다.[75]

오사 전후, 집단과 조직에 대한 그런 관점이 매우 유행했는데, 무엇보다도 사회주의를 수용한 지식인들 사이에서 그랬다. 노동자조직의 산업별 자치집단을 통해 모든 산업을 관리하고자 하는 길드식 사회주의이

---

74 張灝, 『梁啓超與中國思想的過渡(1890-1907)』, 江蘇人民出版社, 1993, p.117.

75 梁啓超, 「政聞社宣言書」, 陳書良, 『梁啓超文集』, 北京燕山出版社, 1997, p.343, p.345.

든 볼셰비키식 사회주의이든 모두 집단과 조직을 민족과 사회해방을 위한 전제로 보았다.

> 만약 조직적이고 생기 있는 사회에서, 모든 기능이 모두 활발하게 이루어진다면 기회를 잡을 수 있다. 그리고 그것을 수단으로 일을 시작할 수 있다. 만약 조직이 없고 생기 없는 사회라면, 모든 기능은 닫혀버릴 것이고, 어떤 수단을 사용하든 모두 그것을 사용하여 일할 수 있는 기회를 갖지 못할 것이다. 그 때는 근본적 해결을 통해서만이 각각의 구체적 문제가 모두 해결될 희망이 보일 것이다.[76](李大釗)

20세기 초, 조직이 없는 민족은 조직적인 외래 자본주의의 충격에 대해 계란으로 바위를 치는 것처럼 위태로웠다.

> 자본주의가 점차 국민의 경제를 발전시키고 노동자를 개량한 상황에서 사회주의에 이르는 방법은 영국, 프랑스, 독일, 미국의 문화에서 이미 정치와 경제가 독립된 국가를 개발했고, 또는 그럴 수 있다. 중국과 같이 지식이 유치하여 조직되지 않은 민족은 외래 정치 및 경제의 침략이 매일 매일 긴박한 경우, 시간상 중국인이 채택할 수 없는 점진적 Evolution을 하거나, 오직 급진적인 Revolution만을 할 수 있을 것이다.[77](陳獨秀)

---

76 李大釗,「再論問題與主義」,『李大釗文集』第3卷, 人民出版社, 1999, p.6.
77 陳獨秀,「複東孫先生的信」,『新青年』卷8第4號.

국가가 최악으로 망가지고, 인류가 최악으로 고통 받고, 사회가 최악으로 암울해지면, 벗어날 수 있는 방법, 개조할 수 있는 방법은 교육, 흥업, 노력, 맹진, 파괴, 건설이야말로 정말 괜찮은 방법이다. 그리고 그런 몇 가지 근본적 방법을 위한 것이 있다면, 그것은 민중의 대연합이다. ……천하란 우리들의 천하이다. 국가란 우리들의 국가이다. 사회란 우리들의 사회이다. 우리가 말하지 않으면, 누가 말하겠는가? 우리가 하지 않으면, 누가 하겠는가? 절대 늦출 수 없는 민중 대연합을 우리는 적극적으로 추진해야 한다

'민족주의'는 곧 국민을 민족정신으로 '조직하고', '연합하는' 이데올로기이다. 오직 조직이 있어야 비로소 민족의 '기능'을 활성화시킬 수 있고, 민족의 정신을 진작시킬 수 있다. '조직'이 결여되어 있고, 정치, 경제, 사회 모두가 '극도로 파괴된' 상황에서, '조직하는' 것은 자연스럽게 '근본적 해결', '급진적 혁명', '절대 늦출 수 없는' 성격을 갖게 된다. 그것은 서구의 개인주의가 20세기 중국에서 같은 시기 들어온 서구의 집단주의와 사회주의에 굴복하게 된 근본적 이유이다. '조직화'라는 말이 고조되면서 20세기 대다수 중국인들은 자유주의에 대해 깊은 공감을 갖는 중국인도, 예를 들면 후스(胡適)도 그런 역사적 언어 환경에서 벗어날 수 없었고, '개인주의의 폐단'을 극복하기 위한 '사회주의'의 중요한 의

---

78 毛澤東,「民眾的大聯合 (一)」,「民眾的大聯合 (三)」, 中共中央文獻研究室, 中共湖南省委『毛澤東早期文稿』編輯組,『毛澤東早期文稿』, 湖南出版社, 1990, p.338, p.390.

의를 '조직'하는 것을 인정하지 않을 수 없었다.[79] 조직은 민족의 부활을 의미했고, 그것이 현대성의 매력이었다.

조직화의 가장 직접적이고 가장 효과적이며 가장 대표적으로, 중국인이 서구민족국가 건설의 경험으로부터 배워야 하는 가장 '현대화'된 방식이 정당조직이었다. 민국 초기에 량치차오는 다음과 같이 말했다. "정당이란, 인류의 임의적이고 지속적이고 상대적으로 결합된 집단으로, 공공의 이해를 기초로 하며, 일관된 의견을 가지고, 광명한 수단을 사용하여, 협동적 활동을 통해 정계에서 우세를 점하고자 하는 것이다."[80] 그것은 거의 버크(Edmund Burke)의 정당정의를 따른 것이다.[81] 당시의 여론은 다음과 같이 생각했다.

천하란, 당파의 천하이다. 국가란, 당파의 국가이다. 유럽 각국의 정치는 모두 정당에 의해 움직여진다. 정당이란, 전국의 애국지사들이 모여 일국의 정치에 참여하고, 전국의 달변가들을 모아 일국의 정치를 논의하는 것이다. 무릇 내각을 설립하면, 내각의 대신은 모두 정당의 당수이다. 회의를

---

79   張汝倫, 『現代中國思想研究』, 上海人民出版社, 2001, pp.308-310.

80   梁啟超, 「敬告政黨及政黨員」, 張玉法, 『民國初年的政黨』, 嶽麓書社, 2004, p.22.

81   18세기 영국 정치학자 버크는 정당을 다음과 같이 정의했다. "정당이란 어떤 사람들이 함께 인정하는 특정한 원칙에 기초하여, 국가이익을 촉진하기 위해 공동으로 노력하고자 연합한 집단이다."(원문은 다음과 같다: Party is a body of men united, for promoting by their joint endeavours the national interest, upon some particular principle in which they are all agreed.)(薩托利, 『政黨與政黨體制』, 商務印書館, 2006, p.22을 보시오.) 정당이론연구는 일반적으로 버크의 정의를 창의적인 것으로 여긴다.

소집하면, 의회의 의원은 모두 정당의 명사이다. 폭정에 저항하기 위해 쓰이면 폭정이 사라지고 행해지지 않는다. 민심을 대표하는 데 사용되면, 민정이 미치지 않는 곳이 없게 된다. ……그러므로 우리나라 국민이 우리나라가 망하는 것을 좌시하면 망한다. 우리나라가 망하는 것을 참지 못하겠다면, 크게 소리쳐 나라의 지사들을 불러 모으고, 큰 무리를 이루어야 하며, 선비이든 농민이든 노동자이든 상인이든 상관없이 4억의 끓는 우환을 뼈저리게 느낀다면, 모두 입회하여 중국이 3천 년 동안 하지 않았던 큰 깨달음을 얻어야 한다. 그 후에 중국의 원기를 모아서 흐트러뜨리지 말고, 하나도 어지럽히지 않고, 비바람도 견디고 칼과 총도 쳐들어오지 못하도록 해야 한다. 폭군과 백성의 적을 막고, 다른 나라 다른 민족이 멸망시키지 못하도록 한다면, 중국 역사상 일대성사가 아니겠는가?[82]

서구의회정치와 정당정치를 채택하여 정당형식으로 중국인을 "큰 무리로 연합시키고", "큰 당으로 합치자"는 외침은 중국의 정당시대가 도래했다는 것을 말해준다. 비록 '당 파괴'나 '당 조직'에 대한 논쟁이 있었지만, 서구 정치 관념의 계속된 유입으로 인해 민족국가 건설에 대한 정당의 작용에 대해서는 점차 공통된 인식이 생겨났다. 당시 국민협회(민국 초기 정당의 하나)의 간사장이었던 원종야오(溫宗堯)는 정당의 '오묘한 작용'에 대해 "가장 상세하게" 그런 인식을 보여주었다. 원씨는 다음과 같이 말했다. "무릇 일국의 인민은 비록 함께 국가 아래에 머물지만, 종족

---

82   「政黨論」, 『淸議報』第78冊, 中華書局, 1991, pp.4908-4909.

(宗族), 지역, 민족이 항상 통일된 느낌을 갖지는 못한다. 정당이 주의로써 서로를 결합시키고, 정강(政綱)으로써 호소하면, 종족, 지역, 민족은 비록 다르지만, 서로 함께하지 않은 적이 없다. 서로 오래 함께하면, 국가 관념이 나날이 발달하게 되고, 동화의 효과를 얻게 된다. 그것이 정당의 오묘한 작용 세 가지이다." 다른 두 가지 작용은 국민을 훈련하여 시비를 분별하도록 하거나, 정책선택에 대한 정치적 상식과 능력을 키우는 것과 여론동원과 민의의 소집으로 당파의 정강을 관철시키는 것이다.[83] 여기서, 정당은 종족, 지역, 민족을 초월하여 '주의'를 바탕으로 그들을 결합시키는 신형 조직세력이다. 정당이 전개한 정치훈련과 여론동원은 모두 민족국가의 '조직화'의 중요한 수단이다.

조직은 엘리트의 게임이다. 20세기 전기에, 엘리트계층에 큰 변화가 발생했고, 과거와 같은 '선비-관료-지주'의 사회구조에 머물지 않게 되었다. 1905년 과거제가 폐지되고, 신학당이 개관하고, 입헌을 준비하고, 의회가 설립되고, 혁명당이 생겨났다. 청정부가 전복되기까지 관료채용의 모습이 모호하게 변했다. 고위관료는 자유롭고 유동적인 정객이 되었으며, 중하층 관료는 목표와 책임감을 상실했다. 군인은 왕조의 붕괴와 정치질서에서 가장 강력한 집단이 되었지만, 군사집단은 군대를 유지하는 것을 중시하여 서로 공격했다. 그들은 국가를 재건하는 정치적 이상을 결여하고 있어서, 대중을 기초로 하여 그 정치적 영향력을 확대하는

---

83   郭孝成, 「國民協會幹事長溫宗堯演說辭」, 張玉法, 『民國初年的政黨』, 嶽麓書社, 2004, pp.23-24.

정치조직을 구축할 수 없었다. 과거제가 폐지되고 난 후, 신학문을 배우기 위해 도시연안으로 온 지식인들이 변혁시대의 가장 중요한 대변인이 되었다. 쩌우당이 지적하기를, 당시의 지식인들은 이미 이데올로기, 지식, 문화, 사회, 그리고 경제적 지위가 달랐다. 과거와 같은 전통적인 소범위의 선비들 간에 교류 방식은 이미 대정치조직의 틀이 될 수 없었다. "이렇게 정치행동이 어느 정도의 성공을 하려면, 그들은 새로운 단결, 응집, 승인의 기초 및 새로운 조직형태를 찾아내어, 대량의 지식인들이 공동의 행동을 취하고, 스스로 국가를 재건하고 사회를 개조하는 책임을 이행하고, 시대에 대응하는 요구를 수행할 수 있게 되었다. 그런 지식인들은 외국에서 가져온 또는 외국사상의 영향을 받아 형성된 각종 이데올로기에서 그 기초들을 찾아냈다. 동시에, 그들은 현대정당으로부터 그런 새로운 조직형태를 발견했다."[84] 지식인들이 당을 조직한 것은 지식엘리트가 새로운 지식자원을 운영하여 조직화 경로를 통해 정치엘리트로 전환하려는 노력을 보여주는 것이다. 그것은 중국 현대정당사에서 중요한 풍경의 하나이다.

당 조직의 바람이 일어나 민국 초기에 일단의 정당조직이 여기저기 출현했다. 즉 다당(多黨)정치의 황금시대가 도래했고, 거의 모든 서구 정당유형을 볼 수 있었다. 손중산과 같은 혁명당인도 다당경쟁의 필요성과 합리성을 인정했다. "국민이 당의 정책에서 국가에 불리한 것을 보면, 그것을 고쳐야겠다는 생각을 하게 되기 때문에 야당이 다수여야 한다는

---

84 鄒讜, 『中國革命再闡釋』, 牛津大學出版社(香港), 2002, p.7.

데 찬성한다. 야당이 다수 국민의 신뢰를 얻게 되면, 일어나서 정권을 대신 장악하여 재위당(在位黨)이 된다. 대개 일당의 정신과 재력이 부족해지는 때가 있고, 세계상황이 변화무쌍하고, 하나의 정책을 영원히 바꾸지 않는 것은 불가능하므로, 양당이 재위와 재야를 서로 바꿔야 국가의 정치가 나날이 진보하게 된다.[85] 그러나 손중산은 다당경쟁의 필요성과 합리성이 오직 서구정치의 이론적 측면에서 가능하며, 중국정치의 토양에서는 남귤북지(南橘北枳)일 따름이라는 것을 재빨리 깨달았다. 우선 국회에서 당파가 복잡하게 얽히고, 정견이 갈라지고 연맹이 취약해지고, 이랬다저랬다 하고 경쟁에 질서가 없고, 강권으로 게임규칙을 누르려고 하고, 사적인 이익을 가지고 당 영수들 간에 거래를 하는 등등, 다당경쟁이 붕당이 되었다. 국민당이 국회에서 가장 큰 당이 되었지만, 다당정치의 실제 이익을 얻지 못했고, 오히려 구세력에 의해 공격받는 희생양이 되었다. 우선 국민당의 합법적 내각의 행동은 좌절을 겪었다. 국민당이 선거전에서 대승리를 거둔 후 송쟈오런(宋教仁)이 피살되었고, 국민당 당적의 의원자격이 박탈되었다. 계속해서 운동을 저해하는 국민당이 '국가에 반란을 일으켰다'고 선포되어 진압되었다. 예를 들면, 국민당 의원이 지명수배되고 살해당하기도 했다. 마지막으로 국회가 해산되었고, 국민당의 책임내각제와 양원제는 제거되었다. 그것을 대신하여 위안스카이의 총통제와 일원제가 들어섰다. 위안스카이 정부의 황제운동이 표면화되자, 의회정치와 정당정치에 대한 낙관적 정서가 냉혹한 이익계산과

---

85   孫中山,「孫中山留日團體歡迎會的演說」,『孫中山全集』第3卷, 中華書局, 1984, p.35.

가혹한 무력정치에 의해 빠르게 식어버렸다. 국민당이 명기(손중산이 대통령직을 사임하고, 황싱[黃興]이 남경유수 직무를 사직)를 내놓고, 합법적 정당을 이용하여 국가 중핵에 경쟁을 통해 들어가서, 민주공화정체를 건설하고자 시도했지만, 결국 국민당은 '난당(亂黨)'으로 내몰렸다.

정당은 본래 사회를 조직하고 국가를 조직하기 위해 도입되었지만, 민족자본의 발전은 느렸고 전제세력은 강했다. 자주적 참정과 정치적 타협의 전통이 결여되어 있었으며, 대내외적 위기가 나날이 가중되고 있는 국가에서, 결과적으로 사회와 국가의 비조직화가 심화되었다. 사람들은 민국 초기의 정당정치의 실패를 정치 강자에서 찾았지만, 정치 강자는 그냥 나타난 것이 아니다. 그것은 정치 강자가 불법적·비절차적인 힘을 정치에서 좌우할 수 있도록 한 절차 때문이었다. 그런 사회는 성격상 집권정치의 논리가 존재한다는 것을 보여준 것이다. 분산된 사회는 강한 정치적 재능의 통합을 필요로 하고, 강한 전제는 더 강한 세력에 의해서만이 제약될 수 있다. 정당이 출현한 때에 더 강한 세력을 형성하려면, 오직 더 강한 정당을 조직해야 한다. 장제스(蔣介石)는 "당은 왜 필요한가"라는 제목의 연설에서 다음과 같은 논리를 개진했다. "우리나라는 이렇게 크고, 인민도 이렇게 많은데, 우리 국민의 지식과 보통교육은 오히려 유치하고 결핍되어 있으니, 만약 우리가 사억 동포로 하여금 하나하나 우리의 삼민주의를 알게 하고, 혁명의 도리를 일깨워 하나하나 혁명을 결심하게 하려면, 몇 십 년 후에야 가능한지 알 수 없다! 몇 년 후에는 나라도 망할 것이다. ……그러므로 혁명을 완성하려면, 주의가 성공하려면, 조직이 있어야 한다. 그 조직은 무엇인가? 바로 '당'이다."[86] 장제스는 강하게 호소했다. "지금 우리의 혁명 기술, 혁명 조직, 혁명 기율을 철저하게 집단화해야 한다! 조직화해야 한다! 현대화해야 한다!"[87] 국민당이 강력한 혁명정당을 건설할 수 있을 것인가는 차치하고, 그런 강력한 정당의 활동과 그것이 호소하는 정치조건에 적합한 것은 보다 효과적인 정당체제이다. 그것은 기존의 다당체제일 수는 없었다. "현대화를 하려는 어떤 국가에서도 다당시스템은 모두 약하고 무력한 정당시스템"이기 때문이다. 무당(無黨)체제로 회귀할 수도 없었다. 무당체제의 기초인 전통적 군주정체는 이미 파괴되었기 때문이다.[88] 다당체제와 무당체제는 모두 조직화가 낮고 조직화가 되어 있지 않은 중국의 상황을 바꿀 수 없었고, 모두 현대 민족국가 건설의 사명을 완성할 수 없었다. 그러므로 조직화라는 단어는 사회혁명이라는 말로 바뀌었고, 정당정치는 당건국가, 당치국가라는 말로 바뀌었다.

86　蔣介石, 「爲什麼要有黨」, 『中國現代思想史資料選輯』上冊, 四川人民出版社, 1984, pp.557-558.

87　蔣介石, 「革命的心法―誠」, 張其昀, 『蔣“總統”集』第1冊, “國防”硏究會, 中華大典編印會(台), 1961, p.722.

88　亨廷頓, 『變動社會的政治秩序』, 上海譯文出版社, 1989, p.456, pp.434-435.

국민당과 공산당의 '당국체제' 비교

1921년, 코뮨의 지지하에 중국에 마르크스·레닌주의 공산당이 출현했다. 3년 후, 다당정치의 실패 속에서 아픔을 경험한 국민당은 소련과 중국공산당의 도움을 받아 '러시아를 모델로 하는' 당무(黨務)혁신을 시작했다. 국민당의 개조는 '당치국가' 사상과 조직기초를 다졌고, 국민당이 북벌에 성공한 후 중국에서 처음으로 '당국체제'의 정치형태가 형성되었다. 공산당은 그 후 국민당과의 전쟁에서 국민당의 당치국가 구조를 파괴했다. 혁명동원 과정에서 결집된 강대한 정치적 권위에 의존하여, 보다 유력한 방식으로 '당치국가'를 쇄신하고 재건했다. 결국은 사회조직망에 의존하여 '당국가체제'의 정치형태를 최대한 발전시켰다.

'당치국가'는 곧 당이 나라를 다스리는 것(이당치국)이다. 국민당이든 공산당이든, 당치는 일종의 방략이다. 그것은 모두 '치국'에 대한 자원이 부족하고, 무엇보다도 조직자원이 심각하게 부족한 상황에 대한 대응이다. 현대정치의 기본요건인 정당을 이용하여 중국의 조직화가 낮거나 되어 있지 않은 현실을 극복하고, 현대 민족국가 건설이라는 임무를 완성하고자 한 강력한 의지의 표현이다. 그러나 국공 양당이 추진한 당치로 구축된 '당국가체제'는 큰 차이가 있었다. 그 차이는 주로 세 가지 측면에서 나타난다. (1) '당국가체제'의 형태 (2) '당국가체제'의 강도 (3) '당국가체제'의 정치발전전략에서의 위치이다. 첫 번째 측면은 국가 법률과 혁명정치 사이에서의 당치의 지위문제를 가리킨다. 그것이 법률의 포장을 필요로 하는지 또는 이데올로기로부터 직접 자신의 합법성을 획득하는지는 양당의 목표와 행사방식에 의해 결정되었다. 둘째 측면은 정치운행 상황과 관련되어 있다. 정당의 침투, 동원, 통제수준의 차이가 '당국가체제'의 강도를 구별했다. 분석을 위해 일반적으로 표준적 개념을 사용할 수 있다. 즉 '권위', '전체주의' 또는 '전능주의'개념을 가지고 분석대상에 대한 이해를 도울 수 있다. 마지막 측면이 보다 중요할 수 있다. '당국가체제'를 헌정의 임시방편으로 삼거나 신형의 계급민주 즉 계급통치 자체를 구현하는 것으로 이해하고, 양당이 지켜온 이론논리와 사회역사관의 중요분야에 집중적으로 반영되었다.

국민당이 대륙에서 상대적으로 완전한 통치를 한 것은 오직 10년(1927-1937)뿐이었기 때문에, 국민당의 '당국가체제'에 대한 고찰은 주로 이 기간에 한정되어 있고, 그 시기를 '훈정시기'라고 한다. 그와 달리 공산당의 '당국가체제'의 시기는 1953년부터 '문화대혁명'이 종결되기까지의 20여 년이다. 신중국 성립 이후 1953년까지의 '신민주주의시기'에는 '당국가체제'의 특징이 아직 드러나지 않았기 때문이고, 1978년 이후는 '개혁개방시기'로, '당국가체제'가 쇠퇴하기 시작했기 때문이다.

국민당의 '당국가체제'의 법리적 형식에 대한 중시는 국민당 당치의 중요한 특징이다. 1928년 6월, 북벌을 한 국민당이 베이징에 입성한 세 번째 날, 멀리 파리에 있었던 후한민(胡漢民), 순커(孫科) 등은 공동으로 국민당 군사 지도자에게 「훈정대강초안」을 제안했다. 그들은 손중산의 「건국대강」규정에 기초하여, 국민당정부를 개조하여 '오권(五權)통치를 실현'할 것을 제안했다. 「훈정대강초안」과 그 「설명서」는 국민당의 '당국가체제'(훈정시기 정치체제의 형식적 발표)의 지도원칙을 마련했다. 훈정시기 오원제 정부를 수립한 후, 국민당이 전국적 정치생활에서의 독점적 지위를 확립하고, 당내 법규의 형식으로 훈정과 관련된 약정을 제정하기 위해 가장 중요한 것은 「훈정강령」, 「훈정시기 당, 정부, 인민이 정권과 통치권을 행사하는 한도 및 그 방략에 관한 안」, 그리고 「통치권행사의 규율 안」등이었다. 「훈정강령」의 전문은 모두 6조항으로, 그 중심 요점은 다음과 같다: 훈정시기 전국 국민대회를 개최하지 않고, 국민대회가 장악한 권력은 국민당 전국대표대회가 대리 행사하며, 국민당 전국대표대회 폐막 기간에는, 국민당 중앙 집행위원회에 위탁한다. 국민정부는 모두 5가지의 통치권(행정, 입법, 사법, 고시, 감찰)을 집행한다. 국민정부의 중대한 국무활동은 국민당 중앙집행위원회 정치회의에서 책임지고 지도·감독하고, 통치권을 행사하는 정부는 정권을 '대신 관할하는' 국민당의 의지를 관철하는 기관이다. 그것이 '당국가체제'—전형적 당정합일, 당국가 일체의 정치체제—의 시작이다.

　주의할 점은 국민당의 '당국가체제'는 당내 문건의 결의에만 머물지 않고, 국가입법의 형식으로 천하에 반포되었다. "당의 결의가 심지어는 형식적으로도, 법률에 준한다. 그리고 당은 결의의 방식을 통해 어느 때라도 법률을 취소하거나 변경할 수 있다."[89] 그러나 국민당은 여전히 전심전력으로 '당치'에 법리적 형식이라는 외피를 씌웠다. 훈정시기에 가장 중요한 헌법적 문건과 법률문건은 「중화민국훈정시기약법」(1931년 6월 1일)과 선후(1928년 10월 8일, 1931년 12월 30일) 제정되고, 수정된 「중화민국 국민정부조직법」으로, 셋 모두에 '당치국가'를 그 속에 삽입했다.

89　　王世傑, 錢端升, 『比較憲法』, 商務印書館, 1999, p.482.

그 중에서 「훈정강령」의 전문은 「훈정시기 약법」에 삽입되었다. 국민당 강령이 모든 국민이 따라야 하는 법이 되었다. 그것이 「약법」의 최대의 특징이다. 예를 들면, 「약법」의 제13조의 규정에 의하면, "훈정시기 중국 국민당의 전국대표대회는 국민대회를 대표하여 중앙의 통치권을 행사한다." 제72조의 규정에 의하면, "국민정부는 주석을 1인과 위원 약간을, 중국 국민당 중앙집행위원회에서 선임하며, 위원명수는 법률로 정한다." 제85조의 규정에 의하면, "본 약법의 해석권은 중국 국민당 중앙집행위원회가 행사한다." 1928년 제정된 「국민정부조직법」의 전언에서도, 입법의 근거를 "삼가 역사적으로 본당에 주어진 정부를 지도하고 감독하는 책임"으로 삼았으며, 1931년 수정한 「국민정부조직법」은 원본에서 규정한 국민정부 각 원의 정부원장 인선을 "국민정부 위원이 맡는다."(제7조)라는 것을 "중국 국민당 중앙집행위원회가 선임한다."(제10조)로 확실하게 수정했다.[90]

국민당 내에서 약법제정문제로 한 차례의 정치 분쟁이 일어났다. 후한민 등은 손중산의 삼민주의, 오권헌법, 건국방략과 대강 등을 '유지(遺敎)'로 여기고 본래 훈정시기의 근본법적 성격을 가지며 정식적인 법적 효력을 갖는다고 하면서 다음과 같이 말했다. "지금 또 약법을 논하는 것이 어찌 총리가 남긴 가르침을 버리고 또 다른 길을 찾는 것이 아니겠는가?"[91] 후한민도 손중산의 저작에서 국민당에 대해 어떠한 조직형식으

---

90   王世傑, 錢端升, 『比較憲法』, 商務印書館, 1999, pp.553–571.

91   胡漢民, 「國家統一與國民會議之召集」, 『中央日報』, 1930年10月10日.

로 국민대회의 직권을 수행할 것인지, 국민당, 국민정부, 그리고 인민 이 삼자의 권력이 어떻게 나누어지는가, 훈정시기 어떻게 인민의 자유권을 제약해야하는가에 대해 명확한 규정이 없다는 것은 인정했다. 그런 결점을 극복하기 위해, 그는 국민당의 3대에서 「훈정시기 당, 정부, 인민이 정권과 통치권을 행사하는 한도 및 그 방략에 관한 안」을 제안했다. 후한민은 원교조주의적 당치론자로서, 국민당 내의 논쟁을 거론하지 않았고, 민국은 당이 만든 것이므로 당의 주의(총리가 남긴 가르침)와 당의 결의가 곧 국가의 법률이며, 훈정시기 「권력 한도와 그 방략에 관한 안」과 「통치권행사규율 안」과 같은 당내 법규로 이미 충분하지, 다른 것은 필요 없다고 확신했다. 아이러니는 후한민은 당시 입법의 화신이라고 할 수 있는 입법원 원장을 맡고 있었다는 점이다. 그리고 군사독재자라고 여겼던 장제스가 약법 논쟁에서 '당치국가'를 법리형식을 띠게 만든 주요 인물이라는 점이다. 1930년 10월 3일, 중원 대전을 막 마친 장제스는 허난(河南) 카이펑(開封)의 군사지휘부로부터 남경으로 전보를 쳐서, "(국민당) 제4차 전국대표대회를 미리 소집하고, 국민회의 소집의안을 확정하여, 헌법 시기를 반포하고, 헌법이 반포되기 이전 훈정시기에 적용되는 약법을 제정할 것"을 요구했다.[92] 더한 역사적 아이러니는 당치의 법률화를 실현하기 위해, 장제스는 무력과 음모를 사용하여 법률정신과는 완전히 배치되는 수단으로 후한민을 구류하여 사직하도록 하고, 결국 당내에서 정

---

92 전보는 『中央黨務月刊』第27期, 1930年10月.(王世傑, 錢端升, 『比較憲法』, 商務印書館, 1999, p.468.)

적을 입 다물게 하는 방식으로 국민당 상임위원회 임시회의에서 국민회의를 열어 훈정시기 약법을 제정한다는 제의를 통과시켰다는 점이다.

"훈정의 엄격성은 후한민보다 더 멀리 간 것이고, 두 가지 결의(「권력한도 및 그에 대한 방략 안」과 「치권행사에 관한 규율 안」)로는 부족하다고 생각해, 훈정시기 약법이 필요하다는 주장을 제기"[93]했다. 근본적인 이유는 약법으로 국가의 명의나 당의 명의보다 더 효과적이고 더 '합법'적으로 인민이 '국민당에 복종'하게 하는 의무를 요구할 수 있었기 때문이었다. 약법제정을 제안한 당시 국민정부 법제국 부국장이었던 왕시제(王世傑)와 첸두안성(錢端升)은 공저인 『비교헌법』에서 다음과 같이 인정했다. "「약법」이 반포되었지만 당치제도는 동요되지 않았고, 통치권은 여전히 국민당의 수중에 있었다는 것에 주목해야 한다. 당치주의하에서, 당권은 모든 것보다 상위에 있고, 당의 결정은 「약법」에서 들어가고 나가는 것과 같다는 것을 사람들은 부정할 수 없다. 그런 이유로, 민국 20년 6월의 「약법」은 중국 정치제도의 한 획을 긋는 새로운 시기로 여겨진 적이 없다."[94] 즉 「약법」은 단지 '당국가체제'의 법리적 형태로서 국민당이 '중앙의 통치권'을 공고화하기 위한 것일 뿐이지만, 다른 한편으로 「약법」은 결국 국민당, 국민정부, 인민이 정권행사와 통치권과 공민권 과정에서의 한계를 설정한 것이고, '당 국가'에 대해 제약을 하지 않은 것은 아니다. 1933년 4월, 국민정부 장쑤(江蘇)고등법원의 공산당원인 천두슈(陳獨秀)

---

93   徐矛, 『中華民國政治制度史』, 上海人民出版社, 1992, p.220.

94   王世傑, 錢端升, 『比較憲法』, 商務印書館, 1999, p.471.

에 대한 공개심리에서, 천두슈는 변호사의 변호가 파악한 약법에 대한 이해와 스스로의 변호로, 법리적으로 "정부는 국가와 같지 않다.", "국민당과 그 정부에 반대하는 것이 국가를 반대하는 것과 같지는 않다."는 주장을 제기했다. 여론으로부터 동정과 지지를 얻었던 것은 법리적 형태의 '당국가체제'의 내부에 존재하는 중대한 모순을 보여준 것이었다. 객관적으로 인민은 '당 국가'가 남긴 그런 법적 공간에 비판적이었다.[95]

국민당의 '당국가체제'의 또 다른 특징은 권위주의(威權主義)이다. 권위주의는 주로 국가와 사회관계에 대한 것이다. 국가가 특정한 정치영역에서 독재를 실시하고, 기타 사회세력과 권력을 나누지 않고, 그 통치하에 여전히 일정한 '제한적 다원주의'와 '제한적 참여'가 존재한다면, 그런 체제는 일반적으로 '권위주의 체제'에 속한다. 국민당의 '당국가체제'는 권위주의체제의 비교적 특수한 형태의 하나이다. 통치효능으로 보면, '당국가'의 권위는 주로 중앙, 도시, 정치적인 측면에서 나타난다. 지방, 향촌 그리고 비정치적인 측면에서는, '당국가'가 오히려 힘을 쓰지 못하고 '약한 독재'의 특성을 보인다.

1938년 3월말부터 4월초까지 국민당의 임시 전국대표대회와 5차 4중전회에서 결정된 당정관계의 세 가지 원칙은 다음과 같다. "첫째, 중앙이 당으로 정부를 통솔하는 형태를 취한다. 둘째, 성과 특별시는 당과 정부가 연계의 형태를 취한다. 셋째, 현은 당과 정부가 융합된 형태, 즉

95　傅國湧, 「政府等於國家嗎？—章世釗與程滄波的筆戰」, "天益網站"政治學版, http://bbs.tech.cn.

당이 정부에 융합된 형태를 취한다."[96] 중앙에서 '이당통정(以黨統政)'을 실시하는 것은 전쟁 전과 다르지 않았고, 「훈정강령」에 이미 구체적으로 규정되어 있었다. "국민정부의 중대한 국무의 집행을 지도, 감독하고, 정치회의 의결에 따라 그것을 행한다."(제5조), "국민정부조직법의 수정과 해석은 정치회의에서 의결하여 행한다."(제6조). 전쟁 전의 "이당통정"은 중앙정치회의(또는 중앙정치위원회)를 통해 실현되었다.

중앙정치회의는 훈정시기 국민당이 당내에 설치한 정부의 대정방침과 정책제정을 전문적으로 담당하는 권력기관이다. 중앙에서, 국민정부는 비록 법리적으로 국가 최고기관이지만, 정치방안을 집행하고 중대정부를 실시하는 측면에서는 오히려 정치회의에 대해 책임을 지고, 즉 국민당에 대해 책임을 진다. 그리고 「국민정부조직법」에 따르면, 중앙정부의 오원(五院)의 정·부 원장은 모두 국민당의 중앙집행위원회에서 선임되고, 따라서, 오원은 국민당 중앙의 '당의(黨義)'를 관철하는 행정기관일 뿐만 아니라, 그 자신도 국민당 중앙의 '당원'이 독점하는 '당치기관'이 된다. 중앙정치회의(약칭 중정회)는 항전 개시 후 활동을 중지했고, 그 직권은 국방 최고회의와 후의 국방최고위원회에 의해 대행되었다. 국민당의 당내 중앙기구는 '국방'이라는 이름으로 중정회와 같은 순수한 국민당의 중앙의 색채를 약화시켰지만, 정권이든 치권이든 모두 중앙에서의 '이당통정' 심지어는 '이당대정'의 형태를 바꾸지는 못했다. 국방최고

---

96   榮孟源, 『中國國民黨歷次代表大會及中央全會資料』(下), p.477.(徐矛, 『中華民國政治制度史』, 上海人民出版社, 1992, p.320.

위원회의 당정군 삼위일체의 전시체제는 오히려 중앙의 당국일체 내지는 개인독재(장제스는 국민당 총재의 신분으로 국방최고위원회 위원장을 겸임하고, 당정군의 대권을 독점했다)의 독점적 상황을 크게 강화했다.

그러나 국민당의 '당정연계' 또는 '당정융화' 형태는 지방에서는 오히려 '당국가체제'의 일원성을 약화시켰다. 국민당 중앙의 결정에 따르면, 성급 지방당부와 동급 지방정부 간에는 평등한 관계이다. 지방 당부의 역할은 조직을 발전시키고, 당의 뜻을 선전하고, 당원과 민중을 훈련시키고, 지방자치조직을 배양하고, 지방정부가 지방자치를 추진하도록 돕는 것이다. 지방정부는 구체적 정무업무를 책임지고 처리한다. 당정은 분리되며 서로 간섭할 수 없다. 현급(縣級) 당부와 동급의 정부는 '정부와 당을 융합한다'고 했지만, 현의 당부는 자원을 제대로 확보하지 못했고, 직권범위도 매우 제한적이었으며, 인원편성도 현 정부에 훨씬 미치지 못했다. 당부 서기는 별 볼일 없는 존재였고, 현의 행정지도자의 하수인에 불과했다. 국민당은 법적으로 이당치국을 실행했지만, 지방 당부가 보기에, 이당치국은 당권이 지고 무상하다는 것을 의미할 뿐이었다. 중앙에서 '이당통정'한다는데, 지방에서는 왜 당부를 정부로 옮겨야 하는가? 그런 생각이 퍼지면서, '당국가체제'의 지방에서의 실천은 모순으로 가득 차게 되었고, 당부가 정부에 도전하는 일도 종종 발생했다. 헨리엇(Christian Henriot)은 『1927-1937년의 상하이』라는 책에서 일본 상품을 보이콧하여 국민당의 지방 당부와 지방정부가 마찰을 일으키고, 대항한 일에 대해 생동적으로 묘사했다. 상하이시의 당부와 상하이 정부의 긴장관계는 결국 "당으로서의 관원의 심각한 좌절로 끝났고", 지방 당부가 분열되었으며, 지방당은 중앙당에 대해 강한 불만을 갖게 되었다. 중앙당은 한 편으로는 "훈정시기, 당권으로 민권을 대신하는 것은 정권이 당에 속하고, 치권은 정부에 속하는 것, 즉 당이 그 권리를 행사하고, 정부는 최선을 다한다."는 입장이었다. 다른 한편으로는 오히려 지방당부의 권력을 제한했다. "민권을 대행하고, 당치를 실행하는 자에게 오랜 폐단이 생기고, 지방당부의 권력이 나날이 줄고, 지방정부의 기염이 나날이 높아진다는 것은 들어 본 적이 없다."[97]고 했다. 중앙의 당정 일체화의 실시와 지방의 당정 이원화의 실시라는 체제적 모순은 국민당의 권위주의적 '당국가체제'를 곤란하게 만들었다.

국민당정권은 하나의 도시적·항구적 정권으로, 국민당의 조직 구성원과 경제적 출처는 선명한 도시의 지리적 정치성을 갖고 있었다. 국민당은 중국 민족주의 흥기의 산물로 민족주의와 도시, 항구, 연해 등 통상의 요충지를 기반으로 했다. 민족주의는 현대화 운동을 대표하고, 국민당은 민족주의 세력을 위협했다. 연안지역에서 발전했으나, 내륙의 거버넌스 부재로 전통이 현대화를 억누르는 결과를 낳았다. 그것은 국제자본, 매판자본과 이익에만 관심을 갖고, 값이 오르면 팔기를 기다리는 민족자본의 연약함과 무력함과 관계있었다. 중앙집권적 국가를 다시 세우려면, 국제자본, 매판자본과 타협을 해야 하고, 민족자본과 민족자본의 발전을 통제하고, 그 속에서 안정적인 재정적 기초를 수립해야 한다. 그것은 반대로 국민당이 자신의 통치기초를 도시, 해안, 연해에서 구축해

97　安克強,『1927-1937年的上海─市政權, 地方性和現代化』, 上海古籍出版社, 2004.

야 할 필요성을 더 강화시켰다. "남경정부의 이 10년 동안, 세금징수의 대략 85%는 상업과 제조업 등 경제부문에서 나왔으며, 그 대부분은 상하이지역에 집중되어 있고, 상하이의 자본가에게서 나온다. 중국에서 가장 크고 가장 현대화된 도시의 부를 개발할 수 있어서, 장제스는 사람들이 부러워하는, 적보다 우월한 조건을 얻게 되었다."[98] 국민당은 도시와 해안에서 '당국가체제'를 수립한 후, 이어서 정치권력을 사용하여 중국 현대사에서의 이권회수 운동을 전개했다. 처음으로 관세자주화를 실현했고, 관세 총수입이 1913년의 1697만 위안에서, 1929년에는 27555만 위안으로, 1931년에는 36413만 위안으로 상승했다. 재정 총수입에서의 비중이 1913년 21%에서 1929년과 1931년 51%로 늘어났다.[99] 관세자주화는 '당 국가'가 정부재정을 안정시키는 중요한 수단이 되었다.

그러나 국민당의 '당국가체제'는 주춤하게 되었고, 도시의 발전과 향촌의 쇠퇴가 강한 대비를 이루었다. 중국 현대화는 향촌질서에 대한 개조에 대해 두 가지에 착안했다. 첫째는 하나의 완전한 지방행정제도를 건설하여 국가의 행정명령을 관철하는 것이다. 둘째는 "경자유전(耕者有田)"을 실현하는 토지개혁으로 국가권위에 대한 농민의 지지를 얻는 것이다. 국민당이 1927년부터 1939년까지 실시한 '새로운 현제(縣制)'에서, 현 이하에 구, 향(진), 보, 갑이라는 네 가지 등급의 조직을 수립한 것에서 전자의 노력을 엿볼 수 있다. 국민당의 10여 년간 반포한 셀 수 없을

---

98   費正清, 『劍橋中華民國史』(第2部), 上海人民出版社, 1992, pp.146-148.

99   史全生, 『中華民國經濟史』, 江蘇人民出版社, 1989, p.234.

만큼 많은 자주 바뀌었던 현제 개혁법뿐만 아니라, 전국적으로 새로운 현제를 위해 필요한 1118.7만 현정부 인원과 7.6억 위안의 훈련비용으로 말하자면,[100] 비록 우리가 지금 말한 관세자주화가 정부의 재정을 지탱해 주었지만, 당시 일본에 대항하고 '도적'에 대항하는 재정으로는 견딜 수 없는 수준이었다. 진관타오(金觀濤)와 류칭펑(劉青峰)의 통계에 따르면, 전쟁 전 국민당은 100만 명의 당원을 갖고 있었고, 3분의 2의 군인을 제외하고 군인 이외의 수는 단지 40만-60만이었다. 그 숫자는 향촌의 전통적 질서를 유지했던 호족 수의 3분의 1에 불과했다. 그들 대부분은 도시에서, 농촌인구가 80%를 차지하는 산동성을 예로 들면, 5000명당 한 명의 국민당원이 있을 뿐이었다. 결론적으로, "그런 분포로는 현 이하의 농촌에 충분한 간부를 제공할 수 없고", "국민당의 기층조직은 구(區) 지부이지만, 국민당은 농촌당원이 희소하여, 구 지부가 농촌에서 형식적으로만 설치되어, 이당치국은 농촌에서 실시된 적이 없었다."[101] 지방행정이 향촌으로 이전되는 것이 실패한 것은 본래 토지개혁을 통한 정치적 수익을 통해 보충될 수 있었다. '평균지권'은 국민당의 기치 중 하나였고, 국민당도 「토지법」(1930년 반포)이 있었지만, 「토지법」은 실행된 적이 없었다. 실시 세칙인 「토지법(실행법)」은 6년 후에야 공포되었고, 실행된 것은 국민당이 타이완으로 물러난 후였다. 「토지법」으로 '이오감조(二五減租)'를 규정했지만, 토지세는 50%-70%에 이르렀고, 농민의 생존환경

---

100 許紀霖, 陳大凱, 『中國現代化史』, 上海三聯書店, 1995, p.455.

101 金觀濤, 劉青峰, 『開放中的變遷』, 香港中文大學出版社, 1993, pp.318-319.

이 매우 열악했다. 정부도 그런 불합리한 상황을 개선하고자 하는 어떠한 조치도 취하지 않았다. 『캠브리지 중화민국사』에 의하면, "국민당원은 농촌에서의 사회경제관계를 건드릴까 걱정했다. ……그들도 지주계급에 대해 유달리 호의적이어서, 토지재분배를 통해 지주를 몰아내거나 소외시키고 싶어 하지 않았다. ……그들은 소작제를 건드려 사회혁명을 일으킬 것을 걱정했고, 그 결과 통제할 수도 예상할 수도 없었다. 어떤 이유로든, 결국 소작제는 난징(南京)정권 10년 동안, 사실상 계속 유지되었다."[102] 이렇게 지방행정제도가 향촌에서 수립되지 않음으로써, 국민당이 향촌의 지주, 토호세력, 악질적으로 향촌을 관리하던 세력들을 대량으로 이용하지 않을 수 없었고, 향촌질서를 빠르게 악화시키고 망가트렸다. 토지개혁을 방치함으로써 토지겸병이 심화되고, 땅을 갖지 못한 농민이 배로 증가했고, 향촌의 갈등국면을 극도로 악화시켰다. 두 가지가 합쳐지자, '당국가체제'는 화산 앞에 앉아 있는 것과 같았다.

지방과 향촌에서의 '당국가체제'의 취약성은 비정치부문의 자유로운 발전에 제한적 토대를 제공했다. 국민당이 중앙과 도시에서 통제성과 동원성을 결여한 것처럼, 정치측면에서도 매우 강한 독재성을 띠고 있었다. 후한민은 훈정의 필요성을 설명할 때 손중산의 '보모설'(保姆說)을 인용했다. 즉 인민은 아직 어리고, 처음 태어난 영아와 다름이 없다. 국민당은 영아를 낳은 부모이므로, "낳았으면, 길러주고, 교육시켜, 혁명의 책임을 다하도록 해야 한다." 다시 말하자면, 국민혁명에서 국민당은 중

102　費正清,『劍橋中華民國史』(第2部), 上海人民出版社, 1992, pp.167-168.

국 유일의 확실한 정당이었으며, 다른 당파는 모두 필요 없다. "당 외에 정부 없고, 정부 외에 당 없다."고 생각했다.[103] 그런 강력한 일원론적 정치관은 「훈정강령」과 「훈정시기 약법」에 실렸고, 국민당 권위주의의 핵심적 특징이 되었다. 1929년 7월 장제스가 베이핑(北平) 당무를 시찰했을 때, 습관적으로 또 다시 강조했다. "지금 국가가 안정되지 않았고, 삼민주의는 실시되기 이전인데, 만일 각종 주의를 허락하여, 각 당파가 나라 안에서 활동하게 된다면, 우리 진정한 혁명당은, 즉 국민당은 실패하고 말 것이다! 국민당의 실패는 당의 실패일 뿐만 아니라, 국가의 실패이며, 민족의 실패이다. 그러므로 지금의 혁명이 성공하기 이전, 제국주의가 타도되기 이전, 삼민주의가 실현되기 이전에는, 제2당이 국민당을 공격하도록 하여, 국민당이 실패하도록 다시는 용납할 수 없다." "우리는 오직 중국 국민당이 중국혁명을 이끄는 유일한 혁명당이라고 생각하며, 공산주의, 무정부주의와 같은 제2의 주의를 인정할 수 없고, 제3, 제4의 주의와 국가주의자들이 혼란을 일으켜, 혁명적 국민당을 공격하고, 국민혁명군을 없애도록 놔둘 수 없다."[104] 그것은 「권력 한도 및 방략에 관한 안」에서 인민이 단지 "중국 국민당을 지키는 것에 복종하고, 삼민주의를 실시하고, 사권(四權)의 훈련을 받아들이고, 지방자치를 완성하고자 노력해야, 비로소 중화민국 국민의 권리를 향유할 수 있다."는 이유이기도 하

---

103 孫中山, 「建國方略」, 『孫中山選集』, 人民出版社, 1981, p.173; 胡漢民, 「黨外無政, 政外無黨」, 『大公報』, 1928年9月21日.

104 蔣介石, 「爲什麼要有黨?」, 『中國現代政治思想史資料選輯』(上冊), 四川人民出版社, 1984, p.563.

다. 정치에 있어서, '당 국가'의 배타성, 독점성, 전권성은 도전과 의심을 용납하지 않는다는 것을 알 수 있다. 그러므로 국민당의 '당국가체제'를 '전체주의 정체'라고도 규정한다.

　권위주의적 '당국가'는 정치통로를 개방하지 않고, 기타 정치세력과 정권을 공유하지 않는다. 그러나 정치 이외의 영역에서는 관할이 매우 느슨했다. 심지어 정치영역 안에서도 특정 시기에는 공산당의 학설을 직접 선전하지만 않는다면, '당 국가'도 일정 정도의 관용을 보여주었다. 권위주의의 특징 중 하나는 이데올로기가 엄밀한 논증을 결여한 시스템이라는 것이고, 느슨하고 난잡한 성격을 갖고 있다는 점이다. 삼민주의는 다양한 자유주의, 사회주의 학설, 심지어 공산주의 대동이상을 포괄하고 있었고, 공산당의 '반제(反帝)' 구호에는 포용적이었다. 공산주의와의 차별을 위해 국민당은 중국문화를 자신의 기호로 삼을 수밖에 없었고, 삼민주의는 유가윤리와 결합되어, '신(新)전통주의'적 삼민주의적 유가화를 추구했다.[105] 1930년대 초, 파시즘이 흥기하고 민족모순이 나날이 첨예화되는 상황에서 당치의 권위를 강화하기 위해, 국민당의 일부인사는 민족주의를 기치로 내걸어 강제교화를 중심내용으로 하는 파시즘화를 고취했다. 그러나 파시즘과 삼민주의의 관계를 효과적으로 설명할 수 없어, 오히려 국민당의 이데올로기의 합법성에 대해 큰 충격을 주었다.[106] 초라한 이데올로기가 그 정신적 통섭능력을 약화시켰고, 각종 주의에 문

105　金觀濤, 劉青峰, 『開放中的變遷』, 香港中文大學出版社, 1993, p.314.

106　許紀霖, 陳大凱, 『中國現代化史』, 上海三聯書店, 1995, p.425.

을 열어주었고, 곳곳의 사회생활에 숨통을 열어주었다. 그리고 권위주의가 제한적인 개방과 참여를 용인하여, 경제, 사회, 행정체제에서 기술 전문가통치론이 출현했다. 국민당 난징정부 10년은 외교, 경제, 교육, 입법 등의 방면에서 일군의 전문 학자, 사회지도인사, 심지어 행정원 각 부에서의 전문가들이 부서의 업무를 장악했다. 그들 대부분은 구미유학파들이었고, 서구 자유민주주의를 비교적 강하게 긍정했다. 그들의 진입은 '당국가체제'의 전체 이미지를 포장해주면서, '당국가체제'의 강권 정도를 중화(中和)시켰다. 그밖에 권위주의는 시장, 계약, 민간의 비(非)정치집단, 도시상인의 생활, 형식주의적 법률에 대해 모종의 방임주의나 포용주의적 태도를 취해, '당 국가'의 주변에 기형적으로 번영된 사회가 조금씩 성장하도록 했다. 소위 '황금10년'이란 경관이 형성된 것이다.

국민당의 '이당치국'은 그 정치발전전략으로부터 연역되어 나온다. 그것은 훈정시기의 산물로, 민중에게 약속한 시간표가 있다. 그것이 국민당 '당국가체제'의 세 번째 특징이다. 손중산의 이론에 따르면, 민국의 건설과 완성을 위해서는 '군법통치', '약법통치', '헌법통치'라는 세 가지 시기를 거쳐야 한다. 그것은 '군치, 당치, 헌치' 또는 '군정, 당정(훈정), 헌정'시기라고도 부를 수 있다. '군치' 또는 '군정'은 1924년 이후 '당군지치(黨軍之治)' 또는 '당군지정(黨軍之政)'으로 이해되었다. 국민당은 북벌형식으로 전국을 통일하고, '군치'(군정)시기는 종결되었음을 고하고, '당치'시기를 시작했다. '당국가체제'의 법리형식화, 권위주의화는 모두 당치시기 반드시 풀어야 할 문제였다. 문제는 국민당이 제기한 정치발전의 시간표가 당치를 6년(1929-1935)으로 설정했고, 당치가 끝나면 정치를 국민에게 돌려주고, 헌정을 실시할 것이라고 약속했다는 점이었다. 그것을 위해 '당국가체제'는 적극적으로 확장되고, 자원을 끌어 모으고, 법적 형식을 통해 그것을 확립해갔다. 그러나 동시에, 당치는 오히려 임시적이며 과도기적인 것이 되었다. 헌정의 조건이 성숙하지 않았기 때문에 어쩔 수 없이 잠시 행하는 성격을 갖게 되었다. 이론적으로 '당국가체제'는 훈정—인민이 정치적 권리를 행사할 수 있도록 훈련하는 것—을 위한 것으로, 단계적 목표의 하나이다. 논리적으로, '당국가체제'에서의 모든 실시, 조건, 그리고 운영방식은 단지 민주와 지방자치에 도움이 되고, 인민권리의 행사를 감소 또는 제거하지 말아야 비로소 합법성을 획득할 수 있었다. 그것이 인민을 위한다는 명분(당의 뜻이 민권에 대해 약속한 것)의 실제(당치의 거버넌스형태와 그 본질)를 위한 도의적이며 법리적인 기반을 제공했다. 객관적으로, 손중산의 '군정, 훈정, 헌정' 주장은 중국 민족국가건설의 객관적 요구를 반영한 것이었다. 조직화 정도가 낮은 후발 현대국가에서 사회적 전환을 이루기 위한 중요한 조건은 현대화를 추구하는 동원형 정당이다. 그리고 정당이 통제하는 국가권력이 각종 사회세력과 사회관계에 대해 강력하고 효과적인 간섭과 조절을 하는 것이다. 당치국가의 합리성과 실행가능성은 그 점에 있다. 그러나 손중산의 이론은 내적 모순을 갖고 있었다. 한편으로는 삼민주의의 실행은 러시아식의 정당조직형태를 따를 필요성이 있었다. 당권이 국권보다 상위에 있고, 당치가 국정을 독점하고, 다른 당의 존재를 용인하지 않고, 권력을 나눠 갖는다는 것은 말할 필요도 없고, 국민을 훈련시키고, 만능정부를 만들지 않을 수 없다. 그러나 다른 한편으로, 삼민주의의 정치적 청사진은 서구

민주주의 이념에 기초한 것이었다. 정부조직의 오원제, 권력균형의 중앙과 지방의 관계, 지방자치 등은 모두 서구 권력분립사상을 실천하는 것이었다. 그런 내적 모순은 체제 외의 세력으로 하여금 삼민주의의 민주헌정주의 주장을 갖고 삼민주의체계의 당치국가 현실을 공격하도록 했다. 그리고 삼민주의 시간표에 따른 헌정목표를 가지고 훈정단계의 전제적 행위를 비판하고 구속하도록 했다. 국민당의 '당국가체제'는 매우 난처한 지경에 처하게 되었다.

국민당의 '당치국가' 내부에 극복할 수 없는 체제적 모순이 이론과 현실, 형식과 내용에서 존재했고, 그것이 국민당의 '당국가체제'의 효능을 크게 제약했다. 하지만 공산당의 '당치국가'는 그 이데올로기적 특성과 당이 혁명 중에 중국사회 기층으로 깊이 파고들어가서 형성한 초강력 정치동원능력으로 인해, '당국가체제'의 침투성, 방사성, 응집성 그리고 통합성에 있어서 국민당을 훨씬 앞선다고 할 수 있다.

무엇보다도, 공산당의 '당국가체제'는 법리적 형태로 자신의 합법성을 구축할 필요가 없고, 그 합법성은 이데올로기로부터 비롯된다. 국민당이 북벌에 성공한 이후, 당치의 일련의 당내 법규를 국가 법률을 이용하여 모방하던 방법과 달리, 공산당의 개국과 정부수립 후의 임시헌법, 「중화인민공화국 전국인민대표대회 조직법」, 「중화인민공화국 중앙인민정부조직법」, 「중화인민공화국 국무원조직법」과 인대조직법인 「중화인민공화국 전국인민대표대회조직법」에 어떤 당도 '국회'를 구성할 수 있고, 당이 정부를 조직하며 구체적으로 어떤 직위를 당이 선출하는가에 대한 문구를 넣었다. 1954년 헌법이 그 예이다. 헌법의 단지 서문 두 곳에서 중국공산당을 언급했다. "중국인민은 100여 년의 용맹한 투쟁을 통해, 결국 중국공산당 영도하에, 1949년 제국주의, 봉건주의와 관료자본주의에 반대하는 인민혁명의 위대한 승리를 쟁취했고, 장기간에 억압받고, 노예로 살았던 역사를 끝내고, 인민민주전정의 중화인민공화국을 건설했다." "우리 인민은 중화인민공화국을 건설한 위대한 투쟁에서 이미 중국공산당을 영도로 삼는 각 민주계급, 각 민주당파, 각 인민집단의 광범위한 인민민주 통일전선을 수립했다." 그것은 강제 집행력 있는 규범적 성격의 규정이다. 제헌의 이유와 역사적 사실에 관한 서술이라고 하는 편이 더 나은, 자체가 정부권력과 공민의 권리에 대한 근거가 되지 않으며, 구체적 안건에 법관이 재판하는 근거가 되지도 못하는, 헌법 조문의 구속력과는 다르다.[107] 진정으로 헌법적 구속력을 갖고 있는 것은 제1조와 제2조이다. "중화인민공화국은 노동자계급이 영도하는, 공농연맹을 기초로 하는 인인민주국가이다." "중화인민공화국의 모든 권력은 인민에게 속한다. 인민이 권력을 행사하는 기관은 전국인대와 지방의 각급 인대이다. 전국인대, 지방의 각급 인대와 기타 국가기관은 일률적으

---

107 우리나라는 아직까지 전문적인 헌법소송제도가 없기 때문에, 기타 소송사례에서 드물게 헌법해석문제를 다룬다. 헌법 서문의 효력에 대해 의견대립이 있어왔는데, 대체로 "무효력설", "효력설", 그리고 "효력모호설" 등 세 가지 관점이 존재한다. 헌법서문의 내용은 헌법규정에서 가장 상위의 가장 근본적인 규정이며, 헌법의 기본정신과 입헌의 목적을 다룬 곳으로, 헌법의 유효한 구성부분이다. 그러나 헌법 서문에서 많은 내용들이 비교적 추상적이고, 구체성을 결여하고 있기 때문에, 대부분은 사법에 그대로 적용할 수 없다. 당연히, 그것은 정치기관에 적용될 수는 있다. 결론적으로, 헌법 서문의 효력문제는 논쟁의 여지가 있는 문제이다.(李步雲, 『憲法學比較研究』, 法律出版社, 1998, pp.188-195.; 何華輝, 『北京憲法學』, 武漢大學出版社, 1988, p.44.; 殷嘯虎, 『憲法學』, 上海人民出版社, 2003, p.100.; 肖澤晟, 『憲法學』, 科學出版社, 2003, pp.90-91.

로 민주집중제를 실시한다." 제1조는 신중국의 국체를 규정했고, 제2조는 신중국의 정체를 규정했다. 국민당의 「훈정시기약법」과 유사한 패권식의 "중국국민당 전국대표대회가 국민대회를 대표하여 중앙통치권을 행사한다."와 같은 조항은 없다.

공산당의 '당국가체제'에서, 당치의 핵심은 법리체계나 법리문서를 통해 구현되거나 주로 구현되는 것은 아니다. 헌법에 당치 조항이 적혀 있지 않다. 정부조직법도 그렇다. 그것은 국민당과 분명하게 대조된다. 헌법이 당치의 색채를 결여하고 있는 것도 아니다. "노동자계급이 영도하는, 공농연맹을 기초로 하는 인민민주국가"는 당치의 핵심적 표현이고, 그 속에서 계급과 계급통치는 핵심 중의 핵심이다. 마르크스주의 이데올로기에서, 계급은 국가를 구성하는 필요조건이고, 계급투쟁은 필연적으로 정치투쟁으로 발전하며, 정치투쟁의 중심문제는 정권문제이다. 무산계급의 독립된 계급의식은 자발적으로 발생하는 것이 아니기 때문에, 외부로부터의 주입이 필요하다. 무산계급이 하나의 계급으로서 행동하는 것도 자동적으로 이루어지는 것이 아니기 때문에, 당을 조직하여 시작하도록 해야 한다. 그러므로 레닌주의의 '대중, 계급, 정당, 지도자'에 관한 행동이론이 있는 것이다. 그 이론을 통해 대중을 계급으로 구분하는 것이다. 계급은 정당이 이끌어야 하고, 정당은 지도자집단이 주도하는 것이다.[108] 그런 연쇄 속에서 계급과 정당의 관계가 매우 중요하다. 당은 무산계급 연합의 최고 형태이며, 무산계급의 선진부대이고, 무산계

108 　列寧, 「共產主義運動中的"左派"幼稚病」, 『列寧選集』第4卷, 人民出版社, 1972, p.197.

급 행동의 엔진이다. 무산계급의 계급통치는 당의 영도를 통해 이루어져야 한다. 그러므로 레닌은 "무산계급 정당은 계급과 대중운동에 대해 영도권을 견지해야 한다."는 이론을 만들었다. '노동자계급의 영도'는 '공산당의 영도'를 의미한다. 신중국의 정치제도의 기초였던 「인민민주전정을 논하다」라는 글에서 마오쩌둥은 다음과 같이 말했다. "우리의 경험을 종합하여 하나에 집중하면, (공산당을 통해)노동자계급이 영도하는 공농연맹을 기초로 하는 인민민주전정이다. 전정은 국제 혁명세력과 일치단결해야 한다. 그것이 우리의 공식이고, 그것이 우리의 주요한 경험이며, 그것이 우리의 주요 강령이다."[109] 헌법에는 당치 조항이 없지만, 헌법이 규정한 국체나 정체는 '당 국가'의 정신이 침투한 것이다. 예를 들면 각급 인민대표대회와 국가기관이 '일률적으로 실시하는' '민주집중제'는 당의 조직원칙이다.

민국시기에 국민당 내부에서 당치를 법에 수용할 것인가의 여부에 대한 논쟁은 공산당에게 근본적으로 생각하기 어려운 일이다. 국민당 내부와 외부의 사람들은 강력하게 헌법과 같은 형식의 약법으로 당치의 법적 기초를 삼아야 비로소 '합법적으로' 전국에 대한 통치를 확립할 수 있다고 주장했고, 민국의 주류관념에 반영되었다. 즉 당치는 통치 지위에 있어서 '법치'보다 낮았다.[110] 그러나 공산당의 이데올로기에서, 당의

---

109 毛澤東, 「論人民民主專政」, 『毛澤東選集』第4卷, 人民出版社, 967, p.1417.

110 후스(胡適)가 당시에 다음과 같이 말했다. "지금 만일 인권을 정말로 보장해야 한다면, 정말로 법적 기초를 확립하려고 한다면, 첫 번째 해야 할 일은 중화민국 약법을 제정하는 것이다. 최소한, 최소한이라도 훈정시기의 약법을 제정해야 한다."(胡適, 「人權與約法」,

영도적 지위는 근본적으로 법적 규정에 의존할 필요가 없다. 법이 인정하든 하지 않든지, 규정이 있든지 없든지, 모두 당의 영도의 근거는 아니다. 공산당은 혁명 속에서 중국인민의 영도에 대해 외쳤고, 국민당 통치의 법리 속에서 획득할 수 없는 것이 분명하다. 혁명 후에도 헌법에서 중국인민에 대한 영도적 지위를 얻도록 규정했기 때문은 아니다. 공산당이 보기에, 당의 영도는 당과 인민 사이의 관계로서, 당이 인민의 이익을 대표하고, 대중과 밀접하게 연계하여, '전심전력으로 인민을 위해 봉사'하여 인민의 신뢰를 얻게 되는 필연적 결과이며, 당권의 숭고함과 당치의 시행은 강제나 명령에 의한 것이 아니라 시범과 헌신으로 얻는 것이다. 그밖에 또 간과되어서는 안 될 것이 있다. 공산당은 장기간 체제 밖에서 동원했기 때문에, 혁명행위는 현존 법치의 구속을 받을 수 없을 뿐만 아니라, 현존하는 법치와 법통을 파괴하기 위한 것이다. 그것은 당이 국가를 수립하고 제도를 창설한 후에도 여전히 법을 경시하는 습관을 만들었다. 최악의 시기는 '문화대혁명'과 같은 때이다. 레닌이 강조한 무산계급독재는 폭력에 의지하여 곧바로 어떤 법적 구속을 받지 않는 비상사태로 왜곡될 수 있고,[111] 일반적 시기에는 당치가 법치를 좌지하고, 정책이 법률을 대체하는 과정적 특징을 보인다.

국가와 법과 같은 정치적 설비는 공산당이 보기에 모두 계급통치를 위한 도구이고, 당의 역사적 사명을 완성하기 위한 것이다. 그것은 본

『新月』第1卷 第6期, 1925.)

111　列寧,「無産階級革命與叛徒考茨基」,『列寧選集』第3卷, 人民出版社, 1972, p.623.

래 '본질적' 가치를 갖지 않고, 도구적 또는 기능적 가치를 갖는다. 그런 의미에서, 당치가 법에 들어가는 지의 여부는 중요하지 않고, '당치국가'의 합법성에서 중요한 것은 당의 이데올로기이다. '당국가체제'의 이데올로기화는 '당국가체제'의 법리형식화보다 더 유력하다. 왜냐하면 그것은 마음, 정감, 이론과 역사비교에 직접 호소하기 때문이다. 이데올로기에 문제가 생긴다면, 예를 들면 모종의 빈곤화가 출현하는 경우 '당국가체제'는 법적 지지를 모색할 수 있다.[112]

다음으로, 공산당의 '당국가체제'는 일원적 개폐시스템으로, 중앙이든 지방이든, 도시이든 향촌이든, 정치부문이든 비정치부문이든 모두 상호 지지하고 상호 호응하는 기제, 공동으로 체제를 유지하는 전체와 기능을 형성했다. 그것은 국민당의 '당국가체제'와 전혀 다르다. 레닌주의적 사고에 의하면, "당은 직접 집정하는 무산계급의 선봉대이며, 영도자"이고, '직접 집정'이란 "소비에트 '상부'와 당 '상부'가 하나로 융합된 것"을 말한다.[113] '소비에트 상부'와 '당 상부'의 고도의 융합은 필연적으로 당의 고도집권을 초래하고, 당이 정부 자체가 되어 직접 정부의 행정기

---

112 예를 들면, 1975년 헌법 서문에서 당의 영도를 견지한다는 것을 규정했고, 총강에서 당이 국가에 대한 영도를 실현해야 함을 규정했으며, "전국인민대표대회는 중국공산의 영도하에서 최고의 국가권력 기관"이라는 것을 규정했는데, 그런 조항들은 '문혁'으로 인해 이데올로기의 효력이 과도하게 소모되어, 이데올로기의 전면적 쇠퇴를 가져왔다. 강제적 법적 자원을 통해 '당국가'의 정치구조를 유지할 수밖에 없었음을 보여준 것이다. '당국가체제'에 있어서, 그 법리형식화는 국가의 법치화과정을 대표하는 것도 아니고, 그것이 원래보다 더 강해졌음을 보여주는 것도 아니다.

113 『列寧選集』第4卷, 人民出版社, 1995, p.423 ; 『列寧全集』第41卷, 人民出版社, 1986, p.11.

능을 행사한다. 신중국 성립 초기에 중국공산당의 두 가지 중요한 규정이 '당국가체제'의 형성에 대한 중대한 영향을 주었다. 첫 번째 규정은 중앙정부 내의 당위원회의 조직이며, 다른 규정은 중앙정부 내의 당 조직의 건설이다.[114] 그 두 가지는 중앙정부 내의 당위원회와 정무원 내의 당조직이 중앙정치국에 직속되며, 중앙정치국의 영도를 직접 받고, 중공 중앙의 정부업무에 대한 결정은 집행되어야 하고, 행정에서의 중대 문제는 당 조직을 통해 중앙에 보고하여, 지령을 받는다는 것을 규정한 것이다. 1958년, 정부의 독립적 직능행사가 당국가체제에 대해 분할을 초래하는 것을 피하기 위해, 마오쩌둥은 다음과 같이 강조했다. "대정방침은 정치국이, 구체적 부서는 서기처에서 맡는다. '정치설계원'은 하나뿐이며, 두 개의 '정치설계원'은 없다. 대정방침과 구체적 부서는 모두 일원화되며, 당정은 분리되지 않는다."[115] 중앙에서의 공산당의 그런 제도적 배치는 모두 국민당에게 결여된 것이었다. 국민당은 중앙정부 내에 당 조직과 당위원회를 설치하지 않았으며, 중정회(및 중상회[中常會])만으로 '당과 정부의 연계'를 꾀했지만, 중정회는 위원 수의 팽창으로 '안건을 검토하고 추인하는 기관'에 불과하게 되었다. 중상회는 주로 당무를 다루고 정무와는 멀어졌고, '이당통정(以黨統政)'은 법리상에서만의 "국민당이 국민대회를 대신하여 중앙의 통치권을 행사"하게 되었다. 그러나 지방에서

---

114 이 두 가지 규정은 「중앙 인민정부 내 중국공산당 당위원회 조직에 관한 결정」과 「중앙 인민정부 내의 중국공산당 당 조직 건설에 대한 결정」이며, 1949년 11월에 통과했다.

115 毛澤東, 「對中央決定成立財經, 政法, 外事, 科學, 文敎個小組的通知稿的批語和修改」, 『建國以來毛澤東文稿』第7冊, 中央文獻出版社, 1992, pp.268-269.

는 더 공산당과 비교될 수 없었다. 마오쩌둥이 강조한 '대정방침과 구체적 부서의 일원화'는 중앙에서 당의 정치국에서 실행했고, 지방에서는 당의 각급 위원회가 실행했다. 다시 말하자면, 지방 각급의 정부는 동급 지방 당위원회의 집행기구가 되어야 했다. 지방의 당위원회가 동급 지방정부를 직접 지휘하기 위해 1950년대부터 당은 각종 정부 직능기구에 대응하는 당의 업무부문을 설치하여 적절한 관리와 영도를 실행했다. 공산당의 '당국가체제'하에서 권력의 집중이 매우 분명한 체제적 특징이라는 것에는 두 가지 단서가 있다. 종적으로는 지방정부의 권력자원이 중앙정부로 흐르고, 중앙이 지방을 통제한다는 점이다. 횡적으로는 각급정부의 권력자원이 각급 당위원회로 향하고, 당이 정부를 통제한다는 점이다. 집권 과정의 본질은 당의 집권 과정이다. 중앙에서는 권력이 당 중앙에 집중되었고, 지방에서는 권력이 지방 당위원회에 집중되었다. 중앙과 지방의 관계는 본질적으로 당의 중앙과 당의 지방 각급 조직의 관계이다. 민주집중제원칙에 따라, 당내 권력관계가 일단 확정되면, 지방정부와 중앙정부는 경제 및 지역적 이익으로 인한 모순을 모두 당내 권력관계의 운용(협조, 투쟁과 강제 포함)을 통해 해결될 수 있었다. 그러므로 국민당의 지방 당부와 지방정부의 대결 및 지방당부의 중앙당부에 대한 견제는 공산당의 '당국가체제'에서는 근본적으로 발생할 수 없다.

　　도시와 향촌에서 보면, 공산당의 '당국가체제'는 상당히 성공적이다. 그것은 주로 도시 자본주의 상업과 농촌 소농경제 관계의 개조 및 그것을 기초로 한 도시생활에 대한 통제와 향촌질서의 재건에서 나타난다. 사회개조의 동인의 하나는 당의 사회발전강령에서 비롯된다. 즉 "신민주주의국가가 사회주의국가로 전환"하고, 사회주의혁명을 통해 전통적 착취제도를 철저히 소멸시키며, 전통적 생산관계를 변혁시키고, 더 높은 사회발전단계로 나아간다. 생산관계의 변혁은 마르크스의 의미에서의 생산력의 자연적 발전에서 제기된 임무가 아니라, 레닌주의의 생산관계에 기초한 생산력에 대한 '반작용'원리로 주동적으로 생산력발전의 사회적 조건을 창조한 결과로서, 정치권력의 운용에 있어서 그런 '주관적 능동성'이 최대한 요구된다. 사회개조의 또 다른 동인은 현대화이다. "신민주주의 국가의 사회주의 국가로의 전환"은 "농업국가의 공업국가로 전환" 과정을 수반해야 하고,[116] 공업화가 없다면, 현대적 의미의 사회주의가 가능하지 않기 때문이다. 경제가 낙후되고 자원이 빈약한 국가에서, 현대화는 필연적으로 정부가 주도할 것을 강조하고, 필연적으로 계획, 분배, 동원, 통제에 대한 선명한 낙인을 찍으며, 똑같이 정치권력의 운용을 최대한 필요로 한다. '당국가체제'는 정치권력의 공급문제를 만족시킨다. '당치국가'는 근본적으로 장기간 중국현대화의 낮은 조직화상태를 극복하기 위해 생겨난 제도적 장치이다. 그런 제도적 장치를 통해 국가는 비교적 효과적으로 사회주의 개조에 반대하는 세력을 억누르고, 염가수매정책으로 개인자본을 국가자본으로 만들고, 도시와 향촌의 자본주의의 자발적 세력을 타도하고, 사회주의 개조의 성과를 보호했다. 비교적 쉽게 자원을 독점하고 집중시킬 수 있었고, 상공업 상품 협상가격차라는 급진적 방식으로 농업 자금을 공업부문에 투입하고, 비교적 낮은

116　中央檔案館, 『中共中央文件選集』第18冊, 中共中央黨校出版社, 1992, p.196.

비용으로 공업화에 필요한 원시적 축적을 완성했다.[117]

　도시에서 '당국가체제'에 조응하는 두 가지 제도는 주민 위원회제 도와 단위제도이다. 전자는 '지역사회(社區)'의 유동이라는 시각으로부터 흩어져 골목에 거주하는 주민에 대한 통제이며, 후자는 생활보장의 시각 으로부터 경제적 사업조직으로의 '편입'을 통한 직공에 대한 통제이다. 조직적 세력을 개인에게까지 연장하고, 개인을 새로운 정권의 대중적 기 초로 동원시키는 레닌주의식 정당에게는 도시의 조직화의 가장 이상적 인 관리체계는 고도로 규격화된 도시 단위와 인민단체조직체계에서 운 영하는 것이다. 각종 노동조합, 동업조합, 합작사 등 신식 업종별 단체 를 대대적으로 만들어냈다. 민국으로부터 벗어난 새로운 사회에서 대량 의 이동성(고정적이지 않은 호적제도), 유동성(고정적이지 않은 직업), (가정주부 와 같은)무직성을 특징으로 하는 '옛날' 사람들은 업종별 단체에 들어가 기 힘들어졌다. 그리하여 조직과 비조직 간에 첨예한 모순이 생겼다. 결 국 신식 '지역사회적' 단체, 즉 주민 위원회가 탄생했다. 주민 위원회는 나중에 이론적으로 도시 거주민의 자치조직이라고 규정되었지만, 처음 에 그 기능은 주민조직을 정치적 개조와 관리통제라는 국가임무를 진행 하도록 완성하는 것이었다. 그것은 '국가대리인'의 역할을 맡았다. 주민 위원회의 연구에서 지적한 것처럼, "신중국의 국가정권이 도시 기층사회 조직에서, 가장 성공한 점은 실질적으로 국가대리인을 세우고, 자치신분

117　陳明明, 「在革命與現代化之間」, 『復旦政治學評論』第1輯, 上海次數出版社, 2002, pp.240-246.

으로 활동하는 주민위원회로서 주민위원회가 민간의 신분으로, 민간의 업무방식으로 이웃 주민들 속으로 깊이 들어가서 완성한 것은 오히려 주로 국가사업이었다는 점이다."[118]

주민위원회제도와는 상대적으로, 단위제도는 보다 강력한 통제방식이다. 국민당의 권위주의체제와 달리, 공산당의 도시 관리는 모든 옛 사회집단이 사라지고 수립되었고, 사회적 업무를 전부 국가가 담당하는 계획체제에 기초했다. 국민당은 도시에서 인구의 유동문제를 해결할 수도, 해결하려고도 하지 않았다. 그것은 호적문제이지만, 호적제도는 단지 등기와 등록제도일 뿐이었다. 그것에는 '공공(公營)' 부문이 있었지만, '공공'부문은 업종 종사자에게는 안정적이지 못한 '철 밥그릇'일 뿐이었다. 다수의 민영부문은 근본적으로 자유 용공 부문이었다. 그와 달리, 공산당은 사회사업을 독점하고, 기술적으로 맨 먼저 인구를 안정시키고, 유동인구를 없애야 했다. 그것은 도시에서 엄격한 호적제도를 실시한 이유이다. 두 번째 단계는 안정적인 인구를 직업경로에 따라 국가 '단위' 가 된 각 경제 사업부문으로 나누어 보내어, 그들이 사회성원의 사회적 수요를 담당하도록 하는 것이다. 단위제의 기술적 논리에는 강한 정치적 욕구가 숨어 있다. 공산당이 전 사회의 업무를 독점하게 되었는데, 도시의 사회성원에는 계약이 성립한 것과 같다. 즉 '단위'는 통일적 기준에 따라 성원에게 자원을 분배하고, 성원의 생존과 자아발전의 요구를 만족

---

118 郭聖莉, 『城市社會重構與新生國家政權建設』(博士論文), 復旦大學國務學院, 2005年 4月, p.169.

시킨다. 그로써 당과 대중 조직이 성원에 대해 사상정치동원을 하고 구속하도록 도울 수 있다. 성원은 통일적 요구에 따라 열심히 일하고, 자신의 맡은 바 일을 다 하고, 국가에 보답한다. 자원에 대한 국가의 고도의 독점에 대해, '단위' 말고는 다른 발전공간이 없고, 그로 인해 '단위'에 대한 성원의 고도의 의존성이 생겨났다. '당국가체제'하에서, '단위'는 사실 진정한 이익주체와 자원주체가 아니다. 국가야말로 자원을 분배하고, 사회를 관리하는 대리인이다. 따라서 '단위'에 대한 성원의 의존은 실질적으로 국가에 대한 의존이며, 도시 사람들은 '단위'를 통해 국가와 긴밀한 관계를 맺게 된다.[119] 도시사회에서, '조직되지 않은' 골목골목까지 관리하는 주민위원회제도와 '조직된' 기업에 대해 관리하는 단위제도가 신중국의 도시 관리의 가장 기층의 단위가 되었다.

농촌에서 농민을 농민집단의 형식으로 조직한 것이 합작사와 인민공사제도이다. 1940년대, 마오쩌둥은 「조직하라」라는 제목의 연설에서 '소련식의 집단농장'을 모방하여 중국농민조직을 조직하는 장기적 목표를 세웠다.[120] 소련식의 집단농장이 실행한 것은 토지국유제도이다. 농민이 집단농업의 노동자가 되었고, 중국공산당은 소련을 따라 해본 경험이 없어서 토지집단소유를 실시했지만, 공사의 규모와 공유화 정도를 추구하는 특히 극단적 시기에 '일대이공'(一大二公)과 농민재산권과 신분자

119 路風, 「一種特殊的社會組織形式」, 『中國社會科學』, 1989年第1期 ; 李路路, 李漢林, 王奮宇, 「中國的單位現象與體制改革」, 『中國社會科學季刊』, 1994年第1期.

120 『毛澤東選集』第3卷, 人民出版社, 1967, p.885.

유에 대한 제약에 있어서 소련보다 못하지 않았다. 인민공사제도의 기본적 특징은 '정사합일'(政社合一)이었다. 1962년 9월 21일 중공 중앙이 발표한 「농촌 인민공사 공작조례 수정초안」의 규정은 다음과 같다. 공사는 "우리나라 사회주의사회의 농촌에서의 기층단위로서, 경제적이면서도, 정치조직이며, 생산건설을 관리하고, 재정, 양식, 무역, 민정, 문교, 위생, 치안, 민병, 민사갈등의 조정 및 기타 기층행정업무를 관리하고, 노동자, 농민, 군인, 학생, 상인을 결합하고, 경제, 문화, 정치, 군사 등의 통일체를 실시한다." '정사합일'의 의도는 위에서 언급한 당의 두 가지 목표이다. 즉 소농경제를 집단경제로 개조하려는 사회주의적 목표와 농업국가를 공업국가로 전환시키려는 현대화 목표이다. 그러나 관리와 통제의 각도에서 보면, 가장 직접적으로 고려한 것은 '영도에 편리하다'는 것이었다. 수천 수백 년 동안의 향촌의 분산된 상태를 타파하기 위해서 공사는 필요한 제도적 장치였다. 공사가 행정수단을 이용해 농촌경제와 농촌인구를 관리하여 조직을 보장했고, 공사도 당과 국가의 전면적 개입을 위해 농촌사회생활에 개입하여 조직의 조건을 창조했다.

공사의 '정사합일'제도는 공산당의 향촌의 조직망을 기초로 한 것이다. 향촌에서의 국민당의 통치의 취약성과 농촌당원의 희소성, 농촌당 조직의 유무실성로 인해 '새로운 현제(縣制)'를 지지할 수 없었던 특징과 관계있다. 농촌당원과 농촌인구의 비율로 보면, 공산당의 농촌당원도 많지 않았고, 국민당보다 조금 나은 점은 농촌에 보편적으로 존재하는 당 조직이었다.[121] 그러나 농촌에서의 공산당의 성공은 무엇보다도 공산당이 '향촌당'이라는 것 때문이고, 1927년 공산당이 도시에서 물러

난 후 곧 향촌을 자신의 기본활동공간으로 삼았기 때문이었다. 그의 주체적 성원, 활동방식, 관심의 중점, 조직구조, 생존과 발전자원, 선전언어와 구호, 동원이 갖고 있는 상징부호 그리고 사상과 감정 모두 향촌에서 온 것이었으며 모두 향촌식이었다. 그로 인해 공산당은 혁명 중에 향촌, 농민과 매우 밀접한 관계를 유지했고, '도시당'인 국민당과 비교할 수 없을 정도로 그 관계가 밀접했다. 그 다음으로 공산당의 토지개혁은 오랫동안 농민이 꿈에도 그리던 토지에 대한 요구를 만족시켰다. 국민당과 전통적 향촌엘리트의 얽히고설킨 이익관계로 인해 국민당은 '평균지권'에 대한 약속을 실현할 수 없었다. 공산당이 지주의 토지를 박탈하여 빈곤한 농민에게 분배한(항전시기 소작료와 이자를 내리는) 혁명행동은 농민으로 하여금 이것저것 따지지 않고 공산당 편에 서도록 했다. 토지개혁은 단순한 경제행위가 아니라, 계급을 구별하고 전선을 구분하는 정치행위이다. 토지개혁의 총노선은 "빈농, 소작농에 의존하고, 중농과 단결하고,

---

121 1954년 말, 전국 22만 개의 향 중 17만 개 향에 이미 중공의 기층조직이 세워졌고, 농촌 당원은 거의 400만 명에 이르렀으며, 농촌인구의 0.8%를 차지했다. 중앙조직회의는 제1차 5개년계획 후 3년(즉 1955-1957) 농촌에서 200만에서 300만 명으로 당원이 늘어났고, 농촌 당원은 600만 명에서 700만에 이르렀다.(中共中央組織部等, 『中國共産黨組織史資料』第5卷, 中共黨史出版社, 2000, p.11) 1955년 10월, 중공중앙조직부의 보고에 의하면, 제1차 5개년계획 기간 내에 농촌에서, 당원의 수는 옛 구역의 당원이 지나치게 많은 지역을 제외하고, 농촌인구의 1%정도로 통제되어야 했다. 향후 농촌당원의 발전은 일반적으로 농촌인구의 2% 내외로 통제되어야 한다고 제안했다.(中共中央組織部等, 『中國共産黨組織史資料』第9卷, 中共黨史出版社, 2000, p.320) 1956년 6월말까지, 전당에 모두 당원이 1073.4384만 명이 되었으며, 전체 인구의 1.74%를 차지했고, 그 중 농민당원은 741.7459만이었고, 전체 당원 수의 69.1%를 차지했다.(『鄧小平文選』第1卷, 人民出版社, 1994, pp.241-242)

부농을 중립적으로 만들고, 단계별로 분별적으로 봉건적 착취제도를 소멸시키고, 농업생산을 발전시키는"것이다. 그것은 토지개혁 후 중국 향촌사회구조와 각 계급계층의 정치관계를 규정했다. 전통적 농촌엘리트가 잃은 것은 재산과 권력뿐만이 아니었다. 그들은 문화적 지위와 사회적 명성마저 잃었다. 장기간 향촌사회를 통치해온 종족 혈연관계가 계급의식과 계급관계에 의해 사라졌다. 장기간 정치적 마비감과 소외감으로 가득 차 있던 빈곤한 농민의 '계급적 각성'이 보편적으로 제고되었다. 농촌의 기층 당 조직은 빈곤 농민들이 계급의식을 갖도록 했으며, '파괴성'과 창조성을 갖는 사람이 되도록 했다. 그들의 수는 비록 많지 않았지만, 오히려 강한 계급언어를 장악했고 신정권의 지지를 얻어 향촌사회의 권위의 중심이 되었다. 1950년대 집단화운동에서 농민이 토지개혁에서 얻은 토지는 열기가 식기도 전에 국가에 의해 회수되었다. 농민은 의구심을 갖게 되었고, 저항하거나 공사를 떠나고자 했다. 그러나 혁명 기간 동안 향촌정치에 대한 당의 혁혁한 성과의 침투와 경영(기층정권과 당 조직의 건설)과 토지개혁 후 향촌계급관계(계급진영)의 새로운 확신으로 공산당은 향촌사회 문화와 농민의 마음속에서 커다란 위신을 갖게 되었다. 집단화 및 인민공사의 '정사합일' 제도가 확립되었다.[122]

중앙과 지방, 도시와 향촌 두 가지 측면에서, 중국공산당이 아주 강한 통합능력을 갖고 있었다는 것을 보면, 정치와 비정치영역에서의 같은 추세가 일어날 수 있으리라는 것을 짐작할 수 있다. 정치영역이란 국

122　周曉虹, 『傳統與變遷』, 生活·讀書·新知三聯書店, 1998, pp.148-182.

가권력이 중심이고, 국가 활동을 핵으로 하는 공적 공간을 의미한다. 비정치영역이란 시장을 기초로 하고, 민간생활을 일상적 상태로 하는 사적 공간을 의미한다. 1956년부터, 정치와 비정치의 구분이 더 이상 명확하지 않게 되었다. 60년부터, 특히 '문화대혁명'에 이르면, 정치와 비정치의 구분이 존재하지 않게 되었다. 공산당의 강대한 조직망이 국가와 사회 간의 벽을 뚫었다. 공적 공간과 사적 공간이 합쳐지고, 양자는 동일한 방식으로 국가의 선호와 논리에서 상호 중첩되었다.

1960년대 계급투쟁이 다시 제기됨에 따라 이데올로기가 강화되었고, 전체 사회가 고도로 정치화되었다. 국가의 논리가 사회의 논리가 되었다. 국가의 선호가 사회의 선호를 주도했고, 국가의 이익이 사회의 이익을 통섭했다. 사회 각 계층의 성원이 당이 영도하는 각종 조직 관계를 통해 모든 '단위', 예를 들면 공장, 공사, 기관, 학교, 거리 등이 행정등급을 부여받아, '국가기구'로 편입되었고, '국가기구'로부터 권리, 신분, 지위 그리고 생존의의를 획득했다. '문화대혁명' 시기에 이르자, 이전의 남아 있던 민간사회의 요소들은 모두 철저하게 제거되었다. 정치와 비정치의 구분도 철저하게 사라졌다. "무산계급독재하의 계속된 혁명"이론의 지도하에서, 모든 '비(非)무산계급'의 것들—제도, 조직, 가치, 관계, 행위 모두 '전면적 전정(專政)'의 범위에 들어가게 되었다. 많은 학자들이 개혁개방 전의 국가와 사회의 관계의 구분 또는 정치와 비정치적 관계의 구분이 사라진 특징을 근거로 '전체주의 정치체제'라는 분석 모델을 제기했다. 전체주의는 대단한 단어가 아니라, 정치 일원론적 조건하의 권력의 절대성, 독점성과 배타성을 강조한 것일 뿐이다. 마오쩌둥은 다음과 같이 말했다. "공산당이 영도하는 정부는 '전체주의 정부'라고 한 말은 반은 맞다. 그런 정부는 대내외의 반동파에 대해 전정 또는 독재를 실시하는 정부이고, 어떠한 대내외 반동파에게도 반혁명의 자유 활동의 권리를 조금도 주지 않는 것이다." 그는 "공산당이 영도하는 인민민주전정의 정부는 인민 내부에 대해서 말하자면, 전정이나 독재가 아니라 민주이다."[123]라고 지적했다. 그러나 1957년 이후 국가의 의연이 확대되었고, 정치개입 세력이 계속해서 강화되었다. 사회의 자주적 세력은 계속해서 감소했다. 그런 추세 속에서, "대내외 반동파에 대한 전정 또는 독재의 실시"라는 색채가 나날이 강화되었다. '계급적 전정'은 점점 더 '당의 전정'으로 바뀌었으며,[124] '문화대혁명'으로 발전했다. 결국 "인민내부에 대해, 민주제도를 실행하고, 인민이 언론, 집회, 결사 등의 자유권을 갖는다."는 약속을 지키지 않게 되었다.[125]

정치발전과정의 시간적 규정에 있어서, 공산당의 '당국가체제'와 국

---

123 毛澤東, 「爲什麼要討論白皮書」, 『毛澤東選集』第4卷, 人民出版社, 1967, p.1439. 마오쩌둥에 의하면, '전체주의'는 "하나의 계급이 독재하는 제도"이며, 공산당의 '전체주의'는 단지 "그 사람의 도를 가지고, 그 사람의 몸을 다스리는 것"이고, '우익정권'의 도에 반해 그것을 사용하는 '인민 전체주의'이다.(毛澤東, 「論人民民主專政」, 같은 책, p.1415.)

124 마오쩌둥은 다음과 같이 생각했다. "계급적 전정과 당의 전정은 다른 것이고, 당은 단지 계급의 가장 각성한 일부 사람들의 조직이며, 당은 당연히 그리고 오직 무산계급독재국가에서 영도작용을 할 수 있을 뿐이고, 당이 계급을 대신하여 전정을 실시해서도, 할 수도 없다."(毛澤東, 「同延安《新華日報》記者其光的談話」, 『解放』第31期) 마오쩌둥의 생각과 30년 후 그의 실천은 차이가 매우 큰데, 마오쩌둥이 원래의 뜻을 바꾼 것이 아니라 '당국가체제'의 논리가 그렇기 때문이다.

125 毛澤東, 「論人民民主專政」, 『毛澤東選集』第4卷, 人民出版社, 1967, p.1412.

민당의 '당국가체제'는 매우 다르다. 국민당의 당치이론에서 '훈정(訓政) 시기'에만 존재하고, '훈정'은 단지 '군정'에서 '헌정' 사이의 잠깐 동안의 단계(그 점에서 국민당의 정치발전설계도 매우 낭만적이며, 그것은 국민당의 훈련성과를 높게 평가하고, 중국인의 민주적 소질을 높게 평가했음)이다. 그것은 공중에게 검열할 수 있고 책임을 물을 수 있는 협의서를 제공했으며, 자승자박으로 보이는 시간표를 제시했다. 공산당의 정치발전전략에는 구체적 시간표가 없었고, 오직 대역사의 단계론만이 있었다. 마르크스주의적 발전이론에서, 역사단계의 차이는 사회경제형태의 차이로 알 수 있다. 마르크스에 의하면, "자산계급 생산방식이 필연적으로 소멸하고 난 후, 자산계급 정치통치가 필연적으로 전복되는 물적 조건이 역사과정에서, 역사적 운동 속에서 형성되기 이전에는, 무산계급이 자산계급 정치통치를 전복시킨다 하더라도, 그의 승리는 일시적일 뿐이다……"[126] 따라서 무산계급이 통치계급이 된 후, "자신의 정치적 통치를 이용하여, 점차 자산계급의 모든 자본을 빼앗고, 일체의 생산수단을 국가 즉 통치계급으로 조직된 무산계급의 수중으로 집중시켜야 하고, 가능한 빨리 생산력의 총량을 증가시켜야 한다. 이를 위해, 우선 소유권과 자산계급 생산관계에 대해 강제적 간섭을 해야"[127]하고, 자본주의적 사회경제형태를 공산주의적 사회경제형태로 바꾸어야 한다. 그것은 분명 상당히 긴 역사적 단계이

---

126 馬克思, 「道德化的批判和批判的道德化」, 『馬克思恩格斯選集』第1卷, 人民出版社, 1972, p.171.

127 馬克思, 恩格斯, 「共產黨宣言」, 위의 책, p.272.

다. 마르크스도 일찍이 자본주의 사회와 공산주의 사회 사이에 "전자가 후자로 바뀌는 혁명전환의 시기가 있다. 그 시기에 상응하는 것은 정치상의 과도시기이다. 그 시기의 국가는 오직 무산계급의 혁명전정일뿐이다."[128]라고 한 적이 있다. 그러나 과도기도 짧지는 않다. 근본적 이유는 과도기에 완성해야 하는 임무가 지나치게 지난한 것이기 때문이다. 마르크스에게 있어서 과도기는 "자본가계급의 반항을 진압하고 새로운 방식에 의해 사회를 조직"하는 것일 뿐만 아니라, 일체의 계급적 차별을 소멸시키고, 계급차별에 의해 생긴 일체의 생산관계를 소멸시키고, 그 생산관계에 상호 조응하는 일체의 사회관계를 소멸시키고, 그 사회관계 위에서 나타난 일체의 관념을 바꾸어야 한다.[129] 그런 의미에서, 무산계급독재는 고대 로마시대의 전쟁과 기타 위기 시에 취했던 임시적 전권(專權)과는 다르고, 사회와 인간의 철저한 혁신을 완성하기 위한 장기간의 정치형태이다. 레닌은 그것을 저발전 국가의 사회발전에 운용했다. 그는 우선 당과 무산계급이 혁명폭력을 통해 구정권을 파괴하고, 국가자본주의 독점을 실행한 후, 그것을 기초로 국가의 세력이 인민을 동원하여 사회주의를 건설할 것을 제의했다.

중국혁명은 레닌주의의 영향을 받았다. 중국공산당의 정치발전전략에는 그에 따른 '2단계론(兩步走)'이 있다. 첫 번째 단계는 신민주주의

---

128 馬克思, 「哥達綱領批判」, 『馬克思恩格斯選集』第3卷, 人民出版社, 1972, p.21.

129 馬克思, 「1848年至1850年法蘭西的階級鬥爭」, 『馬克思恩格斯選集』第1卷, 人民出版社, 1972, pp.479-480.

혁명(자산계급혁명의 범주에 속함)을 완성하는 것이다. 두 번째 단계는 사회주의 혁명(무산계급혁명의 범주에 속함)으로 사회주의에 진입하는 것이다. 신민주주의 혁명이 성공한 후 사회주의에도 '과도기'가 있다. 원래는 사회주의를 위해 물적·문화적 조건(공업화)을 준비하는 신민주주의사회 시기이며, 후에 공업화와 병행하는 사회주의개조시기로 변한다. 그것은 18년으로 정해졌으나 나중에 6년으로 축소되었다. 그 시기는 분명 '당국가체제'의 완성 시기는 아니다. 그것은 여러 종류의 경제적 요인들이 존재하기 때문이다. 사회 각종 이질적 세력이 존재하기 때문이지만, '당국가체제'의 준비기간인 것은 틀림없다. 1957년이 되자 사회주의 개조가 완성되었고, 당은 이미 도시와 농촌의 단위조직과 합작사 조직을 통해 그 근거를 확립했다. '천하'가 이미 정해졌고, 대국(大局)이 정해졌으며, '당국가체제'의 특징이 드러나기 시작했다. 다음의 문제는 그것이 장차 언제까지 지속될 것인가였다.

마르크스의 이론에 의하면, 혁명 후의 국가가 "전체 사회의 대표로서 채택한 첫 번째 행동은 즉 사회의 명의로 생산수단을 점유하는 것이고, 동시에 그것은 국가로서 가장 마지막으로 하는 독립적 행동이기도 하다. 국가정권의 사회관계에 대한 간섭은 계속해서 각 영역에서 쓸데없는 일이 되어 스스로 멈추게 된다. 사람에 대한 통치는 물건에 대한 관리와 생산과정에 대한 영도가 대체한다."[130] 마르크스에게 '당 국가' 관념은

130　恩格斯,「社會主義從空想到科學的發展」,『馬克思恩格斯選集』第3卷, 人民出版社, 1992, p.438.

282

없다. 그러나 마르크스도 국가의 소멸이 단번에 이루어질 수는 없을 것이라 생각했고, '정치적인 과도기'는 피할 수 없는 것이었다. 그리고 그것은 객관적으로 '당국가체제'의 실행에 여지를 남겼다. '무산계급 혁명 독재(專政)'라는 마르크스의 표현에 주의를 해야 한다. 엥겔스는 다음과 같이 말했다. "무산계급독재가 무엇인지 알고 싶은가? 파리코뮌을 보라. 그것이야말로 무산계급독재이다."[131] 파리코뮌의 원칙은 보통선거제의 실시이고, 보통선거제로 구성한 대표들이 겸직제를 실시하고, 어느 때라도 바꿀 수 있도록 하여, 코뮌의 관원이 사회의 공복에서 사회의 주인이 되는 것을 방지하는 것이다. 코뮌은 고전 민주주의 이상의 부흥이고, 새로운 유형의 민주적 실천이기도 하다. 마르크스의 '무산계급독재'는 폭력적이고 강제적인 면이 있다고 할 수 있지만, 더 중요한 것은 참여적 민주주의의 일면이다. 무산계급독재의 강제적 성격을 다시 부활시켜 드러내고, 참여식 민주주의를 국가형태로 응집시킨 것이 레닌이다. 레닌은 무산계급독재에 대해 다음과 같이 정의했다. "무산계급의 혁명전정은 무산계급이 자산계급에 대해 폭력적 수단을 사용하여 정권을 획득하고 유지하는 것이다."[132] 그러나 민주는 '국가형식, 국가형태'로서 단지 "하나의 계급이 다른 계급에 대해, 일부 주민이 다른 주민들에 대해 계통적으

---

131 엥겔스가 마르크스의 『프랑스내전』을 위해 쓴 서문, 『馬克思恩格斯選集』第2卷, 人民出版社, 1972, p.336.

132 列寧, 「無産階級革命與叛徒考茨基」, 『列寧選集』第3卷, 人民出版社, 1972, p.623.

로 폭력적 조직을 사용하는 것이다."[133] 레닌에게 전정은 국가정권과 동의어이고, 국가정권은 당연히 무엇보다도 폭력조직이며, 민주도 제도(민주제)이기 때문에, 전정과 민주는 본질적으로 다르지 않다.

전정과 민주에 대한 레닌의 해석은 다음과 같은 가정을 한다. 민주는 일종의 국가형태이기 때문에, 혁명 후에는 '당국가체제'의 형식을 채택한다. '당국가체제' 자체가 일종의 민주주의이기 때문에, 그리고 '당국가체제'는 본래 인민민주의 최고의 체현이기 때문에, 공산당의 '당치국가'에서 '인민에게 정부를 돌려준다'는 말을 할 필요가 없다. 정부가 본래 인민에게 있는데 어떻게 돌려주겠는가? 국민당과 같이 "인민이 사권(四權)의 훈련을 받아 국민의 의무를 마치고, 혁명의 이데올로기를 실행"하기를 기다린 후에 훈정을 끝내고, 헌정을 시작하는 방법은 공산당의 당치이론으로 보면 근본적으로 가짜 명제이다. 국가와 민주는 모두 상생하는 역사적 산물이므로, "국가의 소멸은 민주의 소멸이고, 국가의 쇠망은 민주의 쇠퇴"이며, 국가와 민주가 쇠퇴하는 조건은, "단지 공산주의 사회에서, 자본가의 반항이 이미 철저하게 분쇄되고, 자본가가 이미 소멸하고, 계급이 이미 존재하지 않는 것일 뿐이다. 즉 사회 각 성원이 사회생산수단에 대한 관계에서 어떤 차별도 받지 않게 된 때이다. 오직 그 때에만, '국가가 비로소 사라지고, 비로소 자유를 얘기할 수 있다.' 그 때만이 진정으로 완전하고, 진정으로 어떠한 금지도 없는 민주가 가능해질

---

133 列寧, 「國家與革命」, 위의 책, p.241.

수 있다. 그리고 오직 그 때만 민주가 비로소 사라진다."[134] 다시 말하자면, 계급이 사라지지 않고, 자본주의 생산관계와 소생산이 근절되지 않는다면, '적대세력'의 반항이 있을 것이고, 국가는 '당국가체제'의 형식을 채택하지 않을 수 없다. 즉 '당국가체제'의 존속은 날짜로 계산하고 헤아릴 수 없는 것이다. 그것은 대역사에 속한다.

당치국가의 한계

'당치국가'는 중국 현대국가 건설이 낮은 조직화를 극복하기 위해 채택한 조직과 제도건설 방식이다. 현대국가 건설의 기본적 요구는 민족국가와 민주국가이다. 전자는 국가의 자주적 의지와 국가의 능력에 치중한 것이고, 후자는 국가의 공공성과 국가생활에 대한 국민의 참여와 통제에 치중한 것이다. '당치국가'의 역사합리성은 현대국가 건설의 그 두 가지 요구를 얼마나 만족시켰는가에 따라 결정된다. 전자로 말하자면, 공산주의혁명은 만청 이래 중앙집권이 몰락하고, 정치위기가 심화되었던 배경하에서의 민족부흥운동이다. 공산당의 '당치국가'는 자원수집, 사회통제, 통합관리, 합법화 논증 등에 있어서 전통국가의 지방보다 우수했고, 그에 비해 전대미문의 강한 힘을 갖고 있었기 때문에, '분산에서 통합으로의 세계사'의 일반적 현대화과정을 구현했을 뿐 아니라, 혁명국가가 '고효율'방식을 채택하여 선진공업국가를 따라잡고 광범위한 사

134　列寧, 「國家與革命」, 『列寧選集』第3卷, 人民出版社, 1972, p.241, p.247.

회변혁의 요구를 추동하는데 적응했다.

'당치국가'의 역사적 공헌은 다음과 같다. 첫째, 중국의 백여 년 외적이 침략하고 안으로 다투던 역사를 끝내고 중국대륙을 정치적으로 통일시켰다. 중국 현대화운동은 '치욕을 씻고 강해지자'는 운동이며, 주류언어는 그것을 '반제반봉건'이라고 보았다. 현대화론자들은 그것을 국가의 '힘'과 '부'를 추구하는 것으로 보았다.[135] 독립자주와 부국강병이라는 두 가지 목표의 실행은 열강과 전통세력으로 둘러싸인 상황에서 폭력혁명으로 선도하고, 조직화동원정치를 조건으로 할 수밖에 없었다. 전자는 구국가의 사회구조를 파괴하도록 요구했고, 후자는 중앙집권체제를 재건하도록 요구했다. 즉 쩌우당이 "강력하고 집권적인 정치권력을 재건함으로써, 중국을 다시 통일하고, 정치안정을 유지하고, 동시에 사회경제에 침투하여 통제하는 능력을 증가시킬 수 있었다."[136] 1949년 후 그 목표는 대체로 실현되었다. 그 중에서도 대표적인 것은 중앙집권국가가 대외적으로 효과적으로 국가주권과 독립 그리고 영토의 완전한 통일을 보호한 것으로, 평등, 상호이익, 자주를 기초로 다른 국가들과의 관계를 발전시켰다. 대내적으로 민주집중제 원칙에 따라 상대적으로 완전한 국가정치와 행정시스템(각급 인민대표대회제도와 각급 정부제도)을 수립했고, 중앙정부의 정령이 나라에 두루 퍼져있는 당 조직망을 통해 기층까지 관

135　金耀基,「現代化與中國現代歷史」, 羅榮渠, 牛大勇, 『中國現代化歷程的探索』, 北京大學出版社, 1992, pp.8-9.

136　鄒讜, 『中國革命再闡釋』, 牛津大學出版社(香港), 2002, p.2.

철되었다.

두 번째, 다민족 정치공동체를 형성했고, 민족의 융합을 촉진했다. 공산당 이론에서 민족문제는 본질적으로 계급문제이다. 민족의 불평등은 계급의 불평등을 전제로 하고, 구계급이 장악한 국가는 민족의 불평등문제를 해결할 수 없기 때문에, 민족건설은 공산당이 보기에 국가정권의 건설이다. 즉 그것은 계급혁명을 통해 구제도를 파괴하고, 신정권을 수립하는 것과 밀접한 관련이 있는 정치건설 과정이다. 그 핵심적 내용은 민족구역자치제도의 건설이다. 국가구조의 형식에 있어서, 민족구역자치제도는 공산당이 원래의 연방제 구상을 포기한 것이며, 다민족국가라는 조건하에서 단일제의 준연방적 제도장치를 실행한 것이다. 그런 제도는 중앙정부의 통일적 영도와 민족평등원칙을 견지한다는 전제 하에서, 각 소수민족에게 지방자치기관과 상당히 큰 자주권을 부여하고, 소수민족의 문화, 전통, 권익을 살피고 보호하여, 민족관계의 통합과 화해 그리고 국경의 안정을 촉진했다.

세 번째, 계급투쟁 방식으로 중국사회를 재건하고, 각 계층의 정치경제적 평등을 실현했다. 1949년 혁명은 대자산계급과 지주계급을 제거했고, 근본적으로 중국의 사회의 계급구조를 바꾸어놓았다. 장기간 무권리 상태에 놓여 있던 저층사회가 해방되었다. 1956년 농업, 수공업, 자본주의 상공업에 대해 사회주의 개조 그리고 그 전후로 잇달아 사상개조로, 민간경제와 자본주의경제가 사회주의경제와 평화롭게 경쟁하던 '혼합경제'시대가 끝났다. 사회주의 경제요소가 절대적 통치지위를 차지했고, 전통적 경제와 문화엘리트집단이 철저하게 역사무대에서 사라졌다.

중국사회의 계급상황은 매우 단순해졌다. 노동자계급과 농민계급은 비록 모든 곳에서 추상적인 법률과 공민의 권리를 향유하지는 못했지만, 공산당의 영도하에 양대 계급의 연맹은 공화국제도의 정치적 기초를 구성했고, 헌법이 규정한 국가의 주체가 되었으며, 자신의 주체적 지위에 대해 점점 더 자각적 의식을 하게 되었고, 조직화의 과정에서 '당치국가'의 정치구조, 정치운행, 정치채용과 매우 밀접한 관계가 생겼다. 비록 사회학적 등급차별(관료집단과 대중 그리고 행정, 직업 사이에서)은 여전히 존재했지만, 노동자와 농민 양대 계급 내에서의 각 노동계층은 실질적인 사회경제권리를 누린 것은 틀림없는 사실이다. 계급편향적 정책으로 그들은 빈곤을 기초로 한 평등이기는 했지만, 성별, 노동보장, 문화, 교육, 의료 및 위생 등에서 중국 역사 이래 최대의 평등을 누렸다.

네 번째, 추월형 국가발전략을 추진해 독립적이며 상대적으로 완전한 현대공업과 국민경제시스템을 초보적으로 실현했다. 1956년부터 '문화대혁명' 전야까지 중국은 신속하게 신흥공업부문 예를 들면 전자공업, 원자력공업, 항공공업, 석유화학공업설비제조업, 정밀기계 그리고 정밀계량기제조업, 유기합성공업, 컴퓨터공업 등을 건설했고, 비교적 완비되고, 상당한 생산규모를 갖고 일정한 기술수준의 공업시스템을 형성했다. 과학기술이론 측면에서, 현대과학의 새로운 분과, 예를 들면 생물물리, 분자생물학, 전기생리학, 발효화학, 지구과학, 암석역학, 물리역학, 해양학, 전파천문학, 대기공간학, 화학물리학, 저온물리학, 고에너지물리학 등등이 출현했고, 그 영역에서 중대한 연구 성과를 얻었다. 1964년과 1965년 두 차례의 원자폭탄 실험과 1966년 미사일 핵무기 발사 성공은 중국이 물리학, 화학, 그리고 기타 과학기술의 응용방면에서 발달국가와의 거리를 크게 좁혔음을 보여준다.[137]

다섯 번째, 대규모의 대중의 정치참여를 발동시켜 유사 이래 가장 심도 깊고 광범위한 국민정치훈련을 완성했다. 대규모의 대중의 정치참여는 신중국 역사상의 동원식 참여로서, 오늘날의 시각으로 보면 동원식 참여는 많은 경우 당시의 당과 국가가 자원이 결핍되어 있는 상황에서 사회주의 개조와 공업화가 직면한 곤란을 극복하기 위해 운영한 업무방식이다. 그것은 주로 국가의 정치적 의도로 나타났고, 대중의 자주적 의지는 아니었다. 그러나 만일 대중의 대규모 참여가 갖고 있는 소극적 영향을 제외한다면, 그 가장 중요한 기능은 (1) 계급, 국가, 혁명, 평등, 정의와 같은 주류 정치의 상징적 부호가 민간에 전파되어, 원래 대중을 구속했던 종족의식, 촌락의식, 지역의식 등 소집단의식을 없애고, 그들이 편협한 감정, 신앙, 시야에서 벗어나 자재적 집단에서 자위적 집단이 되도록 했다. (2) 저층사회생활과 상층의 국가생활 간에 유동적 통로가 형성되었고, 국가는 참여자의 정치운동 속에서의 정치적 충성도를 갖고 흡수하고 채용할 수 있었으며, 저층사회는 개인의 적극적 노력을 통해 국가체제로 진입하여 어느 정도로 사회신분의 전환을 완성하게 되었다. (3) 역사상 인민이 장기간 국가사무에서 배척되어 온 현실과는 상대적으로 동원식 참여는 권리가 없던 대중을 국가의 정치생활로 처음으로

137　王學啟, 楊樹標, 『社會主義時期史稿』第2卷, 浙江人民出版社, 1988, p.405 ; 楊樹標, 梁敬明, 楊青, 『當代中國史事略說』, 浙江人民出版社, 2003, pp.363-366.

끌어 들였고, 그들이 감추고 있던 정치능력, 정치적 표현욕구 그리고 정치적 창조성을 일깨웠다. 그것은 중국 현대사에서 가장 위대한 국민정치 훈련이라 할 수 있다. 1950년부터 문화대혁명까지, 중국인은 시대와 역사에 대해 '우리'라는 인식, 국가정치와 외부사무에 대한 관심, 정치변화와 개인의 운명 간의 관련에 대한 민감성, 정치언어의 운용과 정치사물에 대해 묘사하는 과정에서 그 정도가 모두 비교할 수 없을 정도로 높은 수준에 이르렀다. 중국인은 진정한 '정치민족'이 되었다. 그러나 당치국가가 현대국가 건설에서 보여준 강한 정치능력은 거대한 성공을 한 동시에, 심각한 위기를 불러왔다. 그 성공과 위기는 항상 함께했으며, 위기에 따른 비제도적 해결은 정도는 다르지만 성공의 실제적 의의를 감소시켰다.

1956년 사회주의개조는 중국현대화에 매우 중요한 지점이다. 공산당이 정권을 장악한 후 직면한 가장 큰 문제는 농업국가에서 공업국가로의 전환을 실현하는 것이었고, 자원이 부족한 상황에서, 그런 전환은 정치적 힘에 의존할 수밖에 없었기 때문에, 외부의 위기가 해소된 후(한국전쟁의 정전) 신민주주의에서 사회주의로의 과도적 총노선은 곧 의사일정에 올랐다. 총노선의 목표는 (1) 공업화를 시작하는 과정으로, 공업화 국가를 추월하는 것이었다. (2) 사회주의혁명을 시작하고, 자본주의와 민간경제를 소멸시키는 것이었다. 총노선의 핵심경향은 국가공업화이지 민간공업화가 아니었다. 국가공업화는 먼저 중공업을 발전시키는 추월전략을 채택하는 것이었다. 그 전략을 실시하기 위해, 경제구조에 있어서 향촌의 집단화와 도시의 국유화를 실행해야 했다. 개인경제와 민간경제는 국유경제가 되었고, 그것이 국민경제의 주체가 되었다. 자원배분에 있어서 계획경제를 실시하고, 시장기제의 이용을 포기하고 배척했다. 1956년 9월, 저우언라이는 중공중앙을 대표하여 사회주의 개조가 결정적 승리를 했다고 선포했다.[138] 1957년 3월, 마오쩌둥은 세계를 향해 사회주의 경제제도가 중국대륙에서 기본적으로 건설되었다고 선포했다.[139] 국유화와 집단화로 추월하는 전략적 공업화는 원시축적을 실현했고, 계획경제를 위한 경제적 기초를 제공했으며, 정치적으로 '당치국가'의 사회에 대한 전면적 통제를 강화시켰다. 그러나 그것의 또 다른 측면은 상품경제가 중국에서 발육하고 성장하는 것을 심각하게 억제했다. 중국에 이미 존재하던 이원적 경제구조를 가중시켰으며, 노동의 격렬한 약화와 자원배치 효율의 저하, 잠복된 경제 및 정치위기를 초래했지만, 전면적으로 드러나지 않아 의식한 사람이 없었다.

사회주의개조의 정치적 성취는 특히 제1차 5개년계획이 순조롭게 완성된 것이었다. 그것은 당시 영도집단와 국가측면에서 낙관적 정서를 크게 강화시켰고, 숨어있던 정책적 대립이 잠잠해졌다. 성공적 경험으로 고무되어 사람들은 낙후된 국가의 현대화는 혁명을 통해, 즉 정치동원 방식을 통해 신속히 실현될 수 있다고 믿게 되었다. '혁명식 현대화' 모델은 당내 고위층의 주류 관념이 되었다. 그것이 집중적으로 나타난 것

---

138 周恩來, 「第一個五年計劃的執行情況和第二個五年計劃的基本任務」, 『周恩來選集』下卷, 人民出版社, 1984, p.217.

139 毛澤東, 「在中國共産黨全國宣傳工作會議上的講話」, 『建國以來毛澤東文稿』第6冊, 中央文獻出版社, 1992, p.378.

이 1958년 대약진이었다.[140] "하루가 20년 같았다."는 대약진 중에 주관적 의지가 말할 수 없을 정도로 발휘되었다.("못할까 걱정하는 것이 아니라 하고 싶지 않을까 걱정", "사람이 대담해질수록, 더 많은 생산이 이루어진다.")[141] 증가속도가 일체의 상태를 이기게 되었고,("속도가 총노선의 영혼", "속도와 시간을 다투는 것이 사회주의 건설의 근본방침")[142] 임무지표는 최대한까지 상승했다. 예를 들면, 철강생산량이 "1962년 제2차 5개년계획이 종결될 때 8000만 톤에서 1억 톤에 이르렀다."[143] 투자규모는 통제할 수 없는 수준에 이르렀다. 1958년 전민소유제 단위의 고정자산투자가 84.5%까지 늘어났고, 1959년 또 31.9% 증가하여, 투자총액이 1957년의 두 배가 되었다.[144] 정치동원이 최고 수준으로 이루어졌다.("홍기를 꼽고, 백기를 뽑자", "미신을 없애고, 사상을 해방시키자", "높은 산도 머리를 낮추게 하고, 강물도 길을 내어주게 하자"[145]) 각 분야에서의 과장된 표현이 만연하였고, 성과와 이익에만 급급하였다. 효율이 낮은 낭비, 명령주의, 기회주의, 반과학적 태도로 1949년 이래 중국 최대의 경제파동이 초래되었다. 국민경제는 가장 참혹한 피해

---

140 陳明明, 「在革命與現代化之間」, 『復旦政治學評論』第1輯, 上海辭書出版社, 2002, pp.240-246.

141 「祝早稻花生雙星高照」, 『人民日報』社論, 1958年8月13日.

142 「力爭高速度」, 『人民日報』社論, 1958年6月21日.

143 中共中央, 「關於1959年計劃和第二個五年計劃問題的決定(修改稿)」, 許全興, 『毛澤東晚年的理論與實踐』, 中國大百科全書出版社, 1995, p.123.

144 國家統計局, 『中國統計年鑒』(1991), 中國統計出版社, 1991, p.147.

145 이 모든 것은 대약진 시기 가장 유행하던 정치구호이다.

를 입었고, 사회생산력은 가장 심각하게 파괴되었다. 제1차 5개년 계획의 성과가 거의 다 사라지게 되었다. 1959년 식량 총생산력이 매년 줄어들기 시작했다. 많은 지역에서 대기근이 발생했고 기근으로 죽은 사람이 크게 증가했다. 대약진은 중국공산당이 국정을 수립한 이후 가장 심각한 위기임에 틀림없었다. 그것은 경험부족을 보여준 것이었고, 정책결정의 과오였다. 정책결정의 과오의 심층적 근원은 체제적인 것이었다.

국가권력 체제 내부에서, '당국가체제'의 균형은 세 가지 요인에 의해 결정된다. (1) 행동이론(정책방침)의 정확성 (2) '당 국가'의 상부 영도자집단의 공통인식 (3) 새로운 엘리트집단의 권력의 공유와 그에 따른 응집력이다. 그러나 균형을 유지하는 핵심은 최고 지도자에게 있다. 그는 행동이론이 정확한가를 최종적으로 증명해줄 수 있으며, 공통된 인식의 근원과 싱징이 될 수 있고, 엘리트집단의 응집력의 정신적 매개체가 될 수 있다. 그러나 대약진의 실패는 '당 국가' 고위층 지도자집단의 대립을 초래했고, 체제의 균형을 흔들어놓았다. 대약진의 나쁜 결말이 완전히 드러나기 전에, 천윈(陳雲)은 상부에 문제를 제기했다. 그는 1959년 생산계획을 완성할 수 없다고 보고, 철강생산량 지표를 낮출 것을 제안했다. 중앙정치국 상임위원회의 류샤오치, 저우언라이, 덩샤오핑은 모두 천윈의 의견에 동의했다.[146] 펑더(彭德)는 루샨(廬山)회의의 서북조직 토론에서 마오쩌둥이 다른 의견을 듣지 않는다고 공개적으로 비난했다.[147]

---

146 何蓬, 『毛澤東時代的中國』, 中共黨史出版社, 2003, p.132.

147 위의 책, p.139.

류샤오치도 대약진이 초래한 심각한 결과를 인정했지만, 1958년 "이렇게 많은 혼란이 일어난 것은 파괴적이다."[148]라고 생각했다. 그런 의견이 보여주는 것은 '당국가체제'의 균형을 지켜주는 두 가지 요인, 곧 정책방침(총노선)과 집단의 공통적 인식이 모두 시험에 직면했다는 점이다. 총노선에 대한 지도자의 회의(구체적인 정책에 대한 비판형식으로 출현)와 정책적 대립은 마오쩌둥이 행동이론에 대한 정확성을 제공할 수 있는지에 대한 최종적 증명에 대한 도전이었다. 도전의 결과는 루샨회의의 "펑황반당집단(彭黃反黨集團)"이 제거되는 것으로 끝났다. 테베스의 『신정권의 건립과 공고』라는 책에 의하면, 중국공산당 내의 고위층의 단결은 공산당이 취득한 성공의 기초이며, 국가공업화와 사회개조에 대한 고위층의 공통인식은 거대한 정치자원이고, 정책적 분기문제는 당내의 정식 토론과 변론을 통해 해결될 수 있어 정권에 정치위험을 가져올 수 없다. 그것이 1949년부터 1957년까지 중국정치경제발전이 성공한 이유이다.[149] 그러나 루샨회의는 그 기초를 뒤집었고 계급투쟁이 당내로 유입되었다. 정책대립을 "과거 10년의 사회주의 혁명과정에서 자산계급과 무산계급의 양대 계급의 생사투쟁의 계속"으로 보았다. 개인독재가 정치적으로 당내 정치 반대자를 없애는 선례가 시작되었고, '당국가체제'의 제1차 정치분열이 초래되었다.

---

148 위의 책, p.139.

149 麥克法夸爾, 費正清, 『劍橋中華人民共和國史: 1949-1965』, 中國社會科學出版社, 1998, p.56.

그 후, 공통된 인식의 근원과 상징이었던 마오쩌둥의 지위가 취약해지는 시기가 왔다. 한편으로 당내의 단결을 지키기 위해, '당국가체제'의 효율성을 보호하기 위해, 고위층 영도집단은 본의 아니게 정세, 계급 그리고 당내 계급투쟁에 대한 마오쩌둥의 판단을 받아들일 수밖에 없었다. 무엇보다도 1962년 8차 10중전회 이후에, 그들은 당성으로 자신의 경험이성을 억제했고, 정치적 요구로 정책의 선호를 해석했다. 원칙을 갖고 마음 속의 곤혹스러움과 걱정스러움을 해소하고, 마지노선을 넘지 말라고 스스로 충고했다. 어떤 정치적 정책결정에서는 무조건적으로 동의하거나 심지어는 더 적극적으로 그리고 급진적인 태도로 마오쩌둥의 의견을 열심히 이행했다. 다른 한편으로, 그들은 대약진이 남긴 만신창이가 된 국면에 직면하여 실제로부터 출발하지 않을 수 없었다. 경제발전법칙에 따라서 그리고 계급투쟁원칙에 따르지 않고 일을 처리하고, 국민경제의 총체적 조정을 진행했다. 1956년과 1957년의 사회주의 개조와 사상전선의 사회주의 혁명으로부터 한시적으로 후퇴했다. 개인경제, 민간경제, 지식계, 사상계의 자유로운 토론이 제한적으로 이루어졌고, 마오쩌둥과 피할 수 없는 대립을 하게 되었다. 마오쩌둥에게 대약진이 초래한 중앙의 지도자집단의 분열은 심각한 신호였다. 1956년 이래 경제정치발전과정에 대한 재(再)고려는 농업합작사의 완성으로부터 제1차 '반모진'까지, '백화제방'방침으로부터 정풍운동까지, 정풍운동에서 반우파, 대약진, 인민공사운동까지, 그리고 루샨회의 등 일련의 중대한 사건까지 존재했던 대립과 논쟁 모두 중국사회에 여전히 남아있는 계급투쟁이 당내에 반영된 것이라고 생각했다. 마오쩌둥은 그 시기에 이미 행동이론의 정확성에 대한 논증을 완성했다. 1966년 폭발한 문화대혁명과 그 강령인 '무산계급독재 하의 혁명계속이론'은 그 논증의 승화였다. 혁명이 점점 급진화되고 극단화된 것은 점점 더 많은 사람들이 안전감과 귀속감을 상실했다는 것을 의미한다. 그 과정에서 공통적 인식이 점차 사라졌다. 의견대립은 혁명의 좌절감을 가중시켰고, 좌절감이 혁명을 더 극단적으로 내몰았고, 대규모의 정치적 숙청이 일어났다. 1949년 이래 당과 군의 간부 및 기타 사회 엘리트가 널리 권력을 공유하는 직권 및 그 응집력이 흔들렸다. 당국가 엘리트가 혁명에 의해 주변으로 쫓겨나거나, 혁명에 의해 사라졌다. '당국가체제'의 균형을 이루는 세 가지 요소는 더 이상 존재하지 않게 되었다.

당국가체제의 최대한의 정치위기는 당국가 권력체계 내부에서 나타났다. 고도집권으로부터 개인독재로 향하는 것은 그런 체제의 필연적 귀결이다. 그것은 당국가와 사회의 관계에서도 나타났다. 고도로 집권화된 체제로서 당국가는 근본적으로 전통적 국가에서 사회에 참여할 수 없었던 현실을 바꾸어 놓았다. 그것은 정치동원을 통해 사회를 조직하여 중국사회의 낮은 조직화 상태를 바꾸어 놓았다. 그것은 성공적인 일면이지만, 다른 한편으로 고도의 일체화된 체제로서 당치국가는 당의 조직망, 엘리트 채용기제와 이데올로기를 통해 전방위적으로 사회생활에 대한 전면적 통제를 실현했다. 전체 사회의 모든 기구와 사람이 모두 국가 직능을 임무로 삼게 되었으며, 그 자체가 국가의 일부가 되었다. 그런 사회의 고도 정치화와 국가화의 당 국가-사회는 일련의 심각한 문제를 초래했다.

첫 번째 문제는 우선 경제성장의 둔화와 보편적 딜레마로 나타났다. 린이푸 등은『중국의 기적』에서 그것이 중공업 우선성장의 추월형 발전전략의 탓이라고 설명했다. 그는 그런 전략이 산업구조의 왜곡을 초래하고, 경제성장 속도를 억제하고, 농업노동력의 전환속도를 감소시키고, 인민의 생활수준을 장기적으로 개선되지 못하도록 한다고 보았다.[150] 그러한 생각은 정확하지 않다. 추월형 발전전략의 채택은 중국현대화만의 요구가 아니다. 수많은 후발국가 모두 추월형 발전전략을 채택했다. 그러나 추월전략과 당국가체제(계획체제는 단지 당국가체제의 경제사회 관리방식일 뿐)의 결합은 전략 실행과정에서 당국가체제를 크게 강화시켰다. 그것이 중국적 특색이다. 다시 말하자면, 추월형 전략과 국가통제가 기능-구조의 공생관계이지만, 그런 전략이 철저하게 도시와 향촌의 민간자본을 소멸시키는 것을 전제로 하여 강한 정치적 색채를 띠는 것이 당치국가이다. 1956년 사회주의 개조와 그것을 기초로 수립된 방대하고 엄밀한 중앙집권의 자원배치체계로 인해 생산력 수준이 크게 저하된 중국 본래의 비국유경제(비공유제경제)가 자신의 역사적 사명을 사전에 끝낼 수밖에 없었다. 따라서 전체 경제생활이 경쟁성과 활력을 잃게 되었고, 자원배치의 효율이 떨어지고, 노동에 대한 격려가 부족하여 장기적으로 느린 성장과 마이너스 성장의 국면에 빠져들었다.

두 번째 문제는 사회의 자주성과 창조력의 지속적 위축으로 나타났

---

150 林毅夫, 蔡昉, 李周,『中國的奇跡: 發展戰略與經濟改革』, 上海三聯書店, 上海人民出版社, 1996, pp.61-71.

다. 국가의 전면적 확장은 경제구조의 기형과 변이를 초래했고, 사회의 공적 공간과 개인의 자유로운 공간이 사라졌다. 국가의 확장과정은 사회 자원에 대한 국가의 독점과정이며, 국가독점의 가장 전형적인 수단은 단위제이다. 즉 단위제를 세포로 삼고 조직을 체제의 틀로 삼는다. 그런 체제에서 사회관계는 주로 두 가지 형태로 나타난다. 첫째는 단계적으로 서로 의존하는 인신적 의존관계이다. 구체적으로 개인은 단위(공장, 기관, 생산대 등)에 의존하고, 단위는 정부에 의존하며, 하급은 상급에 의존하고, 기층은 지방에 의존하며, 지방은 중앙에 의존한다. 의존관계를 통해, 국가와 사회는 고도로 융합되고, 공민과 정치가 고도로 통일된다. 자원이 위에서 아래로 배분됨으로써, 개인을 공직에서 배제하는 것은 노동교화형에서 가장 심한 징벌에 버금하게 되었다. 다른 방법을 통해 생존과 발전의 자원을 획득할 수 없기 때문에, 그것을 통해 의존관계가 안정될 수 있었다. 두 번째 형태는 사회 중간조직의 쇠퇴와 국가 성격적 조직에 의한 점진적 대체이다. 국가가 사회분배와 사회조절의 기본 기능을 도맡아, 사회조직의 기능은 나날이 위축되었다. 전능적 국가 앞에서 원래 존재하던 각종 사회의 중간조직은 사라지거나, 철저하게 개조되어 점차 행정화되었다. 국가의 정치통제가 사회 모든 측면과 구석까지 깊이 파고들어, 국가의 초강력한 정치통제가 거의 모든 경제 및 사회적 행위를 통제하고, 정치적 함의를 갖게 되었다. 크게는 경영과 소비까지, 작게는 음식남녀에 이르기까지 모두 정치적 범주에 들어가게 되어, '정치문제'가 되었다. 국가의 확장과정에서, 사람들의 사회생활영역은 빠르게 축소되었고, 심지어 자주적이며 전업화된 개인적 공간은 완전히 존재하지 않게 되었다.

세 번째 문제는 극도로 균형을 상실한 국가와 사회관계가 국가의 고도의 확장과 함께 오히려 국가의 능력을 강화시키는 것이 아니라 억제하게 되었고, 국가가 심각한 모순과 위기에 빠지게 되었다는 것이다. 주관적으로, 국가의 확장은 사회주의개조를 국가가 운영하는 정치수단으로 생산력을 발전시켜 빠른 공업화를 실현하려는 의식적이고 강령적인 행동이다. 계급투쟁, 정치동원과 이데올로기는 결정적 지위를 갖는다. 그것은 생산관계의 변혁이 필연적으로 최대한 생산력을 해방시키고 발전시킬 것이라고 믿었던 1세대 지도자의 철학적 사유를 반영한 것으로, 국가의 전면적 확장, 사회생활의 각 측면에 대한 전면적 개입에 대한 강력한 충동을 구성했다. 객관적으로, 정치개조가 민간자본, 개인경제 및 민간사회를 소멸시켰다. 정상적인 사회구조, 사회관계 그리고 사회발전논리도 파괴했다. 경제적으로 공업화의 위기를 불러왔으며, 경제성장의 중단과 보편적 딜레마를 초래했다. 국가의 확장으로 인해 물질기초와 사회자원의 지지도 크게 줄어 들었다. 따라서 사회로부터 국가가 퇴출되었다. 1960년대 초의 국민경제조정은 어떤 의미로는 '퇴출'이었지만,(경제를 주관하는 지도자가 여러 번 "퇴출"을 요구했음) '당국가체제'의 내재적 정치논리와 이데올로기의 작용으로, 사적 자본, 개인경제, 그리고 민간사회의 소멸로 인해 신제도가 구제도를 대체하는 승리로 여겨졌다. 국가의 '퇴출'로 이론과 구체적 정치이익이 저해를 당했고, 다시 상처를 입은 경제와 사회가 국가의 확장을 위해 필요한 자원과 동력을 제공할 수 없게 되었다. 정치권력은 점점 더 국가의 확장을 위한 유일한 도구가 되었다.[151] 그것은 이율배반적 과정이다. 당 국가 측면에서, 경제의 모든 위기는 정치의 혼란과 재조직을 초래할 수 있다. 경제정책에 대한 모든 조정과 수정은 다음의 정치적 대결을 내포하고 있다. 모든 정치투쟁의 크기와 정도가 전보다 더 광범위하고 더 격렬해졌다. 정치권력의 집중화 정도도 전보다 더 심해졌다. 사회적 측면에서, 경제의 모든 좌절은 정도는 다르지만 민간에 대한 정치의 통제력을 완화시켰다. '단독생산'(單幹), '가정단위 도급생산'(包産到戶)이 출현했다. 사회세력의 대두는 새롭고 더 강한 정치압력을 만든다. 전보다 더 철저하게 사회에 축적된 성과를 소진해버리고, 물을 다 말려 고기를 잡는 식의 경제동원과 일망타진 식의 정치운동 속에서 사회를 점점 메마르게 했다. 그것은 역으로 국가 스스로를 해쳤다. 문화대혁명 후기에 이르면, 국가의 확장은 국가언어의 확장일 뿐이고, 국가의 확장 능력은 이미 정치권력의 남용에 의해 다 소진되고 만다.

국가의 확장은 결국 국가 스스로를 해치고, 사실상의 국가-사회 구조가 파괴되는 필연적 결과를 낳는다. 역사사회학의 분석에 따르면, 전통중국은 국가, 관료엘리트, 민중의 삼중구조로 되어 있었다. 민중과 관료엘리트의 관계는 직접적이었지만, 국가와의 관계는 간접적이었다. 관료엘리트는 비록 몸은 국가에 있었지만, 국가와 사회의 통합을 이루었다. 관료엘리트는 사회가 조직하고 스스로 형성한 질서를 이루는 기본

---

151   林尚立, 『當代中國政治形態硏究』, 天津人民出版社, 2000, p.287.

역량이었고, 국가와 민중을 연결하는 매개와 유대였다.[152] 근대 상공업의 발전, 서구 공업문명의 전파, 특히 과거제의 폐지 그리고 신식 학당의 창설에 따라, 장기간 지속되어 오던 왕조의 안정적 구조가 파괴되었다. 그것은 가장 집중적으로 민간관리 엘리트 계층의 해체로 나타났다. 국민당은 민간관리 엘리트의 쇠퇴와 그들의 분화를 막고 그들을 새로운 당국가체제를 지탱하는 세력으로 흡수하고자 했다. 그러나 그런 분화과정은 불가피한 것이었다. 그것은 한편으로는 국가의 기층사회 통합이 심각하게 곤란하도록 만들었고, 다른 한편으로 공산당이 향촌혁명을 일으켜 국민당의 '당국가체제'를 전복시킬 수 있는 강력한 이유를 만들었다. 향촌의 엘리트계층 대부분이 향촌 부패를 가속화시킨 토호와 악질 지주가 되었기 때문에 국민당과 이들 계층의 결합은 국민당의 명성을 파괴했고, 결국은 기층사회의 공격 대상이 되도록 했다. 공산당 혁명은 우선 향촌에 잔류하던 전통적 엘리트와 그 사회적 관계를 소멸시켰고, 그 다음으로 도시사회에 분포되어 있던 이들 전통적 엘리트에서 분화되어 얽히고 설킨 상공업 및 지식엘리트층을 소멸시켰다. 그들은 사회주의 혁명이론에서 구시대와 구제도를 대표하는 기본적 계급관계였다. 따라서 국가가 자신의 통치우위를 구축하는 과정에서, "대부분의 희소자원이 국가의 통제하에 놓이게 됨에 따라, 민간은 이미 희소자원을 장악하는 사회역량이 아니었고, 당시의 중국사회에는 오직 두 가지 구조적 요인만이 남게 되

---

152 孫立平, 「改革前後中國國家, 民間統治精英及民衆間互動關系的演變」, 『中國社會科學季刊』(香港), 1994年第1卷.

었다. 국가와 민중이다."[153] 그것은 매우 독특한 구조로 본질적으로 서구 근대 이래의 사회구조와 다르다—분화와 자주를 특징으로 하는 전업화된 국가조직도 존재하지 않을뿐더러, 다원과 자치를 특징으로 하는 사적 영역도 존재하지 않는다.[154]

그런 이중적 구조는 중국의 국가건설에 대해 '내권화(內卷化)'를 초래했고, 근본적으로 국가를 강하면서도 약하게 만들었다. 핵심적 문제는 첫째, 일반적 국가건설 이론에서 현대국가의 성장은 국가의 관철능력을 가늠하는 주요한 기준으로 삼는다. 국가의 관철능력을 저해하는 세력은 귀족, 지방세력, 길드, 가족, 부족, 교회 등 소위 전통적 조직이다. 그들은 정도는 다르지만 폭력을 사용할 수 있는 권력을 갖고 있으며, 정부와 재정자원을 경쟁하는 권력을 갖고 있기 때문에, 현대국가는 그들 조직과 투쟁을 전개하여 자원에 대한 강제적 통제권을 빼앗고, 그런 과정에서 규칙제정을 독점하고 규칙실시를 강제하는 권력을 구축하며, 조세징수 독점을 통해 공공재정으로 국가의 재정을 충족시켜야 한다. 그것이 중앙집권 과정이다. 그러나 그것은 사회분화의 기초 위에서 구축되는 것이다. 즉 새로운 국가의 성장과 동시에, 새로운 사회도 구사회의 품에서 발육하고 성장한다. 그로써 중앙집권적 국가와 다원자치적 사회라는 두 가지 다른 영역이 형성된다. 국가와 민중 사이에서 사회 스스로 조직한

---

153 孫立平, 위의 논문.

154 李强, 「現代國家制度構建與法律的統一性」, 梁治平, 『國家, 市場, 社會: 當代中國的法律與發展』, 中國政法大學出版社, 2006, pp.245-259.

다수의 구조적으로 기능이 분화된 자치단체가 매개하며, 그들은 통일적이며 보편적인 법질서를 국가가 구축하도록하고, 국가권력의 완성과 관철능력을 수호하고 인정하는 동시에 통일적이며 보편적인 법질서로 국가를 구속하여 국가의 확장이 사적 이익을 침해할 수 있는 가능성을 방지한다. 그러나 국가-민중의 이중구조가 국가의 관철능력을 저해하는 전통적 중간세력을 소멸하는 것에는 큰 차이가 없지만, 사회에 대한 국가의 재건은 국가의 강제적 자원의 독점뿐만 아니라, 전 사회, 경제, 조직자원을 독점한다. 이론적으로, 극단적으로 말하자면, 모든 일할 수 있는 인구는 모두 국가의 피고용자가 된다. 국민의 모든 수입은 국가수입으로 귀속되고, 모든 사회지출도 국가지출에 쓰이며, 개인의 모든 일은 국가의 일이 된다. 국가의 그런 거대한 요구를 충족시키기 위해, 국가는 고도로 집권화된 국가가 되어야 한다. 국가의 권력은 객관적으로 담당할 수 있는 국가의 책임을 훨씬 넘어서고, 그 결과 필연적으로 각종 모순과 압력이 국가 자신에게 집중되어, 국가의 관철능력을 크게 제약하게 된다. 국가는 그 생명이 받아들일 수 없는 무게를 받아들이게 되어, 준엄하고 취약한 거버넌스 환경에 빠지게 된다.

둘째, 중앙집권 국가의 구조는 사회분화를 기초로 세워진다. 그 구조는 분화의 논리에 부합해야 한다. 그것이 내포하고 있는 가정은 다음과 같다. (1) 국가와 기타 조직은 분리되고, 분립한다. (2) 분화된 사회구조에서, 국가는 상대적 자율성을 갖는다. (3) 국가 내부의 구조기능의 분화는 제도화된 방식으로 통합(일체화)을 추구한다.[155] 분리분립이란 정사(국가와 민간사회)의 분리,정교(국가와 종교단체)의 분리, 정경(국가와 경제조직)

의 분리를 포함하고, 그런 분리는 국가와 시민사회라는 두 가지 영역을 만든다. 자율이라는 것은 국가가 공공이익을 추진할 때 시민사회의 특수한 이익이 침해되도록 하지 않으면서, 국가의 공공성을 유지하는 것이다. 통합이란 국가 내부에 서로 다른 권력구조와 기능으로 이루어진다. 각 구성부분은 헌법과 법률이 규정한 노동분화를 기초하여 협력하고, 서로 간에 권력균형이 존재하지만, 독립적인 권력중심은 없다. 현대국가의 전제는 우선 국가와 사회가 두 가지 분리된 공간이라는 것, 그리고 분리가 되어 있어야 비로소 국가를 유지하는 사회적 기초를 제공할 수 있고, 국가와 사회가 상호작용할 수 있다는 것을 알 수 있다. '당국가체제'가 모순과 위기에 빠지는 근본적 이유는 국가의 극도의 확장이 사회를 잠식하여 국가와 사회관계의 기본원리를 위배한 매우 독특한 국가라는 점에 있다. 여기서, 이론과 실제에 커다란 갭이 생긴다. '당국가'가 사회의 제약을 받지 않는 상황에서 고도로 '자율적'이기 때문이다. 그것이 중국 국가건설과 유럽 국가건설의 차이점일 수 있다. 그러나 그러한 '자율성'은 매우 큰 임의성을 갖는다. 그것은 국가의 보편적 법률질서에 대한 긍정이 아니라, 국가의 보편적 법질서를 파괴하는 사회분화에 대한 반동이다. 가장 주의할 점은 세 번째이다. 중앙집권체제의 지방 국가구조는 본래 중앙국가의 정책을 관철해야 하고, 지방의 사회발전을 유지하는 대리인이어야 한다. 그러나 국토면적이 넓고 지역의 발전이 지극히 불균형

---

155 Charles Tilly, *The Formation of National States in Western Europe*, Princeton Universtiy Press, 1975, p.70.

하여, 어떠한 정책도 지방 행정기관의 집행을 거쳐야 작용이 일어날 수 있기 때문에, 두 가지 모순적 상황이 생겨난다. 한편으로, 중앙과 지방간에 헌법과 법률의 제도화된 감독과 제약이 효과적으로 이루어지지 못한다. 중앙정책에 대한 해석이 완전히 집행자의 수준, 심지어는 도덕성에 달려 있기 때문에, 중앙정책에 대한 지방의 일탈이 불가피하다. 다른 한편으로, 중앙은 법제도화 수단의 결핍으로 중앙과 지방의 관계를 유지할 수 없기 때문에, 점점 더 당의 조직역량에 의존할 수밖에 없다. 중앙집권 형식을 모방하여 지방권력을 바꾸려고 노력할 수밖에 없기 때문에 지방권력이 점점 더 '당국가화'된다. 그것은 점점 더 중앙에서 파견된 성격을 갖게 되어, 현대국가체계에서의 지방의 상이한 이익과 사무를 반영하고 해결하는 조직자가 되지 못한다. 따라서 각급 지방권력구조는 조직적으로는 중앙집권의 요구를 만족시켰지만, 지방에 대해 중앙집권이 져야하는 책임을 실현할 수 없었고, 그로 인해 국가 내부 조직의 쇠퇴를 초래했다.[156]

셋째, 이중적 구조의 국가와 함께, 이중적 구조의 민중 사회의 특징이 나타났다. 전통적 중국사회에서 민중의 '한줌의 흩어진 모래'와 같은 조직되지 않고, 조직화가 낮은 상황은 중국 국가건설의 장애였다. 그런 상황을 극복할 수 있는 가장 효과적인 방식은 정당이다. 공산당의 사회재건은 중국의 전통적 민간통치엘리트를 소멸시키는 동시에, 당의 각

156　周雪光,『當代中國的國家與社會關系』, 台灣桂冠圖書股份有限公司, 1992, pp.155-156.

급 망을 핵심으로, 단위제를 통해 사회를 조직하는 것이다. 그러나 그런 조직은 일반적 의미에서의 사회조직이 아니라, 즉 자원의 출처이며, 주요 기능과 실제 작용으로 말하자면 국가에 속하는 일종의 국가조직이다. 민중은 민중일 따름이다. 그들은 수차례의 정치동원으로 유사 이래 가장 깊이 있고 광범위한 국민적 정치훈련을 받았으며, 국가정치와 외부사무, 정치변화와 개인의 운명 사이의 연계를 상당한 정도로 인식하게 되었다. 그러나 대중의 수동적 정치참여 즉 동원식 참여는 고도의 집권체제로 민중을 배척하는 조직을 전제로 한 것이다. 그것은 민중 속에서 지속적인 정치열정과 정치인식을 형성하기 쉽지 않다. 다시 말하자면, 권리와 의무의 비대칭 상황에서 국가가 추진하는 각종 정치운동은 민중의 진정한 지지를 받을 수 없다. 그것은 민중 속에서 소극주의, 기회주의, 단기적 행위가 발생하는 근본적 이유이다. 저우쉐광의 분석에 따르면, 그런 개인의 행위는 고도집권의 상황에서 강한 정치적 힘이 될 수 있다. 고도의 중앙집권은 그런 행위방식에서 반영된 이익을 정식 조직통로에서 배제하기 때문에, 그것은 중앙의 의도와 반하는 형식으로 비공식적 조직통로로 나타난다. 고도집권 상황에서, 사람들이 처한 정치환경은 비슷하다. 환경의 유사성은 적응행위의 일치성을 보여준다. 개인의 대책도 거시적으로 민중 전체에서의 동시에 나타나고, 조직 외적인 집단의 행위로 나타난다. 그런 행위의 비조직성과 맹목성에 의해, 중앙집권국가는 그런 세력의 잠재적 충격과 방향을 정확하게 판단할 수 없기 때문에, 효과적 대응을 할 수 없다. 국가가 구 민간 통치엘리트 계층을 없애면서 새로운 유기적 사회중간세력을 형성하지 못했기 때문에, 중간세력이 민중의 요구와 개인적 행위에 대해 제도적으로 표현하고 종합할 수 없다. 제도화된 정보의 전달과 해석 및 중간세력 간의 조정이 부재한 상황에서, 국가와 민중 사이에 일단 충돌이 발생하면, 충돌은 종종 강렬한 직접적 대항의 성격을 띠게 되고, 국가가 거버넌스를 관철하는 합법성의 기초를 크게 약화시킨다.[157]

157　周雪光, 『當代中國的國家與社會關系』, 台灣桂冠圖書股份有限公司, 1992, p.160.

결론

장징(張靜) 교수에 의하면, 국가정권이 진정으로 사회기층에 깊게 침투했는가는 관치기구를 기층에 수립했는가에 달려 있는 것이 아니라, 자신의 권력을 확장하는 동시에, 그 지지역량으로서 공민을 구축했는가에 달려 있다. 국가는 한편으로 자신의 권력을 확장하여 중앙의 정령을 관철시키고자 하고, 다른 한편으로 스스로 현대적 전환을 이루고자 한다. 즉 공적 조직으로 전환하여, 전통국가로부터 현대적 의미의 공적 상품을 제공하고 보호하는 단위가 됨으로써, 그의 통치대상에게 '공민'이라는 사회적 신분을 부여한다. 그런 새로운 사회신분을 형성한다면, 민중은 국가의 권위를 인정하게 된다. 국가의 관철능력도 국가의 전횡으로 여겨지는 것이 아니라 공민의 복지로 여겨진다.[158] 그것으로 말하자면, 신중국의 '당치국가'는 비록 어느 정도 전통국가의 일원적 정치권력의 사회침투에 대한 한계를 극복하고, 기층사회에 각종 기구를 설립하여, 그들이 '국가의 직능'을 행사하도록 했다. 그것은 중국 현대국가 건설의 가장 주목할 만한 행동이다. 그러나 민중을 직접 대면하는 국가가 새로운 행동원칙에 따라 자신의 역할을 전환시키지 못했다. 그리고 공민권의 규정과 보호를 통해 민중의 역할도 전환시키지 못해, 국가건설은 단지 자원취득과 권력 확장이라는 '타치(他治)'나 '관치(官治)'가 되어 버렸다. 그것이 당치국가가 현대국가 건설에서 보인 한계이다.

---

158 張靜, 『基層政權』, 浙江人民出版社, 2000, pp.18-46; 張靜, 『現代公共規則與鄕村社會』, 上海書店出版社, 2006, pp.35-55.

문화대혁명이 끝나자, 당치국가에 대한 반성이 시작되었다. 1978년의 개혁개방은 당치국가의 조정과 혁신을 예고했다. 조직자원의 결핍 또는 낮은 조직화 상태에서 민족과 사회의 위기를 극복하기 위해 강한 정당을 수립하고, 그 정치세력과 조직기제를 이용하여 각 영역에 침투하고, 국가와 사회를 조직하여 거버넌스와 현대화의 사명을 완성했다. 그것은 일정 시기와 한도 내에서 긍정적 작용과 적극적 효과를 이루었고, 지금도 현실적 의의를 완전히 상실했다고는 할 수 없다. 그러나 그런 사고의 역사적 합리성을 인정하는 동시에, 그 내적 논리를 충분히 살펴보면, 정당을 국가로 바꾸고 국가를 모든 것을 포괄하는 당국가체제로 바꾸어 정당의 원시적 기제를 없앴다. 즉 정당의 기능은 고도로 행정화되었고, 정당은 본연의 역할에서 멀어졌고, 국가와 사회의 경계가 사라졌다. 국가의 전면적 확장은 결국 사회를 삼켜버렸고, 역으로 국가건설의 물적 기초와 정치적 기초를 제거하여, 국가정권 건설의 전면적 딜레마를 초래했다. 다시 말하자면, 당치국가의 논리는 중국 현대화를 위해 지속적으로 발전가능한 정치적 기초를 제공할 수 없었다. 그러므로 시장경제 기제의 발육과 성장, 국가와 사회의 분리, 공공영역의 점진적 성장 및 그것을 기초로 한 민주와 법치의 재건을 해야하는 오늘날, 어떻게 당치국가를 현대 민주적 정당과 민주와 법치의 원칙에 따라 공공생활을 조직하는 헌정국가로 만들 것인가, 어떻게 현대화 경향의 강하고 견고한 중앙의 권위를 유지할 것인가, 그리고 그 권위를 헌정의 궤도로 올려놓고, 중국현대화의 안정적 과도를 실현할 것인가는 개혁개방 이래 30년 중국 국가건설이 매우 관심을 가져야 하는 중대한 과제이다.

제4장

'혁명', '통치' 그리고 '집정'에 대한 재논의

― 정당변혁에 관한 두 가지 명제에 대한 토론[1]

★

2001년, 중국공산당 성립 80주년을 기념하는 대회에서, 장쩌민은 당의 건설을 전면강화할 것을 주장하면서, "공산당의 집정규칙, 사회주의 건설규칙, 인류사회 발전규칙에 대한 인식을 계속해서 심화"할 것을 제기했다.[2] '공산당 집정규칙'이라는 표현이 처음으로 당 문헌에서 출현했다. 그 후, '집정'을 핵심 형태소로 하는 집정당, 집정능력, 집정방식, 집정체제, 집정기초, 집정이념 등의 개념이 빈번하게 관방과 학계의 토론에 출현했다. 무엇보다도 집정당 건설과 집정능력의 건설을 둘러싼 연구와 건의가 중국의 정치발전이론과 실천에 있어서 사람들의 주목을 가장 끄는 이슈가 되었다. 10여 년 이래, 중국공산당이 새로운 시대와 새로운 환경에 적응하기 위한 당내 혁신과 정치개혁에 대해 중국공산당이

1   이 글은 「"革命", "統治"與"執政": 舊話重提」(『社會科學研究』, 2001年 第4期)를 수정한 것이다.

2   江澤民, 『在慶祝中國共産黨成立八十周年大會上的講話』, 人民出版社, 2001.

현대화과정에서 보여준 역할변화에 대해서 학계는 광범위하고 깊이 있는 고찰을 했다. 그 중에서 '혁명'과 '집정'의 의의와 전환은 그런 고찰의 중심문제였다. 그 문제를 둘러싼 의견은 여러 방면에서 공통적 인식을 얻었지만 더 자세히 논의할 필요가 있다.

명제의 표현구조의 같고 다름

집정당 건설과 집정능력 건설문제는 우선 중국공산당의 역사적 지위의 변화와 관련 있다. 당의 정식 문건에서 그런 변화는 다음과 같이 표현되었다. "우리 당은 이미 인민을 영도하여 전국적 정권을 탈취하기 위해 투쟁해온 당으로, 인민을 영도하여 전국적 정권을 장악하여 장기집권한 당이 되었다. 이미 외부로부터 봉쇄된 상태에서 국가건설을 영도해온 당으로, 전면적 개혁개방이라는 상황에서 국가건설을 영도해온 당이다."[3] 당의 건설은 세 가지 단계로 나누어 고찰해볼 수 있다. 즉 혁명시기의 당, 계획시기의 당 그리고 개혁개방시기의 당이다. 시기별 당의 중심임무가 시기별 당의 행위특징을 결정했다. 그에 상응하여, 당의 역사적 지위의 변화에 대한 설명은 사상이론계에서의 논의에서 두 가지 명제로 나타났다. 하나는 정치학계에서 광범위하게 사용되었던 '혁명에서 집정당으로' 명제이다. 또 다른 하나는 일련의 연구, 특히 당교계통에서 여러 차례 밝힌 '국부 집정에서 전국 집정으로'의 명제이다. 이 두 가지 명

---

3   江澤民, 『論"三個代表"』, 中央文獻出版社, 2001, p.164.

제의 공통점은 다음과 같다. (1) 그들은 모두 당의 정식 문건에서의 결론들을 존중하거나 따랐는데, 정도가 다르지만 그것을 자신의 입론의 기초로 삼았고, '공산당집정규칙' 및 그 현상에 대해 통일적 인식을 제공하고자 시도했다. (2) 그들 모두 현대정치학과 정당연구 이론의 성과 및 자원을 공유하거나 영향을 받아, 관방의 권위적 설명과 학술토론 사이에서 합리적 연관성을 구축하고자 노력했으며, 당의 역사적 경험에 대해 보다 풍부한 건설적이고 창의적 해석을 진행하기를 희망했다. (3) 그들 모두 당의 영도체제와 집정방식이 단계별로 다른 구조적 특징을 갖고 있다는 것에 주목했고, 의식적으로 역사적 사실로부터 비교 분석적 이론 틀을 추상화해냄으로써, 레닌주의식 후발전국가의 정당의 발전논리 및 전환논리를 밝혀냈다. 그러나 그 두 가지는 큰 차이가 없는 명제처럼 보였다. 그것은 단지 동일한 문제와 사실에 대한 두 가지 시각으로 별 차이가 없는 표현으로 보였지만 연구 패러다임이 달랐다.

혁명당에서 집정당으로'는 '혁명'과 '집정'을 이원 대립적으로 보는 개념에서 도출된 명제이다. 여기서의 '혁명'(revolution)은 천체의 움직임이나 춘하추동의 순환과 같은 것을 가리키는 것이 아니라 '기층사회의 반역'(rebellion)이나 '아래로부터의 전복'의 구조적 전환(a violent and total change in a political system), 즉 프랑스대혁명이나 러시아혁명이 의미하는 '구제도에 대한 파괴와 결별'을 의미한다. 그 강조점은 혁명의 폭력, 파괴, 중단 등과 같은 특징들이다. 혁명은 본래 '개량'에 상대적인 개념이다. 그것을 '집정'으로 바꿔 말하자면, 혁명에 대응하는 집정은 평화, 건설, 점진 등의 의미를 갖는다. 독특한 것은 '집정'은 '법에 의한 정부의 조직', '권력의 합법적 행사', '새로운 제도의 건설과 보호'와 연관된 것이라는 점이다. 다시 말하자면, '혁명'에서 '집정'으로는 중국공산당이 영도하는 대규모의 사회동원과 계급투쟁의 종결을 의미하며, 파괴는 건설에, 대결은 타협에, 격정은 이성에 자리를 양보한 것을 의미한다.[4] 그와 달리, '국부집정에서 전국집정으로'는 일원적·연속적 명제이다. 제기한 이들의 화법에 의하면 사물의 발전과정에서의 '일부의 질적 변화'에서 전체의 '질적 변화'로의 현상에 대한 묘사이다. '일원(一元)'적이라는 것은 두 가지 의미를 갖는다. 첫째는 그것이 레닌주의식 정당의 행동이론을 견지하고 있다는 것을 의미한다. '혁명'이 당의 정권탈환의 가장 중요한 합법성의 근거라고 한다면, '혁명'은 지금까지도 당이 정권을 장악하는 합법적 자원이다. '혁명'이 막을 내리지 않은 것이다. 그러므로 그것이 '국부집정에서 전국집정으로'라는 표현을 사용하는 대신 '혁명에서 집정으로'를 사용함으로써, 후자의 표현이 '혁명'에 대해 '오해'를 낳는 것을 피할 수 있다. 둘째는 '집정'이라는 말로 중국공산당의 전 역사를 개괄하고 해석하는 것을 의미한다. 공산당의 정치활동과 전략은 집정을 세 단계로 구분한다. 즉 혁명근거지의 '국부집정단계', 과도시기의 '전국집정단계' 그리고 사회주의사회의 '전국집정단계'이다. 그것이 '연속'이라고 하는 것은 정권을 장악한 것을 의미한다. 강서 루이진(瑞金)시기이든 옌

---

4   그것을 다룬 논문과 저술은 아주 많다. 비교적 대표적 관점은 『남방주말』에서 2002년 11월 7일 조직한 「爲中國開啓"世紀之門"」라는 제목의 좌담회와 그 이후 발표된 각종 신문의 논문과 출판된 저서들에서 볼 수 있다.

안, 산시, 간쑤, 닝샤(陝甘寧) 시기이든 혹은 공화국 시기이든 모두 본질적 변화가 없으며, 모두 "당이 계속해서 커다란 발전을 하는 과정"이며, 변화된 것은 단지 권력행사의 범위와 규모의 차이일 뿐이다. 그것은 '집정'을 핵심으로 하는 일원과 연속 명제로 당의 역사를 "당이 인민을 영도하여 혁명투쟁을 진행했던 역사"에 국한되는 것을 극복할 수 있고, "심지어 당내 노선투쟁사로써 당사를 대체"하는 '중대한 잘못'을 극복할 수 있다.[5]

'혁명당에서 집정당으로'는 당의 공식문서에서의 당의 세 가지 역사적 시기와 서로 위배되는 것처럼 보이지만, 자세히 보면 시기적 구분을 포괄하고 있고, 그것으로 환원된 방식일 뿐이다. 즉 "인민을 영도하여 전국적 정권을 탈취하기 위해 분투한 당으로부터", "외부로부터 봉쇄된 상태에서 국가건설을 영도한 당"을 '혁명당'으로 표현하고, "이미 전면적 개혁개방 상황에서 국가건설을 영도한 당"을 '집정당'으로 표현한 것이다. 혁명시기와 계획시기를 '혁명'단계로 귀결시키고, 개혁개방시기를 '집정'단계로 규정했다. 그것은 중요한 관점을 보여준다. 즉 1949년 신중국 성립이 이미 중국공산당이 폭력혁명을 통해 사실상 그리고 법률상의 국가정권에 대한 장악을 완성했다는 것을 상징한다. 그러나 개혁개방에 이르면, 당의 행위특징은 1949년 이전과 실질적으로 다르지 않고,

---

5 李君如, 『中國共産黨執政規律新認識』第二章, 浙江人民出版社, 2003 ; 中國延安幹部學院, 『黨在延安時期局部執政的曆史經驗』(교재, 비정식출판물), 2005 ; 「深入總結和研究中國共産黨的執政經驗─訪中共中央黨校原副校長李君如」, 『上海黨史與黨建』, 2011年 第1期.

당의 업무핵심은 여전히 폭풍우 같은 계급투쟁에 머물러 있었다. 국가권력을 장악한 정당은 장기적으로 대규모 대중운동방식으로 기존의 사회질서와 국가체제에 대해 공격하던 것을 그리워한다. 가장 전형적인 것이 '문화대혁명'이다. 그것과 '집정당'의 행동논리와 행사방식은 전혀 다르다. "혁명당에서 집정당으로"의 명제는 공산당의 헌법적 지위의 전환을 말하는 것이 아니라, 공산당의 집정방식과 집정이념의 전환에 착안한 것이다. 그것은 그런 명제의 비교적 심각한 점이다. 비교하자면, '국부집정에서 전국집정으로'는 그 '집정'의 세 단계로서 당의 공식문헌에서 말한 '인민의 권력탈환의 영도', '인민의 권력장악과 장기집정의 영도' 그리고 봉쇄에서 전면개혁개방으로의 상황에서 '국가건설의 영도'라는 기본적 내용을 다룬 것이다. 그러나 그 표현구조로 보면, 그 명제의 최대의 문제는 첫째 '집정'에 대한 이해와 범위에 있어서 중대한 차이가 있다는 것이다. 둘째 '집정'에 중국공산당의 역사활동, 무엇보다도 혁명시기의 활동을 포함시킴으로써 단어로써 뜻을 훼손시키는 경향이 있다는 것이다. 그러므로 지면을 할애하여 조금은 분석을 할 필요가 있다.

'국부집정'과 '전국집정'의 분석

'집정'이라는 단어는 정치권력의 장악(to be in power or to be in office)으로, '공공권력'이 출현할 때부터 존재했다. 고대 로마의 '집정관', 중세 도시공화국의 '집정자'는 모두 그런 상황을 가리킨다. 그러나 '집정'과 정당은 상호 연관되어 있으며, '집정당'(ruling party or governing party)이라고 불리는 것은 현대의 정치현상에 속한다. 일반적으로 국가정권을 장악한 정당은 집정당이지만, 정당정치가 시작된 서구에서, 집정당에 대해 당연히 가정하는 것은 첫째, 권력의 유한성이다. 집정당이 장악한 '국가권력'의 범위는 한정적이고, 어떤 권력은 집정당이 직접 장악하지 않았을 때, 사법권과 군사력을 갖기 때문에, 집정당은 단지 국가행정권을 갖거나 의회 다수석을 장악하여 내각 조직권을 획득한 정당이나 정당연합을 가리키고, 그 권력의 운용도 헌법과 법률의 제약을 받아야 한다. 둘째는 권력의 시효성이다. 집정당의 지위는 한번 획득하면 영원히 지속되는 것이 아니라, 몇 넌마다 대선(의회선거나 총통선거) 즉 '선거민의 권력위임'이라는 국가정치기제에 의해 결정되며, 오늘의 집정당이 내일은 재야가 될 수도 있다. 당연히, 그런 서구의 언어 환경에서 유래한 집정당 개념은 지나치게 협의의 개념이지만, 정당현상이 원래 서구의 대의정치에서 만들어진 것이며, 정당정치는 민주정치의 범주에 속한다는 점을 인정한다면, 집정당 개념의 초기 함의와 그것의 일반적 운행방식을 피할 수 없다. 다시 말하자면, 집정당 개념을 사용하여 두 개의 완전히 다른 정치환경 즉 서구의 환경과 비서구의 환경에서 유사한 정치과정(국가권력의 장악)을 서술하고, 동시에 그 개념의 본원적이며 내재적인 규정성을 이해하고 존중해야 한다.

　　매우 일찍부터, 중국공산당 지도자는 날카롭게 집정당 개념의 표현구조와 중국혁명의 현실구조가 내적으로 충돌한다는 점을 간파했다. 1927년 이후, 국민당이 북벌의 힘을 빌려 '국가통일'을 완성하고, 대내적으로 정부를 장악하고, 대외적으로는 국가를 대표하여 '집정당'이 된 것 같았지만, 공산당은 한 번도 국민당에게 '집정당'으로서의 지위를 인정하지 않았다. 마오쩌둥은 국민당의 정권장악에 대해 다음과 같이 말했다. 남경정부는 "여전히 도시 매판계급과 향촌 호신(豪紳)계급의 통치"이고, 대외적으로 제국주의에 투항했고, 대내적으로 노동자 농민 대중을 억압하는 매판 호신계급과 연합한 독재정권이다.[6] 비록 공산당이 국민당이 "정권을 탈취하여 상대적으로 그 정권을 안정시킨 당이며, 그것은 전 중국의 정치, 경제, 교통, 문화의 핵심과 명맥을 장악했으므로, 그 정권은 전국적 정권"이라는 점을 인정하고, 항일전쟁에 있어서 양당 협력기간에 매우 자제하면서 "귀당은 중국 최대의 영토를 통치하는 당이며, 모든 과거에 실시했던 정치적 책임은 귀당이 부담할 수는 없다."[7]라고 했지만, 어떠한 상황에서도 공산당은 국민당을 '집정당'이라고 부르지 않았다. 가장 근본적인 이유는 공산당이 '집정당' 개념이 '합법적 집정'의 뜻을 내포하고 있다는 것을 알고 있었기 때문이다. 공산당이 보기에, 국민당의 국가정권의 장악은 '불법점거'이지, '경쟁에 의한 획득'이 아니다. 그런데 어떻게 '집정당'이라는 이름을 쓸 수 있겠는가? 국민당도 마찬가지이다. 국민당도 중공의 '재야'적 지위를 인정한 적이 없다. '재야'는 체제 내의 평화적 반대를 의미하기 때문이다. "공산혁명은 본당을 반대하며, 국민정부를 파괴하므로, 혁명에 반대하는 것이다. 혁명에 반대하는 자는 마땅히

---

6   毛澤東, 「中國的紅色政權爲什麼能夠存在?」, 『毛澤東選集』第1卷, 人民出版社, 1967, p.47.

7   毛澤東, 「中國革命戰爭的戰略問題」, 『毛澤東選集』第1卷, 人民出版社, 1967, p.173.

엄중한 제재를 받아야 한다."[8]라고 보았기 때문에, 체제 내에는 공산당의 설 자리가 없었고, 공산당은 체제 밖에서 사회동원을 할 수밖에 없었다. 그것은 '집정당', '재야당'과 같은 개념들이 중국의 정치환경에 대해 한계를 갖게 된 점이고, '국부집정론'의 결함에 해당되기도 한다.

공산당은 스스로 체제 외 동원으로 세운 정권을 매우 익숙한 표현인 '홍색 할거'라고 표현한다. "한 나라 안에서, 사방이 백색정권으로 포위된 상태에서, 조금의 또는 어느 정도의 홍색정권지역을 만들었는데, 지금까지 세상에서 오직 중국에서만 그런 일이 있었다."[9] 홍색 할거 정권이 장기적으로 존재하기 위한 가장 중요한 조건은 두 가지이다. 하나는 '상당한 역량의 정식 홍군'을 갖고 있어야 한다. 두 번째는 "공산당 조직의 역량과 훌륭한 정책이다."[10] 군대와 정당의 합일, 즉 군사와 정치가 구분되지 않는 구조는 홍색 할거 정권의 기본적 특징이다. 중국인의 관념에서 할거는 공식 체제(朝廷)에 대항하는 것을 의미하고, 주류 법통(王法)

---

8   蔣介石, 「本黨國民革命和俄國共産革命的區別」, 『蔣公思想言論總集』卷十, pp.394-395. 항일전쟁 시기, 국민당도 공산당의 합법적 지위를 인정할 수밖에 없었지만, 국민당 정권은 본질적으로 일당독재이고, 일당독재의 논리는 필연적으로 국민당 이외의 정당의 존재를 배척한다. 따라서 다른 정당을 억압하고 공격하며, 불법이라고 선포하는 제약적 수단을 사용한다. 그런 고강도의 독재에서 중국의 기타정당의 '재야지위'는 법적인 보호를 받을 수 없었다. 그러므로 국민당이 공산당의 합법적 지위를 인정하게 되었을 때, 공산당 조직에 대한 염탐과 파괴활동을 그만둔 적이 없었다. 또한, 공산당이 비록 형식적으로 합법적 지위를 획득했지만, 개별 기구와 명망 있는 영도자 이외에는 국민당 통치지역 내의 기본조직에서 여전히 비밀스런 상태로 있었다. 공산당은 국민당의 '집정' 약속을 믿지 않았기 때문에, 당연히 '재야'에 대한 것도 인정하지 않았다.

9   毛澤東, 「井岡山的鬪爭」, 『毛澤東選集』第1卷, 人民出版社, 1967, p.56.

10   毛澤東, 「中國的紅色政權爲什麽能夠存在?」, 『毛澤東選集』第1卷, 人民出版社, p.50.

에 대한 거부를 의미한다. '달리 중앙을 만들고, 독자적인' '나라 안의 나라'를 의미한다. 할거가 합법성을 얻으려면, "파란 세상은 사라지고, 누런 세상이 온다(蒼天已死, 黃天當立)"는 말로 보충되어야 하고, 이데올로기에 있어서 "장대를 높이 들고 일어나고(揭竿而起)", "산으로 모이는 것(嘯聚山林)"은 "하늘을 대신하여 도를 행하는 것(替天行道)"이라는 것을 증명해야 한다. 중국공산당의 할거는 역사상의 농민혁명과 달리 마르크스의 계급투쟁이론을 지도사상으로 삼고 레닌주의의 민주집중제를 조직원칙으로 하여, 기존 체제에 대한 투쟁에서 비교적 완벽한 현대전략과 강대한 조직동원 능력을 갖추었다. 중국공산당의 할거와 '현대'(기타국가)의 정치혁명은 매우 다르다. 즉 무장투쟁과 군사적 승리를 극단적으로 중시하고 극단적으로 의존하여, 중국에 그야말로 자유와 민주 전통, 의회, 반대당이 정치적 통치자를 견제하는 공간이 존재하지 않게 되었다. 홍색 할거는 중국 농민전쟁과 유사한 '산적 두목'식의 군대조직 즉 마오쩌둥이 "사방이 백색 정권으로 포위된 홍색 할거는 산세를 이용할 필요가 있다."[11]고 말한 바로 그것이었다. 그리고 중국 농민전쟁을 초월한 당치방식 즉 정치지도자가 군사 지도자를 다스리는 방식 즉 "당이 군대를 지휘"하는 계급혁명이었으며, 나아가 서구식의 권력전환, 정부교체, 사회운동과는 완전히 다른 정치과정이었다.

'국부집정론'은 '나라 안의 나라'라는 정권의 존재를 보았지만, 오히려 의도했든 의도하지 않았든 '나라 안의 나라'의 정권과 '집정'의 차이

11 　毛澤東,「井岡山的鬪爭」,『毛澤東選集』第1卷, 人民出版社, 1967, p.67.

를 간과했다. 현대사회의 '공공권력'의 조직은 대표제를 신봉하고, '포용성'으로서 권력의 '공공성'을 나타낸다. 혁명정권은 자연히 어떤 것은 배척하고 어떤 것은 포용하지만, 강서 루이진(瑞金)정권의 배타성은 공산혁명사에서 대개 '문화대혁명'에 비견될 정도로 높았다. 그것은 할거 초기 환경의 혹독함과 정권건설 경험의 부족을 보여준다. 「중화 소비에트 공화국 헌법 대강」은 정권의 성격을 '노동자와 농민의 민주독재'로 선포하면서 군벌, 관료, 자본가, 지주, 부농 등의 정치권리를 박탈하는 동시에, 단결하여 투쟁할 수 있는 세력은 모두 배척했다. 심지어 중이나 도사와 같은 주변적 대중도 요행을 바랄 수 없었다. 마오쩌둥은 나중에 다음과 같이 말했다. "루이진시대는 가장 순수하고, 가장 푸른 색 일색이었지만, 그때 우리의 일은 특히 힘들었고, 결과는 실패였다."[12] 장시(江西)소비에트구역의 공산당을 '국부집정론'에 따라 '집정당'으로 부르는 것은 안 될 말이다. 사실상 당내의 누구도 그렇게 부르지 않는다. 옌안(延安)시기 '삼삼제(三三制)'를 실시했다. 그 때는 공산당정권이 국민당 정권과 병존할 당시 가장 성숙한 정권을 건설한 때로, '집정'이라 부를 만한 요소들이 많이 있었다. 예를 들면 정권의 구성이 일체의 항일 세력으로 확대되었다. 공산당원은 정권에서 3분의 1을 차지했으며, 심지어 "3분의 1보다 작을 수 있었고", "우리 당이 모든 것을 맡는 것을 꺼린다."고 표현될

---

12 마오쩌둥이 1954년 12월 19일 정협회의에서 일부 당 내외 인사들과 담화에 참여한 것은 다음의 글에서 인용한 것이다.(毛澤東, 『中華人民共和國憲法史』, 福建人民出版社, 2005, p.50.)

정도였다. "공산당의 일당독재로 대체되지 않고"[13], 참의회와 정부는 '강제성을 갖는' 권력기관이며, "참의회와 정부의 업무에 대한 당의 영도는, 오직 자신의 당원과 당을 통해서만 가능하고, 당위원회와 당의 기관은 참의회와 정부기관에 직접 명령할 권한이 없고"[14], 상당한 정도의 민주적 선거를 통해 변구(邊區) 정부를 조직하는 등등"을 분명히 밝혔다. 비록 그렇다고 하더라도, 루이진(瑞金)정부의 영향과 한계는 여전했다. 루이진은 결국 공산당정권의 기점과 근거지였고, 폭력적 자원에 대한 당의 의존, 고도집권에 대한 의존, 대규모 대중운동에 대한 의존에는 변화가 없었다. 변구 정부이든 나중의 화베이(華北) 정부이든, 본질적으로는 모두 '나라 안의 나라'인 할거 정권이었다. 결론적으로, '국부정권'이란 표현은 당이 정권을 탈취한 특수한 노선과 이론에는 부합하지 않고, 오직 공산당 할거 정권과 국민당의 '합법적' 전국정권 간의 연계와 관계를 모호하게 할 뿐이다.[15]

---

13 毛澤東, 「論政策」, 『毛澤東選集』第2卷, 人民出版社, 1967, p.724.

14 『中共中央文件選集』第13卷, 中央黨校出版社, 1991, p.432.

15 공산당이 '국부정권'과 연계 또는 관계를 수립할 수 있다고 한다면, 그것은 중국은 아니고, 오직 인도와 같이 서구식 의회민주주의를 실시한 국가일 수 있다. 인도 공산당이 케랄라(Kerala)주와 서벵갈(West Bengal)주의 정권을 장악한 일은 '국부정권'이라 말할 수 있다. 국대당이 전국적 정부를 장악한 인도 연방에서, 인도 공산당은 1957년 지방의회 선거를 통해 체제에 진입했고, 집정당이란 이름으로 정치를 했으며, 사회경제개혁을 실시했고, 서벵갈주에서는 심지어 30년 연속 집정을 한 기적을 만들어냈고(인도 공산당의 당수는 좌익 진영이었음), 체제 내에서 체제의 자원을 이용하여 반체제 목표를 추구하고 실시한 정치적 독특함을 보여주었다. 그런 '국부정권'은 다른 제3세계국가 공산당에는 없었던 것이다.

중국공산당이 전국정권을 수립한 후, 당의 문헌에서 아주 드물게 스스로를 '집정당'이라고 불렀고,[16] 1957년 이후에는 더 그렇다. 그 이유를 살펴보면, 이데올로기에 있어서 '집정당'이란 의미로는 공산당이란 '특수한 정당'(마르크스)과 기타 국가정권을 장악한 정당을 성격상 구별하기에 부족하기 때문이다. 즉 공산당인은 국가정권을 획득한 것으로 만족하지 않는다. 그들의 목표는 "세 가지 소멸과 하나의 변화"[17]이므로, 정당 자신은 물론 국가도 소멸시켜야한다. 뿐만 아니라, 관건은 법적 구속력이 있는 정부행위로서, '집정'의 규범은 당의 정치동원형과 정책주도형의 행동논리와 충돌한다. '집정'은 헌법과 법률의 이름으로 국가와 사회관계를 조절할 것을 요구받는 동시에 스스로도 헌법과 법률의 구속을 받지만, 혁명시대에 구국가, 구법률, 구전통에 맞서던 당의 '할거'전통에서는 정권탈취 이후 사회주의개조와 공업화 동원이라는 정치적 필요를 수행해야 하기 때문에, 당은 법률, 법제, 그리고 법치에 대해 비판적이며 보류적 태도를 갖게 되었다.[18] 또 다른 이유는 민주당파에 대해 영도를 하는 당제(黨際)관계모델이 '집정당'에 내포되어 있는 정당정치의 일반

16 1956년 중공 제8차 전국대표대회에서의 〈당의 장정 수정〉에 대한 덩샤오핑의 보고는 정식으로 '집정당'이란 표현을 드물게 사용한 예이지만, 주목할 만한 것은 그 후 '집정당'이란 말이 중국정치언어에서 곧 사라졌다는 것이다.

17 즉 국가정권의 힘을 이용하여 "일체의 계급적 차별을 소멸시키고, 그런 차별로 만들어진 일체의 생산관계를 소멸시키고, 그런 생산관계에 상응하는 일체의 사회적 관계를 소멸시키고, 그런 사회관계에 의해서 만들어진 일체의 관념을 변화시킨다."(馬克思, 1「848年至1850年的法蘭西階級鬥爭」, 『馬克思恩格斯選集』第1卷, 人民出版社, 1972, pp.479-480.)

18 1980년대 중기 당의 제13차 전국대표대회에 이르러서야, 당은 헌법과 법률의 최고지위를 명확하게 인정하고, 헌법과 법률의 범위 내에서 활동할 것을 약속했다.

적 원칙에 부합하지 않는다는 점이다. 1950년대 민주당파의 서구식 교육을 받은 지도자들 중 많은 사람들이 여전히 구미식 정당정치를 원했고, '연합정부'의 기억 속에 멈추어 있었다. 그들은 중공의 '집정' 지위를 인정하거나 당파로써 협력하는 '집정연맹'의 성원을 자처하고, 또는 자기의 정치적 역할을 '집정당'에 대한 '재야당'의 감독기제로 해석했다.[19] 그러나 반우파운동은 공산당이 정치학적인 '집정당'이 아니라, 레닌주의적 '영도당'이어야 한다고 밝혔다. 그밖에, '집정당'이란 개념은 '집정지위'를 고정적인 것으로 여기지 않고, 정기적이며 공개적인 경쟁적 선거에 따라 확인된다는 의미를 가정하지만, 공산당은 그가 완성한 역사적 사명이 그렇듯이, 국가정권에 대한 장악을 포기할 수도 없고, 다른 당파와 정권을 나눠 가질 수도 없기 때문에, 정치에 있어서 필연적으로 국가정권의 독점을 필요로 한다. 1956년 이후, 사회주의 개조가 완성되었고, 계획경제체제가 확립되었으며, 사상노선의 '좌경'화 경향, 중앙과 지방, 도시와 향촌, 정치영역과 비정치영역 등에서의 지도자의 독재적 고도집권이라는 당국가체제의 특징이 점점 분명해졌다. 그것이 가장 두드러진

---

19 1957년 8월 14일 『인민일보』에 「하나의 지부에서 농공 민주당 우파의 반동노선을 바라보다」라는 보도에 의하면, "작년 12월, 상하이 문화출판사의 공산당지부는 민주당파 좌담회를 열고, 그들의 의견을 들었으나, 이들 야심가들은 '민주당파 좌담회'라는 명칭에 동의하지 않고, '당파연석회'로 바꾸어줄 것을 요구했는데, 그 뜻은 그들이 공산당과 서로 대등한 지위를 가져야 한다는 것이었다. 농공 지부 주임위원 리샤오펑(李小峰)은 보다 분명하게 말했다. '상호감독은 무엇보다도 공산당의 감독이다. 왜냐하면 공산당의 행동이 많으므로, 잘못을 저지르기도 쉽기 때문이다.'" 그런 보도는 당파평등에 대한 민주당파의 요구를 보여준 것일 뿐만 아니라, 그런 요구에 대한 공산당의 반감과 경계를 보여준 것이다.

시기는 '문화대혁명'이다. 당내 이론적 권위자인 후챠오무(胡喬木)의 설명에 따르면, "일정한 범위 내에서 사회주의국가가 전제주의정국가로 변화하고, 무산계급정당이 전제주의적 정당으로 변화한다." 실제로 당의 최고지도자의 '중앙의 특수한 지위'와 관계가 있지만, 더 중요한 것은 지도자 개인이 아니라 "당의 역사적 전통에 '문화대혁명'을 발생시킬 가능성이 잠복해 있었다."[20] 그로써 알 수 있는 것은, 적어도 개혁개방 이전에 당은 이론적으로 집정당 개념과 관념을 받아들이지 않았고, 실천 중에서도 집정당의 방식으로 일을 하지 않았다는 점이다.

그런 역사적 사실에 대해, '국부집정에서 전국집정으로'가 제공할 수 있는 분석은 매우 약한 것이다. 그 명제에 따르면, 공산당은 루이진 시기에 '집정당'이었지만, 단지 '국부집정'이었을 뿐이었고, 1949년에야 '전국집정'을 완성했다. 그 후에 신중국 성립 초기의 '과도기적 전국집정 단계'와 1956년부터 지금까지 '사회주의사회의 전국집정단계'가 구별될 뿐이다. 그러나 후자는 계획경제 시기와 시장경제 시기라는 두 가지 다른 역사적 단계를 포함하고 있다. 그 두 가지 역사적 단계에서 당의 업무중심과 사상은 노선에 심각한 차이가 있음을 의미하고, 당의 국가통치와 사회적 행위의 특징에도 중대한 차이가 있다. 따라서 문제가 발생한다. 당이 다른 시기의 정치활동을 모두 '국부집정'이나 '전국집정'이라는 말로 나타낸다면, 당의 업무중심과 지도사상이 어떻게 역사적으로 전

---

20   楊桂松, 「從政治宣傳走向學術研究中的曲折—50年來中共歷史敍述的演變及其問題」, 『近代史研究』, 1999年 第5期.

환되었는가가 드러나지 않게 되고, 당의 영도체제와 영도방식이 그에 따라 전환된 중요성과 절박성이 간과된다. 다시 말하자면, 당이 권력배치의 중심지위를 차지하고 있기만 하면, '집정당'이라 할 수 있다. 차이는 단지 '국부집정'인지 '전국집정'인지에 있지, 어떻게 권력을 배치하고 어떻게 당과 국가, 그리고 사회의 관계를 처리하는가에 있지 않다. '국부집정에서 전국집정으로'의 시도와 '집정'은 현대적 개념과 연계되어 있다. 그러나 오히려 '집정'에 대한 이해가 '정권장악'이라는 사실적 측면에만 국한되었기 때문에, '정권 장악' 배후의 방식, 가치와 기제를 논의할 수 없도록 한다. 그리고 효과적으로 그런 방식, 가치와 기제에 대한 당의 이념, 체제와 조직건설 및 변혁에 대해 갖고 있는 중요한 제약과 영향을 이해할 수 없도록 한다. 그런 의미에서, 그런 명제는 공산당이 현대정당으로 전환되어야 하는 필요성을 없애버렸다.

'통치당': 삼분구조와 그 의의

'혁명당에서 집정당으로'의 명제의 심각성은 다음과 같다. 그것은 공산당의 헌법적 지위의 변화에 대한 서술이 아니라, 공산당의 집정방식과 집정이념의 전환에 대한 논의이다. 그러나 '혁명당'이 신중국 성립 이전의 무력에 의한 정권탈환과 신중국 성립 이후의 계획체제라는 두 시기의 당의 행위특징을 포함함으로써, 여전히 해결되어야 할 문제들이 남는다. 계획시기 당의 중심업무는 계급투쟁이었지만, 할거시기에는 정치질서의 근본적 전복과 정치국가의 철저한 파괴라는 전 범위적·폭력적 대항은 아니었다. 당이 모든 국가를 차지하게 되었고, 헌법을 제정하고, 통일된 법률체계와 재정세수체계를 형성하고, 중앙에서 지방, 그리고 기층의 정치와 행정까지의 통치망을 수립했다. 그러므로 그의 '계급투쟁'은 공농계급의 통치계급이 과거시대에 남겨놓은 구계급, 구인원 그리고 구제도에 대한 정치투쟁이고, 그 '혁명'은 무산계급 전정하에서의 '혁명의 지속'이었다. '혁명'은 문화대혁명 시기에 특히 과도하게 격렬한 '반국가' 심지어 '반당'행위(마오쩌둥도 자신이 일으킨 '혁명조반'의 주장을 "매우 검은 말[黑話]에 가깝다."[21]고 했다. '검은 말'이란 반당적이고 반사회주의적 언론을 의미한다.)였다. 그것은 당과 국가에 대해 심각한 상처를 입혔다. 그러나 그런 '혁명' 경향은 전복과 훼손이 아니라 '통치'와 '완전장악'이다. 그러므로 무력에 의한 정권탈환의 혁명시기와 개혁개방 후의 '집정'시기 간에는, 당의 행위특징이 사실상 혁명 역사와는 다른 점이 있다. 또한 그것에는 집정요구와 서로 거리가 있는 '회색지대'가 있는데, 그것이 '통치'이다. 따라서 '혁명당-집정당'의 이분적 구조는 삼분적 구조로 바뀔 수 있다. '혁명당-통치당-집정당'으로, '혁명'은 '집정'과 그 사이에 참여하고, '통치'에 대해 영향을 주며, '통치'의 한계와 변화를 제약한다. 그런 구조에 의하면, 중국공산당은 단순한 '혁명당에서 집정당으로'가 아니라, '통치당에서 집정당'으로 전환했다.

'통치'는 정치학에서 중성적 단어이다. 그것은 '통합하여 다스린다'

---

21   마오쩌둥이 장칭(江青)에게 보낸 편지(1966년 7월 8일), 『建國以來毛澤東文稿』第12冊, 中央文獻出版社, 1998, p.72.

라는 뜻이다. 그것은 '정권장악'과 비교하면 범위가 훨씬 넓다. 후자가 의미하는 것은 단지 국가권력에 대한 점유일 뿐이고, 전자는 국가권력이 국내에서의 정치, 경제, 사회와 문화 각 영역에서의 권력의 모든 통제를 의미한다. 통치권력의 운용은 폭력적일 수도 있고, 비폭력적(그람시의 '문화패권'처럼)일 수도 있지만, 어떤 상황에서도, 그 지배성, 완전 장악성과 침투성(무엇보다도 현대물질기술에 의해) 모두 '통치'라는 이름 속에 포함되어야 하는 의미이다. 그로 인해 통치의 냉혹한 본질이 연상되어 '통치당'이라는 말을 사용하는 것을 꺼릴 수 있다. 마르크스가 보기에, 통치와 피통치는 계급사회의 정상적 정치현상이고, 무산계급혁명은 피통치계급의 지위를 벗어나 통치계급이 되기 위한 것이다. 『독일이데올로기』에서 마르크스는 다음과 같이 말했다. "모든 통치지위를 얻고자 시도하는 계급은 만약 그 통치가 무산계급 통치와 같다면, 모든 낡은 사회이데올로기와 일체의 통치를 소멸시켜야 한다."[22] 그는 『공산당선언』에서 지적했다. "노동자혁명의 첫걸음은 무산계급이 통치계급이 되어, 민주를 쟁취하는 것이다."[23] 무산계급통치는 정치에 있어서(당연히 정치에서 뿐만이 아니라) 국가정권에 대한 장악에 집중된다. 장악된 권력은 다른 계급과 당파와 나눠 가질 수 없다. 레닌주의의 논리에 따르면, 그것은 무산계급의 선봉대 조직인 공산당에 의해 실현된다.[24] 혁명 후의 공산당이 '통치당'이

---

22   馬克思, 「費爾巴哈」, 『馬克思恩格斯選集』第1卷, 人民出版社, 1976, p.38.

23   『馬克思恩格斯選集』第1卷, 1976, p.272.

24   『列寧選集』第4卷, 人民出版社, 1972, p.457.

라고 말한 것은 마르크스 레닌의 글에 근거한 것이다.

국내에서도 일부 학자들이 그런 의미에서 국가정권 취득 후의 공산당의 행위특징을 '통치당'의 특징이라고 하지만, 그들이 사용하는 개념은 '영도당'이다. 예를 들면, 법학자들에 따르면, "헌정사유로 보면, 혁명당, 영도당 그리고 집정당은 서로 다른 함의를 갖는다." "공산당이 국가정권을 장악한 이후, 그것은 영도당으로서 영도를 실시한 범위가 지극히 광범위하고, 극단적 상황에서 거의 포함되지 않는 것이 없었다." "정체 즉 국가정권의 조직형식에 있어서, 영도당에 의해 강화된 주도개념으로 국가정치관계와 정치권력자원의 배분을 수립함으로써, 당의 지고무상의 정치적 지위와 거대한 정치권력을 만들어냈다. 정체의 절차와 운영에 있어서, 영도당의 영도행위가 보다 쉽게 헌법과 법률을 초월하게 되었으며, 국가주권 및 그에 상응하는 입법권, 행정권, 심판권, 그리고 검찰권의 위에 존재하고 실시하게 되었다." 당의 중심임무가 바뀜에 따라, "공산당의 영도방식이 영도당에서 집정당으로 전환된 것은 중국의 치국방략이 점차 헌정궤도로 들어가기 시작했다는 것이다."[25] 여기에서도, 똑같이 삼분구조(혁명당-영도당-집정당)를 제기했고, 전환을 '영도당에서 집정당으로' 정의했고, '영도'와 '집정'의 구별을 분명히 했다. '영도당'의 영도범위로 '모든 것을 포함한다'는 것에 주목하고, 영도행위가 '헌법과 법률'을 초월하고, 입법, 행정, 사법권력의 위에 있다는 특징에 주목한다면,

---

25   李林, 「由革命中的領導到憲政中的執政-從領導黨到執政黨轉變的憲政闡釋」, 張恒山, 李林, 劉永艷, 馮麗霞『法治與黨的執政方式研究』, 法律出版社, 2004, pp.55-61.

'영도당'은 완전한 장악과 침투적 특성을 갖는 '통치당'과 다르지 않다.

개념의 활용에 있어서, '통치당'은 '영도당'보다 정치적 의미에 더 부합할 수 있고, 계획시기 당의 행위성향의 본질에 더 가까울 수 있다. 『블랙웰(Blackwel)정치학백과전서』는 "통치지위를 차지한 당"(dominant party) 즉 "어떤 특정 정당제도에서 압도적 우위를 차지한 당"이라고 생각했다. 결정적으로 그의 전략적 주장을 국가정책으로 전환시킬 수 있지만, "그러나 우리는 통치지위를 차지한 당이 장기집정의 당과 동등하다고 할 수는 없다."[26] '통치'는 사실 '집정'과 다르다. '영도'와도 완전히 같지는 않다. 그러나 양자는 많은 점에서 중첩된다. '영도'는 이끌고 인도하는 것을 의미한다. 핵심은 시범과 설복이다. '통치'는 거느리고 다스리는 것을 의미한다. 그것이 치중하는 것은 일통(一統)과 '신복(臣服)'이다. '영도'는 주로 '주의'(이데올로기)와 인격(덕행)의 매력 그리고 그로 인해 만들어지는 사회적 공신력에 의존하기 때문에, 잠시 정권을 얻지는 못하더라도 사회동원과 영도가 이루어지고, 정권을 가지더라도 그의 도덕적이고 정의로운 이미지를 버릴 수 없다. 비록 '주의'와 인격의 매력이 그와 법률 그리고 체제의 내적 긴장을 은연중에 내포하고 있더라도, '주의'와 인격의 힘이 있으면 국가의 법률 및 체제와 충돌하는 정치적 위험을 줄여준다. '통치'는 곧 더 많이 정권의 힘에 호소하고, 더 많은 강제성을 갖는데, 강제로 자원을 사용할 때에도 강제의 정당성을 이야기해야 하

---

26   戴維·米諾, 韋農·波格丹諾, 『布萊克維爾政治學百科全書』, 中國政法大學出版社, 1992, p.208.

고, 문화영역과 같은 비국가영역에서도 이데올로기를 사용해야 하지만, 폭력은 정치생활에서 결국은 법정에 호소해야 한다. '계급투쟁을 핵심으로 하는' 계획시기에, '통치'의 지배성, 완전장악성과 침투성은 국가의 공유화와 공업화라는 이름으로 도시와 농촌 인구 전부를 국가의 단위체제와 공사체제에 투입하였고, 개인의 재산권과 신분을 바꿀 수 있는 자유권을 제한했다. 국가는 고도집권의 방식으로 전 사회, 경제, 그리고 조직 자원을 독점하고, 국가와 사회의 경계를 소멸시켰다. 국가는 정치동원과 사상혁명화를 통해 공민과 개인의 교제, 정신, 신앙 등의 영역에 깊이 침투하여 사생활의 자유로운 공간을 철저하게 없애버렸다.

'통치당'의 특징에 대해 파악하려면 그것과 혁명시기의 역사적 논리의 상관성에 주의해야 하고, 국가정권을 장악한 후 통치당과 사회 및 국가와의 관계의 변화에 주목해야 한다. 마르크스·레닌주의 이론에 따르면, 공산당은 다른 계급 또는 당파와 정권을 공유하지 않는다. 당은 무산계급의 모든 이익을 대표하기 때문이다. 무산계급이 통치계급이 된 후, 무산계급운동에 대한 당의 영도권의 독점은 필연적으로 국가정권의 독점이 된다. 신중국의 과도기시기의 정권은 소비에트의 통일전선과는 다른 성격을 갖고 있었다. 당시 중국에는 4개의 계급이 존재했고, 비교적 다원적인 사회였다. 그런 사회는 정치에 대해 영향을 주는 간과할 수 없는 세력들이 있었기 때문에, 마오쩌둥은 공산당에게 "사방을 공격하지 마라.", "적을 너무 많이 만들지 마라, 한 쪽에서는 양보를 하고, 풀어주어야 한다.", "민족자산계급과 지식인들 속의 절대다수가 우리에게 반대하도록 해서는 안 된다."[27]라고 경고했다. 그러나 사회주의개조로 자본주의적 생산관계를 소멸시킨 후, 가죽이 없어졌는데 털은 붙어 있겠는가. 공농 이외의 다른 계급 및 그 대표들이 역사무대에서 사라지고, 통일전선 성격의 '인민민주전정'은 당이 계급통치를 대신하는 '무산계급독재'로 바뀌었고, 소비에트의 논리가 돌아왔다.[28] 당과 국가관계의 그런 성격이 당시 정치이데올로기가 특수한 '당치국가'체제로 나타나도록 했다. 국가는 혁명의 힘을 빌린 정당의 창조물이고, 국가구조와 정당구조의 결합 즉 당국가일체이며, 국가의 정책결정이 곧 정당의 정책결정이다. 국가의 모든 행동은 정당의 선호를 보여주었다.(당화국가[黨化國家]) 당-국가 합일의 논리에 따라, 공업화와 추월전략의 압력과 통치유지의 필요성에 의해, 당이 과거 혁명시기 형성된 고도집권의 조직구조와 영도체제를 답습하고 강화하게 되었다. 결국 민주집중제는 '서기집중제', '제1인자 집중제'(덩샤오핑의 말)로 변했고, 사회민주와 당내민주는 이름만 존재할 뿐 사실 사라졌다. 신중국의 특정한 역사시기에, '통치당'은 이론적으로 중국의 국가건설의 역경요인, 발전특징, 그리고 헌정의 필요성을 보여준다. 요약하자면, 당의 역사적 전환은 '혁명당에서 집정당으로'라고 하기보다는 '통치당에서 집정당으로'라고 할 수 있다.

---

27   毛澤東, 「不要四面出擊」, 『毛澤東文集』第6卷, 人民出版社, 1999, pp.75-76.

28   레닌이 말하기를, 소비에트정권은 "무산계급이라는 선진계층이 노동자를 위해 관리를 하는 것이지 노동대중이 관리를 하는 것이 아니다." 레닌도 무산계급전쟁을 "실제로는 무산계급 중의 조직적이고 각오가 있는 소수의 전정"이라고 보았다.(列寧, 「俄共(布)第八次代表大會文獻·關於黨綱的報告」, 『列寧全集』第36卷, 人民出版社, 1985, p.155. ; 列寧, 「共産國際第二次代表大會·關於共產黨作用的發言」, 『列寧全集』第31卷, 人民出版社, 1958, p.206.)

'통치'에서 '집정'으로

'집정'을 핵심 요소로 하는 집정당, 집정능력, 집정이념 등의 개념이 21세기 초 유행한 것은 우연이 아니다. 그것은 당의 중심임무와 업무중심이 역사적으로 전환되었음을 보여주는 것이다. 당은 그런 역사적 전환에 조응하여 새로운 당-국가 관계를 세워야 한다는 요구이기도 하다.

정치의 변화는 경제와 사회의 변화에서 비롯된다. 개혁개방이 도입한 시장기제는 사회학자가 말한 "자유로운 유동자원의 증가, 자유로운 활동공간의 확대"를 초래했다. 이익추구와 이익구도의 다원화는 사회구조, 예를 들면 직업구조, 수입구조, 계층구조 등의 분화와 발전을 초래했으며, 사회대중의 가치, 태도, 신앙 등 정치·문화적 요소가 점차 다양하게 되었다. 무엇보다 중요한 것은, 시장화로 본래 국가가 독점하던 대량의 권력요소가 사회로 유입되었고, 국가와 사회의 관계에 심각한 변혁이 생기기 시작했다. 경제영역에 대한 국가의 통제가 점차 느슨해졌으며, 사회영역은 국가정치영역으로부터 성장하기 시작했다. 사회의 자주적 운행기제와 논리가 점차 형성되었으며, 국가의 기제와 논리에 대해 점점 더 중요한 영향력을 행사하기 시작했다. 정치사연구에 따르면, 사회의 상대적 다원화가 상대적으로 자주적인 자원배분 능력을 갖게 되면, 사회 거버넌스에 대한 정치중심의 강성(剛性)정도가 떨어지기 마련이다. 탄성 정도가 증가하게 되며, 정치중심은 보다 포용적 방식으로 자신의 중심적 지위를 유지하고 보호하려고 할 수밖에 없다. 그것이 '집정' 명제가 제기된 근본적 이유이다. 루이진 시기나 계획시기는 이 명제에 맞지 않는다. 사회형태의 '획일화(淸一色)' 때문이다. 항전시기 변구(邊區)의 '삼삼제'와 신중국 과도기의 '신민주주의'는 '집정'분위기를 보여주었고, 역으로 그 시기의 사회형태의 '대잡회(大雜膾)'를 설명해준다. 어떤 의미로, 정치중심이 "집정과 그로써 자신을 구속하는 것은 우선 사회구조, 그 다음으로 정치구조에 이제 쉽게 다원적이고 상대적으로 독립적인 요인들이 출현했음을 의미하고, 그 요인들을 이미 간단히 억압하고 제거할 수 없고, 포용하고 제도화할 수밖에 없다는 것을 의미한다. 개혁개방 이래 중국사회의 재건과 발전은 그런 측면에서 '통치당에서 집정당으로'의 변혁의 과정이다.

집정당 건설에 대한 연구는 이미 많고, 내용도 다양하며, 깊이 있게 다룬 문제도 부지기수이고, 이론과 책론도 눈에 띌 정도로 많다. 당이 집정한 사회환경과 제도변혁에 중점을 둔다면, 10여 년의 논의 중에서 관심을 가질 만한 관점을 세 가지로 정리할 수 있다.

첫째, 당은 정당생활의 일반적 존재형태를 중시해야 한다. 정당은 현대정치의 산물이며, 정당이 현대 민주정치가 필요로 하는 책임있는 정치기능을 맡아야 한다. 그것은 대체로 이익표출, 이익종합, 정치적 채택과 정치사회화 등을 내용으로 한다. 따라서 정당은 본래 공권력 기관이 아니고 국가와 사회의 경계에 있는 특수한 사회정치조직이다. 그것은 사회의 이익추구를 국가에 투입하여 공공정책으로 바꾸는 역할을 하며, 엘리트를 흡수하여 후보자를 조직하여 유권자들에게 추천하여 공적 신분을 얻도록 함으로써, 국가정권의 통제를 실현한다. 정당이 헌법규정에 따른 공민의 결사의 자유로 조직된 사회정치조직이라면, 그것이 향유하는 권리는 단지 공민의 정치적 권리의 연장일 뿐이다. 레닌주의의 언어

환경에서, 공산당은 헌법에 따라 조직되는 정당이 아니다. 그것은 혁명에서 군대, 정보기관 그리고 정치, 경제, 재정 등에서의 권력을 장악하고, '유사국가'를 형성하지만, 이론적으로 그것은 공권력기관이 아니라 단지 '당이 정치를 대신하는(代政)' 것일 뿐이다. 대정은 본래 '당(黨)'을 말하는 것이지 '정치'를 말하는 것이 아니다. 당의 조직과 행위의 국가화와 행정화는 당의 정당기능의 축소와 퇴화를 초래했다. 당이 점점 더 국가의 행정수단에 의존하여 당의 정책을 추진하면 할수록, 당은 점점 더 행정기구가 되고, 점점 더 '정치'의 방식으로 그와 사회 기타 집단의 관계를 다룰 수 없게 되고, 점점 더 정당이 자신의 일상활동을 관리하고 자신의 사회적 기초를 경영하는 것과 다르게 되었다. 소련 해체의 교훈이 보여주었듯이, 당의 고도의 관료화는 당이 본래 갖고 있어야 하는 정당의 생존과 사회업무 능력을 상실시킨다. 그로 인해 위기가 도래했을 때 사회적 동원으로 국가정권을 지지하는 자원을 사용할 수 없게 된다. 따라서 당이 집정당으로서 국가권력을 운영하는 동시에, 그 모든 조직이 정당의 기본적 함의와 기능의 제약에서 벗어날 수 없으며, '정당의 역할' 즉 국가와 사회 사이에서 매개역할을 어떻게 이행할 것인지의 문제를 갖게 된다.[29] 엘리트 지도층은 국가의 공적 신분이라도 모두 정당의 '기술'을 배우고 갖춰야 한다. 유세 시범, 여론대응, 정치연합, 거래와 타협, 선거의 조직, 어젠다 준비, 간부 추천 등등 '정당생활'을 해야지 '관료생활'을 해서는 안 된다. 당이 당을 관리하려면 무엇보다도 '당이 당다워야

---

29   李忠傑, 金釗, 『中國共產黨執政理論新體系』, 人民出版社, 2006, pp.264-265.

한다.'

둘째, 당은 '합법적으로 국가에 진입하고, 합법적으로 국가를 운영하는' 정당의 행위논리를 강화해야 한다. '합법적 진입'과 '합법적 운영'은 집정당의 핵심이다. 대다수 국가에서 정당은 선거를 통해 국가로 진입하는 것이 통례이다. 그런 점에서, 공산당은 특수한 형태의 정당이다. 공산당은 선거를 통해 국가정권을 획득하는 것이 아니라, 혁명의 힘을 빌려 한다. 그러나 문제는 민주공화국이 "무산계급이 통치하는 완성된 정치형식"[30]이라는 점에 있고, "우리의 당과 노동자계급이 민주공화국이라는 정치형식하에서만이 통치를 취득할 수 있다."[31]는 점에 있다. 그것은 '혁명'에서 '통치'로 가려면 '통치'가 '민주공화국'의 정치형태로 전환되어야 함을 의미한다. 그런 정치형태는 비록 선거로 귀결되지는 않아도, 선거에서 벗어날 수도 없다. 선거는 현대 민주국가의 권력구성의 일반적 방식이기 때문에, 보편적 강제성을 갖는다. 공공권력으로서의 국가는 비록 계급통치의 성격을 갖더라도, 간단히 승리한 계급의 전리품이 될 수 없고, '천하공기(天下公器)'로서 여겨지고 인민이 동의하는 제도에 호소해야 한다. 따라서 신중국 성립 이후, 중국공산당은 헌법과 선거법 등 법률을 제정하는 것에 착수하여, 각급 인민대표대회 대표들이 '보편, 평등, 직접, 비밀' 원칙에 따라 인민대표를 선거로 뽑아 인민정부를

---

30   恩格斯,「恩格斯致保·拉法格」,『馬克思恩格斯選集』第4卷, 人民出版社, 1976, p.508.

31   恩格斯,「1891年社會民主黨綱領草案批判」,『馬克思恩格斯全集』第22卷, 人民出版社, 1965, p.274.

구성하고, '혁명'의 합법성(legitimacy)을 '통치'(실제로는 '집정')의 합법성(legality)으로 전환시켰다. 물론 중국의 선거제도는 서구와 달리 정당을 단위로 하는 경선을 실시하지는 않는다. 그러나 선거절차 또는 인민대표대회의 결정과 임명절차를 통해 국가에 대한 공산당의 '진입'을 합법화하고, 공산당의 집정이 선거 내에서의 합법적 절차의 확인을 받도록 했다. 그리고 집정당으로서의 공산당이 정치적 룰을 견지하도록 했다. 그러나 '합법적 운영'은 단지 '합법적 진입'의 논리의 연장이기 때문에, 공산당이 현대국가 내의 구조, 기능, 그리고 기제에 따라 국가기구를 가동하고, 감독하고, 보호할 것을 요구하며, 자신의 노선, 방침과 정책을 절차화, 제도화, 법률화된 노선을 통해 국가의 의지와 행동으로 전환할 것을 요구한다.

셋째, 당은 '당은 나라 안에 있고, 법 아래 있다'는 현대적 집정이념을 확립해야 한다. '통치당'의 체제구조에서, 국가와 사회에 대한 당의 거버넌스는 주로 당이 그 정치적·절대적 우위를 통해 국가제도와 사회 정치생활을 주도하고 통제하는 것으로 나타난다. 비록 구조상 당-국가는 동일한 구조이고, 당정은 분리되지 않지만, 당은 국가제도를 초월하는 특수한 지위를 갖는다. 당의 영도는 국가의 제도적 권력행사를 버리지 않거나, 국가의 제도적 권력행사를 대신한다.[32] 그러므로 '통치당에서 집정당으로'의 변혁과정에서, '당은 나라 안에 있고, 법 아래에 있다'는 것을 제기한 것은 매우 중요한 의의를 갖는다. 전자는 당의 영도가 국가

---

32 『當代中國政治形態硏究』, 天津人民出版社, 2000, p.428.

제도를 벗어날 수 없으며, 국가제도 내의 역량으로서 작용을 해야 할 것을 요구한다. 그리고 현대적 정부원리에 따라 신형 당-국가 관계를 수립해야 한다는 것을 의미한다. 후자는 당의 모든 활동이 헌법과 법률의 범위를 벗어날 수 없으며, 헌법과 법률의 구속과 감독을 받을 것을 요구한다. 가령, 당의 엘리트가 법으로 정해진 절차에 따라 국가체제에 진입하고, 국가 공무원의 직권규정에 따라 권력을 행사해야 하며, 국가체제 밖에서 정당의 신분으로써 정부를 '명령'하고 '지휘'하는 것이 아니다. 즉 '당이 나라 안에 있다'는 것을 중요한 발걸음으로 보며, '당이 법 아래 있다'는 것은 큰 도전이라고 생각한다. 이론적으로 당의 영도를 유지하면서 법치를 견지하는 문제는 관련 영역에서 "당이 큰가 아니면 법이 큰가, 당이 높은가 아니면 법이 높은가?"[33]의 논쟁을 낳았다. 중공 13대 이후 이 문제가 이미 명확해진 것 같지만, 당의 영도활동에서 무엇보다도 당

---

[33] 이 문제는 당내에서 아직까지도 해결되지 않았다. 평전(彭真)은 그 문제에 대해 다음과 같이 말했다. "어떤 사람이 묻는다: 법이 큰가, 아니면 어떤 급의 당위원회가 큰가, 어떤 당위원회 서기가 큰가? 당연히 법이 크다. 어떤 급의 당위원회이든, 누가 책임자인가는 더 물론이고 ……누구도 법률에 복종해야 한다."(『彭真文選』, 人民出版社, 1991, p.389) 완리(萬裏)도 다음과 같이 지적했다. "지금 당내에는 적지 않게 모호한 관념이 존재한다. 예를 들면 당이 법률을 초월할 수 있는가, 법이 큰가 아니면 권력이 큰가, 정책은 법률 없이도 똑같이 진행될 수 있는가, 등등은 본래 문제가 되어서는 안 되는 것들이다. …… 법이 큰가 아니면 서기가 큰가? 당연히 법이 크다. 우리 당의 총서기, 국가 주석도 헌법과 법률을 준수해야 하는데, 누구든 법을 어기면 법적 책임을 져야 한다."(『萬裏文選』, 人民出版社, 1995, p.482) 평전과 완리 모두 전국인민대표대회 상위위원회 위원장을 맡은 적이 있다. 그 문제는 심지어 항전 변구정부 시기까지 거슬러 올라간다. 예를 들면 덩샤오핑은 당내 "당권이 모든 것보다 높다는 주장"을 비판한 적이 있다.(『鄧小平文選』第1卷, 人民出版社, 1994, p.11) "당은 국가에서 위에 있고, 당이 높고 법은 낮다."는 '혁명당'과 '통치당'의 관념이다.

의 지방의 시와 현 조직 활동에서는 해결되기에는 너무 부족하다.[34] 16차 4중전회는 공산당이 '과학집정', '민주집정' 그리고 '의법집정'을 할 것을 요구했고, 현재 중국의 정치건설로 말하자면, 셋 중에서 가장 현실적이고 가장 실행 가능한 것은 의법집정이다. 사법적 시각에서, 사법에 대한 당의 영도는 주로 세 가지 측면에서 나타난다. 당은 자신의 사법정책을 국가과정 즉 인대의 직능기제를 통해 진행한다. 당은 사법시스템 내의 조직에서 구체적 사법과정에 대한 작용에 있어서 영향력에 제한이 있으며, 직접적 간섭을 할 수 없다. 그 세 가지 점은 사법에 대한 당의 영도관계의 강성(剛性)의 한계를 형성한다.[35]

그러나 더 깊은 의미에서, 의법집정은 사법실천의 문제일 뿐만 아니라, 가치, 조직과 제도 재건의 문제를 포함하는 정치문제이며, 중국 현대국가건설의 헌정을 구현한다. '통치'에서 '집정'으로의 역사적 변혁에 있어서, 공산당의 집정방식이 직면하고 있는 가장 큰 문제는 현대국가건설에서 정당과 국가의 법적 관계를 정확하게 해결할 수 있는가에 있다. 즉 '당권(黨權)'과 '법권(法權)'이다. 그것은 공산당의 집정방식이 성숙해지고 있는가를 판단하는 중요한 지표의 하나로, 공산당이 헌법의 최고 권위와 법률의 제약을 정당행위의 이성적 자각으로 받아들일 수 있는지,

---

34 과거 1980년대 중반 당위원회의 사건 심사의 답습이든지, 지금 당의 정법위원회의 '연합사무', '협력결정'이든지, 현대국가의 헌법을 최고권위를 인정하고, 사법독립을 기본원칙으로 삼는 법치원칙과는 거리가 멀다.(李林, 劉永艶, 封麗霞, 『法治與黨的執政方式研究』, 法律出版社, 2004)

35 程竹汝, 『司法改革與政治發展』, 中國社會科學出版社, 2001, pp.313-314.

즉 '법의 정신'을 성공적으로 체화할 수 있는지에 달려 있다.

결론

중국공산당 성립 90주년 기념 연설에서 후진타오는 공산당이 지금까지 세 가지 큰일, 즉 혁명, 건설, 개혁을 해냈다고 말했다.[36] 청말 이래, 국민당정부를 포함한 국가권력은 모두 기층까지 관철될 수 없었고, 상하가 분리되어, 진정한 통일적 국가제도를 수립한 적이 없다. 예를 들면 통일적 조세재정제도, 통일적 군사정치제도, 통일적 법률제도는 중국현대화의 단점이었다. 공산당혁명의 의의는 중국 현대화를 위해 튼튼한 권위기초를 쌓고, 중화민족의 부흥을 위해 정치, 군사, 그리고 행정의 틀을 세운 것에 있다. 1인당 자원이 극도로 결핍되어 있고, 국제정치적 환경이 매우 어려운 상황에서 전개되었기 때문에, 당과 국가는 추월전략을 시행하여 비교적 빨리 현대공업체계를 수립하고자 했다. 그 목표를 실현하기 위해, "조직하자"로써 자원에 대해 효과적 동원과 집중배치의 보장을 국가현대화의 기본적 선택으로 삼게 되었다. 당시 채택한 사회정치구조는 혁명 이데올로기의 산물이면서 추월전략의 결과이다. 그런 사회정치구조는 빠르게 독립적이며 상대적으로 완전한 공업화체계와 국민경제체계가 되었고, 후의 개혁개방을 위한 물적 기초와 발전공간을 제공했다. 후진타오는 그것이 공산당이 이룬 두 가지 큰일이라고 했다. 세 번째 큰일인 개혁개방은 현재 진행 중인 과정으로, 사회주의 초급단계이론을 형성하고, 사회주의 시장경제체제의 틀을 수립했다. 그리고 '두 개의 100년'(2021년과 2049년)까지 전체 인민에게 혜택이 갈 수 있는, 보다 높

---

36   胡錦濤, 「在慶祝中國共產黨成立90周年大會上的講話」, 『人民日報』, 2011年7月2日.

은 수준의 소강사회 건설과 중진국 현대화국가 건설을 전략 목표로 수립했다. 그 세 가지 큰일을 영도하고 추진한 중국공산당이 그 세 가지 큰일을 대표하는 시대에 부여받은 정치적 성격은 '혁명', '통치' 그리고 '집정'이며, 그것은 각각 세 단계의 내재적 요구에 부합한다. 그 세 가지 큰일들에는 다음과 같은 관계가 내재한다. 세 번째 큰일은 첫 번째 큰일의 계승이며 수정이고, 두 번째 큰일에 대한 반성과 조정이다. 중국공산당의 통치지위는 혁명이 부여한 것이지만, 중국공산당의 집정지위는 개혁개방에 의해 지지될 될 필요가 있다. 다시 말하자면, 중국공산당이 장기집정을 하려면 옛 혁명의 유산, 통치 및 거버넌스에 대해 변혁적인 유지와 비판적 혁신을 실천해야 한다.

중국공산당의 장기집정은 중국 현대화에 이로웠기 때문이다. 공산당의 장기집정은 다음의 몇 가지 조건들에 의해 결정되었다. 첫째, 당의 집정체제와 행위가 현대의 정부원리에 부합할 수 있는가. 둘째, 당의 영도엘리트가 제도화된 교체를 실현할 수 있는가. 셋째, 당의 고위층과 엘리트가 중대한 위기가 발생할 때 단결과 공통인식을 가질 수 있는가. 넷째, 당의 기층조직이 사회조직과 사회생활과 양성적 상호작용을 할 수 있는가. 다섯째, 당의 이데올로기가 효과적으로 사회적 언어와 가치를 이끌 수 있는가. 인류 정치문명의 보편적 경험을 말한 첫 번째에 대해 당내에서 이견이 없었다. 두 번째는 16대 이래 이미 초보적으로 기제를 형성했고, 세 번째는 1989년 사건 이후 대체로 실현되었다. 네 번째와 다섯 번째는 아직도 갈 길이 멀다. 그런 것들은 혁명에서 출발한 동원형 정당, 통합형 정당 그리고 완전장악형 정당이 낡은 것을 버리고 새로운 것

을 추구하고 시대에 발맞추어 감으로써 '집정형으로 정당'으로라는 제목
이 갖는 의미가 될 것이다.

제5장

중국정치제도의 가치구조: 충돌과 조화[1]

★

개혁개방 30년간, 중국공산당은 모두 6차례의 전국대표대회를 열었고, 중공 12대를 제외하고 뒤의 5차례 대표대회의 정치보고는 모두 '중국특색사회주의'라는 주제를 제목에 집어넣었다.[2] 사회주의의 '중국특색'을 추구하고, 중국특색의 '사회주의'를 강조하는 것은 중국공산당 개혁개방 이래의 발전궤도이다. '중국특색' 없이 중국공산당이 추진하고 있는 사회주의는 소련과 동유럽의 사회주의와 구분을 지을 수 없고, 전

---

1   이 글은 『社會科學硏究』 2008년 제2기에 실었던 글을 조금 수정한 것이다.

2   중공 12대 정치보고의 제목은 "사회주의 현대화 건설을 전면 개창하는 신국면"(1982년 9월1일)이었고, 13대부터 매 차례의 당 대표대회 정치보고의 제목은 "중국특색사회주의의 길을 따라 앞으로"(13대, 1987년 10월 25일), "개혁개방과 현대화건설의 발걸음을 더욱 빠르게 하여, 중국특색사회주의 사업의 더 큰 승리를 얻어내자"(14대, 1992년 10월 12일), "덩샤오핑 이론의 위대한 기치를 높이 들고, 중국특색사회주의사업의 건설을 21세기를 향해 전면적으로 추진하자"(15대, 1997년 9월 12일), "소강사회를 전면건설하고, 중국특색사회주의 사업의 신국면을 새롭게 열자"(16대, 2002년 11월 8일), "중국특색사회주의의 위대한 기치를 높이 들고, 전면적 소강사회건설의 새로운 승리를 쟁취하기 위해 분투하자"(17대, 2007년 10월 15일).

통적 계획경제모델에 대한 비판을 기초로 자신의 길을 개척할 수 없다. '사회주의' 없이는 중국공산당이 영도하는 국가건설과 민족부흥이 방향을 잃게 되고, 기타 제3세계국가의 현대화운동과 구별할 수 없고, 서구 자본주의 발전논리의 강제를 막을 수 없다.

중공 17대 정치보고에 따르면, 중국특색 사회주의 건설은 '사회주의 시장경제, 사회주의 민주정치, 사회주의 선진문화, 사회주의 화해사회의 건설'로, 4위일체의 건설 방략이다. 그 속에 사회주의 민주정치는 분명 전방위적으로 가장 결정적인 핵심적 내용이다. 사회주의 민주정치는 두 가지 측면에서 고찰할 수 있다. 첫째는 제도시스템이고, 둘째는 가치구조이다. 제도시스템으로서 17대 정치보고는 처음으로 그것을 4개의 구성요소로 표현했다. 즉 '인민대표대회제도, 중국공산당 영도의 다당협력 및 정치협상제도, 민족구역자치제도, 기층대중의 자치제도'이다. 그 표현이 가장 처음 사용된 것은 13대이지만, 그때는 제도시스템의 구성요소에 기층대중의 자치제도가 포함되어 있지 않았고, 앞의 세 가지 내용뿐이었다. 하나의 가치구조로서 사회주의 민주정치는 17대에서 다시금 '당의 영도, 인민이 주인이라는 의식, 의법치국'으로 개괄되었다. 그 구상은 사실 13대로 거슬러 올라간다. 당의 영도와 인민민주라는 두 가지 내용은 신중국 성립 이래 각종 정치문헌에서 볼 수 있어서 새로운 표현은 아니지만, 의법치국과 함께 거론된 것은 개혁개방의 심화발전 때문이다. 세 가지는 13대에 처음으로 함께 쓰이기 시작했고, 14대에 그 형태가 풍부해졌으며, 15대에 정식으로 인정되었고, 16대에 심도 깊은 해석이 진행되었고, 17대에 그것과 사회주의 민주정치 제도시스템이 하나로 결합되었다. 그것은 그 구상이 나날이 성숙해지고 있음을 보여준다. 제도시스템이란 결국 특정한 가치구조에 의해 지지되며, 특정한 가치구조를 기초로 하고, 제도시스템도 그런 가치구조의 요구를 실현하기 때문에, 가치구조에 대한 분석은 제도시스템을 이해하는 열쇠가 된다.

가치구조의 3요소 및 그에 대한 규정

정치적 가치구조는 권력, 지위, 그리고 책임에 대해 정치주체가 어떻게 배치되고, 그렇게 된 도의(道義)적이며 이성적인 설명으로, 가치구조의 각 요소가 가치상에서 갖는 당위성과 합리성을 구성하며, 기능적으로 일치하면서도 상호보완적이다. 그것은 세 가지로 나타난다. (1) 그것은 현실정치적 이익에 기초한 관념, 이론 그리고 판단으로, 정치주체의 주관적 선택경향을 보여준다. (2) 그것은 역사(경로의존)와 현실(정치세력 대비)의 상호작용이 만들어낸 행동논리로서, 기존의 제도모델에 발전과 제약을 제공한다. (3) 그것은 상호 인용되는 언어시스템이 그 속에서 각각 중요한 정도에 따라 다르게 배열되며, 핵심요소는 다른 요소들을 규제한다.

'당의 영도'는 가치구조의 가장 핵심적이며 가장 안정적인 요소이다. 이론적으로, '당의 영도'는 중국사회주의의 방향을 규정한다. 당의 지도사상인 마르크스·레닌주의가 인류사회 발전의 기본법칙을 보여준다. 공산주의로의 길은 필연적 단계이며, '당의 영도'가 없다면 당 이데올로기가 교조주의로 빠질 수 있고, 사회주의운동으로 전환될 수 없다. 그러나 행동논리에 있어서, '당의 영도'는 많은 경우 이론문제가 아니라 정치문제이다. 중국공산당은 이 세상에서 인구 규모가 가장 큰 국가의 권위의 중심이다. 중국공산당의 권위는 무엇보다도 청말 이래 중국사회의 재조직화에 대한 요구를 만족시켰고, 또 다시 그로 인해 생겨난 경제사회적 위기를 완화하여, 정치적 안정을 실현했다. 그 세 가지가 전제되어야 중국사회는 농업문명으로부터 공업문명으로 안정적이고 질서 있는 전환을 할 수 있었다. 1950년대, 마오쩌둥은 중국사회의 언론과 행동이 '옳고 그른지'를 판단하는 6가지 기준을 제시했다. 그 중에서, "가장 중요한 것은 사회주의와 당의 영도라는 두 가지 조항이다."[3] '사회주의'는 국가성격에 대한 정의이고, '당의 영도'는 국가가 '사회주의' 성격을 유지하는 기본적 보장이며, 역대 정치운동에서 '반당·반사회주의'적 정치세력 및 그것이 대표한 인물들에 대한 숙청이 운동의 중심내용이 되었다. 그것은 정치적으로 그런 가치의 마지노선의 도전에 대한 불관용을 의미한다. 여기서, 이데올로기의 중요성이 첫 번째이다. 그러나 이데올로기 배후에는 강력한 현실정치의 기능에 대한 요구가 숨어 있다. 후자가 더 결정적인 것처럼 보인다. 정당 자체의 정치적 기대는 차지하고라도, 중국사회의 특성과 중국 현대화의 논리는 중국공산당이 영도적 지위(장기집정)를 위한 역사적 합리성을 제공했다. 하나의 예는 당대 중국사회 발전 '단계'마다 거의 당의 중대결정을 경계표시로 삼지 않을 수 없다는 점이다. 예를 들면, 11차 삼중전회는 중국 개혁개방 시대를 열었다. 13대는

---

3   毛澤東, 「關於正確處理人民內部矛盾的問題」, 『毛澤東選集』第5卷, 人民出版社, p.393.

중국 정치체제개혁의 방향을 세웠다. 14대 삼중전회는 중국 사회주의 시장경제체제의 가치목표를 확립했다. 16차 삼중전회는 마지막으로 사회주의 시장경제체제 및 정부개혁의 내용과 발전 틀을 분명히 하여, 이정표식의 비약으로 불리며, 중국공산당이 중국경제사회현대화의 발동기 및 추진기가 되었다.

'인민이 주인'이라는 것은 인민주권의 통속적 표현이다. 중국공산당의 정치문헌에서 그것은 '사회주의 민주정치의 본질과 핵심'으로 여겨진다.[4] 인민주권은 새로운 구호가 아니라 고대 그리스의 '인민통치'에서 유래했다. 그리고 18세기 자산계급혁명시대에 봉건귀족에 대한 반대와 절대주의 군주제도에 대해 반대하는 하나의 기치로서 자산계급 공화국 헌법에 삽입되었다. 마르크스주의의 창시자는 인민주권 사상을 계승하고 발전시켜, '민주공화국'이 무산계급 스스로의 통치를 수립한 후의 국가제도여야 한다는 것을 제기했다.[5] 마르크스는 파리 코뮌경험에 대한 결산에서 파리의 무산계급의 직접선거로 만들어진 코뮌위원회는 '입법과 행정이 결합된' 기구여야 하며, 위원회의 위원은 인민의 대표이면서 코뮌이 제정한 각종 법령과 결의를 집행하는 책임을 맡고 있는 정부 관리여야 한다고 생각했다. 사회의 공복이 사회의 주인이 되는 것을 막기 위해, 코뮌은 코뮌위원의 보통선거, 겸직, 해산권이라는 세 가지 조항을 채

---

4   中共十七大政治報告(胡錦濤, 「高擧中國特色社會主義偉大旗幟, 爲奪取全面小康社會新勝利而奮鬥」, 2007年10月15日)

5   恩格斯, 「1891年社會民主黨綱領草案批判」, 『馬克思恩格斯全集』第22卷, 人民出版社, 1965, p.274.

택했고, 그로써 인민대표와 인민의 밀접한 관계를 보장했으며, 인민통치의 이상을 철저히 실현했다. 파리코뮨의 원칙은 각국 공산당정권의 건설과 실천에 중대한 영향을 미쳤고, 중국공산당이 중국정치제도를 건설하는 중요한 가치적 기초가 되었다. 신중국은 '인민공화국'을 자신의 국호로 삼았다. 전쟁(항미원조) 종식 후 대규모의 경제건설이 시작되었을 때, 중국공산당은 헌법의 제정 및 선거법 등의 법제정을 영도하여, '인민이 주인'이라는 것을 인정했다. 당시의 대표제도에 여러 개선할 점이 있었지만, 각급 인민대표대회대표는 '보통, 평등, 직접, 비밀'의 원칙에 따라 선거로 인민대표를 뽑았다. 중국정치의 옛 모습을 쇄신한 당시는, 오늘날까지도 여전히 당대 중국 민주발전사에서 가장 빛나던 한 페이지였다. 비록 신중국 성립 이래 국가측면에서의 민주건설에 여러 굴곡이 있었고, 인민대표대회제도도 일찍이 동결되고 봉쇄되었던 적이 있었지만, 인민주권의 가치에 대한 호소는 한 번도 포기된 적이 없었다. 개혁개방 이후, 인민의 각종 정치 권리도 점차 보장받고 발전되었으며, 기층대중의 자기관리와 자기서비스, 자기교육, 자기감독의 방법도 꾸준히 확대·발전했다. '인민이 주인'이라는 것은 점차 정치과정에서의 민주선거, 민주적 정책결정, 민주적 관리, 민주적 감독과 연관되었고, 인민주권이라는 추상적 가치원칙이 점차 정치생활에서 구체적으로 실천되게 되었다.

위의 두 가지와 상대적으로, '의법치국'은 중국에서 비교적 늦게 형성된 가치이다. 정권을 획득하지 못했던 시기에도 공산당은 자유, 평등, 질서와 진정한 민주정치를 기초로 하는 '헌정'의 수립을 밝힌 적이 있지만, 그들의 '헌정'에 대한 주장은 주로 국민당의 독재에 대한 것이었고,[6]

생존과 발전을 위해 제기된 투쟁전략이었다. 중국공산당이 처한 혹독한 정치적 환경, 그들이 짊어진 혁명의 사명, 그리고 그런 환경과 사명으로 인해 만들어진 정당의 특수성으로 인해 나중에 정권을 장악했을 때 법치주의에 따라 국가와 사회를 관리할 수 없었고, 법치에 익숙하지 않았다. 당의 8대에, 중국공산당은 "법제가 완벽하게 갖추어지지 않은 현상이 계속된다면, 게다가 지나치게 오래 지속된다면" '심각한 문제'[7]가 초래될 것이기 때문에, "국가는 필요에 따라, 점진적이고 체계적으로 완벽한 법률을 제정해야 한다."는 임무를 제기했다.[8] 주의해야 할 점은 중국공산당이 사용한 개념이 '법제'라는 것이다. '법제'에 '법치'정신이 포함되어 있다고는 하지만, '법제'가 중시하는 것은 법률과 제도의 건설이다. 그러나 '법치'가 강조하는 것은 헌법의 최고 권위 및 헌법과 법률의 공권력에 대한 제약, 사적 권리에 대한 보장이다. 그런 점에서, 중국공산당 지도층은 오랜 시간 동안 완전한 법치의식을 결여하고 있었다. 게다가 1950년대 이래 빈번하게 발생했던 정치운동으로 '법제'의 건설과정 마저 중단되었고, 법치는 장기간 중국공산당이 추구하는 가치가 되지 못했다. '문화대혁명'이 심각한 정치적 재난을 초래하여, 당과 국가의 제도가 재건된 후에야, 법치의 반대인 인치(人治)의 폐단과 근원에 대해 당내에서 반성이

---

6   毛澤東, 「新民主主義的憲政」, 『毛澤東選集』第2卷, 人民出版社, 1972, pp.689-697.

7   董必武, 「進一步加强人民民主法制, 保障社會主義建設事業」, 『建國以來重要文獻選編』, 中央文獻出版社, 1991, p.264.

8   「中國共産黨第八次全國代表大會關於政治報告的決議」, 『建國以來重要文獻選集』, 中央文獻出版社, 1991, p.351.

있었고, 민주와 법치건설이 드디어 어젠다로 등장했다. 그런 의미에서, 개혁개방은 법치 및 그 정치문화의 성장과정이다. 1997년, 15대에서 제기된 '사회주의 법치국가 선설'은 과거에 말한 '사회주의 법제국가의 건설'과 비교하면, 비록 한 글자 차이이지만, 법치가 결국 중국공산당이 분명히 인정한 정치제도의 가치구조 속에 들어오게 되었다는 것을 잘 보여준다.

유기적 통일: 구조내부의 장력

언어시스템으로서 가치구조 내부는 '유기적 통일'이 이루어져야 한다. 즉 각 요소는 기능적으로 사회주의 민주정치의 목표를 지지해야 하고, 구조적으로 사회주의 민주정치의 성격을 구현해야 한다. 요소의 '유기적 통일'은 무엇보다도 요소의 주장과 논의영역의 명료화에 달려 있고, 그 다음은 요소의 분포와 배열이 정치배후의 논리를 드러낼 수 있는가에 달려 있으며, 그 다음으로 요소의 발전이 당위와 실제, 가치와 제도를 최대한 서로 부합하도록 할 수 있는가에 달려 있다. 우선 각 요소의 일반적 의미를 알아보자.

우선은 '당의 영도'이다. 오랫동안 각종 정치문헌에서, '당의 영도'는 전방위적 국가와 사회생활에 대한 주도와 통제로 정의되었다. 즉 "공농상 학병, 당은 영도의 모든 것"이다. 13대 이후, 당의 영도는 주로 정치, 조직과 사상 측면에서의 영도로 규정되었다. 중국공산당은 '대정방침'의 제정을 통해 입법적 건의를 했고, 핵심 간부를 추천했으며, 사상 선전을 진행했고, 당 조직과 당원이 작용할 수 있도록 했고, 의법집정을 견지했으며, 국가와 사회에 대한 당의 영도를 실시했다. 당위원회는 각급의 각종 조직에서 핵심적 영도 작용을 해왔고, 대사를 처리하는 데 정력을 집중했으며, 각각이 독립적인 책임을 다하도록 하고, 함께 업무를 전개하도록 했다.[9] 여기서, '정치영도'에는 '정치원칙', '정치방향' 등 중대한 정치 문제의 결정권을 포함된다. 중국공산당이 정권을 장악하고 있다는 전제 하에서, '정치영도'는 정권의 사회주의적 성격을 보장하는 것이다. '조직영도'는 국가정권 및 그 운영을 통제하기 위해 채택된 조직을 의미한다. 중요 기구의 설치와 핵심인사의 배치가 포함되며, 특히 후자는 일반적으로 '당이 간부를 관할한다'는 것을 말한다. '사상영도'는 이데올로기의 생산과 전파를 주도하고 조정하는 것을 의미한다. 정치적 정체성의 배양, '문화영도권'과 정치동원이 중요한 수단이다. 당의 영도는 여전히 완전 장악형 정치를 특성으로 한다.

그 다음으로 '인민이 주인'이다. '인민이 주인이라는 것을 보장하는 것'은 당의 정치적 약속이다. 국가제도에 있어서, 당은 "인민대표대회가 법에 따라 직능을 수행하도록 하고, 당의 주장이 법적 절차에 따라 국가의 의지로 전환되도록 해야 한다." "인민정협이 단결과 민주라는 두 가지 주제를 둘러싸고 직능을 수행하도록 하며, 정치협상, 민주감독, 참정

---

9   十六大政治報告 (江澤民, 「全面建設小康社會, 開創中國特色社會主義事業新局面」, 2002年 11月8日) 그런 정의는 13대 이래 당의 매회 대표대회의 정치보고에서도 나타난다. 표현은 조금 차이가 있지만, 사상은 일치한다.

·의정제도의 건설을 추진한다. 정치협상을 정책결정과정에 넣고, 민주감독을 개선하며, 참정과 의정의 실효성을 제고한다." "각 민족의 일률적 평등을 견지하고, 민족자치지역이 법에 따라 자치권을 행사할 수 있도록 보장한다." 기층제도에 있어서, 당은 "인민이 보다 더 많이 더 절실하게 민주적 권리를 향유할 수 있도록 보장"해야 하고, "기층 당 조직의 건전한 영도로 충분히 활력 있는 기층대중이 자치제도로부터, 기층대중의 자치범위를 확대하고, 민주관리제도를 개선"한다. "직공대표대회를 기본 형식으로 하는 기업단위의 민주관리제도를 개선하고", "기층정권의 건설을 강화하고, 정무공개, 촌무공개제도를 개선하고, 정부의 행정관리와 기층대중의 자치가 효과적으로 결합하여 상호작용이 잘 이루어지도록 한다."[10] 당이 스스로 제기한 정치적 요구에서 보면, '인민이 주인'이라는 내용은 대체로 4가지 측면을 포함한다. 첫째, 인민이 법에 따라 광범위하게 선거, 정책결정, 관리, 그리고 감독에 참여하는 전 정치과정이다. 둘째, 인민이 인민대표대회, 다당협력과 정치협상, 민족구역자치 등 국가 측면의 제도를 통해 국가권력을 행사하는 것이다. 셋째, 인민이 촌민자치, 공동체자치, 직공대표대회 등 기층의 민주적 형식을 통해 사회경제적 권력을 행사하는 것이다. 넷째, 인민이 헌법으로 규정된 공민의 권리와 정치적 자유를 향유하는 것이다.

'의법치국'에 대해, 15대 정치보고에서는 다음과 같이 말했다. "의법치국은 광대한 인민대중이 당의 영도 아래 헌법과 법률의 규정에 따라

---

10   13대 이래 중공의 각 대표대회의 정치보고 및 주요 지도자 연설을 보라.

각종 경로 및 형식을 통해 국가사무를 관리하고, 경제·문화사업을 관리하며, 사회사업을 관리하고, 국가의 각종 업무를 모두 법에 따라 진행하고, 점차적으로 사회주의민주의 제도화, 법률화를 실현하고, 그러한 제도와 법률이 지도자의 교체에 따라 바뀌지 않도록 하고, 지도자의 생각과 주의력이 바뀜에 따라 바뀌지 않도록 한다. 의법치국은 당이 인민을 영도하여 국가를 다스리는 기본 방략이며, 사회주의 시장경제의 객관적 요구이기도 하며, 사회문명 진보의 중요한 상징이고, 국가의 장기적 안정의 중요한 보장이다. 당은 인민을 영도하여 헌법과 법률을 제정하고, 헌법과 법률의 범위 내에서 활동한다."[11] 17대 정치보고에서 지적했듯이, "의법치국의 기본 방략의 전면적 실행"은 "과학입법, 민주입법의 견지와 중국특색사회주의 법률시스템의 개선을 필요로 한다. 헌법과 법률의 실시를 강화하고, 공민의 법률 앞에서의 평등을 견지하고, 사회적 공평과 정의를 보호하고, 사회주의 법제의 통일, 존엄, 권위의 보호를 필요로 한다."[12]

정치생활에서 당의 영도는 가치구조의 가장 핵심적인 요소이다. 당의 영도는 주류 정치문헌에서 만들어진 정의와 비교하여 범위가 더 넓고 깊이는 더 깊다. 국가와 사회에 대한 당의 전면적 주도와 통제의 실행은 서구 집정당처럼 입법권과 행정권에 집중되어 있는 것과 다르고, 유

11   중공 15대정치보고(江澤民,「高舉鄧小平理論偉大旗幟, 把建設有中國特色社會主義事業全面推向二十一世紀」, 2002年 11月8日)

12   중공 17대 정치보고(胡錦濤,「高舉中國特色社會主義偉大旗幟, 爲奪取全面建設小康社會新勝利而奮鬥」, 2007年 10月15日)

권자의 정기적이며 형식적인 권력위임을 통해 확인될 필요가 없다. 그리고 그것은 그것의 역사적 합법성(혁명)과 현실적 합법성(정치적 업적)에서 유래한다. 다시 말하자면, 국가와 사회에 대한 당의 전면적 주도와 통제는 그 법적 근거(헌법)가 있지만, 법적 근거에 의존하지는 않는다. 새로운 국가를 세운다는 것은 구국가의 '천명(天命)'이 이미 사라졌기 때문이다. 실질적인 인민의 지지를 얻기만 하면, 광범위한 대중적 기초를 갖고(엘리트가 흡수한 경로는 개방적이며 폐쇄적이 아님), 경제·사회·문화 권리에 있어서 인민의 요구를 끊임없이 만족시키기만 하면, 정권의 영구적 장악을 유지할 수 있다. 그러나 국가와 사회에 대한 당의 전면적 통제는 그것과 다른 두 가지 요소와의 관계에 문제를 만든다. 하나는 '인민이 주인'이라는 인민대표대회제도를 구현하는 것이다. 인민은 헌법적 지위에 있어서 확고한 '최고성'을 갖는다. 다른 하나는 '의법치국'을 구현한 사법제도와 사법적 실천으로, 그 헌법적 지위가 상대적 '독립성'을 갖는다. 그 두 가지 요소는 당의 영도에 대해 요소 간의 공간관계에 있어서 모종의 긴장적 성격을 형성하기 때문에, 논증적으로 그런 긴장을 제거하거나 완화시켜야 한다.

　그에 대한 논증은 가치구조의 내용에 근거한다. 당의 영도, 인민이 주인, 그리고 의법치국이라는 3요소는 비록 상대적으로 독립적이지만, 각각 그만의 특정한 함의와 중점을 갖고 있다. 그러나 분명한 교집합도 존재한다. 즉 그들 모두 중국 현대국가 건설의 사상적 산물이고, 현대국가 건설에서의 민족국가와 민주국가라는 두 가지 조류의 회합에 대한 요구를 반영한 것이다. 교집합은 요소가 작용하는 공동의 공간을 주고,

요소의 의미가 공유하는 기초를 구성한 것이다. 그 공간과 기초가 '인민민주'이다. 다시 말하자면, 인민민주는 당의 영도, 인민이 주인과 의법치국 3자가 '유기적'으로 연관된 유대로 이루어진다.

인민민주 개념은 당대 중국의 정치생활에서 사용빈도가 매우 높다. 그 의미도 매우 특수하다. 그것이 특수한 이유는 민주의 '인민'에 대한 해석이 시간에 따라 달라지고, 상황에 따라 변하기 때문이다. 민주는 현대성이 가장 강한 단어의 하나이다. 그것은 당대 일반적 민주의 공통성과도 상통한다. 인민민주도 다수가 선거와 기타 정치참여방식을 통해 국가사무와 기타 공공사무를 결정하는 제도이며, 정부의 구성, 정부의 운영과 정부의 교체는 다수의 동의의 결과이다. 다수는 정부에 대해 선택하고 감독할 수 있는 권력을 갖는다. 그러나 일반적 민주와 다르다. 일반적 민주의 '민'은 '공민' 혹은 '국민'을 의미하고, 법적 의미로는 개인이다. 그러나 인민민주의 '민'은 개인이 아니라, 역사적 조건의 변화에 따라 변하는 정치적 의미의 전체를 가리킨다. 마르크스의 언어와 중국 국가건설의 정치적 실천에서, 인민은 '계급연합전선' 또는 '계급연맹'을 구성했다. 어떤 계급적 신분 또는 정치적 조건에 부합하는 공민만이 인민의 일원이 될 수 있다. 저우언라이(周恩來)가 신중국 성립초기 이미 설명했다. "'인민'과 '국민'은 다르다. '인민'은 노동자계급, 농민계급, 소자산계급, 민족자산계급과 반동계급에서 각성한 일부 애국민주인사를 가리킨다. 그러나 관료자산계급이 그 재산이 몰수되고 지주계급이 그 토지가 분배된 이후, 소극적으로 그들 사이의 반동 활동을 엄격하게 진압하고, 적극적으로는 그들의 노동을 강제하고, 그들이 새로운 사람으로 개조되도록 한다. 변화되기전에, 그들은 인민의 범주에 속하지 않지만, 국민의 의무는 준수해야 한다. 그것이 인민민주전정이다."[13] 계급과 정치의 관점으로 보면, 인민의 권리는 공민 개인의 권리보다 높고, 인민의 권리를 쟁취, 보호, 보장, 발전시키는 것이 인민민주이다.

그런 논리에 따르면, 인민민주는 노동자계급이 영도하는 공농연맹을 기초로 하는 사회주의 민주이다. 중국공산당은 노동자계급의 선봉대이고, 노동자계급의 영도는 당의 영도를 통해 실현되며, 인민민주제도는 당의 영도하에서 건설되고, 당의 영도하에서만 발전하고 개선될 수 있다. 여기서 도출된 첫 번째 추론은 당의 영도 없이 인민민주가 없다는 것이다. 두 번째 추론은 인민민주의 역사적 경험으로부터 보면, 인민의 권리는 추상적 공민의 권리를 전제로 하는 것이 아니라, 실질적인 사회경제적 권리를 출발점으로 한다.[14] 사회주의는 평등권적 이데올로기이고, 평등권은 무엇보다도 기본적인 사회경제적 권리의 평등을 가리키므로, 인민민주는 자연스럽게 사회주의적 경제평등과 관계있다. 이론적으로, 인민은 보편적으로 평등한 경제사회적 권리를 향유하고, 사회주의 공유제를 중심으로 하고, 다양한 경제요소가 공동·발전하는 경제제도를 실행해야하며, 소수가 경제사회적 권리로부터 정치적 권리까지 독점하는 것에 반대한다. 인민민주는 공농을 주체로 하는 최대 다수가 국가의 공

---

13   周恩來,「人民政協共同綱領草案的特點」,『周恩來選集』上卷, 人民出版社, 1980, pp.368-369.

14   저우당(鄒讜)은 인민권리의 사회경제평등권의 역사적 연유에 대해 분석하였다.(鄒讜,『中國革命再闡釋』, 牛津大學出版社(香港), 2002, pp.9-21)

공사무를 결정하고 참여하는 민주, 즉 '인민이 주인'인 민주를 의미한다. 세 번째 추론은 인민민주가 당의 영도하의 인민이 국가권력을 관리하는 사회주의 민주정치라고 한다면, 그리고 민주정치가 이미 헌법에 표현되고 확립되었다면, 최고의 권위를 가져야 한다. 그러므로 사회주의 민주정치의 제도화, 법률화, 그리고 절차화의 실현이 '사회주의 법치국가의 건설'이다. 그런 점에서 당의 영도, 인민이 주인 그리고 의법치국은 이론적으로 내재적으로 상호의존적인 논리적 관계를 맺는다. 소위 '유기적'이란 이 세 가지가 서로 의존하고 서로를 근거로 한다는 것을 의미한다. '통일'이란 인민민주로 통일되는 것이다.

인민민주는 중국 근대 이래 노동계급의 권리를 가장 철저히 신장한 것이며, 정치언어 중 가장 혁명적인 표현이다. 그것은 역사와 현실에서 완전히 중국식 운동이었지만, 사상적 연원에 있어서 마르크스로부터 루소의 인민주권이론을 통해 생겨나 발전한 것이다. 루소의 인민주권은 인민의 '공의(公意)'이지 '중의(衆意)'가 아니며, '공의'는 불가분의 전체이며, 심지어는 대표할 수 없는 전체이다.[15] 루소에게 있어서, 인민의 '공의'의 극단적 추상성은 인민주권의 실행을 유토피아로 여기기 때문에, 그것은 가능성과 필요성을 만든다. 즉 전체로서의 인민주권은 현실운동으로 전환되면, 엘리트의 정치동원과 결합될 수밖에 없다. 그래서 레닌은 '대중, 계급, 정당, 지도자'의 혁명운동론을 수립했다. 레닌의 이론에 따르면, 대중은 계급으로 구분되고, 계급은 정당이 이끌며, 정당은 지도

---

15   盧梭, 『社會契約論』, 商務印書館, 1980, p.25, p.125.

자집단이 맡는다.[16] 따라서 정당과 지도자는 인민민주의 추진력이 된다. 따라서 인민민주와 정당지도자 간에 특수한 관계가 생긴다. 한편으로, 정치과정을 뒷받침하고 해석하는 언어시스템으로서, 가치구조의 각 요소이론에서 인민민주는 공간과 통일의 기초이다. 다른 한 편으로, 인민민주의 현실운동과 제도 구축은 그 중에서 가장 핵심적인 요소에 의존한다. 즉 당의 영도이다. 그런 관계는 왜 아래의 중국정치제도의 가치구조에 대한 많은 글들이 3자의 관계가 어떻게 '유기적으로 통일'되어 있는지를 증명하기 위해, 그 중심을 당에 두고 그것에 기초하였는가를 설명해준다. 예를 들면, 당의 영도는 '인민이 주인이라는 것을 영도하고, 지지하고, 보장하는 것'이다. 인민이 주인이라는 것은 곧 '당의 영도하에서, 헌법과 법률의 규정에 따라, 각종 경로와 형식을 통해 국가사무를 관리하는 것'이다. '당이 인민의 국가거버넌스의 기본방략을 영도'하는 것이 '의법치국'이다. 당이 '인민의 헌법과 법률 제정을 영도'한다면, 당도 '헌법과 법률의 범위 내에서 활동'해야 한다. 인민이 주인이라는 것은 당의 영도의 '본질이며 핵심'이다. 그것은 순환적 특징을 갖는 관방의 서술이고, 이상적 정치와 실제적 정치가 상응한 결과이다.

환경변화와 구조조정 추세

그러나 가치구조 내부의 긴장적 성격은 근본적으로 사라지지 않았다. 근본적으로, 가치구조의 내적 긴장은 중국사회의 전환과 중국의 현

---

16   列寧, 「共產主義運動中的"左派"幼稚病」, 『列寧選集』第4卷, 人民出版社, 1972, p.197.

대화가 전지구화라는 배경에서 이루어졌기 때문이다. 그것은 과거의 역사에서 존재하지 않았던 긴장은 아니다. 새로운 역사적 조건에서 가치구조의 각 요소의 '유기적 통일' 자체가 박약한 곳에 존재하고, 이론으로 설명할 필요가 있을 뿐만 아니라 행동으로도 해결되어야 할 문제이다. 당대 중국정치제도의 변화과정에서 보면, 외부환경의 변화는 시스템 내부의 각 요소 간의 재배치와 분포의 동력이 되었으며, 요소의 정의와 해석에 대해서도 조정이 요구되면서 환경 변화에 적응했다.

당치구조와 헌치구조

당치구조(당국가체제)는 중국혁명의 산물이고, 중국사회 분산화라는 현대화의 요구에 대응하지 못한 조직화 수단이다. 당치구조는 당, 국가, 사회의 관계에서, 당이 가장 크고, 가장 활력 있는 힘이다. 당은 방대하고 엄밀한 조직망을 통해, 국가와 사회를 자신의 조직시스템 내에 포섭하여 정당과 국가의 융합과 정치와 경제의 동일구조라는 일체화 격국을 형성함으로써, 당이 절대적 권력을 영유하고, 국가와 사회에 대한 전면적 통제를 실시하였다. 당치구조의 가장 전형적인 표현은 이당대정(以黨代政), 당정합일(黨政合一)이며, 가장 극단적 시기(대약진과 문화대혁명)에, 정부는 심지어 당의 조직시스템 내의 일부분이 되었다. "'정치설계원'은 하나뿐이며, 두 개의 '정치설계원'은 없다. 대정방침과 구체적 부서는 모두 일원화되며, 당과 정치는 분리되지 않는다. 대정방침과 구체적 부서에 대해, 정부기구 및 그 당의 조직이 의견권을 갖고 있었지만, 결정권은 당 중앙에 있다."[17] 당치 구조에서 권력이 일원화된다. "전인대는 중국공산당 영도하의 최고 권력기관이다."(1975년 헌법) 그것은 학자들에 의해 '형식적 착오'라고 비판받았다.[18] 그러나 오히려 당국가 정치의 논리의 근본적 요구이다. 즉 인대는 당이 창설한 본의에 따라 인민이 국가사무를 결정하고 관리하는 제도를 보장하고, 당을 중심으로 하는 당국가체제에 속해야 하며, 국가와 사회에 대한 당의 전면적 통제에 기여해야 한다. 그래야만, 당이 '높은지' 아니면 국가가 '높은지'의 문제가 생기지 않게 되고, 당이 '큰지' 아니면 법이 '큰지'의 문제도 생기지 않게 된다.[19] 당은 국가기관의 권력을 자신에게 통일시키기 때문에, "사회 공공권력을 구성하고, 국가조직에 상당하면서도 국가조직을 초월한다."[20] 이론적으로, 공산당혁명 및 혁명 후 실시된 계획경제 발전모델은 사실 당권(黨權)의 전면통제이외에 달리 민권기관과 사법기관을 만들 필요가 없었는데, 그런 기관들은 '전면통제'의 힘을 제한하고 심지어는 억제할 수 있기 때문이다.[21]

---

17 毛澤東,「對中央決定成立財經, 政法, 外事, 科學, 文教各小組的通知稿的批語和修改」, 『建國以來毛澤東文稿』第7卷, 中央文獻出版社, 1993, p.268.

18 蔡定劍, 『中國人民代表大會制度』, 法律出版社, 2003, p.31.

19 '법'은 통치계급의 의지의 표현으로, 그 자체가 당의 이데올로기, 강령 그리고 정책으로 내화했다. 그것은 '법제'가 장기적으로 '불완전'한 이유이며, 더욱이 '법치'라고 할 수는 없다.

20 胡偉, 『政府過程』, 浙江人民出版社, 1998, p.98.

21 량수밍(梁簌溟)이 생각하기에, 사회주의 혁명을 목표로 하는 정당은 정당의 개성이 헌정을 채택하여 실행하기에 적합하지 않으며, "혁명이 자신의 길을 갈 수 있고, 사실 그러한 정신을 존중하지도 않으면서 헌법이라는 형식을 빌릴 필요는 없다."(梁培恕(梁簌溟之子),「多些肯用心思的人」, 『讀書』, 2001年 第3期)

그러나 개혁개방의 실천에서 볼 수 있듯이, 일단 기존의 계획경제 모델을 벗어나서 시장경제체제를 도입하면 국가와 사회, 정치와 경제의 일체화 국면은 필연적으로 바뀌게 된다. 시장경제는 정치형태 전환의 물적 기초를 제공할 뿐만 아니라, 정치형태 전환에 필요한 새로운 사회구조와 제도시스템을 제공한다. 다시 말하자면, 시장경제는 자원을 배분하여 경제를 발전시키는 방식이다. 더 중요한 것은 그것이 사회구조와 제도시스템의 변화를 초래할 수 있다는 것이다. 그런 변화의 가장 주된 표현은 국가와 사회 관계의 변화이다. 국가와 사회 관계의 변화는 중국정치형태의 전환을 직접 결정한다. 국가와 사회 관계의 변화는 무엇보다도 국가와 사회의 분리로 나타난다. 사회가 상대적으로 독립적인 힘으로서 성장하기 시작한다. 국가와의 영역의 분리(어떤 경우에는 심지어 대립하기도 함)가 이루어진 후에야 상호관계를 얘기할 수 있다. 새로운 국가와 사회의 관계에서, 대의조직 및 그 기구는 사회의 증가하는 다원적 이익의 구도를 표현하고, 보호하고, 실현시키게 되며, 국가와 사회관계를 조절하는 중요한 기제가 된다. 그러므로 인민대표대회의 권위를 회복시키고, 인민대표대회의 직권행사를 존중하고, 인민대표대회의 정치기능을 강화하는 것은 개혁개방 이후의 중국 사회주의적 민주주의 발전의 필연적 추세이다. 1978년에 시작된 개혁개방은 제도건설로 나타났고, 헌치구조를 추세로 하는 정치발전과정이다. 주요한 내용은 4가지이다. 첫째, 헌법의 최고권위를 새롭게 확립하는 것이며, 둘째, 정부행위를 규범화하고 제한하는 것이고, 셋째, 사법독립제도의 건설을 추진하는 것이며, 넷째, 개인의 권리를 보장하는 것이다. 따라서 헌정을 향한 정치발전과정은 최대한 법률의 '대규모 생산'과 제도의 법률화를 촉진했다. 제도의 구조, 기능, 그리고 운영 모두 법률의 형식에 따라 표현되면, 제도의 존재는 완전한 법률시스템으로 나타나고, 각종 정치권력관계는 법률관계가 되며, 법률의 규범과 제약을 받게 되고, 그런 상황에서 당의 영도는 법치의 궤도로 들어가고, 당권은 한정적인 구속을 받는 상태가 된다. 린샹리는 다음과 같이 말했다. "의법치국의 각도에서 보면, 전환 후의 중국정치는 당을 영도로, 인대를 권력의 중심으로 하는 정치이지, 전통적인 당이 영도하고, (당이) 권력의 중심인 정치가 아니다."[22]

집권체제와 분권개혁

국가구조에 있어서, 집권은 초대형국가가 자원이 빈약한 상황에서 현대화라는 내적 요구를 수립하는 것으로, 집권은 중앙과 지방의 관계의 기본적 원칙이 된다. 정당의 성격에 있어서, 혁명식 정당이 어려운 정치환경에 대해 정치동원과 통제를 하기 때문에, 집권이 당내 정치생활의 기본적 모습이 된다. 당치 구조 하에서의 당의 초강적 지위 및 당, 국가, 그리고 사회의 일체화 관계로 인해, 국가구조에서의 집권은 중앙정부의 집권이다. 중앙정부의 집권은 필연적으로 당의 중앙집권으로 전환된다. 당의 중앙집권은 매우 쉽게 당 지도자의 집권 및 지방에서의 서기의 집권으로 전환된다. 결과적으로 중앙집권이 당치구조의 기본적 특징이 된다. 마오쩌둥도 중앙집권에 한계가 있다고 느꼈지만, 「10대 관계에 대

---

22   林尚立, 『當代中國政治形態研究』, 天津人民出版社, 2000, p.435.

한 논의」에서 다음과 같이 말했다. "우리는 소련과 같이 모든 것을 중앙에 집중시키고, 지방을 죽을 듯이 옥죄고, 조금의 기동권도 없도록 할 수 없다."[23] 그러나 대약진 중의 분권 시험은 경제와 사회의 발전을 '반(半)무정부상태'(마오쩌둥)에 빠뜨렸을 뿐, 경제와 사회의 발전에 대해 적극적인 작용을 하지 못했다. 권력이 다시 집중되었고, 당, 즉 당의 중앙과 지방 당위원회에 집중되었다. 집권도 분명 많은 장점이 있다. 첫 번째 장점은 효율이다. 역량의 집중은 큰일을 처리하는 데 유리하고, 명령하면 행해지고 금지하면 멈추어지며, 많은 골칫거리를 피할 수 있다.[24] 두 번째 장점은 통일이다. 개인이 조직에 복종하고, 하급이 상급에 복종하며, 모든 당이 중앙에 복종하고, 정령이 하나로부터 나오고, 정령이 처음부터 끝까지 관철되기 때문에, 국가와 사회에 대한 당의 전면적 통제가 보장된다. 그러므로 당치구조는 집권체제에 대해 강하게 의존하게 되고, 집권의 발전은 고도집권이 되는 내적 충동을 갖게 된다. 그러나 고도집권의 폐단도 분명하다. 무엇보다도 그것이 개인의 독재로 변하는 때가 그렇다. 고도집권의 당치구조에서, 당과 국가의 민주집중제원칙은 심각하게 파괴된다. 본래 민주집중제의 중심이 집중이지만, 결국은 '소수가 다수에 복종', '개인의 의견을 보류'하게 되고, 하급이 상급에게 일정한 공간을 주기도 하지만, 고도로 집권화되면 민주집중제는 절대적 집중제가

---

23   毛澤東,「論十大關系」,『毛澤東選集』第5卷, 人民出版社, 1977, p.275.

24   鄧小平,「會見香港特別行政區基本起草委員會時的講話」,『鄧小平文選』第3卷, 人民出版社, 1993, p.220.

된다. 제약 없는 절대적 권력은 국가의 법률과 제도를 파괴하고 훼손하게 되며, 국가의 모든 권력시스템능력을 전례 없이 떨어뜨린다. 그로 인해 집권 초기의 의도에서 벗어나게 되고, 취약하기 그지없는 사회가 생기를 완전히 상실함으로써 집권의 기초를 잃게 된다.

1978년 개혁은 '권리의 양도'로서의 개혁이라고 불린다. '이익의 양도'는 사회를 향한 '이익의 양도'이고, 사회를 국가의 절대적 통제로부터 벗어나도록 하는 것이고, 사회에 독립적 신분과 자유를 돌려주는 것이다. 사회의 해방은 당국가체제의 완화의 출발점이며, 사회의 성장과 강화는 곧 당치구조로부터 헌정구조로 발전하기 위한 기초이다. '권리의 이양'은 중앙이 지방에게 '권리를 이양'하고, 정부가 기업에 '권리를 이양'하는 것이다. 그것은 지방을 고도집권적 중앙과 지방의 관계구도로부터 해방시키고자 한 것이다. 그로 인해 지방의 적극성을 발휘하도록 하고, 기업을 정부의 경제적 간섭과 행정통제로부터 해방시켜, 기업의 생산의 자주성을 실현시키고자 한 것이다. 그것은 중앙과 지방관계의 조정, 지방과 시장관계를 조정하기 위한 중요한 발걸음이다. 권력의 이양과 이익의 양도는 신중국 성립 이래 최대의 '권리주장' 운동이다. 가장 중요한 결과는 당치구조의 완화에 따라, 대량의 권력요소가 점차 지방으로 유입되고 사회로 유입되어, 기본적으로 중국의 국가와 사회의 관계의 중대한 변화가 발생할 수 있도록 촉진한 점이다. 상부 조직에서도 정치체제의 변혁이 촉진되었다. 1980년대의 '당과 국가 영도제도의 개혁', 개인으로의 권력의 고도집중, 중앙으로의 권력의 고도집중의 국면이 바뀌었다. 당정분리, 정부가 직능으로 전환하는 등 체제개혁이 국가와 사회의 분리라는 배경에서 이루어졌고, 그 추세는 '분권'이었다. 분권에는 '마지노선'이 있다. 집권에도 '마지노선'이 있는 것은 같은 이치이다. 분권이 중앙국가의 거시적 조정능력, 분배능력, 통합능력에 피해를 주지 않는다면, 집권도 (지방)사회의 미시적 자치능력, 시장의 자원배치능력, 그리고 민간의 자유로운 거래능력을 해치지 않는다. 근본적으로 헌정구조는 정부를 제약하고 민권을 보장하는 분권체제를 의미한다. 그것은 다음의 두 가지를 내용으로 한다. 첫째, 사회 현대화의 발전에 따라, 정치와 사회가 나날이 복잡해지고 다원화됨으로써, 정부의 공공관리는 본래 그에 조응하여 복잡해지고 전문화된다. 정부는 권력과 조직에 있어서 기능분화를 실현해야 한다. 즉 보통 말하는 '직능분업'이다. 둘째, 분권의 진정한 의의가 정부권력이 남용되는 것을 막는 것에 있고, 체제적으로 정부의 권리를 일부러 분할하여 권력으로써 권력을 견제하는 것이다. 그것은 민주주의 원칙, 법치주의 원칙과 내재적 친화성을 갖는다. 분권은 필연적으로 집권에 피해를 주지는 않지만, 분권은 집권에 대한 제약이다. 개인독재가 출현할 때 분권은 독재에 대한 집단영도의 제약으로 나타나고, 과두경향이 출현할 때에는 분권은 강권에 대한 다원적 세력의 제약으로 나타난다. 당대 중국에서 집권과 분권의 대립과 균형은 정치제도 건설의 주제 중 하나가 되었다.

특수성원칙과 보편성원칙
　　민주주의 문제에 있어서, 특수성 원칙이 강조하는 것은 민주의 중국적 특성, 중국적 함의 및 민주주의가 중국에서 실행되는 특수한 조건이다. '인민민주'는 특수한 함의를 갖는 민주로, 그 특수성은 '인민'이 정치적 개념이라는 것에 있다. 계급연맹이므로 인민민주는 계급통치이다. 인민민주는 사실 중국에 특수할 뿐만 아니라, 즉 '국정(國情)'에 특수한 것일 뿐만 아니라, 당 이데올로기에도 특수하다. 즉 민주주의에 대해 자신만의 독특한 해석을 하는 당 이데올로기이다. 공산당은 본래 '특수한 정당'이다.[25] 일체의 구제도와 구관념을 없애는 것을 사명으로 삼고 있기 때문에, 일반적인 민주주의와는 실현방식이 다르다. 인민민주는 우선 정치혁명을 통해 정치권력을 구계급의 수중에서 빼앗아 인민대중에게 주고, 그들이 정치지위와 정치권력을 갖는 사회주체세력이 되도록 하는 것이다. 레닌주의적 해석에 따르면, 민주는 일종의 국가형태이고, 소비에트제도는 국가형태의 표현이다. 소비에트제도는 의회제와 직접 민주제를 겸한 장점을 갖고 있고, "일체의 정치권력을 인민의 대의기관의 수중에 집중"[26]시키는 것에 적합하며, "법을 제정하고 집행하는 직능을 선출된 인민대표에게 부여"[27]하는 무산계급민주주의 원리이다. 중국의 인민대표대회제도는 소비에트식을 모방하여 만든 정치제도로서, 일반적 민주 제도를 초월한 것으로, 중국의 국가성격과 국정에 부합하는 민주제도이다. 인민민주는 본질적으로 차별 없는 인민의 이익과 통일적이며 완전

---

25   恩格斯,「恩格斯致格·特利爾」,『馬克思恩格斯選集』第4卷, 人民出版社, 1972, p.469.

26   恩格斯,「1891年社會民主黨綱領草案批判」,『馬克思恩格斯全集』第22卷, 人民出版社, 1965, p.274.

27   列寧,「布爾什維克能保持國家政權嗎？」,『列寧選集』第3卷, 人民出版社, 1972, p.309.

한 인민의 의지를 전제로 존재한다. 그것은 전체 인민이 국가사무에 직접 참여하여 관리한다는 것을 조건으로 한다. 혁명사회를 재건하고 계획경제를 실시하는 시대에 인민민주의 '전제(專制)'의 '현실'에서는 사회구조와 계급구조가 전례 없이 단순했고, 그로 인해 생겨난 이익과 민의의 전례 없는 집중이 '인민 이익의 무차별과 계급의지의 일체화'의 경지에 매우 가까웠다. 그러나 인민민주의 '조건'은 경제, 사회, 기술 그리고 문화가 낙후된 국가에서는 달성될 수 없었다. 그런 '전제'와 '조건'의 모순이 하나의 경향을 만들었다. 즉 대중의 직접민주주의가 엘리트적 민주주의로 바뀌었다. 따라서 중국에서의 인민민주는 결국 정당동원, 영도 그리고 인민을 대표하여 정치권력을 행사하는 과정과 형태로 나타났다.

개혁개방에 따라, 중국의 사회구조에 중대한 변화가 생겼다. 인민의 의미에도 많은 변화가 있었다. 1979년 덩샤오핑이 지적했듯이, 중국의 노동자, 농민, 지식인, 각 소수민족 그리고 종교인사, 자본가계급의 절대다수, 각 민주당파, 대만·홍콩·마카오와 해외동포, 사회주의 노동자와 사회주의 애국세력은 모두 애국통일전선의 구성요소이다.[28] 애국통일전선은 새로운 시대의 인민과 동의어이다. 20년 후, 장쩌민은 16대 정치보고에서 지적했다. "지식인들을 포함한 노동자계급, 광대한 농민은 우리나라의 선진 생산력 발전과 사회의 전면적 진보를 추동한 근본세력이다. 사회변혁에서 나타난 민영 과기기업의 창업자와 기술자, 외자기업

---

28 鄧小平, 「新時期的統一戰線和人民協的任務」, 『鄧小平文選』第2卷, 人民出版社, 1994, pp.186-187.

에 고용된 관리기술자, 자영업자, 민영 기업주, 중개조직의 종업원, 자유직업인 등 사회계층 모두 중국특색사회주의 사업의 건설자이다."[29] 인민의 범위가 크게 확대되었다. '인민'은 이제 당대 중국사회의 모든 계층을 포함한다. 예를 들면 중국사회과학원의 한 연구가 열거한 10대 계층에는 사회분화구조의 의미에서의 "국가와 사회관리자계층, 경영자계층, 사영기업소유주계층, 전문기술자계층, 사무원계층, 개인 상공업 자영업자계층, 상업서비스노동자계층, 산업노동자계층, 농업노동자계층, 도시와 농촌의 무직 및 실업 그리고 반실업자계층이 있다."[30] 인민의 다수를 차지하는 계층들의 계층이익과 계급의식이 모두 매우 상이하다. 그 중 어떤 것은 심지어 충돌하기도 한다. 충돌과 차이 속에서 헌법이 그들에게 부여한 각종 권리를 신장시키고 있다. 개념이 아니라 실제에서 출발한다면, 인민 내부에서 이익구조의 분화와 이익관계의 다원화가 출현한 상황에서 인민의지의 추상, 즉 민의의 표현, 종합 또는 인민의지의 확인은 반드시 실행가능하고 간결하고 증명할 수 있는 방식으로 이루어져야 한다. 가장 간단하고 가장 잘 통하고 가장 부합하는 '국제적 관례'는 선거이다. 민주가 선거는 아니지만, 언제나 선거와 연관되어 있다. 그것이 현대성 개념이다. 현대성 개념으로 현대성 사실, 즉 인구규모와 영토규모가 전례 없이 확대된 현대국가에서, 전체 인민이 국가사무에 직접 참여하는

---

29   중공 18대정치보고(江澤民,「全面建設小康社會, 開創中國特色社會主義事業新局面」, 2002年 11月8日)

30   陸學藝,『當代中國社會階層硏究報告』, 社會科學文獻出版社, 2002, pp.11-23.

관리는 단지 이상일 뿐이다. 이상이 현실이 되려면 대의제를 통할 수밖에 없다. 대의제의 발생과 발전은 필연적으로 선거를 민주정치를 실현하는 기본요건으로 본다. 그것은 현대 정치문명의 보편적 원칙이다. 따라서 인민민주의 발전과 완성에 새로운 보편성 요소가 주입되고, 민주주의의 통상적 의미와 결합되었다.

개혁개방으로 도입된 시장경제의 작용으로 인해, 시장경제가 국가와 사회관계를 분리시켜, 사회구조의 변화가 정치형태의 변화를 촉진했다. 중국 정치제도의 가치구조에 있어서, 각 요소 및 그 관계도 모두 변혁의 압력과 변혁의 제약을 받게 되었다. 당의 영도는 여전히 가장 핵심적 힘이지만, 국가와 사회에 대한 주도와 통제는 기존의 당국가체제의 방식을 따를 수 없게 되었다. 인민민주는 인민을 주인으로 하는 것을 기본으로 하지만, 인민민주의 실현은 제도화, 법률화, 그리고 절차화의 방식을 따르게 되었다. 의법치국은 개혁개방으로 국가와 사회가 분리된 후에 새로운 가치를 받아들인 사회성장의 직접적 결과이지만, 법률을 민중을 다스리는 수단이라고 보는 생각에서 벗어나, 헌법의 실시를 현대 법치의 기본 내용으로 삼는다. 총체적 추세로 보면, 정치는 이미 현대국가 건설의 궤도로 들어섰지만, 정치적 사유는 원래의 습관을 완전히 탈피하지 못했다. 그런 신구의 교체, 전통과 혁신의 만남, 특수성과 보편성의 대화는 가치구조 외부에서 궤도이탈시기의 복잡한 권력관계를 형성하고, 가치구조 내부에서 각 요소 간의 잠재적 혹은 현시적 긴장을 계속해서 전개할 것이다.

당내민주와 집정방식의 개혁

현대국가는 민주정치원칙에 따라 조직되며, 민주정치의 조직과 운영을 위해 정당이 없어서는 안 된다. 그런 의미에서, 현대국가는 정당이 만들고 운영하는 국가이며, 정당의 활동범위, 방식 그리고 특징이 국가의 발전을 결정짓는다. 그러므로 중국 정치체제개혁의 핵심 문제는 중국 공산당의 혁신과 그에 따라 발생한 당-국가관계의 혁신이다. 그런 혁신은 가치구조 내부의 마찰적 긴장을 적응성 긴장으로 전환시키고, 가치구조의 활력과 해석력을 보장한다.

당내민주의 발전은 중국공산당의 혁신의 전략적 발걸음이다. 17대 정치보고에서 지적하듯이, "당내민주는 당의 혁신에 활력을 주고, 당의 단결통일을 공고화하는 중요한 보증이다. 당내민주를 확대하여 인민민주를 가져오려면, 당내 화해를 증진시켜 사회화해를 촉진한다."[31] 당내민주에 대한 강조는 1990년대 이래 중국공산당 건설의 이정표이다. 당이 자신을 민주정당으로 건설하여, 세계 민주주의 흐름에 조응하려는 것이다. 민주는 본래 공산당의 목표이다. 공산당의 기원은 일체의 계급적 차별을 소멸시키고, 그런 계급적 차별을 전제로 하는 일체의 사회적 불평등을 소멸시키기 위한 것이다. "민주라는 개념에 사회평등에 대한 요구를 포함"하므로, "각 민족의 무산계급정당은 서로 연합할 때, 완전히 '민

---

31   중공 17대 정치보고(胡錦濤, 「高舉中國特色社會主義偉大旗幟, 爲奪取全面建設小康社會新勝利而奮鬥」, 2007年 10月15日)

주'라는 단어를 자신의 기치로 삼을 권리가 있다."[32] 그런 이유 때문에, 중국공산당은 민주를 쟁취하기 위한 투쟁에서 스스로 조직과 권력이 고도집중(집권)된 정당이 되었다. 고도집중(집권)은 혁명시기와 혁명 후 사회의 대규모 정치동원에 적합했으나, 국가와 사회가 분리된 후의 평화로운 건설에는 적합하지 않다. 당은 일체의 적극적 요인을 이용해 사회주의를 건설하고, 민주, 문명, 부강한 국가를 건설해야 한다. 민주는 구호로만 사용되어서는 안 될 뿐만 아니라, 조직내부 및 그 활동 속에서 관철될 필요가 있고, 정치생활의 규칙과 기제를 형성해야 한다. 당내민주의 출발점은 당원 권리의 실시와 보장이다. 당내민주의 방법은 당원이 자신의 민주적 권리를 이행하는 것이다. 당내 선거를 통해, 당내의 영도권, 정책결정권, 관리권을 당의 각급 영도기관과 지도자에게 부여하는 것이기 때문에, 당내 선거제도가 당내민주제도의 가장 기본적인 제도이다. 당내민주주의 발전과정으로부터 보면, 14대 이래의 당의 문헌에서 주장하는 당내민주제도에는 다음과 같은 것이 주로 포함된다. (1) 당 대표와 지도자의 직접선거의 범위를 점차 확대한다. (2) 당 대표와 지도자의 차액선거의 범위와 비례, 그리고 예선차액으로부터 정식선거차액으로의 전환을 점차 확대한다. (3) 중앙정치국이 중앙위원회의 전체회의에, 지방각급 당위원회 상임위원회가 위원회 전체회의에 정기적으로 보고하고 감독을 받는 제도를 점차 완성하고, 지도자에 대한 감사, 탄핵, 파면 그리

---

32   恩格斯, 「在倫敦擧行的各族人民慶祝大會」, 『馬克思恩格斯全集』第2卷, 人民出版社, 1957, p.664.

고 윤환제도를 개선한다. (5) 당대표대회 대표임기제와 당대표대회 상임제를 점차 실행한다.

당내민주의 발전은 중국공산당 영도체제와 집정방식 개혁의 동력이다. "당내민주로써 인민민주를 가져온다."는 명제에는 3가지 가정이 포함되어 있다. 첫째, 중국공산당이 중국사회의 주도적 역량이고, 당의 조직 및 그 활동방식의 민주화는 최대한 중국사회의 정치생태를 개선할 것이다. 둘째, 당내민주는 전체 당원이 당의 기본문제에 있어서 최종적인 정책결정 권력을 갖는 것을 의미하고, 정치시스템의 대칭성 원리에 따르면, 사회 공공사무의 최종적 결정권은 그와 똑같이 반드시 전체 공민의 의지에 호소해야 한다. 셋째, 당내민주의 근본적 구현은 당내 선거제도이다. 국가측면에서의 민주정치(인민민주)의 기본 형태는 반드시 선거정치이다. 여기서, 당대 중국정치의 발전논리가 변하지 않았다는 것을 쉽게 알 수 있다. 여전히 당을 축으로 하지만(당의 영도), 정치활동의 양식에는 큰 변화가 있었다. 즉 국가와 사회에 대한 당의 영도는 당내 권력의 운행규칙에 따라 여전히 시행된다. 과거의 당의 고도집권체제는 당국가체제(이당대정, 당정불분)를 형성했으나, 현재의 당의 민주체제는 헌법과 법률을 최고 권위로 삼는 체제이다. 헌정구조는 민주적 정당이 과반수이면서 선거형 정당이어야 하고, 선거형 정당이 국가정권을 장악하려면 반드시 헌법과 법률이 규정한 방법과 절차를 따라야 한다. 중국공산당은 선거형 정당이 아니다. 국가정권에 대한 장악도 선거를 통해 실현되지 않는다. 그것이 중국정치의 특수성이다. 그러나 중국공산당이 비정상적인 혁명수단으로써 구국가를 멸망시키고 신국가를 성립시킨 이후, 공공권력으로서의 국가가 되어 정상적 방식으로 국가를 통제하고 운영하지 않을 수 없게 되었다. 다시 말하면, 그것은 역사와 혁명의 합법성을 이어가는 계급통치를 하는 '통치당'으로서 당과 국가의 관계를 규정할 뿐만 아니라, 새로운 사회구조의 변화에 적응하기 위한 가장 광범위한 인민의 뜻을 대표하는 '집정당'으로서 당과 국가의 관계를 처리해야 한다. 후자는 당이 반드시 당의 영도체제와 집정방식을 개선하고 보완할 것을 요구한다. 당내민주의 발전은 중국공산당의 그런 변혁을 위해 매우 좋은 기초와 방향을 제공했다.

중국공산당을 연구하는 지금까지의 연구에서, '영도'와 '집정'은 중복·호환 사용하는 비율이 비교적 높은 개념이다. 권력의 의미에서나 지배의 의미에서, 양자는 상통하며, 모두 주체가 객체에 대해 갖고 있는 영향과 통제를 통해 자신의 목적을 달성할 수 있는 능력과 과정을 의미한다. 그러나 양자의 차이도 분명하다. 영도가 정치적 성격에 치중하여, 주체가 그의 도의, 가치, 그리고 이론상의 정당성과 공신력에 기초하여 대상을 설복하고, 깨우치고, 이끌어가는 과정을 의미한다면, 집중은 법리적 성격에 치중하여, 주체가 법률, 제도, 그리고 절차상에서의 '합법성'에 기초하여 대상에게 요구하고, 규율하고, 지배하는 과정을 의미한다. 전자가 주로 사회와 공민 사이에서 발생한다면, 후자는 공공권력 상호 간의 공식적 영역, 예를 들면 국가영역에서 발생한다. 서구의 많은 정당은 집정권을 갖는다고 반드시 영도권을 갖지는 못한다. 다원주의적 자유주의사회에서 집정당을 포함한 정당은 단지 다원의 한 요소일 뿐이고, 진정한 party(부분)이며, 자유주의는 '전체주의'(totalitarianism)의 '영도'를 막기 때문이다. 중국공산당은 혁명으로 영도권을 구축했다. 영도권을 갖는다면 반드시 집정권을 요구한다. 혁명과 건국 사이의 논리가 그렇다. 반대로, 집정권을 갖는다면 영도권을 절대 포기하지 않는다. 영도권을 갖고 있어야만 비로소 집정권이 공고화된다. 그것이 당이 이데올로기 공작과 사회 각 계층에서 그의 조직망을 만든 이유이며, 서구정당과 구별되는 공산당의 가장 중요한 특징이다.

따라서 중국공산당의 '영도'는 주로 두 가지 측면으로 나누어진다. 하나는 당과 사회의 관계이며, 다른 하나는 당과 국가의 관계이다. 당과 사회의 관계는 당이 반드시 그 사회적 신분을 중시할 것을 요구한다. 당은 사회정치단체이며, 특정 계급적 기초, 공통의 신념(강령)과 장정(章程), 다수인 또는 국가의 복지 촉진과 같은 어떤 목적을 실현하기 위해 연합행동을 하는 대중 정치조직이다. 당권은 단지 헌법이 규정한 인민의 권리의 정치성의 연장이다. 당 조직은 정치와 집정을 추구하지만, 당이 집정당이 되어도 정당의 '원시적 생존상태'를 벗어날 수 없다. 다시 말하자면, 집정당은 여전히 '정당'이고, '정당'의 기본적 내용과 기능을 유지한다. 예를 들면, 이익의 표현, 이익의 종합, 정치사회화 등이 그것이다. 숙련되고 일관되게 사회업무에 종사하고, 각종 사회세력을 동원하고 조직하여 당을 지지하며, 당의 강령과 당의 정치목표를 지지한다. 하나의 정당이 만약 그 '원시적 생존상태'를 벗어나서, 관료화(국가화)되고 사회업무를 하지도 못하고, 하는 것에 관심을 갖지 않게 된다면, 정당은 당으로서의 자격을 잃게 되어 사라지게 될 것이다. 소련공산당이 전례이다.

당과 국가의 관계는 당이 어떤 방식으로 국가에 대한 당의 '영도'를 실현할 것인지, 그리고 당의 집정권이 어떻게 운영되는가의 문제를 말한다. 당은 국가가 아니고, 당이 국가를 만들었다 하더라도, 국가가 일단 성립되면, 공공권력이라는 상대적 독립성을 갖게 된다. 당의 결정은 국가기관에 대해 제안적이며,[33] 강제적 성격을 갖지 않는다. 당과 국가기관은 조직에 있어서도 상하예속의 관계가 아니기 때문에, 당은 국가기관에 대해 직접 호령을 할 수 없는 것이 첫 번째이다. 두 번째는, 당이 국가가 아니라도 국가를 '영도'해야 하고, 반드시 합법적으로 국가에 진입해야 한다. '합법적 진입'은 국가의 헌법과 법률의 규정 및 그 절차에 따라 '진입'해야 한다는 것을 의미한다. 구체적으로, 당은 인대대표의 제도화된 선거를 통해 '의회다수'를 형성하여 인대를 통제하고, 인대에서의 당의 '의회다수'를 통해 입법과정을 통제한다. 동시에 인대는 간부를 추천하고, 인대선거를 통한 동의를 통해 행정당국(정부)을 통제한다. 그것은 모든 대의제 정부의 논리이다. 셋째, 당이 국가에 '진입'한 후에는 합법적으로 국가를 운영해야 한다. 국가에 대한 당의 '영도'는 직접 간섭하거나 또는 당이 정권을 대신하여 실현되는 것이 아니다. 그것은 국가기관 내부의 당 조직 및 국가공무원 신분을 겸한 당원 간부를 통해서, 법에서 정한 절차에 따라 국가의 이름으로 실현한다. 마지막으로, 당의 집정권의 합법적 운영에서 볼 수 있듯이, 당은 국가의 위에 있을 수 없다. 당의 조

---

33 예를 들면, 중공 17대 정치보고에서, 당은 인민대표대회 대표의 분포비율에 대한 의견에서 다음과 같이 썼다. "성(城)과 향(鄕)의 같은 인구비율로 인대대표의 선거를 점차 실시하는 것을 건의하다."

직과 그 지도자도 자연히 헌법과 법률을 초월하는 특권을 가질 수 없다. 펑전(彭眞)이 당과 법의 관계의 전도현상에 대해 분명하게 지적한 것처럼, "당이 인민을 영도하여 법률을 제정하고, 인민을 영도하여 법률을 준수한다. 어떤 이가 묻는다: 법이 큰가, 아니면 어느 급의 당위원회가 큰가, 어떤 당위원회 서기가 큰가? 당연히 법이 크다. 어느 급의 당위원이든…… 어느 책임자인지는 더 말할 것도 없이, 누구나 법에 복종해야 한다."[34]

국가영역에서의 당의 집정지위는 사회영역에서의 당의 '우세한' 지위가 뒷받침되어야 한다. 1941년 덩샤오핑은 당이 항일민주정권을 어떻게 영도할 것인가에 대해 매우 의미 있는 설명을 한 적이 있다. "몇몇 혁명계급의 연합전정이라면, 반드시 정권 속에서의 우세문제가 생긴다. 우리 당은 반드시 이러한 우세를 차지해야 하므로, 정권에 대한 우리 당의 영도문제가 생긴다. 우세는 어떻게 이루어지는 것인가? 한편으로는 조직성분에 있어서 획득된다. 그것은 삼삼제원칙 자체에 포함되어 있지만, 더 기본적인 것은 민주정치투쟁 속에서 획득된다. 다시 말하자면, 주로 우리당의 주장의 정확함에 달려 있고, 광대한 대중이 받아들이고, 지지하고, 신뢰하는 정치적 명성에서 얻어진다. 정확하게 말하자면, 당의 우세는 정권에서의 적정 수에서 뿐만 아니라, 주로 대중의 지지에 달려 있다."[35] 여기에서, '우세'는 한 편으로는 '국가 내부'에서의 당의 수적 관계

---

34   彭眞, 「關於地方人大常委會的工作」, 『彭眞文選』, 人民出版社, 1991, p.389.

35   鄧小平, 「黨與抗日民主政權」, 『鄧小平文選』第1卷, 人民出版社, 1994, p.9.

(삼분천하 중의 하나)로 나타나며, 그것이 당의 '집정권'을 보장한다. 그것은 위에서 언급한 "인대 선거를 통해 다수로써 인대를 통제한다."는 것과 원칙적으로 일치한다. 다른 한편으로, '우세'는 주로 '국가 외부'에서 당과 사회에서 발생하는 긴밀한 관계로 나타난다. 즉 당의 '영도권'은 당의 정치적 명성(공신력)에 의해 결정된다. '영도권'은 '집정권'의 원천이 된다. 정치적 명성은 어디에서 생기는가? 정치생활에서, 권력이 있으면서 권력을 남용하지 않고, 힘이 있으면서 힘을 과시하지 않고, 능력이 있으면서 능력을 자랑하지 않는 것은 공화제의 미덕으로 여겨진다. 지금의 시각으로 보면, 집정당은 비록 매우 특수한 정치적 지위를 갖고 있지만, 그 정치적 명성의 가장 기본적 출처는 정당의 활동이 전적으로 헌법과 법률을 존중하고 따르고, 비록 매우 강력한 정치적 권능을 갖고 있지만, 정당의 행위는 오히려 고도로 정치의 게임법칙을 존중하는 것에 있을 것이다.

구조적 요소의 새로운 내용

중국 정치제도의 가치구조의 각 요소는 실제의 정치과정에서 새로운 함의를 부여받았다. 첫째, '당의 영도'는 형식적으로 여전히 국가와 사회에 대한 당의 통제로 나타나지만, 통제의 범위는 축소되었으며, 통제의 강도도 감소했다. 비록 어떤 때와 어떤 곳에서, 통제가 확장되고 강화되는 경향을 보이기는 하지만, 기본적으로는 '집정당'에 입각하여 '통치당'이 아닌 방식으로 진행하려고 노력하고 있다. "당의 영도는 집정을 통해 구현되어야 한다."[36] 당의 집정은 당, 국가, 사회의 분립의 틀에서 헌법과 법률에서 정한 경로와 절차에 따라 실시된다. 동시에, 헌법(최고권위) 관념, 국가(공공권력) 관념, 민주(질서 있는 참여와 경쟁) 관념도 '당의 영도'의 내용을 풍부하게 한다. 더 중요한 것은, '당의 영도'라는 당 이데올로기 합법성(최고의 이상)이 기능합법성(세상물정, 국가사정, 당의 사정의 변화에 적응할 필요성)에 의해 점점 더 충실해지고 있다는 점이다. 그리고 중화민족이 위대한 부흥을 하고 있는 오늘날, 중국공산당의 정치적 권위를 지키고 유지한다는 점이다. 그 의의는 권위가 효과적으로 안정적인 정치환경을 제공하여, "현대화 건설을 추진하고, 조국통일을 완성하고, 세계평화를 보호하고, 공동발전을 촉진하는" 역사적 임무를 실현하도록 도울 수 있다는 데 있다.

둘째, '인민이 주인'이라는 것은 이론적으로 '인민민주'로 표현되지만, '인민'과 '인민민주'의 내용이 이미 확대되었다. 그 형식이 구체화되고 다양해졌다. '인민민주'의 '실질'을 표현했지만 실현방법에 대해서는 자세히 말하지 않는 방식으로는 사회주의 시장경제체제하의 다원적 이익의 주체인 '민의'를 표현하고 관철해야 한다는 요구를 만족시킬 수 없다. 국가민주의 측면에서, 인민대표대회제도의 발전은 장족의 발전을 했다. 각급 인민대표대회는 국가권력기관으로서의 정치적 지위와 법적 지위를 점점 공고화하고 있다. 대의제의 고유한 정치적 성격이 점점 더 분명해졌다. 회의 방식과 의사규칙도 규범화되고 있고, 개혁 보완에 대한 논의와 기술도 점차 전면화되고 있다. 정치생활에서의 작용도 심화되

---

36   江澤民, 『論黨的建設』, 中央文獻出版社, 2001, p.7.

어 '지우개 도장'이라는 말은 점차 사라지고 있다. 기층 민주의 측면에서, 대량의 민주적 선거, 민주적 정책결정, 민주적 관리와 민주적 감독에 대한 탐색이 있었다. 공민의 알 권리, 참여의 권리, 표현의 권리, 그리고 감독의 권리의 운용도 크게 발전되었다. 촌민자치가 성공적 실천이라고 할 수는 없지만, 최근 30년 이래 시작되어 조직되고 운영되어 9억 촌민의 정치적 훈련이 되었다. 그것은 미래 중국의 정치발전에 대해 커다란 영향을 미친다.[37] 가장 중요한 것은, 민주가 사회주의의 '생명'이라는 것을 정책결정집단이 인정했다는 점이다. 엘리트계층은 민주를 일종의 생활방식으로 받아들였다. 민주는 중국사회의 대중에 의해서도 보편적 가치로서 인정받았다. 비록 민주의 내용과 발전경로에 대해 여전히 의견을 달리 하지만, 선거는 민주의 마지노선이라는 생각과 선거민주와 협상민주는 모두 사회주의 민주의 두 가지 형식이라는 생각[38]에 대해서 점점 더 공통적 인식을 형성해가고 있다.

셋째, '의법치국'은 개혁개방 이래 가장 혁명적인 사상해방의 하나이다. 위의 두 가지 요소와 달리, '의법치국'은 처음부터 분명한 문제의

---

37 민정부 기층 정권과 공동체의 2005-2006년 전국 촌위원회 선거 전개에 대한 보고에 의하면, 중국의 농촌 촌민 위원회의 선거는 이미 '일상화'되고 있고, '안정기'에 진입했으며, 촌 위원회선거는 중국농민의 가장 좋은 '민주적 훈련'이 되었다.(『人民日報』, 2008年 1月9日)

38 2006년 2월 8일 「인민 정협 업무에 대한 중앙중공의 의견」에 의하면, "인민은 선거, 투표행사권리와 인민 내부의 각 방면에서의 중대한 정책결정 전에 충분한 협상을 진행함으로써, 최대한 공통의 문제에 일치된 의견을 가질 수 있다. 그것은 우리 사회주의 민주의 두 가지 중요한 형식이다."("중국정협신문망", http://cppcc.people.com.cn/n/2013/c34948-23462822.html)

식을 갖고 있었다. 그것은 우선 '문화대혁명'의 인권유린에 대한 것이었고, 그 다음으로 장기간 성행해온 우두머리의 전제와 같은 상황에 대해 제기된 것이었다. 그러므로 '의법치국'이 해결해야 하는 것은 '법제'의 결여와 '법제'의 불존중의 문제이다. 개혁개방이라는 긴 시간 동안, 중국 공산당은 민주 법제건설을 강조해왔고, '법제'개념을 꾸준히 사용해왔다. 중공 14차 오중전회에서, 전국 인대에서 통과된 「국민경제와 사회발전 '95'계획과 200년 장기적 목표 강요」에서, 목표를 '의법치국, 사회주의 법제국가의 건설'로 설정했다. 그것이 의미하는 것은 '법에 의한 통치', 즉 '법'이 경제수단, 정치수단, 행정수단과 다르지 않은 법적 수단으로서 국가 거버넌스에 운용되는 것이다. 중공 15대 정치보고에서 처음으로 분명하게 '의법치국, 사회주의 법치국가의 건설'을 제기했다. 그것은 중국공산당의 정치체제개혁과 민주 법제건설에 대한 인식의 승화이다. '의법치국'은 '당이 인민을 영도하여 국가를 다스리는 기본방략'으로서, 그 요점은 두 가지이다. 첫째, 어떠한 단체나 개인도 헌법과 법률을 뛰어넘는 특권을 갖지 않으며, 집정당 내부를 포함하여 누구도 '헌법과 법률의 범위 내에서 활동'해야 한다. 다시 말하자면, 당과 정부의 방침, 정책 그리고 그 모든 정치, 행정행위는 모두 법치의 궤도 속에서 이루어져야 한다. 둘째, "당의 영도, 인민민주의 발양 그리고 법에 의한 엄격한 일처리를 통일시키고, 제도와 법률상 당의 기본노선과 기본방침의 철저한 실시를 보장하고, 당이 모든 상황을 장악하고, 각 방면을 협조하는 영도의 핵심작용을 발휘하는 것을 보장한다."[39] 아직도 여러 가지 문제가 해결되어야 하고, '의법치국'에 대한 이해에 있어서 의견대립이 있지만, 일부 문헌들은 당의 '모든 상황을 장악하는' '영도핵심'에 대한 법치의 보장 작용을 강조한다. 또 다른 문헌들도 정권의 과도한 개입이 법치 관철에 불리하다는 것을 지적하고, 당권과 정권에 대한 법치의 규정과 제약에 특별히 관심을 갖는다. 여러 문헌들이 정부 관리를 포함하여 모든 공민이라고 표현하고 법치의 대상으로 여기며, 또 다른 문헌은 법치가 직접 통제하는 직접적인 대상을 국가기관과 정부관원에 한정한다. 1990년대 이래, 여론에서 후자가 점점 더 큰 영향력을 갖고 있다.

원래의 세 가지 요소가 '인민민주'라는 개념의 기초위에서 '유기적 통일'을 하게 되면, '인민민주'는 '선거민주'를 도입하게 된다. 선거민주와 협상민주가 중국민주의 두 가지 형식으로 여겨지게 되고, 스스로의 내용을 확대하고 현실적 실현방법을 획득하고, 가치구조의 각 요소의 규정과 해석 그리고 요소 간의 관계가 장차 새롭게 조정되어 시스템 내부의 조화를 이루게 될 것이다. 다시 말하자면, 선거민주도 똑같이 구성요소로서 작용할 수 있는 공간과 공유될 수 있는 기초를 갖게 된다. 선거민주는 국가민주의 기본적 형태이다. 중국공산당 내의 영도기관은 당내민주의 선거제도로 만들어지고, 중국공산당의 국가와 사회에 대한 영도도 결국 국가선거를 통해 확인된다. 당은 국가시스템 내의 '우세한' 지위를 얻기 위해 적극적으로 정당 본래 힘써야 하는 사회업무에 종사함으로써 사회서비스에 대해 그리고 헌법과 법률의 존중에 대해 거대한 정치적

---

39   중공 15대 정치보고(江澤民, 「高擧鄧小平理論偉大旗幟, 把建設沒有中國特色社會主義事業全面推向二十一世紀」, 1997年 9月12日)

명성을 얻게 된다. 당의 시스템과 국가의 시스템이 조직논리, 행위논리 그리고 관계논리에 있어서 잘 어울려야 한다. 그것은 당과 국가, 사회의 긴밀한 관계를 형성한다. 선거민주주의의 틀 속에서, 국가기관의 조직, 운영, 그리고 교체는 민의의 결정적 작용을 보여준다. 국가권력은 인민으로부터 나오고, 인민에 속한다는 권력의 원천관계가 분명해진다. 선거정치가 요구하는 알 권리, 표현의 권리, 감독의 권리가 비교적 광범위하게 운용된다. 유권자는 국가 공직자에 대해 통제권을 갖게 되고, 최대한 정부의 부패를 피하거나 감소시킨다. 각급 국가기관도 진실하고, 검증가능한 민의에 기초해서 세워지므로, 국가기관도 민중 속에서 숭고한 정치적 권위를 누리게 되고, '지우개도장'의 어색함에서 완전히 벗어나게 된다. 선거민주주의의 실행은 법치의 보장에 달려있으며, 법치의 건설을 추동한다. 선거와 피선거는 공민의 정치적 권리이다. 권리의 행사에 대해 공민은 반드시 법에 따르고 법에 부합해야 한다. 공민의 권리와 공공권력 사이에, 공민의 권리가 비교적 약한 쪽이다. 공공권력이 개인의 권리를 침해하는 것을 방지하기 위해, 사회는 국가에게 행정소송기제를 수립할 것을 요구하며, 공민이 법원에서 위법에 속한다고 생각하는 행정행위에 대해 도전을 하도록 허락하고, 심지어 적합한 경우에 헌법소송기제를 만들어, 공민이 법원에서 그가 위헌이라고 생각하는 입법행위에 도전하도록 한다. 그것이 법치국가이다.

결론

당의 영도, 인민이 주인, 의법치국이라는 세 가지 요소 간에 일정한 긴장관계가 존재한다. 당치구조에서 당권과 정권(민권)이라는 두 가지 요소(법치의 요소는 아직 없음)는 비록 긴장이 존재하지만 대립적인 것은 아니다. 그것은 당이 전면적으로 주도하기 때문이다. 인민대표대회(이후 인대)는 당의 정치도구이고, 당이 독립적으로 국가와 그 정부에 대해 명령을 한다. 또한 인대의 이름으로 정부와 사회에 대한 당의 통제를 관철할 수 있다. 그러나 궤도이탈시기에, 사회는 국가로부터 분리되고, 국가는 당국가로부터 분립된다. 법치가 제안되고 새로운 가치가 도입된 구조내부에서 각 요소 간에 관계가 변혁의 압력을 받게 되며, 원래 국가에 대해 당이 명령하던 습관은 인대가 정한 '최고권력'의 구속을 받게 된다. 사회에 대한 당의 직접적 통제도 점차 성장한 사회의 제약을 받게 된다. 모든 구속 또는 제약도 헌법과 법률(당이 높은지 국가가 높은지, 당이 큰지 법이 큰지에 대한 논쟁은 그런 구속과 제약의 표현)을 따르고 그에 호소하게 된다. 당도 스스로 헌법과 법률의 범위 내에서 활동한다고 표명하였기 때문에, '당의 영도' 자체가 마찰적 긴장상태(그런 충돌은 주로 관념적이 아니고, 실제적)에 직면하게 된다. 정치체제개혁을 계속해서 추진하지 않고, 가치구조에서의 요소의 위치와 기능을 다시 조정하지 않는다면, 그런 충돌을 극복할 수 없다. 중국사회가 지속해온 시장화 개혁에 의해 사회민주의 요구 압력으로 당내에서 민주화 과정이 시작되었다. 현대 민주주의의 일반적 가치에 대한 당의 인정이 그런 충돌을 완화하는 조건을 형성했다. 선거민주주의가 진정으로 '인민민주'의 발전과 실현의 주요한 경로의 하나라고 한다면, 요소 간의 대립적 긴장은 적응성 긴장으로 변하게 된다. 적응성 긴장도 긴장이기는 하다. 그러나 그런 긴장은 각 요소의 합리적 주장과 호소에 기초하기 때문에, 정치제도의 동력과 활력으로 전환된다. "민주가 있다면, 집중도 있다. 통일적 의지가 있다면, 개인의 마음이 시원해지는 생동적이고 활발한 정치국면도 있다."는 것에 가까운 방향으로 갈 수 있다. '적응성'은 그것에 있으며, 한편으로 각 요소는 그것의 행동논리와 논역 주장에 따라 작용한다. '영도'가 방향과 원칙을 정함으로써, '삼개대표'의 선진성과 포용성은 모든 정치생활을 통합하여 자신의 정치적 틀 속에 넣는다. '민주'가 인민권력을 장악하여 공민선거 내의 각종 제도적 길을 포함한 광범위한 참여를 통해, 정부와 그 상품의 공공성을 보장한다. '법치'가 권리보장을 장악하여 사법독립으로 이익집단 게임에 일시동인(一視同仁)의 제도 플랫폼을 제공한다. 다른 한편으로, 각 요소가 행동으로 전환되는 과정에서 요소 간에도 상호제약과 상호 지원의 상황이 생긴다. 전자는 '권리'라는 요소가 확장될 최대한의 공간을 만들어주고, 후자는 '의무'라는 요소가 담당하는 기본적 영역을 확립해준다.

제6장

주류이데올로기의 적응[1]

중국은 30여 년의 개혁개방과 함께 경제, 사회, 정치생활 모두 중대한 변화를 겪었다. 초보적인 시장경제체제가 확립되었으며, 경제총량과 종합국력이 지속적으로 증가했다. 사회의 이익구조가 다원화되었으며, 사회의 자율성이 점차 성장했고, 정치제제가 경제와 사회의 관계의 변혁과 함께 부단히 조정되었다. 그중에서도, 정치체제와 긴밀히 연관되어 있는 주류이데올로기는 경제사회의 '생활세계'에 의존하고 그것을 반영하는 '관념의 상부구조'로서[2] 전대미문의 특성을 드러내었다. 그것은 당치국가(party state)의 '통치관계'의 "부호적 의의를 갖는 신앙과 관점의 표현형식"의 해석과 논증으로서[3] 관심을 갖고 분석할 만하다.

---

1   이 글은 다음의 책에 실린 글이다.(景躍進, 張小勁, 餘遜達編, 『理解中國政治—關鍵詞的方法』, 中國社會科學出版社, 2012)

2   馬克思, 恩格斯, 「費爾巴哈」, 『馬克思恩格斯選集』第1卷, 人民出版社, 1972, p.42.

3   戴維·彌勒, 韋農·波格丹諾, 『布萊克維爾政治學百科全書』, 中國政法大學出版社, 2002, p.368.

주류이데올로기 변화의 궤적

30년 동안 주류이데올로기는 어떻게 변화했는가? 주류이데올로기는 그 특성이 초월성으로부터 세속성으로, 배타성으로부터 포용성으로 변화했다. 초월성(transcendence)이란 본래 종교적·철학적 개념으로, 개인의 의식에서 자신의 생명과 존재의 유한성에 대해 인식하고 그것을 초월하려고 시도하는 것을 의미한다. 종교적 초월은 본질적으로 개체의 '불멸성' 문제에 관한 것이고, 영혼불멸론으로 집중되어 나타난다. 철학에서의 초월은 자신의 생명과 존재의 유한성에 대한 인식이 감각과 지각의 경험을 통해 획득되기 때문에, '경험적 초월'을 시도하고, 순수선험론으로 집중되어 나타난다. 그것은 모두 초월적이고 궁극적인 피안세계가 존재한다고 믿는다. 주류이데올로기는 장기적으로 사회개조운동의 통합적 방안으로서, 유토피아적 색채를 띠는 '최종목표'를 가정한다. 모든 혁명행동과 사건은 그런 목표를 이루기 위한 단계이며 반드시 지불해야 할 대가일 뿐이다. 그런 점에서, 이데올로기 자체가 종교성이나 초월성과 유사한 성격을 갖게 된다. 그러므로 루카스(Georg Lukacs)는 이데올로기는 전통을 통한 해석, 종교신앙 또는 과학이론의 방식으로 나타날 수 있지만, 이데올로기 소외의 가장 보편적인 원형이 종교소외라고 말했다.[4] 그러나 1978년 중공 11차 삼중전회 이후, "실천은 진리를 증명하는 유일한 기준"이라는 주장이 제기됨에 따라, 주류이데올로기의 초월성은 점차 사라졌다. 기존의 모든 이론, 정책, 노선 그리고 사상방법은 모두

---

4   俞吾金, 『意識形態論』, 上海人民出版社, 1993, pp.302-311.

'실천'에 있어서 '유효'한가의 여부에 따라, 정책결정의 과오라는 위기에 대한 '임시변통', 예를 들면 '삼자일포(三自一包)', 분전도호(分田到戶) 등과 새로운 정세에서 개혁개방에 적응하기 위해 실시되었던 신경제정책 즉 상품경제, 기업자주권, 상업투자 유치, 노동시장 등은 생활세계의 시각에서 '이데올로기의 창고'를 고치고 이데올로기를 변혁했다.[5] 리버설(Kenneth Lieberthal)이 말한 초월적 이상세계가 환멸한 이후와 같았다. "이데올로기에 의한 고무는 이미 효과가 없고, 중국인이 찾는 것은 생활수준의 향상이다." 이데올로기는 새로운 합법성의 원천으로서(신뢰원천) "민중을 위해 더 많은, 더 좋은 이익을 추구하는 것"이 되었으며, 공리주의의 원칙이 유행하기 시작했다.[6] 샤오공친(蕭功秦)은 그것을 '이데올로기의 세속화'라고 불렀다. 즉 피안(彼岸)의 이상세계의 초월성에 대한 추구로부터 차안(此岸)의 세속적 생활세계로의 회귀로서, 새로운 이데올로기 언어가 "보수파의 도전에 대응하는 과정에서, 성공적으로 시장경제의 세속화 개혁과 대외개방에 대한 합법성의 정치기능의 논증을 실현했고…… 집정당의 평균주의 추구의 사회 청사진을 논증하는 것으로부터, 중국현대화의 경제개혁과 사회의 세속화로의 전환의 정당성을 논증하는 방향으로 전환했다."[7]

초월성의 이데올로기는 사회역사의 일련의 총체성과 궁극성의 문

---

5   蕭功秦, 「改革開放以來意識形態創新的歷史考察」, 『天津社會科學』, 2006年 第4期.

6   李侃, 『治理中國: 從革命到改革』, 中國社會科學出版社, 2010, p.142.

7   蕭功秦, 「從轉型政治學看中國意識形態創新的特點」, 『浙江學刊』, 2006年 第4期.

제를 바라보고, 구체적 역사지식과 이론해석으로써 존재의 기초와 전제를 따져 물을 때, 이단에 대해 엄격하고 심판적 성격을 갖게 되기 때문에, 강한 배척성을 띠는 낙인을 찍는다. 신중국 성립으로부터 1978년까지, 철학에서의 '나누어 둘이 되는 것'과 '합쳐서 하나가 되는 것'에 대한 논쟁, 역사학에서의 '농민전쟁의 진보추동론'과 '통치계급의 정책양보론'의 구별, 경제학의 '비율에 따른 계획'과 '가치규범' 논쟁이든, 현대화 방안에서의 '집단화'와 '기계화'가 누가 먼저이고 누가 나중인가의 싸움, 추월전략에서의 '대약진'과 '반모진(反冒進)'의 대립, 경제정책의 '정치가 우선인가' '이윤이 우선인가'의 의견대립, 심지어 정치지도사상에서의 '계급투쟁 장기존재론'과 '계급투쟁 소멸론'의 대립을 볼 수 있다. 이것이 아니라 저것이라는 첨예한 이데올로기 투쟁과 정치투쟁으로 전환되지 않은 것이 하나도 없다.[8] 따라서, 주류이데올로기가 초월성에서 세속성으로 전환할 때, 그 배타적 특징이 세속화에 의해 사라지거나 약화되고 점차 포용적 경향이 나타난다. 그런 포용성은 주류이데올로기의 사회주의 초급단계론, 삼개대표와 이인위본사상이라는 표현에 집중적으로 나타난다. 초급론의 의의는 그것이 계급초월론(단계초월)에 대한 반동이라는 점에 있다.[9] 그것에 따르면, 중국은 경제적 조건이 낙후된 상황에서

---

8   陳先奎, 劉曉, 楊鳳城, 『當代中國意識形態風雲錄』, 警官教育出版社, 1993.

9   중공 13대 정치보고에 의하면, 소위 사회주의 초급단계는, "사회주의에 진입하는 어떠한 국가라도 모두 초기단계를 겪을 수 있다는 말이 아니라, 생산력이 낙후되어 있고, 상품경제가 발달하지 않은 조건하에서 사회주의를 건설하는 우리나라는 반드시 특정한 단계를 거쳐야 한다는 것을 특별히 가리키는 말이다." "그러한 단계는 사회주의 경제기초가 아직 자리 잡지 않은 과도기와는 다르고, 이미 사회주의 현대화를 실현한 단계와도

사회주의를 건설하고, 공업화, 상품화, 시장화, 도시화 등 현대화 목표를 실현하고자 했기 때문에, 반드시 자본주의 문명의 성과를 배격하는 경향을 따르고 이용하는 것을 반드시 극복하고 거부해야 했다. 정치적으로 초급론은 현재 중국의 역사적 방위가 현대 정치문명에서의 현대국가 범주를 초월하지 못했기 때문에, 중국의 정치발전은 반드시 민주와 법치를 기본으로 하여 목표를 추구해야 한다. 그런 목표는 현대국가의 본질적 요구이다.[10] 삼개대표의 의의는 그것이 선진 생산력과 선진 문화를 발전시키고, 광대한 인민의 근본적 이익을 만족시키는 것을 집정당의 사명으로 삼는 것에 있으며, 생산력 발전에 유리한 어떤 제도 즉 법제화, 시장화 그리고 그에 상응하는 경제제도라도 모두 합리적으로 취할 수 있다는 것을 의미한다. 세계 조류에 조응하여 인류의 우수한 문화도 거울로 삼아 받아들일 수 있다. 집정당은 다시는 어떤 계급적 이익의 대표가 아니며, 전 사회의 공동이익의 대표이다. 삼개대표는 주류이데올로기가 당대 중국의 사회발전과 사회생활의 관용성을 갖는 것으로 구현된다.[11] 그러나 이인위본은 린상리와 그의 연구진의 연구에 의하면, '당대 중국 이데올로기의 역사적 전환'을 보여주는 것이다. 그런 전환이 상징하는 것은 문화적으로 '겸용병축'(兼容並蓄), 가치적으로 '공건공향'(共建共享)이다.[12]

다르다."(『十三大以來重要文獻選集』上冊, 人民出版社, 1991, p.12)

10   林尚立, 『制度創新與國家成長―中國的探索』, 天津人民出版社, 2005, p.20.

11   蕭功秦, 「改革開放以來意識形態創新的歷史考察」, 『天津社會科學』, 2006年 第4期.

12   林尚立, 『政治建設與國家成長』, 中國百科全書出版社, 2008, pp.254-262.

다음의 문제는 주류이데올로기의 변화가 일어난 원인은 무엇인가이다. 샤오공친은 '개혁 엘리트의 창조적 전환설'을 제기한다. 개혁 엘리트 즉 집정 엘리트가 그 창조적 전환을 하게 된 동기는 집정당 업무 중심의 전환이다. 그런 해석은 집정당 스스로를 포함한 대다수의 생각을 대표한다. 샤오공친이 보기에, 중국의 개혁개방이 직면한 거대한 난제는 한편으로는 주류이데올로기가 신성한 '국가종교'의 유대기능을 하게 되어, 정권의 합법성을 유지하기 위한 필요 때문에 전통적 이데올로기의 특정한 이론개념의 부호를 강조하고 보호할 수밖에 없었다는 것이다. 다른 한편으로, 생산력 발전을 목표로 삼는 시장경제 개혁은 본질적으로 전통적 이데올로기가 가정하는 '일대이공(一大二公)'의 초월적 사회이상과 상호 모순되며, 이데올로기 본래의 언어시스템에서, 시장경제는 수정주의, 자본주의로 간주되고, 개혁자가 당내 자산계급 또는 '자본주의의 길을 가는 당권파'로 여겨지게 된다. 개혁개방을 견지하기 위해 '국가이데올로기의 포기, 보류, 동결'의 방식을 채택한다면, 정치적 상황이 '정확한 노선'을 따르는 자라고 자처하는 당내의 극좌 성향의 인사들의 심각한 도전을 받게 될 것이고, 그런 도전은 치명적일 것이다. 그러나 만일 개혁 엘리트가 정치적 안전을 위해 본래의 이데올로기와 충돌하는 것을 피하거나, 본래의 이데올로기와 일치시키려고 한다면, "개혁개방을 포기하고, 자기봉쇄의 상태로 돌아갈 수밖에 없다." 그런 모순은 '이데올로기에 대한 창조적 재해석'을 통해 해결된다. 즉 덩샤오핑과 집정당 엘리트 층은 "중국특색의 집정당 이데올로기라는 새로운 언어시스템을 발전시켜, 혁명이데올로기가 점차 시장경제와 대외개방의 방침으로 전환하여 논증력을 갖춘, 개혁개방이라는 시기와 상호 조응하는 이데올로기라는 이론적 언어를 갖게 했다." 즉 '이데올로기의 역사적 연속성'을 유지하게 되었으며, "새로운 시대의 정치노선에 대해 국가이데올로기의 보호, 해석, 동원, 응집력을 실현하게 되었다."[13]

'개혁 엘리트의 창조적 전환설'은 본질적으로 국가를 중심으로 하는 분석적 시각이다. 국가를 중심으로 한다는 것은 국가와 사회의 상호 작용관계에서 국가의 주도적 작용을 강조하는 것을 말한다. 변혁의 동인이 국가에서 비롯되고, 변혁의 성공은 무엇보다도 국가의 정책과 제도적 배치에 의해 결정된다는 것을 가리킨다. 쉬샹린(徐湘林)이 중국의 점진적 정치개혁에 대한 논의에서 지적한 것처럼, 정치개혁은 경제발전과 사회의 구조적 변화가 기존 정치제제 및 그 내부권력의 구도에 대해 진행된 필요한 조정이라고 여겨질 수 있지만, 구체적 운영에 있어서 정치개혁은 무엇보다도 정치적 선택이다. 그런 선택은 당과 정부 지도자의 국정에 대한 인식과 밀접하게 연관되어 있다. 그것은 당의 정책변화의 전제가 되며, 당의 핵심지도자집단의 이성적 선택의 결과이다. 이데올로기 변혁을 포함한 정치개혁 정책의 선택에 있어서, 결정적으로 고려해야 하는 것은 첫째 정치안정이다. 둘째 지도자집단의 권위이다. 셋째 체제의 연속성과 계승성이다.[14] 개혁개방 초기, 당의 지도자집단의 개혁의 주관적 희망은 '문혁' 전의 체제로 회귀하여 그것을 제도화하는 것이었다. 그

---

13   蕭功秦,「改革開放以來意識形態創新的曆史考察」,『天津社會科學』, 2006年 第4.

14   徐湘林,『尋求漸進改革的理性』, 中國物資出版社, 2009, pp.39-40, pp.48-52.

와 동시에 체제 내부의 권력관계를 조정하고, 사회정치와 이데올로기의 과도한 통제를 완화시키는 것이었다. 정치와 이데올로기의 통제를 완화시키는 것이 경제발전에 유리한 사회정치 환경을 조성할 수 있지만, '자산계급 자유화'라는 문제와 보수이데올로기의 도전이 생겨날 수 있다. 정치개혁 결과의 불확정성과 정치리스크를 고려하여, 개혁의 구상과 행동은 구체제에 대해 개혁을 진행하면서도 안정을 추구해야 하는 두 가지 어려움 속에서 부단히 선택과 적응을 한다. 1990년대 이후, 체제의 제도화 정도의 강화, 이데올로기의 혁신과 지도자집단의 세대전환에 따라, 지도자집단은 진퇴양난의 선택에서 보다 제도화되고 이성화된 방식으로 전환했다. 이데올로기와 정치운동의 방식으로 정치안정의 사회정치적 요인에 영향을 주지 않게 되었다. 따라서 진일보한 개혁창조의 기회가 생겼고, 개혁정책 및 체제의 계승성과 연속성을 유지하게 되었다.[15] 쉬샹린의 '이데올로기 통제의 완화' 또는 '이데올로기의 약화'는 이데올로기 세속화와 포용적 변화의 또 다른 표현이다. 지도자집단의 옛 이데올로기의 '재고들', 예를 들면, 실사구시를 이용하고, 새로운 이데올로기 기능, 예를 들면 '하나의 중심 두 개의 기본점'을 개발하고, 실무주의 행동으로 위기를 해결하고, 안정을 유지하는 정치적 필요를 채택한 것이다. 그것은 소련공산당의 지도자집단이 고르바초프의 '신(新)사유'하에서 이데올로기 자원을 폐기하고 부정하여, 결국 기층 당원의 사상적 혼란과 당 조직의 와해를 초래했던 것과 선명하게 대조된다. 샤오공친이

---

15   위의 책, p.61.

말한 것처럼, "이데올로기 개념자원에서, 포용발전성, 개방성을 찾고, 동시에 이데올로기의 집정당에 대한 합법성 보호기능을 만족시키고, 개혁개방 이념의 부호요소에 가장 도움이 되었다. 그것은 주류이데올로기 내부의 혁신의 구체적 기제이다."[16] 그런 기제는 집정당 개혁 엘리트의 정치이익(권위와 안정)과 사회경제이익(종합국력과 사회변영)의 관계에 대한 신중한 판단과 이성적 인식에서 비롯된 것이다.

국가를 중심으로 분석하는 이유는 중국이 정치(정확하게 정당)에 의해 수립된 국가라는 것에 있다. 중국공산당 조직과 이데올로기를 연구한 셔만(Franz Shurmann)에 의하면, "공산주의 중국은 서로 다른 벽돌로 건축된 빌딩과 같다. 그들이 어떻게 만들어졌든지, 빌딩은 우뚝 선다. 그들을 결합한 것은 이데올로기와 조직이다."[17] 어떤 의미로, 주류이데올로기 변화의 원인에 대한 정용녠(鄭永年)의 분석도 국가중심적 시각에 속한다. 그의 문제는 1980년대 시장경제와 자본주의에 대해 중국 지도자와 다른 시각을 갖고 있었다. 실제 정책에 있어서, 시장경제의 각종 형식적 시험을 하는 것에 반대하지는 않았지만, 이데올로기에 있어서는 시장경제의 합법화를 반대했다. 그것은 시장경제가 자본주의로 여겨졌기 때문이고, 무엇보다도 1989년 사건 이후 시장경제가 격렬한 비판을 받았기 때문이다. 그러나 2년이 지나, 덩샤오핑이 남순강화를 한 이후, 시장

---

16   蕭功秦, 「從轉型政治學看中國意識形態創新的特點」, 『浙江學刊』, 2006年 第4期.

17   Franz Schurmann, *Ideology and Organization in Communist China*, University of California Press, 1971, p.1.

경제는 주변에서 중심으로 진입하게 되었고, 이데올로기의 지지를 받게 되었다. "덩샤오핑은 왜 그렇게 힘들게 지도자집단을 설득하여 자본주의를 합법화했을까? 왜 당은 자신의 과거 수십 년 강하게 반대해오던 자본주의를 받아들여야 했을까?"(여기서 자본주의는 '시장경제'로 읽어야 함) 정용녠의 해석은 첫째, 정권의 정치이익은 덩샤오핑 남순강화 후 재해석과 재건(1989년, 당과 국가가 왜 소련과 동유럽 식의 격변을 저지할 수 있는가)이었고, 덩샤오핑의 관점은 새로운 지도자집단에 의해 받아들여졌다. 둘째, 정치이익의 재해석과 재건을 위해 시장경제가 사회개혁의 방식으로서 이데올로기적 합리성을 획득했다. "다시 말하자면, 덩샤오핑은 당이 자본주의를 이용하여 정치적 합법성을 증가시킬 수 있으며, 동시에 자본주의가 초래한 부정적인 정치적 영향을 회피할 수 있을 것이라 믿었다."[18] 반드시 지적해야 할 점은, 정용녠이 제기한 '이익을 기초로 한 사회'가 중국에 출현한 것은 경제발전의 자연스런 결과가 아니라, 집정당 및 그 지도자들이 의도적으로 추구한 산물이라는 점이다. 지도자가 '의도적으로 그렇게 했을' 때, 그는 국가중심론의 입장에서 문제를 관찰했다. 그러나 대량의 데이터로 사적 부문과 사적 영역의 발전이 어떻게 "개혁 이전의 이데올로기에 의해 구축된 사회질서를 파괴하고", 나아가 이데올로기의 뾰족하고 단단한 껍질을 부드럽게 하여, "관방이데올로기가 공격적 태도에서 방어적 태세로 전환되고, 당정 간부를 통제하고 정책결정을 지도하는

---

18   鄭永年, 『全球化與中國國家轉型』, 浙江人民出版社, 2009, pp.70-71.

수단으로부터, 당과 정부의 정책에 정당성을 제공하는 수단으로 전환"[19]
했을 때, 어느 정도 사회를 중심으로 하는 시각을 수용했다. 그때 그는
국가와 사회의 상호작용 관계에서 사회의 작용에 주목했다.

전체적으로 정용녠의 이데올로기 변화의 원인에 대한 분석은 외부
의 압력과 내부의 선택적 대응의 상호작용을 중시한다. 1970년대 이래
중국은 새로운 세계화에 직면하여 끊임없는 세계화의 압력을 받고 있
었기 때문에, 서구의 산물인 정치, 경제, 문화를 '수입'하지 않을 수 없었
다. 그러나 중국의 '수입'은 선택적 '수입'(비판적 흡수)이었다. 적응과 유
지, 학습과 혁신이라는 이중적 논리가 작용하는 과정에서 중국이 선택적
으로 '수입'할 수 있었던 근본적 이유는 당치국가와 그 정치엘리트를 기
초로 하는 정치적 권위가 있었고, 정치엘리트가 이성적인 정치적 고려를
할 수 있었다는 데 있었다. 정용녠의 설명에 의하면, 그들은 이미 새롭게
'세계화하려는 자세'를 갖고 있었다. 중국은 세계화 속에서 현대국가가
되기를 희망했으며, 현대화가 강화되는 과정에서 자신의 중국성을 유지
하기를 희망했다.[20] 그것은 자연스럽게 쩌우당(鄒讜)이 중국의 혁명과정
에서 지지하던 '거시적 역사'와 '미시적 기제'의 유기적 통일이론[21]을 생
각나게 한다. '선택적 수입론'은 세계화의 구조적 제약을 강조하고, 행동
주체의 주관적 의지와 책략을 강조한다. '선택적 수입'이 중국 지도자의

---

19   위의 책, pp.73-77.

20   위의 책, 제2장과 제3장.

21   鄒讜, 『中國革命再闡釋』第3章, 牛津大學出版社(香港), 2002.

의식적인 세계화와 그 결과의 전략적 방침이고, 그것은 이데올로기 변화의 동력과 공간을 만들어주었다.

　세 번째 문제는 주류이데올로기의 경로와 추세는 무엇인가이다. 샤오공친은 개혁개방 이래의 이데올로기 발전에 대한 토론에서, 이데올로기의 변화경로는 대체로 4가지 단계를 거친다고 했다.[22] (1) 신(新)계속혁명론은 1977년 7월 후야오방(胡耀邦)의 조직이론에 따라 쓰인 팀원 우쟝(吳江)의 건의에서 시작되었다. '신계속혁명'의 '신(新)'은 문화, 기술, 생산력 등의 요소가 당의 '문혁'시기의 지도사상인 '무산계급 전정하의 계속혁명'에 주입되어, '문혁'이론의 생산력요소에 대한 극단적 배척 경향을 수정하고 중화시키고, 동시에 이전 '17년'과 그 후 '10년' 동안 도래할 '신시기'의 노선을 수립하고 지속하여, "옛 술병에 새로운 술"을 붓기를 희망했으나, 중공 11차 삼중전회는 '옛 술병'을 부정했다. '병'이 존재하지 않으니, '술'을 담을 수 없었고, 어쩔 수 없이 오직 다른 길을 찾을 수밖에 없었다. (2) '실천검증론'은 1978년 시작된 진리기준에 대한 논쟁이다. 그 의의는 마오쩌둥이 계속해서 강조해온 이론적 관점을 사용한 것이었다. 마오쩌둥 이외의 이론자원으로 마오쩌둥 말년의 잘못된 이론과 정책결정을 가지고 '좌'의 노선에 대해 비판하고, '발란반정(拔亂反正)'의 목적을 성취하려는 것이 아니었다. 이데올로기 변혁 책략으로 말하자면, 그것은 "좌파를 반대하면 반드시 마오가 아니고, 마오를 옹호하면 반드시 좌파를 옹호하는" 흑백논리의 배타적 사유를 회피하는 것이

22　　蕭功秦, 「改革開放以來意識形態創新的歷史考察」, 『天津社會科學』, 2006年 第4期.

었다. 이데올로기가 배타적 성격을 탈피하여 포용성을 갖게 되었고, 이데올로기 스스로 창조적 전환을 시도한 것이었다. (3) '초급단계론'은 1987년 중공 13대 보고에서 나타난다. '초급론'은 생산관계의 부단한 혁명을 통해 유토피아 이상의 '초월론'에 대한 반동으로, 중공 8대 중국사회 주요 모순에 대한 판단 즉 "인민의 나날이 증가하는 물질문화에 대한 요구와 낙후된 사회생산 간의 모순"에 대한 회귀로, 어떤 의미에서 신중국 초기 신민주주의의 실천적 답습이라고 볼 수 있다. 초급단계론에 의하면, "100년간 움직이지 않았다."는 것은 중국은 반드시 현대 사회화 생산규칙의 경영방식과 조직형식을 대담하게 이용해야 함을 의미하고, 자본주의를 포함한 일체의 인류의 우수문명의 성과를 이용하여 현대국가를 건설해야 함을 의미한다. 그것의 이데올로기적인 의의는 사회주의 언어와 시장경제의 법칙을 결합시켜(사회주의 시장경제), 반 시장경제체제 세력이 같은 언어 시스템 내에서 일으킨 도전을 제거하는 것이다. (4) '삼개대표론'은 2000년 2월 장쩌민이 제기한 것으로, 중공 16대 보고와 당의 새 장정에 삽입된 후, 당이 신세기의 지도사상이라고 선포했다. 집정당은 그 집정의 합법성 기초를 선진생산력, 선진문화와 가장 광범위한 인민의 근본적 이익을 대표하는 것이라고 보았다. 집정당은 단순히 계급과 계층, 계급혁명과 같은 상대적으로 비교적 명확한 내용으로써 합법성의 기초를 삼으려고 하지 않았다. 그것은 이데올로기의 포용성과 탄성을 최대한 발전시켰고, 집정당의 장기집권 추구가 어떠한 전통적 교의와 각종 제약을 받지 않도록 했다.

일정한 이데올로기는 일정한 정치구조 및 그 운행기제를 위해 복무

한다. 이데올로기의 변화추세는 의심할 여지없이 정치구조와 그 논리적 발전요구를 반영한다. 대다수 학자들은 중국 정치구조 및 그 논리의 발전추세는 민주화라는 점에는 동의하지만, 어떻게 민주화를 추진할 것에 대해서는 의견을 달리한다. 개인의 자주성과 정치적 참여능력을 보장하는 것이야말로 민주화의 직접적 구현이라는 생각이 신자유주의와 시민사회 및 공공영역 논쟁에서 출현했고, 그런 관점은 민주화를 사회전환과 국가 거버넌스의 시각에서 보고, 거버넌스로부터 민주를 배양할 것을 강조한다. "민주는 거버넌스가 지속되고 공고화되도록 할 수 없다."[23] 그것은 국가중심론자의 기본적 주장이다. 린샹리는 『정치건설과 국가성장』이라는 책에서 '정치유효성' 개념을 제기하고, 민주화를 목표로 하는 중국의 정치구조 및 그 논리의 발전은 부단히 '정치유효성'을 창조하여 실현된다고 보았다. 그것은 체제 내의 학자들 중 이데올로기 변화경향에 관한 가장 독특한 이론적 입장일 것이다. 유효성이라고 하는 것은 성공적으로 (1) 당의 영도를 핵심으로 하는 영도체계를 구축하고, (2) 법치를 근본으로 하는 정치 거버넌스를 수립하고, (3) 활력 있는 동태적 정치적 안정을 창조하고, (4) 질서 있는 지속적 정치발전을 창초하는 것을 가리킨다.[24] 린샹리가 강조하는 유효성이란 "도구적이 아니라 가치적인 것

---

23   徐湘林, 「中國的轉型危機與國家治理:歷史比較的視角」, 『復旦政治學評論』, 2011, p.60.

24   林尚立, 「政治建設與國家成長」, 『中國大百科全書出版社』, 2008, pp.24-26.

으로, 중국 정치건설과 발전의 가치원칙을 가리킨다."[25] 하나의 가치원칙으로서, 주류이데올로기 변화경향에 대한 규범적 요구는 주입식 통합을 통제하는 것으로부터 창조발전형 통합으로 철저히 전환하는 것이다. 즉 과거와 같은 정치권력의 이데올로기에 대한 통합(독단적 통제)기능으로 인해 극단적으로 간섭하고, 이데올로기 통합(사상동원)의 사회문화적 토대를 간과하던 것으로부터, 이데올로기 통합(윤리규범)에 대한 사회문화의 협동작용을 충분히 중시하는 것으로 전환하는 동시에, 이데올로기 통합의 정치적 추진과 문화적 지지를 함께 고려하고, 이데올로기와 사회문화, 이데올로기와 사회행동의 효과적 상호작용을 유지하게 되었다.[26] 지적해야 할 것은, 이데올로기의 변화경향의 대부분이 '표현'에 머물러 있고, 완전히 '실존적 구조'는 아니라는 점이다. 그러나 '정치적 효율성'이라는 표현에서 정치구조 및 그 논리발전이 이데올로기 세속화와 포용화에 기초한 사회 및 정치적 통합에 대한 의존과 기대가 느껴진다.

주류이데올로기 구조와 변화

주류이데올로기의 변화에 대한 윤곽을 대강 살펴보았으니, 이제 주류이데올로기 내부의 여러 부분의 변화를 조금 더 자세히 분석해야 할 필요가 있다. 초월성에서 세속성으로, 배타성에서 포용성으로의 변화가

25　위의 책, p.21.

26　위의 책, pp.252-254.

이데올로기 변화의 총체적 특징이라고 한다면, 그런 변화의 특징은 구조적으로 어떻게 나타났을까?

정치적 통치질서의 총체적 방안을 수립 및 지지하고, 그에 복무하는 것에 뜻을 두는, 이데올로기는 일반적으로 국가와 사회, 정부와 공민, 권위와 의무, 인식과 실천, 행동과 이론, 존재와 의의 등의 관계를 내용으로 한다. 이데올로기는 그런 내용을 '기초'로 정치철학으로 연역되고, '조작'되어 정치운동으로 전환된다.[27] 그것은 이데올로기의 가장 일반적인 구조이다. 그런 의미에서 셔만은 중국 이데올로기와 공산당 조직의 연구에서 이데올로기를 '순수 이데올로기'(pure ideology)와 '실천 이데올로기'(practical ideology)로 구분했다. 전자는 세계관과 방법론을 포함하고, 사상이론의 형식으로 나타나는 가치와 규범을 포함한다. 후자는 조직적 행동과 정책적 이론을 포괄하며, 일련의 계통화된 행동결과 및 그 의미에 대해 어떻게 조직의 목표를 세우고 실현시키는 데 기여할 수 있는가에 대한 관념이다.[28] 구조의 구분은 연구자의 관찰 시각과 취지에 따라 결정된다. 예를 들면 류샤오펑은 중국 국가현대성을 언급할 때 정당 이데올로기, 정당 윤리와 정당국가를 3가지 '분석적 개념'으로 볼 것을 제기했다. 그가 정당이데올로기의 구조에 대해 명확한 구분을 하지는 않았고, 그의 '정당이데올로기'와 '정당윤리'라는 두 가지 개념도 많은

---

27 戴維·米勒, 韋農·波格丹諾, 『布萊克維爾政治學百科全書』, 2002, p.368 ; 安德魯·海伍德, 『政治學』, 中國人民大學出版社, 2006, p.51.

28 Franz Shurmann, *Ideology and Organization in Communist China*, University of California Press, 1971, pp.21-22.

점에서 중첩적이었지만, 양자의 '사회화의 법적 권리'는 정당국가의 법률, 경제, 그리고 정치체제를 토대로 해야 한다고 강조했다. 체제가 일으킨 작용은 동원과 흡수이므로, 그 세 가지 개념을 정당이데올로기 구조의 가치이념, 행위규범과 제도화라는 세 가지 부분(그것은 그의 정당이데올로기 개념으로 확대되었음)으로 볼 수 있다.[29] 톰슨(John B. Thomson)은 사회학과 전파학의 시각에서 이데올로기를 연구했고, 특정 환경에서 통치관계를 위해 '의미'를 제공하는 '상징적 형식'에 보다 관심을 가졌다. 그런 '상징적 형식'은 '의향성', '상규성', '구조성', '참조성'과 '배경성'으로 구성된다. 그것은 이데올로기의 운영모델(합법화, 치장화, 통일화, 분산화, 구체화 등의 '상징 구축 계획')과 결합되고, 사회충돌을 해결하는 데 참여하고, 기존 통치질서 과정에서 중요한 기능을 한다고 여겨진다.[30] 그것이 이데올로기의 또 다른 구조 구분이다.

주류이데올로기는 세 가지 상호 연관된 그리고 서로 지지하는 부분으로 구분된다. 한편으로는 국내 연구자가 이미 풍부한 계몽적 의미의 분석틀을 제공했기 때문이다. 그리고 다른 한편으로 그런 구분이 여러 유용한 정보를 포괄할 수 있기 때문이다. 예를 들면 셔만, 류샤오펑, 왕후이 등의 당국가 이데올로기 분석이 그렇다. 이데올로기의 핵심(기본원리와 기본경향)과 주변(구체화되고 유연한 서사방식) 내의 주류이데올로기 형태의 비교와 서술을 전개하는 데 비교적 용이하기 때문이다. 이 세 가

---

29   劉小楓, 『現代社會理論緒論』, 上海三聯書店, 1998, pp.385-417.

30   約翰·湯普遜, 『意識形態與現代文化』, 譯林出版社, 2005, pp.63-66.

지 부분은 (1) 가치-신앙 부분, 즉 생존적 의미와 궁극적 가치에 대한 관심과 주장이다. 그것은 본질론의 표현방식으로 여겨질 수 있다. 이데올로기 운동과정에서, 이데올로기 자체는 스스로를 '도구적'이라고 여기지 않고, '실체적'이라고 생각한다. 즉 자신과 세계 역사의 '본질'이 같다고 보고, '본질'과 '의미'를 동일시하여 선악 미추에 대한 평가를 내적으로 관련시키고, 사람들이 분투하는 종교와 같은 사명감과 격정을 갖도록 환기시킨다. (2) 인지-해석부분은 세계관과 방법론이다. 그것을 기초로 형성된 '필연적 법칙'의 이론과 학설로 나타난다. 그것은 현실세계와 현실사회에 대한 기본적 인식과 기본적 판단과 기본적 관점을 제공하고, 사상논리가 통치논리로 전환되도록 한다. (3) 행동-책략 부분은 이데올로기가 역사와 현실에 대해 채용한 인식-해석의 방법이다. 그것은 동원, 지도, 조직 그리고 증명하는 일정한 행위모델 과정을 의미한다.

1949년, 중국공산당은 강력한 군사·정치적 힘을 갖고 구국가의 사회정치구조를 파괴하여 상대적으로 완벽한 국가정치와 행정체계를 수립했다. 기존의 국가가 사회에 깊이 침투하지 못하고, 중앙정부의 정령이 기층에서 관철되지 못하던 것을 바꾸어 놓았으며, 중국 현대화와 현대국가 건설을 위한 견실한 정치적 기초를 다져놓았다. 그 과정에서 당의 조직 및 당이 장악한 거대한 정치권력이 중국사회를 재조직하고, 공업화와 현대화의 결정적 요인들을 추진했다. 당치국가는 중국 국가건설의 현대화방안으로서, 이데올로기의 내용, 특징 및 그 변화의 핵심적 차원에 대한 이해이다.[31] 그런 현대화방안은 마르크스·레닌주의의 자본주의 현대성에 대한 비판을 기초로 수립된 것으로, 서구 현대성에 대한 비판과 억제가 신중국의 첫 번째 시기 중국 주류이데올로기의 기본적 특징을 이루었다.[32] 그 표현은 가치-신앙 측면에서, 재산사유제도, 계급불평등 및 법적 권리를 기초로 하는 개인주의에 반대하고, 3대 차별의 소멸을 추구하는 공산주의운동 및 도덕을 기초로 하는 집단주의이다. 관료주의, 전문가 치국론 및 시장, 기술과 이윤을 우선으로 하는 사상노선을 반대하고, 대중노선, 대중의 창조성, 대중의 정치참여와 혁명의 무사(無私) 헌신정신 등등을 강조한다. 인식-해석 측면에서, 변증법적 유물론과 역사적 유물론의 세계관과 방법론을 견지하고, 계급분석의 관점을 운용하여 중국혁명의 성격, 주체, 목표와 임무 및 중국 사회발전 전후 단계(신민주주의와 사회주의)의 논리적 관계를 해석하여, 사회주의 형태와 자본주의 형태를 상대적으로 보는 시스템 대립론, 역사방위론, 변증법적 초월론과 제도우월론을 제기하고, 이를 근거로 당치국가(당의 영도와 무산계급독재) 의 공산주의 사회를 향한 과도기적 필요성과 필연성을 설명한다. 행동-책략 측면에서, 관방 매체, 당 조직과 사회기구를 통해, 계급투쟁, 대중운동, 사상혁명화 등 정치정보와 상징부호를 광범위하게 전파하고 주입시킴으로써, 중앙집권, 추월전략, 사회재건, 국민훈련, 이상적 과도기 등 국가목표의 시행에 조응한다. 계급투쟁과 대중운동은 이데올로기 행동-책략 측면의 가장 분명한 특징이다. 계급신분의 귀속과 그로 인한 구체적 경제적·사회적 권리의 향유로써, 국가와 사회가 연계되고, 서구의 국

---

31   鄒讜, 『中國革命再闡釋』, 牛津大學出版社(香港), 2002, pp.2-7, p.69.

32   汪暉, 『去政治化的政治』, 生活·讀書·新知三聯書店, 2008, p.68.

가건설과 확연히 구별되는 정치·사회·경제발전모델 및 국가재건모델을 형성한다.[33]

개혁개방 이후, 당치국가의 업무중심이 계급투쟁에서 경제건설로 전환되면서 주류이데올로기의 그러한 개념과 추세에 변화가 생기기 시작했다. 가장 두드러진 변화는 행동-책략 측면이고, 그 다음이 가치-신앙 측면이다. 인식-해석 측면은 상대적으로 안정적이었지만, 시대의 변화에 발맞춘다는 구호하에서 조정되었으며, 주로 해석부분에서 이루어졌다. 예를 들면, 행동-책략 측면에서, '계급투쟁을 핵심으로' 그리고 '대중운동을 대대적으로'라는 행동논리는 철저히 폐기되었다. 그리고 그것을 경제발전, 생산력 해방 그리고 과학과 교육을 통한 국가부흥이라는 발전전략이 대체했다. 모든 적극적 요인을 동원하고, 각종 사회모순을 완화시키고, 각종 사회세력을 단결시켜 경제건설이라는 대국면을 위해 일하는 것이, 이데올로기의 행동-책략의 중심내용이 되었다. 가치-신앙 측면에서, '중국특색사회주의의 건설', '고도민주, 고도문명의 사회주의 현대화국가'의 건설, '중화민족의 위대한 부흥'이 인민의 공동이상으로서, 법률과 제도로써 뒷받침되는 인민민주, 공산주의사상을 도덕적 기초로 하는 정신문명과 양극화를 회피하는 것을 전제로 하는 공동의 부를 중국사회발전의 투쟁목표로 삼았다. 그런 이상과 가치를 긍정하는 동시에, "물적 격려도 없어서는 안 된다."[34]라는 것을 강조했다. "사람은 조

---

33 鄒讜, 『中國革命再闡釋』, 牛津大學出版社(香港), 2002, pp.14-15.

34 『鄧小平文選』第3卷, 人民出版社, 1994, p.102.

금의 정신은 있어야 한다."는 점을 다시 얘기하는 동시에, 시장경제의 논리를 인정하고, 생산자와 경영자의 물적 이익과 그들의 경제활동의 공적을 연관시켰다. 그런 식으로 이데올로기의 세속화가 현저하게 나타났다. 인식-해석 측면에서, 변증유물주의와 역사유물주의 세계관과 방법론이 견지되었다. 계급 분석적 관점이 여전히 존중받았지만, 당대 중국사회의 성격과 주체, 단계와 시대, 목표임무의 표현은 이미 "사회주의 초급단계론"의 해석방식에 포섭되었다. 사회주의초급단계는 발달하지 못한 사회주의단계로, 그 주요한 모순은 "점점 증가하는 물질문화에 대한 요구와 낙후된 사회생산 간의 모순"이다. 그것은 전체 상황에 매우 중요한 기본적 국가정세로 여겨졌다. "빈곤과 낙후에서 벗어나기 위해, 무엇보다도 생산력발전을 모든 업무의 중심으로 삼아야 한다. 생산력 발전에 유리한지의 여부가 모든 문제를 고려하는 출발점과 모든 업무의 근본적 기준에 대한 검증이 되어야 한다."[35] 개혁개방, 시장경제, 법치국가, 평화와 발전, 선진자본주의 경험의 학습 등과 같이 원래 주류이데올로기에 의해 배척당하던 사상과 인식이 합법적 지위를 얻게 되었다.

세 번째 시기는 중공 16대를 기준으로 한다. 시장경제체제의 점진적 수립, 공민사회와 공공영역의 점진적 성장으로 인해 정치적 조정전략은 일원적 통치로부터 다중심 거버넌스로 전환했다. 정당행위는 통치형 정당으로부터 집정형 정당으로 전화되었다. 주류이데올로기의 세 가지 부분에 새로운 특징들이 나타났다. 가치-신앙 측면에서, 중공 16차 삼

35　『十三大以來重要文獻選編』上, 中央文獻出版社, 1992, p.13.

중전회에서 '이인위본(以人爲本)'을 제기한 것은 의미 깊은 발전이다. 비록 '인간'에 대한 규정에 대해 논쟁이 있지만, "모든 사람의 전면적이며 자유로운 발전"(마르크스)이 사람들이 분투하고 추구하는 사회체제가 되어야 한다는 것을 더 많은 사람들이 인정하게 되었다. '인본(人本)'개념은 집정당의 지도사상인 마르크스주의의 전통을 계승하는 것이면서도, 서구문화의 인류문명의 보편적 가치를 반영하는 것으로 여겨졌다. 동시에, 중국전통적 정치사상의 정화의 비판적 계승으로 여겨졌다. 그 점에서, 주류이데올로기와 비주류이데올로기(사회의 기타 사상의식)는 가치상의 공통적 인식을 얻게 되었다. 인식-해석 측면에서, '과학발전관'과 '화해사회'의 제기는 또 다른 중대한 의미를 갖는 명제이다. 과학발전관의 제기는 중국의 전환기에 축적된 약간의 문제와 위기의 근원에 대한 분석과 관련 있다. 그것은 이인위본의 가치개념에 근거하여 중국 국가건설의 발전내용, 발전의 본질, 발전방식, 발전의 난제를 재인식한 것이었다. 전면적, 협조적 그리고 지속가능한 발전에 대한 추구와 충실화가 이미 주류이데올로기가 새로운 시기에 구축한 인식과 해석 시스템의 중요한 내용이 되었다. 그와 같이, '화해사회'도 '중국특색사회주의원칙'에 대한 집정당의 인식이 획득한 새로운 발전을 상징한다. 중국 국가건설의 총체적 상황은 경제건설(시장경제), 정치건설(민주정치), 문화건설(선진문화)의 삼위일체에서 사회건설(화해사회)을 포함하여 사위일체로 확대되었다. 그것은 당대사회의 여러 단체와 성원의 평등과 행복한 생활에 대한 추구라는 공동의 요구를 구현하고, 개혁개방 30년 이래의 주류이데올로기의 거버넌스 이념과 시정방략에 대한 중대한 전환을 반영했다. 행동-책략 부분의 주류이데올로기도 점차 자신의 주입과 전파방식을 바꾸었다. 중국의 개혁개방이 사회에 대한 국가의 통제를 완화함으로써 중국사회의 자율성 성장을 촉진했으며, 사회실천과 행동영역으로부터 자신의 의리, 언어, 그리고 논증기제를 검증, 수정, 발전시키려고 노력하고, 가치-신앙, 인식-해석으로부터 사회실천과 행동영역에 대해 그 지도, 규범, 인도 작용을 유지하고자 했다. 그런 점에서 공민의 정치참여, 기층과 사회의 자치, 협상민주, 민의 표현, 민간의 권리보호 행동, 지방 거버넌스, 민생문제와 '돌발사건'으로 나타난 사회적 항의 등에 대해 주류이데올로기의 모종의 포용성, 적응성, 대화성, 흡수성 등의 특징을 볼 수 있다.

그러나 지적해야 할 것은, 주류이데올로기의 변화는 결국 주로 주변에서 발생했고, 내핵은 상대적으로 안정적이었다는 점이다. 주변의 변화가 내핵의 변화에 영향을 주기는 했다. 다음의 표에서, 우리는 시기마다 이데올로기가 계승되면서 공산주의 이상, 마르크스주의, 통제경향 등과 같이 상대적으로 안정된 내핵의 부호를 볼 수 있다. 주류이데올로기는 본질적으로 당치국가에 대한 발생이유, 현실질서의 합리성에 대해 형성된다. 당치국가는 미래의 대동세계로 향하는 필연적 논증을 기초로 수립된다. 통치의 시각에서 보면, 공산주의 이상, 마르크스주의의 내핵부호는 결국 두 가지 식별할 수 있는 표지에 해당된다. 즉 '사회주의의 길'과 '공산당의 영도'이다.[36] 정당이념의 이데올로기화는 그 정당이념을 역

---

36 毛澤東, 「關於正確處理人民內部矛盾的問題」, 『毛澤東選集』第5卷, 人民出版社, 1977, p.393.

사 속의 신성한 진리로 승화시키고, 신념으로 여기는 것뿐만 아니라, 통치권력과 사회의 제도와 일체화하는 것을 의미한다.[37] 행동-책략에서, 주류이데올로기의 주변구조가 개혁개방 이래 많은 변화가 있었다고 하더라도, 그 언어형식과 통제와 주입형식은 다양화되고 유연해지고 많은 탄성을 갖게 되었으며, 내핵구조의 혁신에 대해 압력을 형성했지만, 통제하려는 경향은 현저하다.

주류이데올로기의 특징

시기 구조	가치-신앙 시스템	인식-해석 시스템	행동-책략 시스템	특징
제1기: 계급투쟁 중심	공산주의이상, 사유제 반대, 집단주의, 대공무사, 혁명헌신	마르크스주의, 계급사회의 장기존재론, 사회주의 자본주의 대체론, 생산관계 동력변혁론	계급투쟁, 대중운동: 통제경향, 주입경향, 이원적 대결경향	초월적 혁명식의 정치동원과 질서재건
제2기: 경제건설 중심	공산주의이상, 공동부유, 차이인정, 효율우선, 실적위주	마르크스주의, 사회주의초급단계론, 경제건설중심론, 시장경제주도론	경제발전, 생산력해방, 과학과 교육을 통한 국가부흥, 모든 적극적 요소의 동원: 통제경향, 교역경향	시장과 효율을 목표로 하는 세속화적 개혁개방
제3기: 사회건설 중심	공산주의이상, 이인위본, 공평정의, 전면적 발전, 민생행복	마르크스주의, 과학발전관, 화해사회론, 전면적· 협조적· 지속가능한 발전론	사회실천과 행동역에서 효과적 상호작용유지: 통제경향, 포용경향, 협상경향	다원화를 배경으로 한 분배정의와 협상에 대한 공통인식

---

37   劉小楓, 『現代性社會理論緒論』, 生活·讀書·新知三聯書店, 1998, p.390.

주류이데올로기와 당치국가의 통치성과

이데올로기는 정치통치에서 없어서는 안될 중요한 토대이다. '이유' 없는 통치는 지속될 수 없다. 다시 말하자면, '이유'가 '불충분'하거나 '이유'의 '보편적 형식이 결여'되면, 이데올로기의 존속여부에 대해 압력이 생긴다. 그것은 이데올로기 변혁의 원인이 된다. 주류이데올로기는 본질적으로 정당이데올로기이다.[38] 정당이데올로기와 국가이데올로기가 결합되고, 그것은 현실 정치구조의 정당과 국가의 논리적 연관으로부터 기인한다.[39] 그 핵심내용은 통치관계 속의 일당주도(일당집정)의 국가건설과 사회발전이다. 그러므로 우리는 집정당의 변혁노선도를 참고할 수 있고, 통치 합법성의 이유에 대해 주류이데올로기 형태의 변화기제를 고찰해볼 수 있다. 이유는 주로 (1) 현대화, (2) 시장화, (3) 민주화, (4) 법치화, (5) 민생행복(복리화)이다. 이 5가지 변수를 선택한 것은 그것이 집정당 언어개념시스템의 기본내용을 구성할 뿐만 아니라, 집정당 30년 이래의 통치성과를 평가하는 중요한 척도이기 때문이다. 결론적으로, 그들은 3대 목표에 속한다. 즉 정치적 영도지위의 보장, 경제의 지속적 성장의 유지 그리고 사회의 조화와 안정의 보장이다. 이 세 가지 목표는 당치국가의 통치성과를 대표한다. 그로써 당치국가의 통치성과의 관계식을 얻을 수 있다.

---

38 Franz Shurmann, *Ideology and Organization in Communist China*, University of California Press, 1971, p.19.

39 汪暉, 『去政治化的政治』, 生活·讀書·新知三聯出版社, 2008, pp.55-56.

당치국가의 통치성적=F(현대화, 시장화, 민주화, 법치화, 민생행복, 확률오차항)

F는 위의 각 항의 지표와 당치국가의 통치성과 간의 인과관계의 관계함수를 나타낸다. 즉 당치국가의 유효성과 합법성은 각 항의 지표의 지지에 의해 결정된다. 확률오차항이 포함하는 것은 식 중에서의 변수 이외의 정보(생략 가능한 구체적 확률오차 변수)이다.

이상의 지표에서, 현대화는 의미가 비교적 복잡한 개념이다. 이론적으로 그것은 공업화, 도시화, 다양화, 세속화, 보편적 참여와 성취경향을 사회변화과정 개념과 동일시한다. 중국적 현대화는 청나라 말기에 시작되었고, 억지로 문호가 개방된 이후의 주권위기, 권위위기 그리고 문화위기의 산물이다. 수직적으로 보면 기계적 수준(technical level), 제도적 수준(institutional level)과 행위적 수준(behavioral level)의 현대화를 거쳤다. 수평적으로는 민족혁명, 정치혁명, 그리고 문화혁명이라는 3대 운동으로 나타났다. 그러나 청말 이래의 변법자강운동이든, 남경정부의 국가건설이든, 일반적 의미로 중국의 현대화는 모두 '부국강병' 즉 경제현대화와 군사현대화를 목표로 삼았다. 그런 현대화의 특징은 공산당의 국가건설과 정부수립 이후 더욱 선명해지고 강해졌으며, "농업국으로부터 공업국으로"의 전환의 실현으로 집중적으로 구현되어 공업화 우선발전전략과 추월전략의 추진으로 나타났다. 현대화는 경제성장을 핵심으로 하는 공업, 농업, 기술, 국방 등 영역의 발전이라는 경제적 범주에 속한다. 그것은 당치국가의 현대화에 대한 일반적 이해와 표현이기도 하다.

조금 더 논의해야 하는 개념은 민주화이다. 주류이데올로기에서, 민주화는 보통 인민민주의 범주에서 읽혀진다.[40] 인민민주의 '민(民)'은 법적 의미의 개인적 존재로서의 '공민'이나 '국민'을 의미하는 것이 아니라, 역사상황의 변화에 따라 달라지는 정치적 의미의 전체를 가리킨다. 인민의 권리도 추상적 공민의 권리를 전제로 하는 것이 아니라, 실질적인 사회경제적 권리를 기점으로 한다. 개혁개방 이래, 민주의 의미가 달라졌다. 한편으로는 인민민주의 기본적 규범을 계승했고, 다른 한편으로는 현대 민주주의의 일반적 특징을 수용했다. 제도시스템으로서, 그것은 법에 따라 인민이 선거, 정책결정, 감독에 대해 참여하는 모든 정치활동을 포함한다. 그리고 인민대표대회, 다당협력과 정치협상, 민족구역자치 등 국가적 측면에서의 제도적 배치를 통해 국가권력을 행사한다. 촌민자치, 공동체자치, 직공대표대회 등 기층민주형식을 통해 사회경제적 권력을 행사하고, 인민은 헌법이 규정한 공민의 권리와 정치적 자유를 향유한다. 기본적 양식으로서, 그것은 '표결민주'와 '협상민주'의 상호작용, 상호지지의 구도로서 나타난다. 정치과정에서, 그것은 공민 개인의 권리와 공민조직을 기초로 하는 기층의 공공서비스에 대한 직접 참여와 국가 공공사무에 대한 대의제 참여를 점점 더 중시하게 되었고, 참여식 민주

---

40 덩샤오핑이 1980년대 초 사용한 "민주화"라는 단어는 매우 광범위한 의미로, 민주화의 반대인 사상의 속박, 권리의 억제, 장관의지, 전제주의를 그는 "봉건주의의 악영향", "봉건주의가 남긴 영향"으로 귀납시켰으므로, "제도적으로 당과 국가의 정치생활의 민주화, 경제관리의 민주화, 모든 사회생활의 민주화, 현대화 건설사업의 순조로운 발전을 보장"할 것을 주장했다.(鄧小平, 「黨和國家領導制度的改革」, 『鄧小平文選』第2卷, 人民出版社, 1994, p.336)

와 대의제 민주의 자율성, 경쟁성, 공개성과 절차성에 점점 더 관심을 가지게 되었고, 민의의 표현, 권력의 권력분립과 공민의 공공정책에 대한 선택과 감독을 점점 더 중시하게 되었다. 후자는 일반적으로 사람들에게 사회정치생활이 추상에서 구체로, 전체에서 개체로, 제도규범에서 생활방식으로, 동원식 참여에서 자율적 참여로의 민주화추세를 보여주었다.

현대화와 민주화를 비교하면, 나머지 세 가지 지표(시장화, 법치화, 민생행복)의 함의는 상대적으로 간단명료하다. 기본적으로 그것은 개혁개방의 강화와 발전의 산물이다. 1990년대 중반, 시장경제가 결국 당과 국가에 의해 자원배치의 주요한 방식으로 인정되었으며, 시장경제의 논리를 존중하게 되었다. 즉 가치규범, 수요공급규칙, 경쟁규칙을 존중하게 되었고, 다양한 이익주체 간의 거래의 계약평등을 존중하게 되었고, 점차 제도적인 공통인식이 되었다. 그 후, 시장경제, 사회문명 진보와 국가의 장기적 안정의 필요에 따라, 법치국가가 하나의 기본방략으로서 집정당의 정치보고(15대)에 삽입되었다. 21세기 제1기 10년 중기에, "과학발전관"의 제기로, "이인위본"의 관념이 주류이데올로기의 언어시스템에 추가되었고, 민생행복이 당치국가의 통치성과의 하나의 중요한 지표로서, 그 함의가 "인민을 위한 발전, 인민에 의한 발전, 인민이 함께 향유하는 발전성과"를 위해, 인간의 가치, 권익과 자유에 관심, 인간의 생활의 질, 발전 잠재력과 행복지수에 대한 관심, 마지막으로 인간의 전면적 발전에 관심을 갖게 되었다.[41]

---

41 후진타오는 2006년 4월 21일 미국 예일대학에서의 강연에서 이에 대해 완성된 표현을

주류이데올로기의 변화과정으로 보면, 당치국가의 통치성과의 관계함수는 세 가지 모델을 거쳤다. 첫째는 전통적 계획시기의 F(현대화)모델로, 혁명-개조모델이다. 두 번째는 개혁개방시기의 F(현대화, 시장화, 민주화)모델로, 개혁-발전모델이라고 부를 수 있다. 세 번째는 화해사회건설시기의 F(현대화, 시장화, 민주화, 법치화, 민생행복)모델로, 화해-집정모델이라 부를 수 있다.

혁명-개조모델의 관계함수에서, 당치국가의 통치성과는 완전히 현대화의 유효성에 따라 결정된다. 현대화가 이처럼 중요한 지위를 갖기 때문에, 근본적으로 말하자면 19세기 중엽 이후의 중국의 불리한 국제적 지위에서 벗어나서, 세계의 평등한 민족국가의 숲으로 들어서고자 하는 이상과 사명을 가졌기 때문에, 중국의 모든 정당의 생존이유는 반드시 "생산력을 구속할 것인가, 아니면 생산력을 해방시킬 것인가"에 따라[42], 즉 현대화를 추진할 것인가 아니면 현대화를 저해할 것인가에 대한 최종적 판단을 하게 되었다. 1949년, 공산당은 '국가권력의 추구' 운동(현대화 정치권위의 재건)을 완성했고, 중국은 '국가의 부의 추구'라는 현대화 건설 시기로 진입했다.[43] 현대화가 공산당의 사회발전 전략의 주요 내용이 되었다. 그러나 중국은 현대화를 추진할 민간적 토대가 없었기 때문에, 농

했다. "중국정부 문호 홈페이지" 참고(http://www.gov.cn/ldhd/2006-04/22/content_261291. htm)

42   毛澤東,「論聯合政府」,『毛澤東選集』第3卷, 人民出版社, 1967, p.1028.

43   "국가권력의 추구"와 "국가의 부의 추구"는 진야오지(金耀基)가 개괄한 중국현대화의 두 가지 과정이다.(羅榮渠, 牛大勇,『中國現代化歷程的探索』, 北京大學出版社, 1992, pp.8-9)

업 노동생산율과 농업 상품화정도가 낮았고, 공업화를 위한 유효한 자본축적을 제공할 수 없었다. 당시의 지정학적 정치환경은 중공업 우선의 공업화구조를 급박하게 필요로 했다. 뿐만 아니라 정당이데올로기는 자본주의적 현대성을 강하게 거부했다. 따라서 중국현대화는 처음부터 정치권력과 국가의 개입에 의존할 수밖에 없었다. 그것은 국가주도와 정치동원의 공업화의 원시축적과정으로 나타났고, '혁명식 현대화'라는 특징을 갖게 되었다.[44] 이 시기의 이데올로기의 임무는 혁명식 현대화의 논리와 책략에 대해 논증을 하고, 혁명식 현대화에 대한 전인민의 공통인식을 형성하여, 국가의 원시축적이 순조롭게 전개되도록 보장하는 것이었다. 당치국가는 혁명의 권위를 이용하는 방식으로 현대화 건설을 조직했다. 국유제를 중심으로 경제적 토대를 신속히 확립했으며, 비교적 완전한 공업과 국민경제체계를 수립했다. 일부 중요한 물적 기술, 과학연구개발과 장비수단 등에서 서구 선진국과의 거리를 좁혔고, 국가의 주권안전을 보호했다. 혁명식 현대화는 그 목표들을 성공적으로 실현했지만, 그 과정에서 현대화과정에서 불확정성과 동요를 초래했고, 다시 현대화를 역설에 빠지게 했다. 점점 더 정치권력에 의존한 경제성장을 추진했다. 원가를 따지지 않고 "에너지를 모으고, 소비를 줄였다." 경제성장의 자원과 동력이 점점 더 계속해서 쌓이기 어려워졌으며(예를 들면 대약진운동), 그런 상황을 극복하기 위해 정치권력은 새로운 경제부흥의 수단을 사용할 수밖에 없었다. 결과적으로 현대화는 더 심각한 위기에 빠졌고,

---

44   陳明明, 「在革命與現代化之間」, 『復旦政治學評論』第1輯, 2002, p.246.

결국은 '문화대혁명'이 발생했다. 문화대혁명은 중국의 현대화에 다시금 상처를 입혔다. 그로 인해 당치국가의 통치체계 및 그 이념도 상처를 입었고, 객관적으로 이데올로기 언어체계 변혁의 내부와 외부의 압력이 만들어졌다.

두 번째 모델 즉 개혁-발전모델에서, 현대화는 여전히 끝나지 않은 역사과정이다. 당치국가의 통치성과는 현대화의 유효성에 의해 결정될 뿐만 아니라, 시장화, 민주화 그리고 현대화의 유기적 결합에 의해 결정된다. 현대화는 과거의 국가의 전제적 방식으로 자원을 동원하던 방식을 바꿀 수밖에 없었으며, 중심을 동원사회 내부의 세력의 것으로 전환시킬 수밖에 없었다. 그런 현대화는 과거에는 가능하지 않았지만, 현재에는 가능하다. 주된 이유는 중국의 국제환경이 이미 크게 개선되었고, 냉전구도의 구조적 강제가 점차 약화되었기 때문이다. 평화발전이라는 시대적 조류와 경제세계화라는 대추세가 중국의 현대화에 전대미문의 기회를 제공했기 때문이다. 현대화를 위해서는 사회세력의 지지가 필요하다. 그러나 민간세력은 과거 국가주도의 원시축적과정에서 공격을 받아 거의 사라졌기 때문에, 현대화를 위해서는 우선 국가가 반드시 사회를 개방해야한다. '권리양도'가 사회생활에서 국가에 상대적인 사회의 자율적 조직과 사적 영역의 성장을 도울 것을 요구했다. 그런 목표는 시장이 자원배분에서 주도적 작용하는 시장경제체제의 확립이다. 시장주도, 사회추동, 국가조정의 현대화는 그 기본적 성격으로 말하자면 '시장식 현대화'이다. 시장식 현대화는 '기업의 자주권의 확대'로부터 시작되고(1978년), '계획경제를 위주로 하고, 시장조정을 축으로 하는' 실험

(1982년)을 거쳐, 다시 '사회주의 계획상품경제'를 인정하기(1987년)에 이르렀다. 결국 '사회주의 시장경제'를 수립하게 되었는데(1992년), 그 사이에 모든 준비와 모든 제안은 이데올로기에 있어서 반복된 곡절을 겪었다. 그 과정에서, 시장의 요소가 계속해서 이데올로기의 주변을 공격했고, 이데올로기의 단단한 교조를 느슨하게 만들었다. 그것은 이데올로기로 하여금 점차 시장, 경쟁, 그리고 분화라는 개념을 수용하고 흡수하도록 하여 시장화의 '정당한' 발전을 위한 합법적 토대를 마련했다.

1980년대 중후반, 중국에서 국가와 사회관계에 심각한 변화가 생겼다. 대량의 권력요소가 국가로부터 사회로 유입되었으며, 시장과 민주가 국가와 사회발전의 주제가 되었다. 경제체제개혁과 정치체제개혁에 대한 열띤 논의, '혁명당으로부터 집정당으로'(사실 통치당으로부터 집정당으로)의 변혁모델에 대한 건의, 집정방식, 집정체제, 집정이념, 집정능력(그 주요 목표의 하나는 '시장통제', '민주발전')에 대한 논의 등등은 거의 신시기 이전 20여 년 동안 모든 화제의 중심이었다. 당치국가의 통치이유는 점점 더 시장과 민주의 발전추세의 일치성을 추구하는 경향을 띠게 되었다. 중국공산당 전국대표대회 정치보고를 분석한 연구에서 나타나듯이, 13대(1987년)에 중공 '민주'개념의 발전이 최고조에 이른 이후, 14대(1992년), 15대(1997년), 16대(2002년) 등의 정치보고에서, 민주, 사회주의 민주, 사회주의 민주정치 등의 어휘가 나타나는 빈도가 점차 늘어났다. 예를 들면, '사회주의 민주'의 의미가 점점 더 구체화되었고, '민주선거' 등의 정치과정에 대한 용어가 늘어나기 시작했으며 나날이 규범화되었다. '기층민주'라는 표현이 민주 논의에서의 비율과 중요성이 점차 두드러지고 강화되었고, '당내민주'와 같은 중공의 민주와 관련된 개념의 분량도 나날이 중요해졌다. '민주권리'라는 어휘가 중시되기 시작했다.[45] 시장과 민주언어의 지속적 발전은 의심의 여지없이 당치국가의 권력구조의 변화의 궤적에 투사되었는데, 본래 주류이데올로기 언어체계의 축적된 변화의 결과를 반영한 것이다.

화해-집정모델로 말하자면, 당치국가의 통치성과는 현대화, 시장화, 민주화뿐만 아니라, 법치와 민생을 토대로 한다. 그것은 법치가 없다면 정치권력과 정부행위를 규범화하고 구속할 방법이 없기 때문이다. 법치가 없다면 시장내부의 교환관계를 규율하고 조절할 수 없기 때문이다. 법치가 없다면 민주화를 질서 있는 참정과 의정의 궤도로 가져올 수 없기 때문이다. 그러나 법치와 당치는 내적 긴장관계를 갖고 있다. 장기적으로, 주류이데올로기에서, 정당과 국가, 당권과 법권 등의 정치관계에 대해 일련의 비교적 정밀한 논증이 있었다. 그것은 마르크스의 학설과 레닌주의 이론에서 비롯되었고, 그밖에 후발국가 현대화의 경험 및 인식과도 관련이 있다. 즉 현대화의 원활한 이행이 강력한 현대화 경향을 갖는 정치권에 의존한다고 믿는다. '문화대혁명'기간에 법치와 인권을 유린한 교훈에 따라, 그리고 개혁개방 이후 현대화방식의 전환이 '혁명당으로부터 집정당으로'의 정당혁신운동을 시작하자, 법치와 같은 헌정개념이 1997년 맨 처음 정식으로 중국공산당의 권위적 문서에 등장했다.

---

45 張小勁, 李春峰, 「"民主"話語的意義變遷: 以中國共産黨代表大會政治報告爲文本的分析」, 『中國社會科學輯刊』, 2003年 第30期.

'의법치국'이 공산당의 국가거버넌스의 기본방략으로 분명하게 규정되었다. 주류이데올로기의 해석에서, '당의 영도'는 법률을 넘어선 특권 또는 법을 유린한 특권을 추구하지 않게 되었고, 헌법과 법률의 범위 내에서의 절차에 따라 집정활동에 종사하게 되었다. 정도는 다르지만 당치와 법치의 긴장관계는 여전히 존재했다. 현실정치과정에서도 굴곡이 있었지만, 주류이데올로기의 적응은 그런 경향을 보였다. 즉 전자의 합법성이 점점 더 후자의 지지를 받게 되었다.

중국의 개혁개방의 발전심화에 따라, 21세기 초, 시장식 현대화는 이미 큰 성과를 이루었다. "발전이 부족하다."는 문제는 근본적으로 바뀌게 되었다. 그러나 "발전이 부당하다."는 문제가 돌출되기 시작했고, 투자와 낮은 원가, 낮은 가격으로 추동된 투입형 또는 양적 성장방식이 점점 지속되기 어려워졌다. 발전국가가 발전중국가에 대해 산업전이를 함으로써 발전하던 산업형태가 환경파괴와 심각한 오염을 초래했다. 여러 지역, 여러 산업, 여러 단체들 간의 빈부격차가 시장의 자연분배와 권력이 왜곡된 시장기제의 작용하에서 빠르게 확대되었다. 칭화(淸華)대학의 연구에 따르면, 중국의 지니계수는 2003년 이미 0.5를 넘어섰다. 부패사건과 사회분노사건의 급속한 증가는 그것을 보여주는 것이다.[46] 단순히 GDP성장을 추구하던 발전모델과 빈부격차의 확대가 초래한 민생문제와 사회불만이 당 지도층의 관심을 끌었다. 덩샤오핑이 한 담화에서 지

---

46   周建明, 胡鞍鋼, 王紹光, 『和諧社會構建―歐洲的經驗與中國的探索』, 淸華大學出版社, 2007, p.221.

적한 적이 있다. "소수가 그렇게 많은 부를 얻고, 대다수는 없는, 그런 발전이 계속되면 결국 언젠가 문제가 생길 것이다."[47] 만일 사회자원 총량이 일정한 수준에 도달하기 전이라면, 민생문제의 해결방법과 공간은 매우 제한적일 것이다. 그렇다면 시장화가 개발되고 축적된 거대한 사회자원의 조건하에서, 부와 권리의 공평한 분배는 시장식 현대화의 지속가능한 발전의 동력의 근원일 뿐만 아니라, 새로운 시기의 당치국가의 유효성과 합법성의 중요한 기초이기도 하다. 그런 배경에서, 중공 17대보고는 말했다. "민생개선을 중점으로 하는 사회건설을 서둘러 추진하라. 사회건설과 인민의 행복과 안녕은 매우 밀접하다. 반드시 경제발전의 기초 위에서, 사회건설을 보다 중시하고, 민생의 보장과 개선에 주력하며, 사회체제개혁을 추진하고, 공공서비스를 확대하고, 사회관리를 개선하고, 사회의 공평정의를 촉진하고, 전체 인민이 배울 곳이 있고, 일할 곳이 있고, 병 들면 고칠 수 있고, 늙으면 봉양 받을 수 있고, 살 곳이 있도록 하고, 화해사회의 건설을 추동하라."[48] 따라서 시장으로 효율을 높이고, 민주로 개혁을 추진하고, 법치로 공정을 보장하고, 민생으로 발전을 촉진하여, 개혁개방의 성과를 전체 인민이 함께 누리도록 하며, 나아가 국가와 사회의 더 나은 통치와 현대화전환을 실현하도록 하여, 이데올로기가 당치국가의 통치이유의 기본구조와 논증근거가 되었다.

---

[47] 덩샤오핑과 덩컨의 담화 (『鄧小平年譜』下, 中央文獻出版社, 2004, p.1364.)

[48] 중공 17대정치보고(胡錦濤, 「高擧中國特色社會主義偉大旗幟, 爲奪取全面建設小康社會新勝利而奮鬥」, 『人民日報』, 2007年 10月25日)

위의 분석에 따르면, 주류이데올로기 변화의 관계모델로서, 현대화, 시장화, 민주화, 법치화와 민생행복은 당치국가의 '통치관계'가 지속되고 개선되는 이유를 구성한다. 그런 이유는 '호환성 가설'로부터 출발한다. 즉 그런 이유는 상호지지적이며 상호인용적이지만, 그들 간에 충돌이 없다는 의미는 아니다. 가령, 혁명-개조시기, 국가는 자원을 독점하는 축적방식으로 추월적 발전을 추구한다. 혁명식 현대화와 시장화는 반동적 세력이고, 민주화는 소멸적 세력이다. 법치화는 제약적 세력이고, 민생행복은 얘기할 것도 없다. 그러나 개혁-발전시기, 현대화 방식이 변화했다. 시장화와 민주화는 현대화를 촉진하고 조응하는 세력이 되었다. 화해-집정시기에, (예를 들면 1차 분배와 같은)시장화는 민생행복, 민주화(자유선거), 법치화에 대해 비록 모종의 장력은 있지만, 민생행복은 공공서비스에 대한 절박한 요구, 법치화는 질서 있는 정치참여에 대한 강렬한 주장에 대해, 모두 시장화와 민주화의 '야성적 충동'을 맞추고 절제시킬 수 있으며, 지속가능한 발전의 동력과 보장이 되도록 한다. 이 시기, 당치국가는 이미 단독으로 개혁을 추진할 수 없고, 기타 개혁요구의 압력과 제약을 받아들이지 못한다. 그것 당치국가가 제기한 '전면적이며 협조적인 지속가능한 발전'전략의 비밀이기도 하다. '호환성 가설'이 이데올로기 변혁에서 나타난다. 이데올로기는 반드시 그의 가치-신앙을 다시 만들어야 하고, 그의 인식-해석을 혁신해야하며, 그의 행동-책략을 조정해야 한다. 의리, 언어, 논증에 있어서 국가와 사회, 정부와 공민, 권위와 의무, 인식과 실천, 행동과 이론, 존재와 의의 제 방면에서의 균형과 공존 그리고 양성적 상호작용에 대한 요구를 만족시켜야 한다.

주류이데올로기의 순응과 '현대전통'

중국의 현재 주류이데올로기는 가치-신앙, 인식-해석 그리고 행동-책략 측면에서 많은 변화를 겪었다. 어떤 변화는 주변에서 이루어졌고, 어떤 변화는 내핵에까지 이르렀다. 내핵과 주변은 두 가지 의미를 갖는다. 첫째, 이데올로기의 세 가지 부분은 각자 그 내핵과 주변을 갖는다. 예를 들면 가치-신앙시스템에 핵심적 가치와 비핵심적 가치가 있다. 둘째, 이데올로기의 세 가지 부분으로 구성된 전체시스템에 전체시스템의 내핵이 있고 그 주변이 있다. 내핵은 기본 원리와 기본 부호로 구성되고, 주변은 원리 및 부호의 구체화와 유연성 있는 서사로 구성된다. 주변의 변화는 내핵의 변화에 영향을 주지만, 후자에는 이데올로기의 기본 규정을 포함되고, 그 변화는 상대적으로 완만하다. 통치관계의 구조에 있어서 주류이데올로기의 내핵(기본규정)은 두 가지이다. 즉, 사회주의의 길과 공산당영도이다. 그것은 이데올로기의 핵심이다. 전자는 어디로 갈 것인가, 즉 방향문제이며, 후자는 어떻게 갈 것인가, 즉 보장문제이다. 그것은 주류이데올로기의 '중대한 문제'이다.

그러나 그것도 변화를 겪었다. 예를 들면, 사회주의의 길은 이제 단순히 자본주의의 대립으로 여겨지지 않게 되었다. 즉 두 제도 중 누가 이기고 누가 졌는가의 '제도대체론'은 더 이상 아니다. 중국과 같은 낙후된 국가의 조직현대화의 방식 즉 사회주의 초급단계론으로 해석하는 경향이 늘었다. 중국이 자본주의 문명의 성과를 흡수했고, 자본주의와 평화로운 경쟁(평화발전시대주제론)을 하면서 신속히 동원할 수 있는 제도적 기제를 통해 종합국력을 발전시키고, 공동의 부(중등발달국가건설론과 중화민족부흥론)를 이루었기 때문이다. 공산주의 이상에 대해서도 전통적으로 소유제, 생산 속의 인간관계와 분배방식의 '과학적 수립'으로 해석하지 않고, '자유로운 인간의 연합체'가 포괄하는 '자유, 공정, 평등'이라는 최고의 인권적 가치를 보다 강조하게 되었다. 공산당영도에 대해서 지극히 정치적 본질인 '근본문제'에 대해, 더 이상 '계급', '계급투쟁', '국가와 혁명'의 총체적 결전의 대결적 사유로 역사, 현실, 미래에 대한 의미를 이해하지 않게 되었다. 중국 현대화전환과 중화민족 부흥에서 정치권을 보장하는 작용을 하는 것을 강조하게 되었다. 당의 영도의 견지에 대해 강조하면서도 기존의 이당대정과 달리, 당을 헌법과 법률을 유린하던 특수한 지위로 보지 않았다. 인민민주와 의법치국의 '유기적 결합'을 강조하고, 정권의 조직에 대해, 공공정책의 제정에 대해, 그리고 국가와 사회관계의 처리에 대해 현대적 정부원리의 논리와 요구에 부합할 것을 강조하고, 당내민주와 사회민주의 내적 관련과 합리적 결합을 강조했다. 그런 변화가 축적되어 구조적 변화를 결과했다.

　　그러나 내핵과 주변의 변화의 비대칭성(주변의 적응적 변화와 내핵의 정체성과 관성)으로 인해, 주류이데올로기 내부에 여전히 긴장이 존재한다. 주류이데올로기는 원래 계급동원, 정치집권, 추월전략, 사유재산 소멸과 그 관념, 전체 경제사회권리의 평등으로 개인주의에 기초한 법적·정치적 권리주장을 대체한다는 해석과 논증에서 출발했다. 사회의 자율성의 성장과 이익구조의 분화가 보다 광범위한 분권, 자유, 경쟁공간의 발생을 초래했기 때문에, 정도가 다른 변화를 초래했다는 역사적 의미를 갖는다. 그러나 이데올로기가 사회현실에 대해 상대적으로 독립성을 갖기 때문에, 그런 내용에 대한 요구에 적응하고 흡수하면서 정치과정에서 집 정당이념에 부합하는 언어체계를 형성하려고 노력하는 동시에, 옛 요구 들이 통제적으로 당치국가의 질서 틀에 통합되도록 시도한다. 동시에 그 것은 혁명당과 통치당의 행위규범 속에서 배회하거나 돌아와서, 전통적 관성과 새로운 추세 간의 충돌로 나타나며, 그 해석력의 부족과 논증의 딜레마를 초래한다.

무엇보다 지적해야 할 것은 주류이데올로기의 전통적 언어의 구조 가 여전히 존재한다는 것이다. 그것은 중국혁명과정(문화대혁명도 포함)이 구축한 '현대전통'이다. 당치국가의 정치생태에 대해 전통이 내적인 제 약을 한다면, 국가는 중대한 정책을 결정하고 전환할 때 전통과의 대화 를 하고, 전통과 서로 조화를 이루어야 한다. 기층사회의 대중에게는 전 통도 합법적 힘으로 작용한다. 그들은 전통과 국가가 추진한 세계화, 시 장화를 이용해 대항할 수 있고, 어느 정도 '신자유주의'세력이 확장하는 것을 막는다.[49] '현대전통'은 주류이데올로기가 현재 통행하는 이론자원 에 대해 모호한 태도를 갖도록 한다. 예를 들면 정치학의 대의민주주의 론, 권력분립론, 공민사회론, 공화헌정론, 등등에 대해서 그렇다. 결과적 으로 그 흡수능력과 전환능력을 제한한다. 예를 들면, 공유제경제의 비 중이 매년 줄어들고 자본이 점점 더 노동을 지배하게 되는 상황에서, 헌 법상 노동계급 영도와 공농연맹을 기초로 하는 사회주의국가를 명시하 는 것이다. 정치문건에서 규정한 계급구조를 어떻게 유지할 수 있는가,

---

49   汪暉, 『去政治化的政治』, 生活·讀書·新知三聯書店, 2008, p.56.

그리고 주류언어와 현실생활의 논리적 연관을 어떻게 유지할 수 있는가
는 주류이데올로기가 직면한 딜레마이다.

결론

중국사회는 계획경제체제에 대한 변혁과 시장경제체제와 가치에 대한 인정과 수용 과정에서 초월성에서 세속성으로, 배타성에서 포용성으로 주류이데올로기의 성격이 변화했다. 즉 혁명의 합법성을 논증하는 이론학설로부터, 시장경제, 민주정치, 법치국가와 화해사회를 발전시키고자 하는 관념체계로 변화했다. 주류이데올로기는 기본적으로 교조주의적 유토피아색채를 벗었지만, 여전히 10월 혁명으로 세계사를 구분하는 정당과 계급혁명 사상의 유산을 계승한다. 선택적으로 중국의 전통문화와 서구의 자유헌정주의의 합리적 요소들을 흡수하면서도, '이데올로기'와 확연히 다른 비판적 정신역량을 유지한다. 주류이데올로기의 변화는 첨예한 도전에 직면해 있고, 안으로도 모순과 장력으로 가득 차 있다. 주류이데올로기가 성공적으로 도전에 대처할 수 있는가는 개혁개방이래 국가와 사회, 정치와 경제, 정부와 공민관계의 심각한 변혁에 적응할 수 있는가에 달려 있다. 변혁에 적응하면서 점차 그 의리, 언어, 부호 그리고 내적 논증기제를 전환시키고, 현대 정치문명의 이론 및 사상적 자원을 흡수하고 소화시켜 스스로를 충실히 하고 풍부하게 하여, 중국 현대국가 건설을 위한 유력한 토대를 제공해야 한다.

끝내는 말

당치국가에 대한 논의는 두 가지 시각에 기초해 있다. 첫째는 역사중국이고, 둘째는 세계중국이다. 전자는 중국을 전통적 성격에 따라 발전한 계승과 비판의 이중적 성격을 갖는 독특한 문명체계로 보는 것이다. 후자는 중국을 세계화 속에서 변화와 저항을 거듭하면서 자신의 출로를 찾는 신흥 정치세력으로 보는 것이다. 당치국가는 역사중국과 세계중국이 서로 교차하고 부딪힌 산물이다. 중국은 아시아 최대의 저발전국가로서 20세기라는 특정 환경과 시기에 공산주의적 혁명방식을 채택한 나라이다. 중국은 세계자본주의의 전반적 확대에 조응하는 정치적 선택을 했지만, 그 본질은 중국 현대국가 건설 문제에 있다. 그 기본 주제는 현대화과정에서 국가와 사회관계의 새로운 구도를 구축하고, 그것을 기초로 공공권력의 조직, 배치, 행사와 감독에 대해 합리적 제도배치를 만들어내는 것이다.

현대국가 건설(state building or nation-state building)은 서구에서 제기된 개념이다. 그 핵심적 내용은 대내적으로 자산계급의 재산권을 보호할 수 있는 법과 정치가 통일된 자본주의 질서를 수립하고, 대외적으로 독립적인 주권을 가지고 타국과 부강을 다툴 수 있는 정권을 수립하는 것이다. 국가건설은 곧 국가정권의 건설이다. 국가건설에 대한 서구의 문제의식은 중세 봉건시대로부터 자본주의로 발전하는 과정에서의 모순 속에서 나타난 것이기 때문에, 국가건설의 역사운동은 봉건제를 극복하는 것에서 출발했다. 16, 17세기 이전까지 서유럽은 영주와 제후의 봉건정치였다. 봉건제는 화폐, 자본, 무역 등 영토를 넘나드는 발전과 자본주의의 전국적 시장의 형성에 불리했기 때문에, 신흥 시민계급은 봉건제를 타파하고, 전국적으로 통일된 시장과 세금제도를 수립하고, 통일적 법률, 통일적 상비군, 통일적 관료체제 등을 마련하고자 했다. 그것은 곧 중앙집권을 의미한다. 엥겔스에 따르면, 봉건시대의 시민이 상품생산과 신경제관계를 대표하게 되었다. 봉건제의 귀족은 필요 없는 존재, 발전을 저해하는 계급이 되었다. 왕권은 진보적 요소로, '성장하고 있는 민족'을 대표했다. 군대와 정치세력이 중앙집권적 통일국가의 추세였다.[1] 시민과 왕권이 동맹을 결성했다. 전자는 화폐관계로써 봉건관계를 밀어내고, 후자는 군사정치로써 기사를 몰아내었다. 두 세력이 힘을 합쳐 절대주의국가 시대를 열었다. 시민자산계급은 절대주의 국가의 기초로서 절대군주의 혁명개조 또는 헌정적 구속을 통해 자산계급민족국가를 수립했다. "자유롭게 경쟁하고, 자유롭게 이동하고, 상품소유자가 평등한 왕국과 자산계급의 모든 아름다운 것들을 세웠다. 자본주의 생산방식은

---

1   『馬克思恩格斯全集』第21卷, 人民出版社, 1965, pp.450~453.

이제 자유롭게 발전할 수 있다."[2]

　서구인의 글에서, 세계사의 주제는 '분산된 역사로부터 통합적 역사로' 표현된다. 그 주제를 보다 직접적이고 명확하게 표현하자면, '분산된 역사에서 집중된 역사로'이다. 현대세계에 대한 마르크스의 분석은 그런 세계관적 색채로 가득 차 있다. 역사적 조류는 민족주의에서 세계주의로, 분산되고 고립된 것으로부터 집중되고 상호의존적인 것으로 향하고 있다. 그 과정은 자본주의의 집중화이다. "인구는 밀집되고, 생산수단은 집중되고, 재산은 소수의 손에 쌓인다. 그로 인해 필연적으로 생겨난 결과는 정치적 집중이다. 각자 독립적이고, 거의 연맹적 관계만이 있으며, 각자 이익이 다르고, 법률이 다르고, 정부가 다르고, 관세가 다른 각 지역이 이제는 통일적 정부, 통일적 법률, 통일적 민족의 계급이익과 통일적 관세를 갖는 국가로 결합되었다."[3] 유럽에서 자본의 확대는 자본주의가 민족국가 내부에서 봉건관계를 타파하고, 자본주의가 주권국가 지위를 추구하고, 각 민족국가가 각자의 자본주의적 이익을 추진하는 것으로 나타났다. 서구인이 쓴 정치학 저서에는 그런 세계관이 더 잘 나타나 있다. 국가건설의 성패를 가늠하려면 무엇보다도 중앙정부의 권력이 위로부터 아래로 효과적으로 지방기층에 관철되는가를 보아야 한다. 즉 중앙 권력의 관철성(penetration)과 통합성(integration)을 봐야 한다. 중앙권력의 관철성과 통합성은 통일적 중앙집권국가의 존재를 의미하기 때문

2　『馬克思恩格斯集』第3卷, 人民出版社, 1972, p.308.

3　위의 책, pp.255-256.

이고, 통일적 중앙집권국가의 존재는 전국적 시장과 법체계가 정치적 기초를 갖는다는 것을 의미하기 때문이다. 20세기 중엽 이래, 서구의 발전정치학문헌이나 비교정치학문헌은 미발달국가의 발전상황에 대해 많은 논의를 했는데, 그들 국가의 정부, 무엇보다도 중앙정부의 능력이 약해, 지방주의, 부족주의, 분리주의, 포퓰리즘을 극복할 수 없었기 때문에, 이어서 발전위기가 나타나게 되었고, 실패한 국가의 반열에 들게 되었다고 지적한다.[4] 알몬드가 후발국가의 분권주의에 대해 제기한 "분배를 하려면 우선 경제성장을 해야 하고, 정치에 참여하려면 우선 정부가 유능해야 한다."는 분석을[5] 통해 비로소 전환사회의 정치질서문제에 대해 헌팅턴이 강조한 강력한 국가를 건설해야 한다는 주장을 이해할 수 있다.[6]

중국의 국가건설과 서유럽은 차이점도 있고 유사점도 있다. 차이점에는 역사, 체제와 문화전통을 비롯한 것들이 포함된다. 예를 들면 국가의 기원(초기국가)은 가정의 사유재산제도가 씨족제도를 와해해서가 아니라, 고대 종법제도로써 종친을 '협화만방(協和萬邦)'으로 묶어 국가를

---

4   James Bill & Robert Hardgrave, Jr., *Gomparative Politics: The Quest for Theory*, Charles E. Merrill Publishing Company, 1973, pp.70-74; 魯恂·派伊 (白魯恂), 『政治發展面面觀』, 天津出版社, 2009 ; 艾森斯塔特, 『現代化: 抗拒與變遷』, 中國人民大學出版社, 1988 ; 阿爾蒙德·小鮑威爾, 『比較政治學—體系, 過程和決策』, 上海譯文出版社, 1987 ; 阿爾蒙德·小鮑威爾, 『當代比較政治學—世界展望』, 商務印書館, 1993.

5   阿爾蒙德, 「發展中的政治經濟」, 羅榮渠, 『現代化理論與歷史經驗的再探討』, 上海譯文出版社, 1993, p.363.

6   亨廷頓, 「政治秩序與政治衰敗」, 『變動社會中的政治秩序』, 上海譯文出版社, 1989.

이루었기 때문이다.[7] 중국 왕조시기의 '지방자치'가 의존했던 것은 제국의 주류가치를 지지하는 지방 문화엘리트(士紳)이지 자유로운 도시에서 정치적 자유를 향유하던 시민이 아니었다. 향촌질서의 유래는 권리를 기초로 하는 것이 아니라 윤리와 부조를 바탕으로 했다. 사회의 분화구조는 고착화된 계급과 등급의 합일이 아니라 유동적 등급과 직업의 결합으로 나타난 것[8] 등등이 그러하다. 그러나 배경으로 보면, 가장 큰 차이는 시점과 기점이 다르다는 것이다. 중국의 국가건설문제는 19세기 중엽에 시작되었고, 중국이 세계현대화 조류에 들어가게 되었을 때는 '봉건' 국가가 아니라, 진한 이래 통일적 중앙집권적 관료제 제국이었다. 그 점은 서구와 전혀 다르다. 그러나 시공간상(타임라인과 물리적 환경)으로는 다르지만, 논리상(세계사구조와 그 진화법칙)으로는 그렇지 않다. 19세기 중엽이후, 외부로부터의 열강의 침입(주권위기)과 내부로부터의 정치적 쇠퇴(권위위기)라는 이중적 충격을 받아, 중국은 정치적으로 "18개 성이 19개 소국과 같은"(캉여우웨이)[9] 국면이 나타났고, 지방주의가 발달하고, 권력 중심이 아래로 이동했으며, 중앙이 나날이 공허해지고, 사회조직자원이 사라져 중앙집권적 제국에 '유사봉건화'가 출현했다. 대다수의 국가건설론자는 '유사봉건화' 국면에는 현대화에 대한 도전에 대응할 수 없고, 농

7   深長雲, 張渭蓮, 『中國古代國家起源與形成硏究』, 人民出版社, 2009, pp.57-61.

8   魏斐德, 『中華帝制的衰落』, 黃山書社, 2010, pp.21-36 ; 梁漱溟, 「中國文化要義」第5
     章, 『梁漱溟全集』第3卷, 山東人民出版社, 1990.

9   羅爾綱, 『湘軍兵志』, 中華書局, 1984, p.227.

업문명으로부터 공업문명으로의 사명을 견딜 수 없기 때문에, 반드시 권력의 분산화를 해결해야 하고, 사회의 재건문제를 해결해야 한다고 믿는다. 그런데 유럽의 국가건설과 유사한 점은 청말 이래 중국 현대국가 건설은 '분산된 역사로부터 통합적 역사로의' 논리를 따랐다는 점이다. 따라서 현대화 경향의 재건을 하는 중앙집권국가는 백년 중국역사의 주제가 되었으며, 중국의 민족혁명, 정치혁명, 문화혁명이 추구한 것은 현대화 전환의 실현을 보장할 수 있는 강력한 국가이다.

1949년 혁명승리의 의미는 공산당이 사회동원과 혁명전쟁이라는 수단을 통해, 대외적으로 국가주권의 독립과 영토의 완전한 통일을 효과적으로 쟁취한 것이며, 평등, 상호이익, 자주를 기초로 다른 국가들과의 관계를 발전시키게 된 것이다. 대내적으로 민주집중제 원칙에 따라 상대적으로 완벽한 국가정치와 행정체계(각급 인민대표대회제도와 각급 정부제도)를 수립하여, 중앙정부의 정령이 당의 조직망을 통해 기층까지 관철되었다. 다민족국가의 조건하에서 단일제적 국가구조제도를 실행하고, 중앙정부의 통일적 영도와 민족평등원칙을 견지한다는 전제하에서, 다민족 정치공동체를 형성하고, 민족 간의 통합적 융합과 변경지역의 안정을 촉진했다. 계급투쟁과 대규모 대중정치참여의 방식으로 중국사회를 재건하고, 기층민중의 정치경제적 평등을 실현하고, 유사 이래 가장 깊이 있고 광범위한 국민정치 훈련을 실시했다. 그 과정에서 심각한 굴절을 겪기는 했지만, 1949년 혁명으로 사회적으로 조직화되지 못한 상태와 국가권력이 분산된 상태를 극복하여, 중국현대화를 위한 견실한 권위기초를 제공했고, 독특한 중앙집권적 당국가 정치형태를 형성했다.

당치국가가 20세기 상반기 완성된 이래, 계속해서 사람들을 정권의 '내권화' 추세로 괴롭혔고,[10] 정치공동체의 정규화와 합리화의 현대화 과정, 즉 '현대성 성취' 과정을 완성하지 못했다. 침투성과 관철성을 갖춘 중앙집권국가체제의 수립이 현대국가의 최종적 건설을 의미하지는 않는다. 현대국가 건설이론에 따르면, 중앙집권국가 건설은 현대국가 건설의 중요한 내용이지만, 국가건설은 매우 중요한 임무이고, 현대기술을 사용한 중앙집권국가는 영토와 국민을 관할할 수 있을 뿐만 아니라, 중앙집권국가 자신을 관할할 수 있어야 하고, 후자는 단순히 국가이성이나 관료제 원리 자체에 호소할 수 없다. 다시 말하자면, 국가에 대한 관리의 필요는 국가 밖의 역량으로부터 나온다. 그 역량의 제도화는 현대국가가 반드시 공민이 권한을 준 국가여야 한다는 것을 의미한다. 강하고 힘 있는 국가가 담보하는 것은 국가건설에서의 정권의 유효성문제이다. 공민이 권한을 부여한 국가는 국가건설에 있어서 정권의 합법성문제와 연결된다. 본질적으로 사회대중이 아래로부터 위로 효과적으로 국가권력을 통제하고, 국가사무에 참여하고 국가행위를 감독할 수 있는가의 문제이다. 사회대중의 아래로부터 위로의 통제, 참여 그리고 감독이 없는 국가는 중앙집권이 위로부터 아래 기층까지 관철되어 국가권력의 남용과 전횡을 초래할 수 있고, 사회에 대한 국가의 침식을 야기할 수 있다. 그것

---

10 '내권화(內卷化)'는 두잔치(杜贊奇)가 중국 국가건설의 딜레마를 분석하기 위해 사용한 개념이다. 국가가 자신의 효율을 제고시켜 국가의 재력을 증가시키지 않고, 외연식의 성장(기구증설, 세금의 종류 증가)으로 국가능력을 확대하여, 결과적으로 국가의 확장이 국가의 쇠퇴를 초래한다는 것이다.(杜贊奇, 『文化, 權力與國家』, 江蘇出版社, 2008, pp.53-56)

은 결국 사회의 곤궁함과 쇠퇴를 결과하게 된다. 그런 사회는 강력한 현대국가를 뒷받침할 수 없게 된다. '문화대혁명'이라는 극단적 실천은 부정적인 측면에서 그 점을 증명했다. 그러므로 강력한 국가와 자주적이며 창조적이며 활력으로 가득 찬 사회의 건설은 중국 현대국가 건설의 두 가지 사명이다.

그런 점에서 개혁개방 이래 현대국가 건설 문제는 대체로 두 가지 단계를 거쳤다. 첫째는 시장 세력이 국가와 사회관계에 대해 진행하는 조정과 변혁으로, 그 기본적 추세는 '권리의 양도'이다. "당은 국가를 향해 권력을 내려놓고, 국가는 사회를 향해 권력을 내려놓는다. 정부는 단위나 개인을 향해 권력을 내려놓고, 단위는 개인을 향해 권력을 내려놓는다. 권력양도는 전통적 집권체제의 틀을 흔들어놓았을 뿐만 아니라, 전통체제를 타파하고 개혁을 전면적으로 추진하는 정치와 사회세력을 육성했고, 그 중에는 자주권을 갖게 된 지방정부, 기업단위와 나날이 독립하고 있는 사회적 개체가 포함된다."[11] 그것은 민간과 지방사회의 활력을 회복시키는 과정, 즉 '사회성장'의 과정으로, 1980-90년대 중요한 정치적 의미를 갖는 시대적 특징을 이루었다. 둘째, 집정당의 건설과 그 주도하의 정부의 직능개혁을 통해 시장화와 분권화 추세에 적응하는 체제구조와 행위방식을 점진적으로 구축하는 동시에, 시장화와 분권화가 초래한 일련의 소극적 문제들과 딜레마를 해결하고자 노력하며, 중앙의 지방에 대한 통제, 시장에 대한 정부의 거시적 통제와 사회에 대한 국가

---

11   林尚立, 『中國共產黨與國家建設』, 天津人民出版社, 2009, p.77.

의 분류 관리의 강화로 나타난다. 그 기본적 경향은 정치구조 및 정치능력의 개선으로, '국가 재조직'과정에 속한다. 그것은 90년대 후기부터 새로운 세기에 이르기까지의 주요 경관이다. 후의 과정(집권)이 재출현한 것은 앞의 과정(권한이양)의 전개가 제도적이 아니라, 행정적, 정책적, 임시적이기 때문이다. 그것은 사회 활력을 해방시키는 동시에 정치중심과 정치질서의 충격과 소란을 해소하고, 사회와 시장의 성장을 촉진하는 동시에 이익집단과 분리구조의 형성을 초래하여, 개혁의 심도 깊은 발전을 저해하고, 국가와 사회관계의 새로운 불균형을 초래하므로, 반드시 정당과 국가의 역량으로 절제하고 극복해야 한다.

개혁개방 이래의 중국 국가건설은 이중적 논리, 즉 혁명과 현대화의 전통적 성격에 근거한 집권의 논리와 개혁개방 이래 계획체제에 대한 변혁에 대해 요구한 분권의 논리가 상호작용하는 상황에서 전개되었다. 두 가지 논리는 국가발전의 국내외 환경조건을 제약하는 것에서 기인한다. 대내외적 환경의 산물 즉 대내외 환경이 가한 압력이 국가의 발전방식의 선택에 영향을 준 것이다. 일정한 발전방식이 국가로 하여금 그에 상응하는 사회정치구조를 추구하도록 촉진하여, 사회정치구조가 국가내부의 권력분배구조를 결정하고, 국가내부의 권력분배구조가 미래의 정책과 거버넌스방식에 영향을 준다. 그들의 상호작용은 불가피하게 사회정치과정의 두 가지 중요한 특징을 갖게 된다. 예를 들면 당치와 법치의 이원적 배합(실제로 이러함), 시장과 정부의 이륜구동(고속성장에 필요), 선거와 협상의 상호보충(이론상의 구상), 공평과 효율의 주종겸고(主從兼顧, 정책 중심이 때에 따라 이동) 등등을 초래한다. 집권논리의 요구는 사회전환시기에 강력한 정치적 권위로써 효과적으로 자원을 동원하고, 시장을 구축하고, 사회공정제도의 틀을 제공·보호하고, 공공상품의 공급을 조직·보장하고, 질서와 질서유지에 대한 국가권력의 강조는 모두 그런 고려에서 출발한 것이다. 그러나 분권논리는 민주에 대한 호소이다. 전환기 국가권력의 확장에 직면하여, 공민이 어떤 수단을 사용하고, 어떤 기제를 통해, 자신이 원하는 것을 표현하고, 정부의 정책결정에 영향을 주어, 국가의 확장을 합리적 범위 내에 한정시킬 수 있는가를 주된 내용으로 한다. 이론적으로 안정과 민주 양자는 그 중 하나도 없어서는 안 되는 것이다. 시장경제와 사회의 다원적 구도의 진화에 따라, 양자 간의 충돌이 발생할 때도 있다. 따라서 국가가 직면한 조정, 동원, 분배, 관리의 압력이 끊임없이 증가한다. 1990년대 후반 이래, 인구와 영토 모두 초대형 규모였던 것과 달리 1인당자원이 상대적으로 빈약한 첨예한 모순 하에서, 국가의 조정과 통합능력을 강화함으로써 현대화의 안정적 전환에 적응하고 만족시키는 것이야말로 지금의 중국의 국가건설이 시급하게 해결해야 할 문제이다.

중공 18차 삼중전회는 '국가거버넌스시스템과 거버넌스능력의 현대화'라는 총 목표를 제기했고, 처음으로 명확하게 '국가거버넌스'를 집정당의 최고문건에 삽입하여, 중국 현대국가 건설의 이중논리에 대한 순응과 협조를 보여준다. 국가거버넌스 능력은 본질적으로 국가제도의 집행능력이다. 그 강약은 국가 제도건설의 합리성 여부에 따라 결정되기 때문에, 국가능력건설을 차원으로 하는 국가거버넌스도 정부관리시스템과 관리모델 내의 정권제도체계의 개혁과 혁신문제를 포함한다. 그러나 국가거버넌스시스템이 국가정권 자체에 한정될 뿐만 아니라, 사회가 관리에 참여하는 시스템을 포함하고, 사회의 주도권 요구를 대표하며, 국가에 상대적으로 존재하는 자주적 조직과 관리특성을 갖는 사회교류공간을 어떻게 배양할 것인가, 정부권력에 대한 공민의 제약과 감독을 어떻게 지지하고 보장할 것인가, 그것을 제도화, 규범화, 절차화할 것인가는 국가거버넌스시스템의 현대화라는 문제에서 반드시 다루어야 할 것이다. 그 두 가지는 국가건설의 요구를 대표한다. 즉 국가거버넌스는 시스템 개선, 직능과학, 합리적 감독과 관리, 효율적으로 제어하는 정부시스템을 갖고 있어야 함을 의미할 뿐만 아니라, 상대적으로 독립적이며 자주적으로, 광범위하게 공공사무에 참여하고, 유력하게 정부를 감독하고 통제하는 사회시스템이 있어야 한다.

1990년대 후반 있었던 중국공산당 영도방식과 집정방식 변혁에 대한 논쟁은 사실, 위에서 말한 문제들을 둘러싸고 전개된 것이다. 그 논쟁 중에서, 국가와 사회의 관계에서의 정당요소에 대한 많은 관심과 해석은 이유가 없는 것이 아니다. 정당, 국가 그리고 사회는 현대정치발전의 세 가지 중요한 변수이다. 정당과 국가, 사회의 관계는 국가건설과 국가거버넌스의 전 상황을 주도하는 기본적 관계를 구성한다. 그중에서 정당은 국가와 사회의 교량역할을 하고, 그들 사이의 유대를 이어준다. 그것이 정당정치가 신속하게 발전한 이유이다. 그러나 산업 민주국가와 달리, 당대 중국에서, 중국공산당은 국가와 사회의 교량과 유대일 뿐만 아니라, 국가와 사회 정치과정을 결정하는 지배세력이다. 그 지배성은 중국공산당이 하나의 거대한 정당이라는 점에서 생겨난다. 중국공산당은

2014년까지 당원총수가 8779만 명에 이르렀고, 기층조직이 437만 개로,[12] 절대다수의 사회엘리트가 그에 포함되어 있다. 당 조직망은 국가와 사회 모두에 두루 퍼져 있고, 중국사회의 이익표현, 이익종합, 정당산출, 정책집행, 어느 것도 중국공산당의 영도, 실시와 추동으로 말미암지 않은 것이 없다. 당의 지배적 지위와 정치적 우세의 유지는 당이 자신의 건설을 고도로 중시할 것을 요구한다. 흔히들 말하는 정치건설(당의 노선 방침정책의 과학화와 민주화, 당내 정책결정체제의 혁신, 당내민주생활의 건전화), 조직건설(당의 중앙조직과 지방조직의 구조개선, 당의 기층조직의 발전 공고화)과 사상건설(당의 이데올로기의 혁신, 당원사상교육의 강화)을 중시하면서도, 당은 정당과 국가의 관계, 정당과 사회의 관계의 조정과 변혁을 고도로 중시하여, 국가와 사회정치생활과정을 영도하는 과정에서 현대정부의 일반 원리에 부합하면서도, 당대 중국의 실제상황에 맞는 제도를 만들어야 한다.

당의 13대에서 "당은 헌법과 법률의 범위 내에서 활동해야 한다."고 제기한 것을 시작으로, 15대에서 "사회주의 법치국가건설"을 당의 치국방략으로 선포했고, 17대 '과학집정, 민주집정, 의법집정'에 따른 당의 영도방식과 집정방식의 개선을 분명하게 요구했으며, 18대에 다시금 "당은 인민을 영도하여 헌법과 법률을 제정하고, 반드시 헌법과 법률의 범위 내에서 활동한다. 어떠한 조직이나 개인도 헌법과 법률을 초월하는 특권을 가질 수 없고, 말로 법을 대체한다거나, 권한으로 법을 억누른다거나,

---

12   "대외적으로 중앙조직이 발표한 중국공산당내 통계공보", 『인민일보』 2014년 6월 30일.

사적으로 법을 무시하는 것을 허용하지 않는다."[13]고 선언했다. 중국공산당은 집정권과 영도권에 대해 어떻게 합리적으로 배치하고 운용하는가, 어떤 방식으로서 합리적이며 효과적으로 국가정권에 대해 장악하고 공민사회에 대해 영도할 수 있는가의 문제에 대해서 명확하고 완전하게 인식하게 되었다. 의법치국은 중국공산당 집정방식 변혁에서 가장 중요하고 가장 현대적이며, 가장 창조적인 목표이다. 중공 18차 사중전회에서 「의법치국의 중대한 문제들을 전면추진하는 결정에 대해서」를 작성하기 얼마 전, "당의 영도는 중국특색사회주의 법치의 본질적 특징이며 근본적 요구"이고, "사회주의 법치는 반드시 당의 영도를 견지해야 하며, 당의 영도는 반드시 사회주의법치에 의존해야 한다."[14]는 것을 제기하고, 당의 영도로 의법치국을 모든 과정과 방면에서 관철할 것을 표명했으며, 그 내용에는 국가의 입법에 대한 당의 주도, 정부의 법집행에 대한 감독, 공정하고 독립된 사법에 대한 지지, 전인민의 법 수호에 대한 시범이 포함되었다. 당의 영도와 법치의 관계의 표현과 입법과 집행과정에서의 당의 적극적이며 능동적 작용이 현저하게 드러났음을 알게 된다. 중국정치의 내재적 논리와 규정성을 인식했다면, 그 변화를 이해하는 것은 어렵지 않다. 일당집정체제 내에서 장기집정을 추구하는 정당으로 말하자면, 무엇보다도 자원동원과 분배에 있어서 거대한 압력을 받는 상황에서, 당

---

13   중공 18대 정치보고(胡錦濤, 「堅定不移沿着中國特色社會主義道路前進, 爲全面建成小康社會二奮鬥」, 『人民日報』, 2012년 11월 18日)

14   신화망(http://www.js.xinhuanet.com/2014-10/24/c_1112969836_3.htm), 2014년 10월 24일.

권을 축으로 중앙권위를 강화하고, 당권을 공고히 하고 확장하여 개혁공간을 확대하고, 당권의 집중통일로써 이익분할을 타파하고, 당권의 합법적 운용으로 법질서를 지지하는 것은 당치국가가 특정한 역사적 조건하에서 현대국가로 가는 필연적 단계일 수 있다.

　　중국공산당의 집정방식의 변혁에 대한 토론은 끝이 나려면 멀었다. 무엇보다도 이론이 제도수립과 행동실천으로 전환되기 위해서는 갈 길이 멀다. 덩샤오핑이 말하기를, 중국문제의 관건은 당에 있다.[15] 당의 핵심 문제는 어디에 있는가? 당의 치국이념 및 그로 인해 결정된 치국방식에 있을 수 있다. 당의 영도와 집정의 새로운 방식을 탐색하고, 당의 새로운 시기의 집정의 합법적 자원을 창조하고 축적하고, 집정당의 현대화 전환을 실현하는 것은 개혁개방 이래 정치체제개혁의 중요한 내용이다. 여러 해 동안, 정치제제개혁에 대한 목표, 진도, 표현, 그리고 평가에 대해 많은 논쟁이 있었는데, 사실, 정당주도와 추동을 강하게 필요로 하는 국가에 있어서, 현대화는 가장 건설적이며 총체적 전략이다. 중국공산당이 국가 거버넌스와 공민의 권리보장 과정에서 헌법에 의한 집정, 법에 의한 집정이라고 표현하고, 주장하고, 승낙한 것은 정치체제개혁의 근본적 방향이면서, 정치체제개혁의 최대의 공간이다. 구체적으로 가장 실행 가능한 행동책략으로 말하자면, 중국공산당이 독립적이며 공정한 사법제도의 확립, 완벽한 법률규범체계의 형성, 효율 높은 법치실시체계, 엄밀한 법치감독체계, 유력한 법치보장체계, 그리고 보완된 당내법규체

15　『鄧小平文選』第1卷, 人民出版社, 1994, p.264.

계(당정기관 및 영도간부의 권력행사에 대한 엄격한 제약과 중대한 정책결정에 대한 종신책임이라는 책임추궁제도)를 추진하는 것 등등은 정치체제개혁의 중요한 발걸음이고, 정치체제개혁의 직접적인 구현이다. 만일 민주라는 글자의 함의에 얽매이지 않고, 민주의 어떤 형식에 국한되지 않는다면, 정치문제(참여, 권리보호, 분배, 계급모순, 사회충돌 등)의 법치화(사법화), 그리고 행정화, 기술화의 처리방식과 민주를 거버넌스 범주 안으로 넣는 것과, 거버넌스의 성과로 민주의 가치를 평가하는 경향은 민주정치의 일반적 문제에 대한 사고와 실천을 완전히 대체할 수는 없지만, 민주정치와 민주정치건설을 통해 법률, 제도, 그리고 문화의 기초—그들은 의심할 여지 없이 정치체제개혁의 매우 중요한 일환으로 여겨져야 한다—를 기르고 다잡는다. 그 의미에서, 헌법에 의한 집정, 법에 의한 집정이라는 목표를 전면적으로 확립한다면, 당권 내에서 정부를 조직하고, 공공사무를 결정 짓고 사회생활의 모든 권리에 대한 관리가 헌법과 법률에 의거하여 이루어질 수 있고, 권력균형, 권력감독의 제도화와 절차화라는 정치생태가 형성될 수 있다. 곧 그것은 중국정치체제개혁의 절실한 발전으로 여겨질 수 있고, 심지어 중국정치체제개혁의 대강의 완성(그 속에서의 이상과 목표, 그리고 구상은 아직 이루어지지 않았지만)이라고 볼 수 있다.

결론적으로, 국가와 사회의 정치발전의 지배세력으로서 중국공산당이 어떻게 의법치국 속에서 합리적으로 당권을 안정시킬 것인가, 어떻게 당의 영도 속에서 창조적으로 법치 국면을 열고 발전시킬 것인가는 중국 현대국가 건설의 승패와 국가거버넌스의 품질을 직접적으로 결정한다. 한마디로, 중국이 현대국가로 나아가는 길에서, "공산당의 집정방식이 직면한 최대의 문제는 현대국가 건설에서 정당과 국가의 법적 관계를 제대로 해결할 수 있는가이다. 당권(黨權)과 법권(法權)의 관계를 해결하여, 공산당의 집정방식이 성숙해졌음을 보여주는 중요한 표식의 하나는즉 공산당이 성공적으로 헌법의 최고 권위와 법률적 강성(剛性)을 내적으로 구속하는 것을 정당한 행위라고 이성적으로 자각할 수 있는가, 다시 말하자면 내화를 정당의 '법적 정신'으로 삼을 수 있는가에 달려 있다."

참고문헌

Carl J. Freidrich & Zbigniew Brzezinski, Totalitarian Dictatorship and Autocracy, Praeger Publisher, 1965.

Franz Shurmann, Ideology and Organization in Communist China, University of California Press, 1971.

James Bill & Robert Hardgrave, Jr., Gomparative Politics: The Quest for Theory, Charles E. Merrill Publishing Company, 1973.

James Davis, "Toward a Theory of Revolution", American Sociological Review, February 1962.

Joseph LaPalombara & Myron Weiner eds., Political Parties and Political Development, Princeton University Press, 1972.

Juan J. Linz, Totalitarian and Authoritarian Regimes, in Fred I. Greenstein & Nelson W. Polsby, eds. Handbook of Political Science, vol.3 Addison-Wesely Publishing Company, 1975.

Karl W. Deutsch, "Social Mobilization and Political Developmet", American Political Science Review, September 1961.

Lucian W. Pye, Aspects of Political Development, Little, Brown and Company, 1966.

Mattei Dogan, "Erosion of confidence in Advanced Democracies", Studies in Comparative International Development, Fall 1997.

Maurice Duverger, Political Parties: Their Organization and Activity in the Modern State, Methuenl Co., 1964.

Ruth K. Scott, Ronald J. Hrebenar, Parties in Crisis: Party Politics in America, John Wiley & Sons, 1984.

Theda Skocpol, States and Social Revolution(Chapter 2, Chapter 4), Cambridge University Press, 1979.

William Kornhauser, The Politics of Mass Society, Free Press, 1959.

『馬克思恩格斯選集』第1-4卷, 人民出版社, 1972.

『列寧選集』第1-4卷, 人民出版社, 1972.

『斯大林選集』上, 下卷, 人民出版社, 1979.

『毛澤東選集』第1-4卷, 人民出版社, 1967.

『毛澤東選集』第5卷, 人民出版社, 1978.

『毛澤東文集』第1-8卷, 人民出版社, 1993, 1996, 1999.

『建國以來毛澤東文稿』第1-13卷, 中央文獻出版社, 1987-1993, 1996, 1998.

『毛澤東早期文稿』, 湖南出版社, 1990.

『劉少奇選集』上, 下卷, 人民出版社, 1981, 1985.

『周恩來選集』上, 下卷, 人民出版社, 1980, 1984.

『鄧小平文選』第1-3卷, 人民出版社, 1993, 1994.

『彭真文選』, 人民出版社, 1991.

『李大釗文集』第3卷, 人民出版社, 1999.

『孫中山選集』, 人民出版社, 1981.

薄一波, 『若幹重大決策與曆史事件的回顧』上, 下卷, 中共中央黨校出版社, 1991.

中央文獻研究室, 『建國以來重要文獻選編』第1-20卷, 中央文獻出版社, 1992-1994, 1996-1998.

中央文獻研究室, 『十三大以來重要文獻選編』, 人民出版社, 1991.

中央統戰部, 『民族問題文獻彙編』, 中共中央黨校出版社, 1991.

胡喬木, 『胡喬木回憶毛澤東』, 人民出版社, 1994.

羅榮渠, 牛大勇編, 『中國現代化曆程的探索』, 北京大學出版社, 1992.

羅榮渠, 『現代化新論』, 北京大學出版社, 1993.

謝立中, 孫立平, 『二十世紀西方現代化理論文選』, 上海三聯書店, 2002.

遲福林, 田夫, 『中華人民共和國政治體制史』, 中共中央黨校出版社, 1998.

浦興祖, 『中華人民共和國政治制度』, 上海人民出版社, 2005.

林尚立, 『當代中國政治形態研究』, 天津人民出版社, 2000.

林尚立, 『制度創新與國家建設』, 天津人民出版社, 2009.

王滬寧, 林尚立, 孫關宏, 『政治的邏輯』, 上海人民出版社, 1994.

王滬寧, 『當代中國村落家族文化』, 上海人民出版社, 1991.

王滬寧,『民主政治』, 三聯書店 (香港), 1993.

曹沛霖,『議會政府』, 三聯書店 (香港), 1993.

臧志軍,『政府政治』, 三聯書店 (香港), 1993.

郭定平,『多元政治』, 三聯書店 (香港), 1993.

竺乾威,『官僚政治』, 三聯書店 (香港), 1993.

陶東明,『公民政治』, 三聯書店 (香港), 1993.

胡偉,『司法政治』, 三聯書店 (香港), 1993.

康曉光,『權力的轉移』, 浙江人民出版社, 1999.

王貴秀, 石泰峰, 侯少文,『政治體制改革和民主法制建設』, 經濟科學出版社, 1998.

戴維·米勒, 韋農·波格丹諾,『布萊克維爾政治學百科全書』, 中國政法大學出版社, 1992, 2002.

吉爾伯特·羅茲曼,『中國的現代化』, 江蘇人民出版社, 1988.

費正清,『偉大的中國革命』, 世界知識出版社, 2000.

柯文,『在中國發現歷史』, 中華書局, 1989.

巴林頓·摩爾,『民主和專制的社會起源』, 華夏出版社, 1987.

艾瑞克·霍布斯保姆,『革命的年代』, 江蘇人民出版社, 1999.

白吉爾,『中國資產階級的黃金時代』, 上海人民出版社, 1994.

易勞逸,『流產的革命』, 中國青年出版社, 1992.

陳建華,『"革命"的現代性：中國革命話語考論』, 上海古籍出版社, 2000.

尤利烏斯·布勞恩塔爾,『國際史』第2卷, 上海譯文出版社, 1986.

楊光斌,『中國政府與政治導論』, 中國人民大學出版社, 2003.

詹姆斯·湯森,『中國政治』, 江蘇人民出版社, 1994.

馬爾科維奇, 塔克,『國外學者論斯大林模式』, 中央編譯出版社, 1995.

羅伯特·米歇爾斯,『寡頭統治鐵律—現代民主制度中的政黨社會學』, 天津人民出版社, 2003.

薩托利,『民主新論』, 東方出版社, 1993.

薩托利,『政黨與政黨體制』, 商務印書館, 2006.

赫爾德,『民主的模式』, 中央編譯出版社, 1998.

任東來, 陳偉, 白雪峰,『美國憲政歷程：影響美國的25個司法大案』, 中國法律出版社, 2004.

王暉,『去政治化的政治』, 生活·讀書·新知三聯書店, 2008.

哈貝馬斯, 公共領域的結構轉型』, 學林出版社, 1999.

黃宗智,『中國研究的範式問題討論』, 社會科學文獻出版社, 2003.

楊念群,『中層理論』, 江西人民出版社, 2001.

吳中澤, 陳金羅,『社團管理工作』, 中國社會出版社, 1996.

蔡定劍,『中國人民代表大會制度』(第四版), 法律出版社, 2003.

唐娟, 鄒樹彬,『2003年深圳競選實錄』, 西北大學出版社, 2003.

王長江,『中國政治文明視野下的黨的執政能力建設』, 上海人民出版社, 2005.

王長江,『政黨的危機─國外政黨運行機制研究』, 改革出版社, 1996.

鄒讜,『二十世紀中國政治』, 牛津大學出版社 (香港), 1994.

鄒讜,『中國革命再闡釋』, 牛津大學出版社, (香港), 2002.

霍華德·威亞爾達,『北京政治學導論：概念與過程』, 北京大學出版社, 2005.

李劍農,『中國近百年政治史』, 復旦大學出版社, 2002.

費約翰,『喚醒中國』, 生活·讀書·新知三聯書店, 2004.

讓·布隆代爾, 毛裏其奧·科塔,『政黨與政府』, 北京大學出版社, 2006.

讓·布隆代爾, 毛裏其奧·科塔,『政黨政府的性質』, 北京大學出版社, 2006.

羅伯特·達爾,『多頭政體─參與和反對』, 商務印書館, 2003.

瑪利亞·喬納蒂,『自我耗竭式演進』, 中央編譯出版社, 2008.

塞繆爾·亨廷頓,『變動社會的政治秩序』, 上海譯文出版社, 1989.

西達·斯考切波,『國家與社會革命』, 上海人民出版社, 2007.

王柯,『民族與國家：中國多民族統一國家思想的系譜』, 中國社會科學出版社, 2001.

趙鼎新,『社會與政治運動講義』, 社會科學文獻出版社, 2006.

埃裏克·霍布斯保姆,『民族與民族主義』, 上海人民出版社, 2000.

西裏爾·布萊克,『比較現代化』, 上海譯文出版社, 1996.

西裏爾·布萊克,『現代化的動力』, 四川人民出版社, 1988.

阿爾蒙德, 鮑威爾,『比較政治學』, 上海譯文出版社, 1987.

威光奇,『官治與自治─20世紀上半期的中國縣制』, 商務印書館, 2004.

王先明,『近代紳士』, 天津人民出版社, 1997.

張灝,『梁啟超與中國思想的過度 (1890-1907)』, 江蘇人民出版社, 1993.

陳書良,『梁啟超文集』, 北京燕山出版社, 1997.

梁漱溟,『鄉村建設理論』, 上海世紀出版集團, 2006.

梁漱溟,『梁漱溟全集』第3卷, 山東人民出版社, 1990.

張汝倫,『現代中國思想研究』, 上海人民出版社, 2001.

張玉法,『民國初年的政黨』, 嶽麓書社, 2004.

徐矛,『中華民國政治制度史』, 上海人民出版社, 1992.

安克強,『1927-1937年的上海—市政權, 地方性和現代化』, 上海古籍出版社, 2004.

費正清,『劍橋中華民國史』(第2部), 上海人民出版社, 1992.

史全生,『中國民國經濟史』, 江蘇人民出版社, 1989.

虞和平,『中國現代曆程』第1-3卷, 江蘇人民出版社, 2007.

許紀霖, 陳大凱,『中國現代化史』, 上海三聯書店, 1995.

金觀濤, 劉青峰,『開放中的變遷』, 香港中文大學出版社, 1993.

王世傑, 錢端升,『比較憲法』, 商務印書館, 1999.

何華輝,『比較憲法學』, 武漢大學出版社, 1988.

殷嘯虎,『憲法學』, 上海人民出版社, 2003.

周曉虹,『傳統與變遷』, 生活·讀書·新知三聯書店, 1998.

王學啟, 楊樹標,『社會主義時期史稿』第2卷, 浙江人民出版社, 1988.

楊樹標, 梁敬明, 楊青,『當代中國史事略述』, 浙江人民出版社, 2003.

何蓬,『毛澤東時代的中國』, 中共中央出版社, 2003.

麥克法卡爾, 費正清,『劍橋中華人民共和國史：1949-1965』, 中國社會科學出版社, 1998.

林毅夫, 蔡昉, 李周,『中國的奇跡：發展戰略與經濟改革』, 上海三聯書店, 上海人民出版社, 1996.

梁治平,『國家, 市場, 社會：當代中國的法律與發展』, 中國政法大學出版社, 2006.

周雪光,『當代中國的國家與社會關系』, 台灣桂冠圖書股份有限公司, 1992.

復旦大學曆史系,『近代中國的鄉村社會』, 上海古籍出版社, 2005.

於光遠,『"新民主主義論"的曆史命運』, 長江文藝出版社, 2005.

黃宗智,『經驗與理論』, 中國人民大學出版社, 2007.

崔之清,『國民黨政治與社會結構之演變』(上, 中, 下), 社會科學文獻出版社, 2007.

王兆剛,『國民黨訓政體制研究』, 中國社會科學出版社, 2006.

田湘波,『中國國民黨黨政體制剖析』, 湖南人民出版社, 2006.

王奇生,『黨員, 黨權與黨爭』, 上海書店出版社, 2003.

麥克法誇爾, 費正清,『劍橋中華人民共和史』(1966-1982), 上海人民出版社, 1990.

席宣, 金春明, 『"文化大革命"簡史』, 中共黨史出版社, 1995.

杜贊奇, 『文化, 權力與國家―1900-1942年的華北農村』, 江蘇人民出版社, 1994.

景躍進, 『政治空間的轉換』, 中國社會科學出版社, 2004.

張靜, 『基層政權』, 浙江人民出版社, 2000.

張靜, 『現代公共規則與鄉村社會』, 上海書店出版社, 2006.

俞可平, 『中國公民社會的興起與治理的變遷』, 社會科學文獻出版社, 2002.

費裏曼, 畢克偉, 賽爾登, 『中國鄉村, 社會主義國家』, 社會科學文獻出版社, 2002.

榮敬本, 高新軍, 『政黨比較研究資料』, 中央編譯出版社, 2002.

李君如, 『中國共產黨執政規律新認知』, 浙江人民出版社, 2003.

李忠傑, 金釗, 『中國共產黨執政理論新體系』, 人民出版社, 2006.

張恒山, 李林, 劉永豔, 封麗霞, 『法治與黨的執政方式研究』, 法律出版社, 2004.

李景治, 張小勁, 『政黨政治視角下的歐洲一體化』, 法律出版社, 2003.

程竹汝, 『司法改革與政治發展』, 中國社會科學出版社, 2001.

孫哲, 『全國人大制度研究』, 法律出版社, 2004.

高放, 『中國政治體制改革的心聲』, 重慶出版社, 2006.

史爲民, 雷競璿, 『直接選舉 : 制度與過程』, 中國社會科學出版社, 1999.

胡鞍鋼, 『中國發展前景』, 浙江人民出版社, 1999.

胡鞍鋼, 『中國政治經濟史論 (1949-1976)』, 清華大學出版社, 2007.

俞吾金, 『意識形態論』, 上海人民出版社, 1993.

李侃如, 『治理中國 : 從革命到改革』, 中國社會科學出版社, 2010.

陳先奎, 劉曉, 楊鳳城, 『當代中國意識形態風雲錄』, 警官教育出版社, 1993.

徐湘林, 『尋求漸進改革的理性』, 中國物資出版社, 2009.

鄭永年, 『全球化與中國國家轉型』, 浙江人民出版社, 2009.

吳國光, 鄭永年, 『論中央-地方關系』, 牛津大學出版社 (香港), 1995.

劉小楓, 『現代性社會理論緒論』, 上海三聯書店, 1998.

約翰·湯普遜, 『意識形態與現代文化』, 譯林出版社, 2005.

周建明, 胡鞍鋼, 王紹光, 『和諧社會構建―歐洲的經驗與中國的探索』, 清華大學出版社, 2007.

聶高民, 李逸舟, 王仲田, 『黨政分開理論探討』, 春秋出版社, 1988.

沈榮華, 『關於社會協商對話』, 春秋出版社, 1986.

洪承華, 郭秀芝,『中華人民共和國政治體制大事記』, 春秋出版社, 1987.

胡聯合等,『當代中國社會穩定問題報告』, 紅旗出版社, 2009.

劉軍, 李林,『新權威主義—對改革理論綱領的論爭』, 北京經濟學院出版社, 1989.

保羅·塔格特,『民粹主義』, 吉林人民出版社, 2005.

林紅,『民粹主義』, 中央編譯出版社, 2007.

王紹光, 胡鞍鋼,『中國國家能力報告』, 遼寧人民出版社, 1993.

王紹光,『安邦之道』, 生活·讀書·新知三聯書店, 2007.

李世濤,『知識分子的立場』第1-3卷, 時代文藝出版社, 2000.

羅崗, 倪文尖,『90年代思想文選』第1-3卷, 廣西人民出版社, 2000.

黃平, 姚洋, 韓毓海,『我們的時代』, 中央編譯出版社, 2006.

李澤厚,『中國現代思想史論』, 安徽文藝出版社, 1994.

李澤厚, 劉再複,『告別革命：李澤厚劉再複對話』, 香港天地圖書公司, 1995.

陸學藝,『當代中國社會階層研究報告』, 社會科學文獻出版社, 2002.

李培林等,『社會沖突與階級意識：當代中國社會矛盾問題研究』, 社會科學文獻出版社, 2005.

孫立平,『轉型與斷裂：改革以來中國社會結構的變遷』, 清華大學出版社, 2004.

李友梅等,『當代中國社會分層：理論與實踐』, 社會科學文獻出版社, 2006.

성균중국연구소

학계를 대표하는 중국 연구소. 주요 중국 이슈마다 국내 및 중화권 언론에서 취재에 나설 정도의 공신력을 인정받고 있다. '중국방안', '복합차이나리스크', '한중 거버넌스', '중국모델' 등을 주제로 한 국제학술회의를 통해 새로운 학문 어젠다를 발굴했고, 이를 정책영역에 제공하는 가교 역할을 수행하고 있다. 이러한 연구 성과는 국·중문 계간지인 『성균차이나브리프』와 『成均中國觀察』에 소개되면서 아시아권 중국 연구자들과 오피니언 리더들에게 많은 호평을 얻고 있다. 고급회원을 대상으로 비공개 'CEO 정책리포트'와 수시발간 보고서도 가장 읽을 만한 내용을 담고 있다는 평가를 받았다.

또한 정부와 중국진출 대기업 등에 심층적 자문 활동을 병행하면서 학문과 정책의 교량역할을 하고 있으며, 대학 연구소 본연의 목적에 부합하는 기초연구를 강화해 '중국 공산당 엘리트', '중국의 한반도 인식과 연구자 정보', '중국 지방정부 지도자', '중국도시', '북중관계' 등에 관한 괄목할 만한 데이터베이스를 구축했다. 국제적 협력연구의 중요성을 인식하고 보아오(博鰲)아시아 포럼, 중앙당교 국제전략연구원, 베이징대 국가거버넌스연구원, 일본 와세다대학, 대만정치대학 동아연구소, 지린대학 공공외교학원, 화교대학 등과 학술 협정을 체결하여 공동연구와 국제세미나 등을 통해 중국연구의 국제화와 한국형 중국 연구의 확산을 시도하고 있다. 이러한 다양한 연구 활동을 인정받아 〈한경 Business〉에서 꼽은 "2019년 대한민국 100대 싱크탱크" 중 중국 연구기관으로 유일하게 선정되었다.

중국의 당국가체제는 어디로 가는가 —혁명과 현대화의 관계
在革命與現代化之間

1판 1쇄 인쇄 2019년 12월 10일
1판 1쇄 발행 2019년 12월 16일

지은이   천밍밍(陳明明)
기획   성균중국연구소
옮긴이   이희옥·김현주
펴낸이   신동렬
편집   현상철·신철호·구남희
디자인   장주원
마케팅   박정수·김지현

펴낸곳   성균관대학교 출판부
등록   1975년 5월 21일 제1975-9호
주소   03063 서울특별시 종로구 성균관로 25-2
전화   02)760-1253~4
팩스   02)760-7452
홈페이지   http://press.skku.edu/

ISBN 979-11-5550-350-8 93340